U0142969

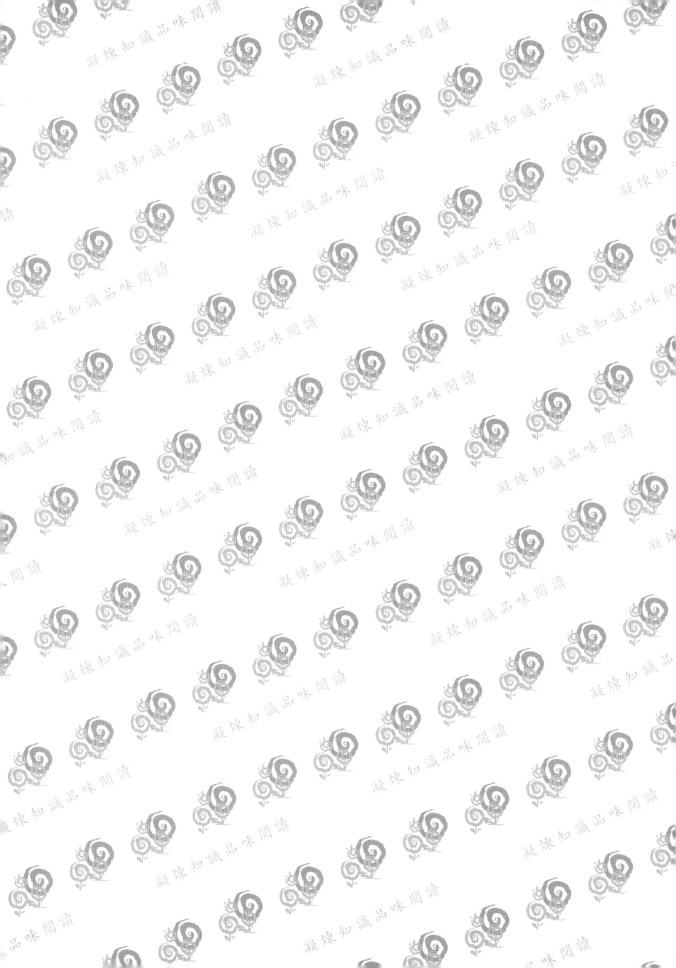

STATISTICS

現代統計學

吳柏林 著

五南圖書出版公司 印行

序

　　統計是用來分析、處理自然科學及社會科學資訊的工具。統計學則是探討有關研究方法的科學。一般來說，它包括資料的蒐集與分析、解釋相關變數、母體特徵的估計與檢定、模式的建構與預測、決策判定等。

　　近年來由於科技日新月異，研究方法不斷的更新，統計學已成為各學門中不可或缺的研究工具。目前應用的範圍甚至有駕凌微積分之趨勢。如何以有限的時間或成本，獲得可靠的資訊？如何根據統計資料分析社會經濟現象？如何從複雜的實驗數據中，擷取出來一些規則或定理？如何建構模式進行決策應變與預測未來？這些都是我們現代人，關心且感興趣的問題。

　　然而統計學歷經 20 世紀以來的發展，理論與方法不斷的改進、不斷的創新，卻也使得初學者面對這麼多繁雜的理論與方法架構，常感到茫然，甚至望而生畏。為此作者依據多年的教學研究經驗，以符合現代社會發展的角度，寫成了現代統計學一書，以適合理工、醫農、商學與教育等現代大學生學習統計學的需求。

　　本書特點在於藉生動活潑的筆法、簡潔的編排，配合相關圖表以吸引讀者的興趣。擺除傳統統計學給人艱澀難懂的印象。在內容方面，除了傳統統計理論與方法外，為了因應最近的統計學發展，適度加入新統計觀念與新好方法，如統計軟體繪圖、人工智慧、無母數統計檢定、指數、時間數列分析與預測方法等，為進入 21 世紀統計學做準備。

　　因此在撰寫本書過程中，特別注意到下面幾點：

1. **由學習動機引進理論**：為了讓讀者容易了解及掌握統計理論與方法，本書每章都先由介紹學習動機與目的開始，使讀者能簡要迅速的知道該章內容，並配合該章內容附相關圖表，讓本書編排生動活潑，加深學習者印象。

2. **可讀性與親和力**：考慮到太過繁雜的數理證明或公式，常導致初學者視統計學為天書的主要原因。因此，本書對統計理論與方法的介紹力

求簡潔明瞭，文字說明要清楚明白。該說的說、該提示的地方一定要交代清楚，不需要的觀念就刪除。避免模糊的解說，或語意不清的文句。

3. **理論與生活實例配合**：每講一個觀念或定理，必定緊跟著生活實例，使讀者能充分了解統計理論在實際生活上之應用。因為藉著生活實例的比較，讀者就能自然地理解理論或公式的來龍去脈，而不必去死背公式。尤其是我們引用很多臺灣本土化實例，更能給讀者有臨場親切感。

4. **注重系統性概念與連貫性**：以學習者為中心的編寫方式，由淺入深。前後章節大致上都有連貫，將初學者一步一步帶進統計學的領域。重要的定理公式一定交代清清楚楚，不需有的定理公式或證明絕對不多列。每章最後都有該章摘要、重點提示，以利讀者複習該章內容，也可以給讀者當作準備口試問答的參考。

5. **合適的習題安排**：習題演練是讓讀者熟練內容的最佳方法。本書每章均列有作者精心設計的習題，完全比對課本內容逐一呈現。一道習題一個觀念，不重複也不漏列。只要熟習每章內容，都可以輕鬆地回答出來。而對於內容還不甚清楚的讀者，亦可以藉由習題的思考與演練，很快的了解課文內容。書末並附習題解答，以便讀者練習參考。

6. **應用計算機學習**：鑑於目前計算機與統計軟體，對讀者的學習相當有幫助。因此書中章節的安排和符號公式，都與常用統計軟體如 SAS、MINITAB、SPSS 等保持一致性。如此既可以減少工作量，又能立即對統計計算結果做比較，增加對統計概念的理解與應用統計方法的成熟度。

本書撰寫歷經十年修改完成。底稿的足跡，思維的空間，歷經臺灣、歐美學術殿堂。感謝國科會給予獎助出國研究訪問，與傅爾布萊特研究學者獎助，使作者有機會倘佯於典雅優美的劍橋大學，在綠草如茵、楊柳拂舟的情境下文思泉湧；在悠遊於尖端科技，世界新文化熔爐的史丹福大學城中恣意發揮。時空孕育了本書古典與現代的構想，也啟發了不少豐富的

靈感與創作。

　　本書的完成要感謝家人的鼓勵與支持，感謝政大及應數系提供優良的研究環境，使作者能在人文薈萃的臺北、依山傍水的指南山麓，一邊教學一邊做學術研究之下完成了這本書。最後，雖然本書已經過多次的排版與校對，恐怕疏漏的地方仍在所難免，尚祈學者先進能夠不吝指正。

吳柏林

於 臺北 政大應數系

2013 年 2 月

我不知道我在這世界上的地位，

但是在神遊科學的世界裡，

我常把自己比喻成一位充滿好奇心的小孩，

在繽紛的海灘邊，撿拾一些更美麗的貝殼。

而浩瀚的知識大海，

則不斷地拍打在我的腳丫上，

激起無數的美麗浪花。

現代統計學特點

　　統計學 20 世紀以來的發展，理論與方法不斷的改進、不斷的創新，卻也使得初學者面對這麼多繁雜的理論與方法架構時，常感到茫然甚至望而生畏。為此作者依據多年的教學研究經驗，以符合現代社會發展的角度，寫成了《現代統計學》一書，以適合理工、醫農、商學與教育等現代大學生學習統計學的需求。本書特點在於藉創新的統計觀念，生動活潑的筆法、簡潔的編排，配合相關圖表以吸引讀者的興趣，擺除傳統統計學給人複雜難懂的印象。在內容方面，除了傳統統計理論與方法外，為了因應最近的統計學發展，適度加入新統計觀念與新好方法，如統計軟體繪圖、人工智慧、無母數統計檢定、指數、時間數列分析與預測方法等，為邁入 21 世紀統計學做準備。

本書與同類書比較

（本書）現代統計學	大陸統計學書	臺灣統計學書
1. 本書寫法採學習動機與目的，引進理論方法構思。例如，第一章介紹統計學的發展歷史，以及未來展望，讓讀者容易了解及掌握統計學的方向與發展。	直接闡述內容，文辭不夠吸引讀者。編排較呆板。	直接闡述內容，內容均大同小異，有填鴨式教材的感覺。
2. 本書對統計理論與方法的介紹，力求簡潔明瞭、文字說明清楚、圖表交代明白，避免模糊的解說，或語意不清的文句。例如，第四章介紹機率分配與統計分配，配合實例說明與圖例，讓讀者很快了解這些重要分配之意義及用途。 本書內容有很多重要統計觀念與精神，例如，隨機變數之意義、偏相關的誤用、常態分配之假設與內涵、指數與時間數列之動態指標預測等，均有實質之說明，可以給讀者當作準備口試問答的參考。	過多機率或數理統計陳述，降低學生的學習興趣。尤其對社會科領域學生而言，讀起來相當吃力。	大都根據英文版統計學編寫，未能針對中國學生文化環境融合與創新，像敘述統計方面就著墨太多。

（本書）現代統計學	大陸統計學書	台灣統計學書
3. 本書強調每講一個觀念或定理，必定緊跟著生活實例，使讀者能充分了解統計理論在實際生活上之應用。例如，學生最感困難的統計檢定部分，我們先介紹檢定在決策的哲學觀點，如何由生活語詞轉換為問題確立，再轉換為統計假設，再說明統計檢定程序，引導學生如何建立 H_1 與 H_0。注重系統性概念與連貫性，由淺入深。前後章節都有連貫，將初學者一步一步帶進統計學的領域。	定理公式交代不夠清楚，有時列出太多不必要的定理公式或證明，對統計檢定過程未清楚交代。	舉例不夠生活化，定理公式交代不清楚。重要統計觀念動機與由來，如偏相關、指數很少提及。時間數列分析有列入，但是沿用傳統方法介紹，對統計檢定過程未清楚交代。
4. 本書每章均列有作者精心設計的習題，完全比對課本內容逐一呈現。只要熟習每章內容，都可以輕鬆地回答出來。而對於內容還不甚清楚的讀者，亦可以藉由習題的思考與演練，很快了解課文內容。	熟習每章內容，不見得可以回答習題。	習題與內容有些並不對稱。
5. 本書章節的安排與符號公式，都力求與國際接軌，與常用統計軟體如 SAS、MINITAB、SPSS 等保持一致性，避免不同版本的符號、名詞混淆。 本書以 WORD 電子檔排版打字完成，未來增修或校正均可及時完成。	未能配合應用計算機學習。符號、名詞常不一致，或未與國際接軌。	有部分書籍未能配合應用計算機學習。符號、名詞常不一致，或未與國際接軌。
6. 本書另附有教師手冊光碟（習題詳解與講授重點 PowerPoint），方便老師備課準備。	未附教師手冊光碟。	大都未附教師手冊光碟。

目錄

第7章 統計檢定 169

第8章 變異數分析 197

第12章 指數 367

第13章 時間數列分析與預測 383

1 導論

統計學是一門探討如何蒐集資料與分析資料的科學研究方法。幫助人們在複雜的自然或社會現象中，藉由樣本資料所提供的訊息，經歸納分析、推論檢定、決策、預測等過程，使我們對現實狀況更了解，也更能客觀明確地處理現實世界所面臨的問題。

話說在英國劍橋的某天午後，有位女士聲稱，把茶加到牛奶裡，和把牛奶加到茶裡，兩種方法調出來的下午茶喝起來味道不同。在座的科學家都對她的說法嗤之以鼻。但有位來訪的瘦小紳士，R. A. 費雪，提議要用科學的方法，來檢驗這位女士的假設……費雪所用的，其實就是一種統計方法。

統計的觀點在 19 世紀末萌芽，在接下來的一百年間茁壯，至今已擴展到任何一個需要實驗、檢驗與資料分析的專門領域。以這位喝下午茶的英國女士為例，回顧統計學幾個重要理論的發展過程，與隱身幕後的許多統計學家，將統計應用到更廣的範圍。

統計學的英文 statistics 最早源於拉丁文 statisticum collegium（國會）以及義大利文 statista（國民或政治家）。德文 statistik，最早是由 Gottfried Achenwall (1749) 所使用，代表對國家的資料進行分析的學問，也就是研究國家的科學。在 19 世紀，統計學於廣泛的數據以及資料中探究其意義。

統計學其學理研究可追溯到古希臘的亞里斯多德時代，起源於研究社會經濟問題，在兩千多年的發展過程中，統計學至少經歷了城邦政情、政治算術和統計分析科學三個發展階段。城邦政情階段始於亞里斯多德撰寫城邦紀要。150 餘種，其內容包括各城邦的歷史、行政、科學、藝術、人口、資源和財富等社會和經濟情況的比較分析，具有社會科學特點。城邦政情式的統計研究延續了一兩千年，直至 17 世紀中葉才逐漸被政治算術這個名詞所替代，直至今日統計學 (statistics)，依然保留了城邦 (state) 這個詞根。

《孫子兵法·謀攻篇》中說：「知己知彼，百戰不殆；不知彼而知己，一勝一負；不知彼，不知己，每戰必殆。」這幾句話就是說：對自己和敵方的情況都有透徹的了解，作戰才能長勝不敗。如果只了解己方而不了解敵方，便有一半機會失敗。假如敵我雙方的情況都不了解，便只有每戰必輸的份了。如何知己知彼？如何得知分布函數？如何進行統計分析？且看下回分曉……

1.1　認識統計

自古以來，真理的追尋可說是人類從事科學活動的主要目標，也是社會文明進步的原動力。但是在尋求真理的過程中，人類卻也往往付出了巨額的代價，包括時間的花費、財力的投入、資源的分配、信仰的轉變等，甚至一場殘酷的戰爭。走過歷史，可以發現通往真理的路上充滿了混沌與挫折。從假設、觀察、實驗到結論的每一過程，真理並不是那麼明顯的擺在那裡的。即使是同樣一個實驗、同一種資訊或者是同一組樣本，也可能讓兩個科學家歸納出不同的結論。

而隨著人類社會的演變，科技文明不斷進步，資訊來源也愈來愈多。每天我們不斷地從報章雜誌、廣播電視與網路媒體，接觸到各式各樣資訊，以及被大量引用的數據和圖表。如何從眾多紛雜的資訊當中，去蕪存菁、釐清真相，儼然變成對現代人的一大課題。而現代統計學的主要目標，就是以科學方法來處理、分析、研判並應用這些資訊。因此，在眾多探尋真相的方法與過程中，統計學自然就成為一門極重要的科學研究工具。

傳統對於統計一詞的概念，常把它當作資料的蒐集與資料的陳述。其實現代的統計學，已被更積極推廣到如何蒐集資料、如何研判資料、如何進行模式分析、如何做統計決策，以及動態資料像時間數列趨勢分析與預測等。不只政府部門需要以更有效率的統計方法，來調查人口、財經、交通、教育、國防概況。民間各大行業、工商業界的經營者，常藉統計數據來評估公司是否處在預定的目標狀態，或者營運狀況是否有效率，並且比較其他同類型企業的營運方式，用以肯定或改進自身企業的策略，尋求最適化的經營模式。研究機構亦需藉更新的統計技術，廣泛地應用到各研究分析的主題上。例如：

中央銀行降低利率 1%，對商業景氣有多大影響？對證券市場有何影響？

掃黑以後，犯罪率是否顯著降低？人民對治安是否較有信心？

幼兒奶粉添加特別維他命對嬰兒成長有幫助？補腦丸是否能增強記憶

力？

針灸對病患的改善效果多大？雞尾酒治療法對愛滋病患者的病情能控制多少？

什麼因素使屏東的黑珍珠、玉井的芒果，比其他地方栽培的好吃？

臺北市區到底要再增加多少個停車位才夠用？

實施國中、國小小班制以後，未來五年臺灣地區將需要增加多少教師？

施打 H1N1 疫苗，可以降低多少學童新流感罹患率？

進口美國帶骨牛肉，有多大的機率民眾吃了會得到狂牛症？

二代健保政策推行後，是否提高了民眾對執政黨的滿意度？

現代統計學的目的主要針對諸如此類問題，擬定一套衡量測度的方法，以期得到客觀的結論，其過程是：(1) 設定合適的理論或模式；(2) 蒐集樣本資料、實驗設計、抽樣或模擬；(3) 資料分析與研判；(4) 估計與檢定；(5) 決策或預測。

另一方面，在我們生活周遭，常常碰到類似統計卻非統計的敘述論調。尤其在廣告方面的誤導更是嚴重，值得我們注意。例如：很多書報雜誌常描述：一般人一生中僅用到其腦力的 10%；有人強調遊行抗爭，花費了幾千萬元的社會成本；報上刊載社會風氣治安愈來愈敗壞；雜誌刊載通天法師的太極神功高強，治癒了很多病人；老師感嘆現在的學生數學程度愈來愈差；傳單上宣稱學琴的孩子不會變壞；醫院牆上貼著海報，強調吸菸得癌的比率較未吸菸者高出 20 倍等，其目的大多是為了讓人們同意他們的看法或論點。

但是這些看法或論點，有的是尚未經過合理的統計估計檢定程序，就逕下結論，有的甚至假借統計之名，做某種程度的誇大或扭曲對問題的推論或評斷。這樣不僅誤導了統計學的功能，更違反實事求是的科學基本精神。因為像是 (1) 一般人的腦力如何定義？(2) 什麼是社會成本的定義？因素有哪些？(3) 病患到哪一種程度才算治癒？維持多久？(4) 社會風氣、治安好壞指標是什麼？(5) 不學琴的孩子比學琴的孩子會變壞的比率較高嗎？顯著否？孩子變到什麼程度才叫做變壞？等。我們在歸納結論、敘述真相之前，不僅

要先說明定義、清楚命題的假設與內容，最好能有一些可靠的數據來支持。否則很容易變成為玩弄統計與文字的魔術，造成一些危言聳聽的謬論。而統計分析的另外一項功用，就是可以幫助我們思考命題的意義及可信度，釐清混淆的敘述，以避免無謂的爭論。

1.2 統計學簡史

統計學是一門新的科學研究方法，內容涵蓋抽樣調查、實驗設計與變異數分析、相關與迴歸分析、無母數統計、指數與時間數列分析、類別資料分析、統計計算等。

有關統計活動的記載，最早可追溯到西元前 3000 年巴比倫人 (Babylonians) 與羅馬人使用小泥版記錄農業生產與商品買賣資料。古埃及人在建造金字塔之前，曾應用統計方法來記錄人口與物資財富資料。類似的資料在中國西元前 2000 年的夏商朝代亦有記載。約西元前 594 年，希臘人曾舉行戶口普查以當作徵稅標準，而羅馬帝國可說是最早廣泛蒐集人口、土地、控制區財富資料的政府。

到了中世紀歐洲，統計活動更頻繁。如英王威廉一世於 1086 年執行人口普查，結果記錄於《*Domesday Book*》。16 世紀初期英國開始有死亡、出生登記，且從 1662 年開始，第一本著名的人口統計書《*Observations on the London Bills of Mortality*》問世。

而從近代統計學發展的歷史來看，大致可分為：

古典統計學時期（至 19 世紀初）

1. 敘述統計學：偏重資料與圖表的顯示、事物性質的解釋。統計學的名詞正式被提出，見 Achenwall (1690) 之歐洲各國國勢學概論。
2. 政治統計學：偏重事物觀察、分類、對比的量的計算，其代表作有 Graunt (1662) 之關於死亡表的自然和政治的觀察，以及 Petty (1690) 之政治算術。
3. 機率論：有系統地將數學分析應用於機率統計理論，代表作有拉普

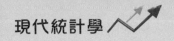
拉斯 (Laplace, 1812) 之機率論,以及謝比雪夫 (Chebychev) 與馬可夫 (Markov) 於 1890 年提出之機率不等式。

4. 重要的事件:有比利時天文與統計學家 Quetelet 於 1853 年創辦第 1 屆國際統計會議。高斯 (Gauss) 與拉普拉斯 (Laplace) 分別研究誤差分布,而發現常態分布 (1930)。

近代統計學時期(19 世紀初到 20 世紀初)

1. 實驗設計與檢定:費雪 (Fisher) 於 1935 年創立實驗設計,研究自然與工程現象所用的隨機化模型,並提出與發展如變異數分析之小樣本技術。

2. 社會統計學:強調社會科學中的實質性科學,在統計研究中必須以事物的性質為前提,其代表人物有 Knies (1821-1898) 和 Engel (1821-1889)。

3. 生物統計學:強調將統計應用於生物科學之研究,使生物統計成為應用統計學重要一環,其代表人物有 Galton (1880) 應用統計方法研究遺傳因果關係,創先提出遺傳律與子女趨中律。Person (1901) 研究將通用之數學公式描述未知母群體。

4. 重要事件:有 Student (1908)(本名為 W. S. Gosset)發表精密樣本論,為研究樣本分布之開端。Gibbs (1870) 將機率統計方法應用於化學上,創立相律 (Phase rule)。Boltzmann (1877) 應用統計數學從事分子能量研究,提出分子動能之常態分布。

現代統計學時期(20 世紀初至計算機革命)

1. 數理統計學:強調自然科學中的方法論科學,偏重統計公式之數學基礎與理論的推演歸納,其代表人物有 Neyman 與 Pearson(K. Pearson 之子)於 1933 年合力對統計假設檢定做有系統之發展。C. R. Rao、Blackwell、Lemann、Scheffe 於 1960 年代所提出的估計理論,奠立往後統計估計論基礎。

2. 無參數統計學:1930 年代末期,統計學家開始用不同的方法來進行統計推論,其特點在於儘量放寬對分配或模型假設的限制,其代表人物

有魏克生 (Wilcoxon, 1945) 提出配對樣本之符號等級和檢定方法。Hajek 與 Sidak (1967) 合著《等級檢定理論》。

3. 重要事件：有科莫果夫 (Kolmogrov, 1933) 出版《機率論基礎》，以集合論與測度論開拓現代機率論領域。Cochran (1963) 出版《抽樣技術》，創立各類型的抽樣設計。

後現代統計學時期（計算機革命時期迄今）

這一時期，社會統計學逐漸由實質性科學向方法論科學轉變，吸收了自然科學研究中的方法，應用於社會科學的研究。動態統計學如隨機過程、時間數列分析、生物統計學如遺傳基因統計分析，神經計算亦如火如荼的發展。數理統計學也從方法論科學走向實質性科學，隨著計算機的極速發展，e 世代的發展趨勢，衍生了更多統計學的新分支與相關學科，提供社會科學與自然科學研究基礎。模糊統計、資料採礦更是近年來，智慧統計應用分析工具中相當熱門的一種方法，而一個以應用統計學為主流的現代統計學亦逐漸形成。

1.3　統計精神就是科學研究的精神

著名統計學家費雪 (R. A. Fisher, 1890-1962) 曾說：「統計方法的目的是基於經驗觀察，去改進我們對該系統的了解。」這句話可說是道出了統計的基本精神。統計的主要工作就是在尋求問題真相的過程中，架構一系列有組織、有系統且可分析的研究過程，以獲得客觀可靠的結論。因此，從問題的陳述、問題的分析、解決的工具與方法，到問題的結論，統計分析過程可說是完全符合科學研究的精神原則，見表 1.1。

當統計的目的、假設的推論與研究的對象決定後，便開始蒐集資訊、整理相關資料。將原本雜亂無章的資料，以有系統、有組織的方式校正和分類，並進一步分析該筆資料，製作統計圖表及數學式，加上清晰明確且淺顯易懂的文字說明。

常用的幾個統計學術語，包括母體 (population)、參數 (parameter)、樣

表1.1	統計問題與統計分析過程
統計問題陳述	討論的主題在語意或定義上需明確,研究動機、目的與範圍不能含混不清。陳述問題時要簡潔易懂,並確定研究母體與元素對象。
統計問題分析	以邏輯推理為基礎,應用機率與統計理論,引用的方法需符合統計假設條件與限制。分析工具需可行,分析過程一步一步透明化。
統計問題結論	據實報導真相,讓數據說話。幾分結果就做幾分的結論,不要過度推論或誇張事實。

本 (sample) 與統計量 (statistics),意義如下:

母體:該次研究中所欲探討的事物之全體對象,即為母體。

參數:用來量度描述母體的特徵數,便被稱為母數或參數。

樣本:由母體中隨機抽取部分群體的集合,稱之為樣本。

統計量:用來量度描述此樣本的特徵數,就是統計量。

在大多數的情況,要取得母體的完整資料,常會有主客觀環境因素的困難。諸如時間╱空間的浩瀚、財力╱人力╱物力的不足、母體處於不穩定狀況、蒐集的資料具破壞性等。例如:全國女性的平均壽命、民眾對執政黨的支持度、臺北市總人口數、或安全氣囊的故障率等。

因此,我們常以隨機抽取的樣本,計算其統計量並推論該母體的特徵數,以描述和分析此母體,見圖1.1。

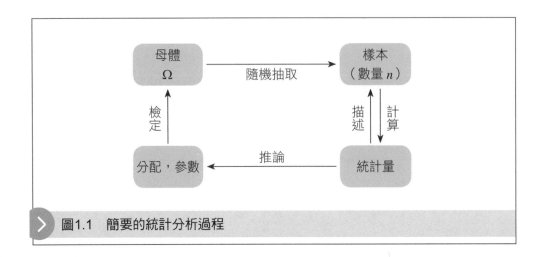

圖1.1 簡要的統計分析過程

1.4　統計在現代社會所扮演的角色

　　無論是在自然科學或是人文社會科學研究的領域中，統計方法是門不可或缺的研究工具。事實上透過適當設計的問卷調查，或其他方式的資料蒐集，再加以統計分析，許多自然界和人文社會的現象都可以清晰的呈現，亦可使專家們進一步的了解實務現象進而提出因應之道。至於在現代政府或私人企業經營中，統計學亦是一門專業且實用的科學研究方法。以下我們列舉一些統計學在現代社會中所扮演的角色。

1. 政治經濟：施政滿意度的民意調查、選舉前政黨與候選人得票率預測、選民投票行為模式分析、預測失業率的趨勢、各項經濟指標的認定與控制。

2. 商業方面：行銷公司對消費者購物習性的市場調查、匯率或利率變動的預測及風險估計、商品的市場占有率、商品的供給與需求研究。

3. 企管方面：企業員工工作能力與薪資水準的相關性、等候或倉儲與交通運費問題的規劃、產品的品質管制、人力資源需求規劃、財務流動與平衡研究。

4. 工程方面：工程公司對施工進度的時間規劃與品質控制、工程師對工程質料與尺寸選用、工程品質可靠度檢定、交通流量與停車位的成長估計與預測。

5. 農業方面：季節變動相對農作物生產量的關係、品種改良的實驗設計問題、土壤品質對農作物的影響程度、肥料施肥時機與分量控制、季節蔬菜市場的供給與需求。

6. 醫藥方面：各種藥物對疾病治療的有效度、藥劑使用量的多寡、流行病的感染模式與途徑、外科手術的成功率或存活時間、慢性病與生活習慣和環境因素的因果關係。

7. 教育方面：教育經費的供給與需求、課程安排比重的設計、教學方法與教學績效的評估檢定、師生人數與比例的變動趨勢、特殊教育的需求與供給、輟學生與青少年犯罪率的相關分析。

8. 觀光方面：旅遊據點的受歡迎程度、觀光餐飲業的密度與設施水準、季節因素、週休二日後物價、匯率對出國觀光人口數的影響，對本地旅遊業的影響。

1.5 現代統計學的發展

歷史上，領導者或君主為了了解國家 (state) 的人口、經濟、生產、稅賦、氣候等各項狀況，必須蒐集和分析領土內的重要資訊 (information)，這也是統計學 (statistics) 名詞的由來。例如：蒐集人口的資料，以決定軍人的徵募人數、工程勞役的施工與進度。為了財政預算規劃，必須蒐集鹽、鐵、布匹、牲口、農產等交易價格數量，以決定稅賦。為了減少自然災害，必須研究雨量、河流、氣溫、風向變化資料。因此，早期的統計學，直到約 18 世紀左右，主要仍偏向資料與圖表顯示的範圍，即所謂敘述統計學 (descriptive statistics)。

但是隨著科技的進步與數理研究方法的發展，現代統計學在 19 世紀末和 20 世紀初開始，統計的方法已超越了陳述資料與圖表顯示的範圍。變化包括資料的解釋、資料分析歸納、更精確的估計與檢定結果，以及模式建構預測等。因此，一般稱為推論統計學 (inferential statistics) 或分析統計學 (analytic statistics)。

敘述統計學：即傳統資料蒐集整理，並將這已有的資料予以統計分析後，用數據、模式或圖表陳述出來，並解釋該筆資料所表現出來的特徵與結論。生動清晰的統計圖表常令人印象深刻，而且很容易得到所要表達的概念。往往一個統計圖表告訴我們的現象，反而比長篇大論的分析說明還值得。

分析統計學：積極的闡述如何由隨機抽取的樣本，經由樣本統計量去推論母體母數，或檢定母體參數的科學方法。對於動態資料，則有趨勢分析、建構模式與預測等功用。而分析統計學又因母體是否為已知分配（通常為常態分配），可再分為有母數統計和無母數統計領域。

現代統計學重要的課題

抽樣方法

　　統計的第一步是資料蒐集。而如何自母體中取得樣本，抽樣過程的設計是很重要的步驟。良好的抽樣設計，可增加我們對母體分析的可靠度。從人力、財力或是時間的觀點來看，抽樣調查是比普查有效率，例如：調查汽車的耐撞程度，這個試驗是具有破壞性的，在無法採用普查的狀況下，抽樣調查是最佳的考慮。抽樣方法包括隨機抽樣、比例抽樣、分層抽樣、群體抽樣、系統抽樣等，以及如何控制抽樣誤差。為了了解母體的特性，經由抽樣調查，得到具有代表性的樣本，並以此推測母體，實為統計分析推論的主要過程。統計學之所以被重視、功效得以發揮，應歸功於第一線抽樣理論應用及不斷的發展結果。

估計與檢定

　　推論統計可說是根據樣本資料推得其母體性質結論的方法，其可分為二個主要部分：估計 (estimation) 與檢定 (testing hypothesis)。估計是指如何利用機率原理，決定以何種樣本統計量估計母體參數最為適當的統計方法。倘若有其他訊息能先對有關母數建立合理的假設，再由樣本資料來測驗此假設是否成立，以為決策之依據的方法，稱為檢定假設。統計是決策的工具，正確的母體參數特徵往往未知，估計與檢定可以作為決策判定的準則，以便決定採取的適當行動。

實驗設計與變異數分析

　　所謂實驗設計即是一系列為了解因果關係的測試，利用一組可控制的變數，將另一組無法控制變數的影響力降到最小，使研究目標的相關因素得以單純化。此設計因而提高統計因素分析的精準度和實驗效率。變異數分析用來檢定 k 個母體平均數是否相等，即將一組資料的總變異，依可能的變異來源分割成數區，然後就其兩種變異情形：各區內變異與各區間變異，加以分析探討。變異數分析依據因子（自變數）的數目，又可區分為一因子變異數分析及二因子變異數分析。

相關與迴歸分析

在宇宙各個現象中，由於各種因素的交互影響，使一群體內兩種或兩種以上特性之間，如人的身高與體重，有關係性的存在。也就是說，此兩個或多個的變數間具有相關性。研究一變數對另一變數的影響情況，稱為迴歸分析。許多經濟理論常透過迴歸分析，依據實務加以印證，故迴歸分析是應用極廣的統計方法。

無母數統計

前述的估計與檢定，在進行該項程序時，都需假設母體是常態分配或是某種特定的理論模型，但一般而言，要對母體的理論模型作出適當的假設是相當困難的。1930 年代末期，統計學家開始用不同的方法來進行統計推論，其特點在於儘量放寬對模型假設的限制，並用簡單的方法來找尋所想要的機率，而不必修改模型的假設，這類統計方法稱為無母數統計。

類別資料分析

類別資料是指將觀察值按照其特徵予以分類而得到的統計結果。故該組資料所顯示之數據，為各類別出現之次數。此種型態資料在屬質的社會科學研究過程中經常出現。例如：經濟學家將國民所得分為高收入、中收入與低收入以研究所得分配。人口學家將臺灣族群分為本省群、客家群、外省群、原住民以研究族群習性。藝術家將名畫分為古典派、抽象派、新潮派以分析歷史潮流。農產行銷公司將水果分為特級品、高級品、一般以供促銷等。主要的方法，包括 (1) 評估樣本資料是否來自某特定機率分配之卡方適合度檢定；(2) 檢定兩母群體是否具同樣分配比率之卡方齊一性檢定，以及 (3) 檢定兩個屬性母體變數是否相關之卡方獨立性檢定。

指數與時間數列

指數是對有興趣的自然或社會主題，如經濟、財經方面的就業、物價、生產力或證券交易，以及氣象、環保、生活等情況，經設計與統計資料蒐集而測得的統計參考指標，如加權股價指數、消費者物價指數、空氣汙染指數、紫外線指數、生活痛苦指數等。通常以相對加權及相對變動率來表示。

時間數列分析則是指對一系列隨著時間而記錄的觀測值，作資料分析、模式建構與診斷預測。這方面的研究屬於動態統計學的領域，隨著工商業發展與科技進步，動態走勢分析在經濟建設、人口政策、經營規劃、管理控制等問題上，更是不可或缺的研究工具。

品質管制

品質是一種測量產品或服務滿足消費者需求的程度。然而在現今全球經濟競爭激烈的環境下，一個注重品質的產品或服務，必能維持於競爭的環境中。因此，監控與維持品質的統計方法，便逐漸被產業所重視。品質管制的重點在於管制的行為，使其從製程開始至不良品產生時，能夠迅速發現及釐定對策，預防類似的不良品再度發生。雖然品管是每個人的工作，但戴明 (W. Edwards Deming) 則認為品質是管理者應負責的工作。他提出管理者應負責的 14 要點，包含停止依靠大量檢驗、停止完全基於價格的採購習慣、持續尋求改善所有生產製程及服務、培養團隊方式的環境、消除數值的目標、口號及表明數值配額的工作標準等。

統計計算

在進行資料彙整時，統計研究人員面對的已不再是單純的幾筆數據，而是成千上萬的數值資料的處理。每筆資料的儲存長度愈來愈長， 變數不斷增加。資料與變數的運算，涵蓋多變量模式的參數逼近解、矩陣的運算、特徵根的解法、多變數群落中心的選取、狀態方程式的選取等。面對此繁雜的計算，以人工方式或計算器來處理分析統計資料已不符合高科技時代的要求。因此，必須借助統計分析軟體的輔助、高速電腦運算的功能方能事半功倍。目前大多數的統計分析均藉由統計軟體完成，較常用的統計軟體包括 SAS、MINITAB、SPSS 等。

統計的未來與趨勢預測

資料採礦

由於資訊科技的進步，出現了許多新的工具，例如：關聯式資料庫、物件導向資料庫、柔性計算理論（Neural Network、Fuzzy Theory、Genetic

Algorithms、Rough Set 等)、人工智慧的應用(如知識工程、專家系統)和網路通訊技術的發展,使資料採礦成為近年來統計應用分析工具中相當熱門的一種方法。其所使用的分析方法包含有 1. 自動預測趨勢和行為資料挖掘:自動在大型資料庫中尋找預測性資訊,以往需要進行大量手工分析的問題,如今可以迅速直接由資料本身得出結論。2. 關聯分析:資料關聯式資料庫中,存在著一類重要的可被發現的知識。若兩個或多個變數的取值之間存在某種規律性,就稱關聯。關聯可分簡單關聯、時序關聯、因果關聯。關聯分析的目的是找出資料庫中隱藏的關聯網。3. 聚類:資料庫中的紀錄可被化分為一系列有意義的子集,即聚類。聚類增強了人們對客觀現實的認識,是概念描述和偏差分析的先決條件。4. 概念描述:概念描述就是對某類物件的內涵進行描述,並概括這類物件的有關特徵。概念描述分特徵性描述和區別性描述,前者描述某類物件中所有物件的共同特徵,後者則描述不同類物件之間的區別。5. 偏差偵測:資料庫中的資料常有一些異常紀錄,從資料庫中檢測這些偏差很有意義。偏差檢查的基本方法是,尋找觀測結果與參照值之間有意義的差別。

近年來在統計學的應用愈來愈廣的發展趨勢下,統計學漸漸結合人工智慧的領域,發展成為一更有效率、更高科技的研究工具與方法,進入了 21 世紀的未來社會。例如:應用模糊統計分析 (fuzzy statistical analysis) 的方法,進行資料分類、圖形判別。應用神經網路的自由模式 (model free) 的觀念,模擬人類思考的過程,分析資料並進行訓練學習與預測;結合統計資料分析與專家系統,建構智慧問題解決步驟;用數位化資訊傳達與編碼技術,來處理解變動母體的實務問題,以及整合統計決策與人工智慧決策的即時系統。我們就目前統計學與人工智慧已存在許多的共通與互動的地方觀察發現:

統計學	人工智慧
1. 使用計算與公式做資料的推論。	1. 使用電腦做記號的推論，把焦點放在不易演算結果的問題上。
2. 設法擷取與處理情境之「量」的顯著特性，比較依靠數字方法。處理與數據有關的意義及基本定理的建構與應用。	2. 設法擷取與處理情境之「質」的顯著特性，而比較不依靠數字方法。能夠處理與語意有關的意義與句法的形式。
3. 著重母群體資料訊息的分析與結論敘述。使用很多機率與分配假設，來陳述問題、分析問題、解釋問題，這是統計分析的精神，並建構統計隨機模式，以便預測決策參考。	3. 著重資料特性擷取。利用知識庫，建立規則庫、模式庫，來設計專家系統。使用很多專業性判斷得以圓滿解決，這研究領域的實質意義構成，依據啟發式尋找人工智慧問題解決技術基礎。
4. 結論雖然包括不確定性，但通常以顯著水準來做決策依據。	4. 答案雖非最正確，也非最佳，但至少相當充分。尤其是當問題的最佳解太昂貴或不可能時，便需依據次佳的問題解決方法以獲得結果。

　　藉由以上的統計學和人工智慧之比較，相信讀者更能體會到未來統計學與人工智慧領域彼此的整合與發展的趨勢。

摘要

1. 統計的主要工作就是在尋求問題真相的過程中,架構一系列有組織、有系統且可分析的研究過程,以獲得客觀可靠的結論。

2. 統計在現代社會中扮演重要的角色,諸如在政治、商業、企管、工程、農業、醫藥、教育及觀光等方面,被視為一門專業、實用且受重視的科學方法。

3. 敘述統計學為將資料蒐集整理,將這已有的資料予以統計分析後,用數據、模式或圖表陳述出來,並解釋該筆資料所表現出來的特徵與結論。

4. 分析統計學乃積極的闡述如何由隨機抽出的樣本去推論母體參數,進而描述母體特徵的科學方法。

5. 現代統計學重要的課題包括:抽樣方法、估計與檢定、實驗設計與變異數分析、無母數統計、相關與迴歸分析、指數與時間數列、類別資料分析、統計計算。

6. 近年來在統計學的應用愈來愈廣的發展趨勢下,統計學漸漸結合人工智慧的領域,發展成為一更有效率、更高科技的研究工具與方法,進入了21 世紀的未來社會。

習題

1.1 下列那一個敘述最符合統計學的意義?

　(a) 統計學是利用參數來推論統計量的科學。

　(b) 統計學主要是透過對樣本資料的蒐集、分析,並利用統計量來描述、推論、檢定、決策母體分配或參數的科學。

　(c) 統計學主要是做資料的蒐集與資料或圖表的陳述。

　(d) 統計學僅是利用敘述統計來幫助企業做決策的科學。

1.2 下列那一個敘述最符合統計分析過程的要求？

(a) 統計學應用在社會科學層面時應強調經驗而非實驗。

(b) 統計問題的陳述不需太嚴謹。

(c) 統計分析過程需按部就班，每一步均要有理論依據。

(d) 統計分析過程與科學研究過程有很大差異。

1.3 下列是有關統計學的敘述，那些敘述是錯誤的？

(a) 統計學是一種處理靜態資料的科學。

(b) 參數是表示母體特徵數，而樣本統計量是表示樣本觀察值特徵數，我們常利用樣本統計量來推論母數參數。

(c) 統計方法僅適用於數量資料的處理，不能分析屬質的資料。

(d) 專業經理人如果能了解交易的風險及變動性，並深知掌握這些資訊的重要性，則將有助於公司之盈收及企業之表現，凡此種種，都要統計方法來協助分析判斷。

1.4 試敘述母體、參數、樣本與統計量的意義。

1.5 試敘述統計學和分析統計學的差異。

1.6 在比較統計與人工智慧關係時，有關人工智慧的敘述下列何者是錯誤的？

(a) 使用很多邏輯規則與專業知識來解決問題，是專家系統的基礎。

(b) 主要在「量」的知識攫取與處理，不考慮質的特性，完全依靠數字方法進行分析。

(c) 其問題著重於如何應用傳統數學公式進行演算與推論，卻無法處理與語意有關的意義與句法的形式結構。

(d) 使用電腦做記號的推演，把焦點放在不易由傳統數學演算結果的問題上，如有關語意與句法之自然語言的處理。

2 資料分析與統計量描述

我們想要研究自然或社會現象，首先要去蒐集相關的統計資料。接著對所蒐集的資料進行處理描述，並製作統計圖表，以簡潔、有系統的方式，陳述說明資料的主要內容與特性，讓讀者能一目了然印象深刻。如何藉由統計資料去了解母體的特性，以便做進一步的統計分析，亦是相當重要的課題。我們常用代表集中趨勢參數的平均值與代表離散現象參數的變異數，來表達母體的分配情形。

iPhone 4S 助蘋果拉近與 Android 智慧型手機市占率差距

2012-01-19 鉅亨網新聞
http://news.cnyes.com/content/20120119/KFHZSZ38C6L5F.shtml

根據美國 IT 網站《PCWorld》周三（18 日）報導指出，iPhone 4S 看來像是蘋果 (Apple Inc.)(AAPL-US) 在面對 Android 作業系統市場霸主地位時的催化劑，能幫助它重新奪回市占率。

調查顯示，44.5% 上 (12) 月分購買智慧型手機的消費者選擇使用 iPhone，幾乎較 10 月分時還要多出 1 倍，而上月分 Android 智慧型手機銷量則自 10 月分的 61.6% 降至 46.9%，兩者市占率幾乎打平。然而，Android 持續以 46.3% 市占率在美國智慧型手機市場裡稱霸。

iPhone 的成長似乎對 Android 及 RIM 黑莓機造成危害。黑莓機上月分智慧型手機銷量亦自 10 月分的 7.7% 降至 4.5%。此項由市場研究公司尼爾森 (Nielsen) 所做的調查數據結果，亦與另家研究機構 NPD 上周所公布的調查結果兩相印證。NPD 發現，蘋果去年第 3 季市占率為 26%，到了 10 和 11 月分的時候，市占率更是上升至 43%，而 Android 則是自 60% 降至 47%。

根據 NPD 的排名，前 3 大暢銷智慧型手機分別是 Phone 4S、iPhone 4 跟 iPhone 3GS，顯示蘋果僅以少數的機種就有辦法擊敗為數眾多的 Android 智慧型手機。

這篇報導顯示 iPhone 與 Android 智慧型手機的市占率不分軒輊。如何以簡潔的圖表，表示目前市場概況呢？本章將進行介紹。

2.1 統計資料的蒐集

我們想要研究自然或社會現象，首先要去蒐集相關的統計資料。為了對研究的主題做量化的處理比較，因此在資料蒐集時，常根據主題的特質與可能測量情況，給予資料一些實數值或記號，作為比較或計算的基礎。一般

衡量資料的尺度有四種：(1) 類別尺度 (nominal scale)；(2) 順序尺度 (ordinal scale)；(3) 計量尺度 (metric scale)；(4) 比率尺度 (ratio scale)。

類別尺度

　　類別尺度依資料的性質來分類，並給予特別數值或代號。例如：將性別分為女性＝0、男性＝1；將電影藝術分類為喜劇＝a、悲劇片＝b、動作片＝c、兒童片＝d；將三種顏色分別指定紅＝1、黃＝2、藍＝3；將宗教信仰分為佛教＝1、基督教＝2、回教＝3、其他＝4。類別尺度表示之數值或記號只區分類別，沒有大小、順序或比率關係。因此，類別尺度資料僅能計算某類代號出現的次數或頻率，若要求計算其平均數則無意義。類別尺度需符合兩個原則，第一個原則是互斥 (mutually exclusive)，不同類別之間，需要完全的不同，不可以有重疊性或交集性。第二個原則為完整性 (exhaustively)，所提供的類別必須包含所有的可能性。如有違反這兩個原則，則會造成填答者與分析上的困擾。因此，進行資料蒐集時，必須對於所欲蒐集的資料，有詳細的調查。

順序尺度

　　順序尺度依資料的重要性、強弱、好壞等程度區分，給予大小不等的數值。此數值具順序意義，但數值之間的距離則無意義。例如：將學歷分為小學＝1、中學＝2、大專＝3、研究所＝4 等四等級；環境背景區分都會區＝1、城鎮＝2、鄉村＝3；商品價格以常用的五等第分類為很便宜＝1、便宜＝2、一般＝3、貴＝4、很貴＝5。順序尺度之資料雖然在等第上有好壞、高低之分。如 2 比 1 好，3 比 2 高，但是無從比較 2 比 1 與 3 比 2 之差距誰大誰小。

計量尺度

　　計量尺度是將研究對象或事物予以數量化，且滿足度量公設，因此又稱等距尺度。其數字大小差異不但有意義且可以比較大小，更可藉數學運算，達到深入分析資料的目的。例如：身高 180 公分與身高 170 公分的差距等於

身高 165 公分與身高 155 公分的差距。計量資料可說是最常被使用的統計資料，像時間／溫度／重量或長度單位、學生的考試成績、每月的水電量、貨幣金額、營業額、交通里程數、年齡等皆是。

比率尺度

比率尺度是以某一特定對象為基準，其他現象相對於此一標準的比值，因此又稱等比尺度。例如：經濟成長率、人口成長率、誤差率、進步率等常用的相關數據皆是。由比率尺度我們容易看出，事件前後其相對的進展關係。通常在時間數列分析或空間數列分析時較常用。

統計資料若依據取得的方式來分，可分為直接資料與次級資料兩種。自行蒐集的資料稱為直接資料或初級資料，例如：由研究者親自蒐集或直接委託調查的資料。而參考他人蒐集的相關資料稱為間接資料或次級資料，例如：取自政府部門、財團法人機構及報章雜誌或發行刊物的報告。不論是直接資料或次級資料，資料蒐集的方式有調查 (survey) 與實驗 (experiment) 二種：

1. 調查：研究者設計符合研究需求的專業問卷，親自或透過調查人員實際觀察後，記錄事件現象，或者是利用當面、電話及郵寄的方式來訪問相關人員與公司行號，利用此等方式蒐集的資料，較能滿足研究者對於研究目的的需求，而不像其他間接資料，仍需做適度的修正整理。但是它的可靠度則牽涉到問卷設計的技巧、抽樣的誤差、調查人員的專業素質等諸多因素的影響，使得結果仍可能與研究者的認知大相逕庭，每一個調查環節都馬虎不得。如選前的民意調查，有時和選舉結果相距甚遠，而且時間、財力、人力、物力的花費也得併入考慮。

2. 實驗：實驗是指在研究目的已確立，並設定條件和狀態，對實際的作業過程進行試驗，並記錄其相關現象和數據。例如：公司要決定應該採用那一種生產方式，才可達到最有效率的資源配置？較可靠的方式，就是在其他狀況不變的情況下，實際操作各項生產方式，並依據所得的數據比較各項生產方式的效能，即可獲得最佳的選擇。

若調查的對象為該次研究中所欲探討事物的全體，則該筆資料稱為普查資料 (census)。若調查的對象為該次研究中所欲探討事物的抽取樣本，則為抽查資料。無論以何種方式蒐集資料，只要能達成研究目的，皆可使用。並僅以最少成本、最短時間蒐集到具代表性的確實資料，以取得正確的分析結論。

　　取得初級或次級資料後，有些資料可能遺漏或錯誤，必須補足或更正。而且有些資料的型式並不一定符合研究者的需要，尤其是次級資料，對資料內容做適度的審視與修正是必需的。

2.2　資料處理與展示──統計圖表

　　當我們資料蒐集完成後，需對此筆資料進行初步的整理，並製作統計圖表予以展示說明。人類辨識影像圖形的能力，一般優於辨識數字與文字的能力。千言萬語的說明敘述，有時反不及統計圖表的效果。俗話說文不如表、表不如圖，應是這個意思。

　　當我們在製作圖表時，需特別注意繪製圖表的座標軸，以免會造成大眾認知的誤解。例如：利用主計總處 2009 年物價膨脹指數繪製成的兩個線圖（見圖 2.1），左邊的會讓人覺得 2009 年 4 月分到 8 月分的物價膨脹飛快，然而，背後的數字卻不是如此，真正的物價膨脹指數不過是從 4 月分的 103.75 上漲到 8 月分的 106.17。但是 7 月分到 8 月分的那條直線，卻快速的竄升到頂，使人產生物價漲了好幾倍的誤解。然而，同樣的數據，不同的座標化在圖 2.1 的右方，就讓人感到，原來物價的漲幅並不是那麼大了。

　　在繪製統計圖表時，有幾個重要的原則：(1) 不管是橫軸或是縱軸，都應該將座標軸與刻度標示清楚；(2) 橫軸的刻度應由左到右，縱軸的刻度由下到上，數字逐漸增加；(3) 以直線來表示量的大小，而非以面積或體積來表示；(4) 為了美觀，一般建議圖的橫軸與縱軸的比例約成黃金比例 (3:5)，不應為了使無顯著差異的圖變成有顯著差異，或為了使有顯著差異的圖變成無顯著差異，而故意誇大座標或是縮小座標。

　　統計圖表的目的在於用簡潔、有系統的方式，展現資料的主要內容與特

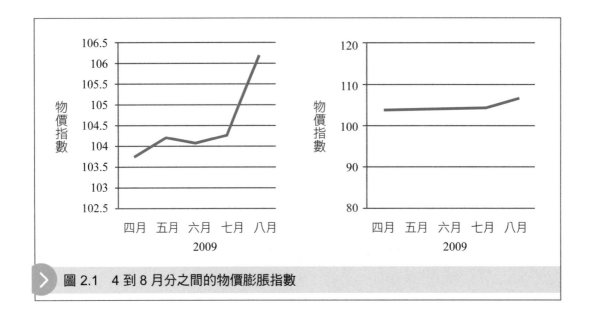

圖 2.1　4 到 8 月分之間的物價膨脹指數

性，讓讀者能一目了然、印象深刻。早期統計圖表的繪製，是一相當冗雜的工作。現在各式各樣的統計圖表軟體陸續出現，如 Excel、Minitab、SAS、SPSS、Matlab 等均有繪製統計圖的功能，只要將資料輸入電腦後，按一下我們所需要統計圖型態之視窗 (window) 即可，很容易由個人電腦操作使用。功能都不錯，使用也愈來愈普遍。本節我們就幾個最常用的統計圖表介紹說明。

常見的統計表

統計表是指將取得的資料整理成表格的型式，並以文字或數字表示出來。一個良好的統計表不但能省去冗長的文字說明，且要易於了解、比較與分析。常用的統計表有 1. 資料次數分配或頻率表；2. 時間數列表；3. 會計帳表等。

1. 次數分配或頻率表

將蒐集的樣本資料分組，依據各組相對應之觀測值次數所製成的表格，即為次數分配表。此表可大致說明資料的分布情形。

一般若資料過於繁雜或分散，則我們應將此筆資料整理為比較有組織且

簡潔的型態展示，主要做法是：

(1) 觀察全距：全距是指所有的觀測值中，最大數減去最小數之差值。

(2) 決定組數：組數指將觀測值分組的數目，是依實際資料分配情形而定，以能反應出觀測值特性分配最好。一般不超過 10 組為原則。

(3) 計算組距與組界：組距指每個分組的長度，若等分組距則組距＝全距／組數。組界指每個分組的上下界限，組距決定後，應決定每一組的最小界限與最大界限。

(4) 歸類及劃記次數：依據各組組界，將原始觀測值歸入所屬各組，如此可得各組發生的次數。至此，次數分配表已編製完成。

例 2.1

建台房屋建設公司於中秋節在臺北市郊推出一批成屋，其銷售對象初步設定為小家庭。為求設計出符合小家庭成員合理生活空間的房屋，特別隨機抽取了市郊 50 戶小家庭，調查其家庭成員人數。結果如下：

1	4	3	3	5	5	3	3	2	3	2	3	1	2	3	4	4
4	2	3	4	2	2	4	2	5	2	6	4	4	4	2	4	3
4	3	3	6	4	2	5	3	3	4	6	2	3	4	4	2	

經整理成次數分配表，見表 2.1。

表 2.1 市郊 50 戶小家庭成員人數統計表

家庭成員人數	1	2	3	4	5	6
次數	2	12	14	15	4	3
頻率（＝次數／總數）	0.04	0.24	0.28	0.3	0.08	0.06

多數的統計資料皆是屬於數值型態，凡是可度量的數據資料稱為計量資料。通常若其測量數值可無限細分，則我們又稱此資料為連續型資料，例如

重量（公斤）、長度（公分）、溫度（℃）等。假若其測量數值是以點計得到的數據，如 1 頭牛、2 個人等，因為其數值間是間斷的，則我們稱此計數資料為離散型資料。全距太大的資料，我們通常考慮以概括頭尾的方式處理。而過於離散的資料，我們最好依據其出現的密度選取合適的組距。

例 2.2

若調查現代小家庭對於生活空間坪數的喜好，我們得到以下數據資料：

13	24	33	30	35	35	36	35	28	30	22	34	29	40	33	47	28
43	27	25	16	28	35	36	36	34	45	40	26	40	18	48	33	32
45	33	37	42	56	60	33	34	24	8	45	28	30	38	30	20	

全距＝資料最大值－資料最小值＝60－8＝52

此時全距相對較大，因此我們以概括頭尾的方式，將資料等分成 5 組，每組組距為 10，則以分組的方式繪出的次數分配表，如表 2.2。

表 2.2　50 戶小家庭喜好空間坪數分組統計的次數分配表

喜好坪數	20 以下	21-30	31-40	41-50	51 以上
次數	5	15	21	7	2
頻率（＝次數／總數）	0.1	0.3	0.42	0.14	0.04

例 2.3

職棒運動近來頗受大眾歡迎。假設某日兄弟隊的主投手完封一場球賽，共投出 100 球，對方用最新測速儀器測出這 100 個球速。雖然此筆資料具連續性，且測速儀器精準度很高，實際觀測值可能為 80 至 159(km/hr) 之間的任一數值，但是若由此均分的球速範圍而製作分配表，並不易觀察出重要球速較細微的變化情形。

因此，我們需將慢速球區域加大，重要球速區域縮小以符合教練團策略研究參考。球速分組的方式及其分配表，如表 2.3。

表 2.3　兄弟隊主投手單場完封投出 100 球球速分配表

球速	80-99	100-109	110-119	120-129	130-134	135-139	140-144	145-149	150-159
次數	1	2	6	10	25	9	33	6	8
頻率	0.1	0.02	0.06	0.1	0.25	0.09	0.33	0.06	0.08

2. 時間數列表

時間數列表就是將資料按時間順序列出，可幫助我們觀察資料趨勢及變化情形。

例 2.4

要不要在憲法明文規定，教科文支出占全國中央總預算支出 15%的下限，一直是教改團體與社會大眾關心且爭論多時的焦點。表 2.4 為臺灣 80 年代 (1981-1990) 全國中央總預算支出、教科文支出及其比率（單位：億元）。

表 2.4　臺灣 80 年代中央總預算支出、教科文支出及其比率

年代	1980	1981	1982	1983	1984	1985	1986	1987	1988	1989
中央	2,018	2,724	3,195	3,162	3,539	4,057	4,190	4,703	5,492	6,927
教科文	137	227	285	342	344	406	499	533	591	757
比率 %	6.8	8.4	9.2	10.7	10.9	11.5	12.3	12.7	12.6	13.8

由表 2.4 可以看出，在 80 年代期間教科文預算支出占全國中央總預算支出的比率，均遠不及中華民國憲法規定的 15% 下限。

3. 會計帳表

在現代工商社會中,會計帳表可說已與我們的生活息息相關。大至各級政府的財政歲入歲出、公司之資產負債信用,小至家庭個人理財計畫都要用到它。完整的會計帳表能讓我們清楚的知道,公司或個人的資金應用情形、財務信用狀況、未來經營預測等,增加我們對公司營運情況的了解。

例 2.5

表 2.5 為全臺直銷公司去年的資產負債情形,試根據此資產負債表評估此公司財務狀況。

表 2.5　全臺直銷公司去年資產負債表

資產			負債及股東權益		
流動資產	9,928,302	(46%)	流動負債	11,439,131	(53%)
長期投資	863,331	(4%)	其他負債	1,294,996	(6%)
固定資產	6,259,147	(29%)	負債總額	(12,734,127)	(59%)
其他資產	4,532,486	(21%)	股本	8,201,641	(38%)
			累計盈虧	215,833	(1%)
			本期損益	431,665	(2%)
			股東權益合計	(8,849,139)	(41%)
資產總計		21,583,266	總計		21,583,266

由表 2.5 可知,全臺直銷公司流動資產與流動負債的比率為 0.87,遠低於 1,顯示它的短期資金不足以應付貸款。而其自有比率並不高 (41%),表示債信不良,可能有財務危機。

常見的統計圖

統計圖是利用直方條之長短、曲線、面積或實物大小等適當且淺顯易懂的圖形,來代表繁雜的統計數據。雖然統計表較文字簡潔清楚,但有時仍嫌抽象、生硬,不若統計圖形表達來得明白、美感。

而目前最流行的統計圖表繪圖,應算是附在 Microsoft Office 2007 中的 Excel 了。Excel 內建圖表類型種類很多,見圖 2.2。使用者可依其需要,選取所要的類型。

以下說明幾個常用的統計圖:1. 直方圖 (Histogram);2. 條圖;3. 圓餅圖;4. 盒圖 (Boxplot);5. XY 散佈圖;6. 時間數列走勢圖;7. 股票箱形圖。

1. 直方圖

直方圖乃次數統計表的圖示,為表達次數分配最常用的圖形。它是以分組之組界為橫軸座標、觀測值之次數為縱軸座標,所畫出之並列相連的矩形圖形。透過直方圖可以看出資料分布情形或集中趨勢,例如:是否呈對稱、分布的高峰在何處等。

> 圖 2.2 Microsoft Office 2007 中的 Excel 內建圖表類型

例 2.6

圖 2.3 為依據例 2.2 小家庭中，對於生活空間坪數的喜好研究資料所繪之直方圖。

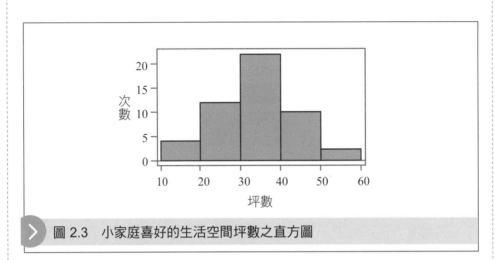

> **圖 2.3　小家庭喜好的生活空間坪數之直方圖**

由圖 2.3 的直方圖可看出，喜好 30 坪至 40 坪的人數最多，向兩旁則人數依序遞減。

2. 條圖

條圖是指將觀察資料按不同性質分類，並以長條形狀畫在一起，來比較資料中不同性質的分布狀況。

例 2.7

教育研究院為響應政府資源回收的政策，要求所有研究同仁及研習學員回收保特瓶、鋁罐和鐵罐。研究院 99 年後半年每月資源回收如下：

月分	7 月	8 月	9 月	10 月	11 月	12 月
保特瓶	2,300	2,850	1,600	2,300	1,700	1,150
鋁罐	4,100	4,900	3,700	2,440	2,600	2,300
鐵罐	6,500	7,800	4,600	3,250	2,000	1,800

為了方便比較這類每月銷售量，我們將之繪成條圖，如圖 2.4 所示。

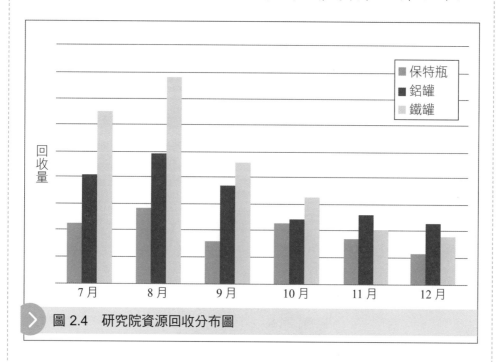

圖 2.4　研究院資源回收分布圖

由圖 2.4 可看出，鐵罐回收受月分的影響最大。從 8 月到 12 月回收量急遽滑落。保特瓶每個月的回收量則相當穩定，不受月分的影響。鋁罐受影響的程度，則居於鐵罐和保特瓶之間。

3. 圓餅圖

某樣本資料總體由數種成分組成，若要顯示各項成分占總體的比例，可以採用圓餅圖。圓餅圖是一種能表達各組觀測值次數占總體比例多少的統計圖。

例 2.8

建安小學舉行校內自治市市長選舉，參選市長的候選人有 3 位：黃小民、陳宜玲、趙至康。投票之後，3 位候選人的得票數和得票比例統計如下（總計票數：1,050）：

候選人	黃小民	陳宜玲	趙至康
實際得票數	273	462	315
得票比例	26%	44%	30%

我們將 3 位候選人的得票比例用圓餅圖表示出來，結果列示在圖 2.5。

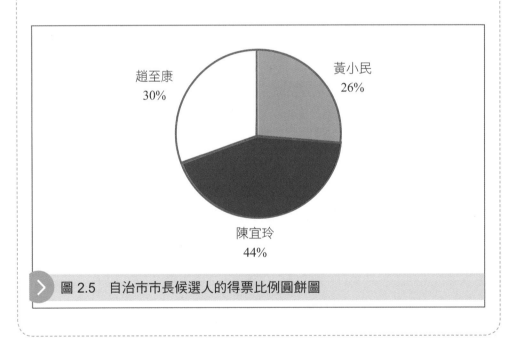

> **圖 2.5　自治市市長候選人的得票比例圓餅圖**

由圖 2.5 很容易可看出陳宜玲得票的比例最高，但是 3 位候選人得票比率均未超過 50%。

4. 盒圖

例 2.9

　　富邦基金會進行一個學業成就與畢業第一份工作的薪水高低的研究。將班上 15 位學生分成三組，第一組學生為低學習動機、低學習成就的學生；第二組為高學習動機、低學習成就的學生；第三組為高學習動機、高學習成就的學生。以下為這三組學生畢業後第一份工作的月薪：

第一組	22,000	25,040	38,000	28,590	30,000
第二組	35,200	30,000	28,600	45,000	37,500
第三組	54,000	24,566	34,555	45,444	35,646

　　若以盒圖來表示，則盒圖中間的那條線，所代表的是中位數的位置，盒圖中間的盒子，是從第十四分位數延伸到第三十四分位數。至於盒子兩頭有直線向外延伸，則是延伸到最小數和最大數。至於第一組的

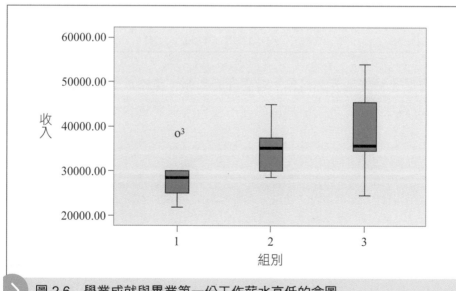

> **圖 2.6　學業成就與畢業第一份工作薪水高低的盒圖**

上方有個小圓點,則代表的是離群值。由這盒圖可知,第三組的學生,也就是高學習動機、高學業成就的學生畢業薪水會最高。然而,第三組的學生薪資差異也是最大的。

5. XY 散佈圖

在各種自然人文的現象當中,我們常對兩組變數之間關係感到興趣。例如:學生的家庭背景和學業成就的關係、推行品德教育和公民的犯罪率等。若將一組變量列示在橫軸,另一組變量列示在縱軸,組成這兩個變量的對應圖,這樣的圖形稱為 *XY* 散佈圖。*XY* 散佈圖可用來探討一個變量對另一個變量的相對影響情況。

例 2.10

某小學的班級導師要研究學童的身高和體重的關係,他從任教的班級中抽出 10 位學童,記錄他們的身高和體重。這 10 位學童的資料如下:

身高	132	149	160	140	138	154	145	151	136	140
體重	38	45	58	40	38	53	41	47	34	36

將學童的身高置於橫軸、體重置於縱軸,描繪成 XY 分布圖,見圖 2.7。由圖 2.7 可看出,小學生的身高愈高,則體重愈重。

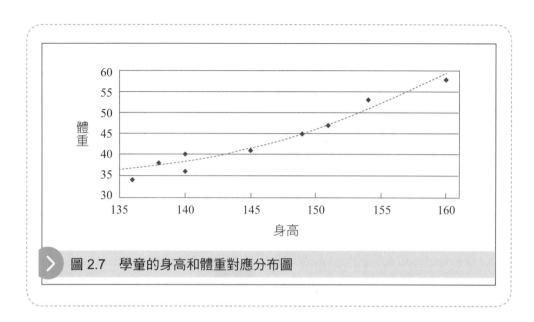

> 圖 2.7　學童的身高和體重對應分布圖

6. 時間數列走勢圖

　　按照時間先後順序列示和觀測值的分布圖，稱為時間數列走勢圖，該圖是以時間為橫軸、觀測值為縱軸。由時間數列走勢圖，可看出資料隨著時間走勢而產生的變化情形。

 例 2.11

　　我們用例 2.4 的資料：1980 年至 1989 年臺灣教科文預算占中央總預算的比例，來繪製時間數列走勢圖。由圖 2.8 可看出，教科文預算占總預算的比例是逐年緩緩攀升，但迄 1989 年還未超過 15% 以上。

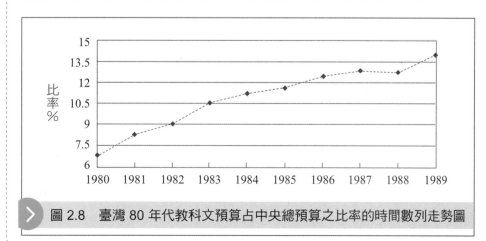

> 圖 2.8　臺灣 80 年代教科文預算占中央總預算之比率的時間數列走勢圖

7. 股票箱形圖

股票箱形圖是一種用在股票投資的價格趨勢圖，專供股票投資者來分析股票價格的走向或買壓賣壓的大小。繪製股票箱形圖通常包含五種資料：成交量、開盤價、最高價、最低價、收盤價。藉由這五種資料的分布圖形，能幫助我們分析股票價格趨勢走向、買壓或賣壓之大小，並透過價量與時間之比較，有助於我們研判適合的進出買賣時機。

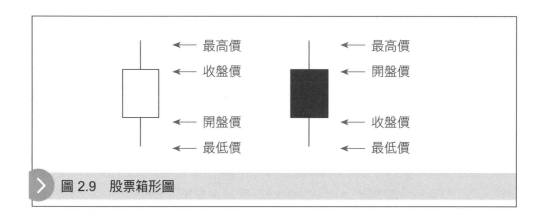

> **圖 2.9　股票箱形圖**

圖 2.9 的條狀代表當日的成交量、開盤價、最高價、最低價、收盤價，所組成條狀上方如電阻般的圖形。其中空心條狀表示收盤價高於開盤價，股票開低走高；實心條狀則表示開盤價高於收盤價，股票開高走低。

 例 2.12

1997 年 12 月 1 日至 11 日的某上市公司股票成交量、開盤價、最高價、最低價、收盤價的資料如（除去 12 月 7 日為星期日）：

日期	成交量	開盤價	最高價	最低價	收盤價
12 月 1 日	1,204	84	88	82	86
12 月 2 日	1,309	85	88	84	88
12 月 3 日	1,015	88	94	85	88
12 月 4 日	1,897	94	94	90	92
12 月 5 日	1,453	96	93	88	90
12 月 6 日	3,450	88	89	84	85
12 月 8 日	1,581	86	91	86	87
12 月 9 日	1,208	88	89	86	89
12 月 10 日	2,140	90	94	92	94
12 月 11 日	1,348	92	96	90	91

我們將之繪成股票箱形圖，如圖 2.10 所示。

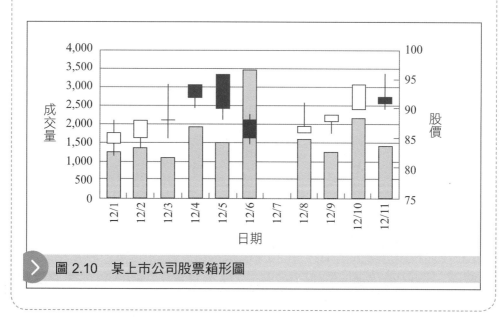

> 圖 2.10　某上市公司股票箱形圖

2.3　統計資料的特徵數

統計圖表能方便地展示資料情況，但是對於統計資料的深入分析，其

精確度與廣度仍嫌不夠。為了研究母體的特性，我們仍需用一些統計測量數，或簡稱參數，來測量母體的特性。最常用的統計測量數為集中趨勢參數 (location parameter) 及離散趨勢參數 (scale parameter) 這二種統計特徵數，來表達群體內所有個體的分布趨勢。

集中趨勢參數

集中趨勢參數是用來衡量所有觀測值聚集的中心位置。如算術平均數、眾數、中位數等，都是用來描述統計資料中心位置的參數。

1. 算術平均數 (arithmetic mean)

這是最簡單也最常用的集中趨勢參數。在一般未分組的原始資料中，假設統計資料有 n 個觀測值，其集合為 $\{x_1, x_2, \cdots, x_n \mid n \in \mathbf{N}\}$，則其算術平均數為：

$$\overline{X} = \frac{1}{n}(x_1 + x_2 + \ldots + x_n) = \frac{1}{n}\sum_{i=1}^{n} x_i$$

對於分組資料來說，假設資料分為 m 組共有 n 個觀測值。令 x_i 為第 i 組觀測值之組中點，f_i 為第 i 組觀測值相對應的次數，$\Sigma f_i = n$，則其算術平均數為：

$$\overline{X} = \frac{1}{n}(x_1 f_1 + x_2 f_2 + \ldots + x_m f_m) = \frac{1}{n}\sum_{i=1}^{m} x_i f_i$$

2. 中位數 (median)

中位數又稱為二分位數，是一種順序數列的中心項。將某筆資料 n 個觀測值由小而大順序排列，則其中間位數的觀測值即為中位數。若 n 為奇數，則第 $(n+1)/2$ 位數的觀測值為中位數。若 n 為偶數，中位數即為第 $n/2$ 位數與第 $(n/2)+1$ 位數觀測值的算術平均數。

3. 四分位數 (quartiles)

將觀測值由小到大順序排列，然後對順序數列按位數分為四等分，Q_1, Q_2, Q_3 為其位數等分點之觀測值。即 Q_1 為大於等於全部四分之一的觀

測值,又稱第 1 四分位數;Q_2 為大於等於全部二分之一的觀測值,又稱第 2 四分位數,也就是中位數:Q_3 為大於等於全部四分之三的觀測值,又稱第 3 四分位數。此概念可以推廣至十分位數 (D_1, D_2, ..., D_9) 和百分位數 (Percentiles, P_1, P_2, ..., D_{99})。

4. 截尾平均數 (trimmed mean)

截尾平均數是考慮算術平均數容易受兩端特別遠離中心位置觀測值的影響,有時不能確切描述觀測值集中趨勢,因而改良的計算方式,亦即以截頭去尾的方式,將四分位數 Q_1 以下和 Q_3 以上的觀測值排除,再計算 Q_1 與 Q_3 之間觀測值(包含 Q_1 與 Q_3)的算術平均數。奧林匹克運動會的體操競賽評分標準,就是採用截尾平均數方式。

 例 2.13

請依據下列資料:15, 27, 54, 57, 61, 65, 69, 71, 73,計算算術平均數、中位數、四分位數和截尾平均數。

答:(a) 算術平均數 $\overline{X} = \dfrac{x_1 + x_2 + \ldots + x_9}{9} = 54.67$

(b) 資料個數 $n = 9$,中位數 = 第 5 個觀測值 = $61 = Q_2$

Q_1 為前五筆資料 (15, 27, 54, 57, 61) 之中位數,即 $Q_1 = 54$

Q_3 為後五筆資料 (61, 65, 69, 71, 73) 之中位數,即 $Q_3 = 69$

(c) 截尾平均數 = (54, 57, 61, 65, 69) 五筆資料之平均數 = 61.2

5. 眾數 (mode)

眾數是指統計資料中,出現次數最頻繁的觀測值。一組資料中可能有兩個或兩個以上的眾數出現。在選舉時,若不要求過半數才通過,往往以眾數,即得票數最多者為當選。

例 2.14

數學系 50 位學生微積分成績資料如下：

31	31	32	35	37	37	37	39	41	41
45	45	48	49	51	56	56	58	58	59
60	61	61	63	65	65	67	68	68	70
70	70	72	73	74	75	76	77	77	79
81	82	83	87	87	90	93	93	95	99

(a) 求算術平均數、中位數、四分位數、截尾平均數和眾數。

(b) 以 10 分為組距來繪製次數分配表，並求算分組後之算術平均數。

答：(a) 算術平均數 $\overline{X} = \frac{1}{50}(x_1 + x_2 + \ldots + x_{50}) = \frac{3167}{50} = 63.34$

第 1 四分位數 $Q_1 = 48$，中位數 $Q_2 = \frac{65 + 65}{2} = 65$

第 3 四分位數 $Q_3 = 77$

眾數有兩個：37、70

截尾平均數 $= \frac{1670}{26} = 64.23$

(b) 50 位學生的成績次數分配表如下

成績	31-40	41-50	51-60	61-70	71-80	81-90	91-100
組中點	35.5	45.5	55.5	65.5	75.5	85.5	95.5
人次	8	6	7	11	8	6	4

分組之算術平均數為：

$$\overline{x} = \frac{1}{n}\sum_{i=1}^{m} x_i f_i = \frac{1}{50}[(35.5 \times 8) + (45.5 \times 6) + \ldots + (95.5 \times 4)] = \frac{3165}{50} = 63.3$$

離散趨勢參數

離散趨勢參數是用來測量母體內所有個體偏離中心的程度，它可表現出觀測值的散佈差異程度。常用的離散趨勢參數有全距、四分位間距及變異數與標準差。

1. 全距

全距為最大觀測值與最小觀測值的差距，是描述統計資料分散狀況最簡單直接的參數，即全距＝最大觀測值－最小觀測值。

2. 四分位間距

截去 Q_1 以下和 Q_3 以上的觀測值（不包含 Q_1 和 Q_3），再計算全距即得四分位間距，即四分位間距 $= Q_3 - Q_1$。

全距很容易受到少數極端觀測值的影響，例如原來班上同學身高最高為 185 公分，最矮為 155 公分，則本班同學身高全距為 30 公分。若今日來了一個轉系生身高 190 公分，則全距變動為 35 公分，但四分位間距較不容易受少數極端值影響而產生急劇變動。

3. 變異數與標準差

變異數是最常見和最典型的離散測量數。若有 N 個母體觀測值 $\{x_1, x_2, \cdots, x_N\}$，且母體平均數為 μ，則母體變異數為：

$$\sigma^2 = \frac{1}{N}\sum_{i=1}^{N}(x_i - \mu)^2 = \frac{1}{N}\sum_{i=1}^{N}x_i^2 - \mu^2$$

對於樣本資料 $\{x_1, x_2, \cdots, x_n\}$，其樣本平均數為 $\overline{x}$，樣本變異數則定義為：

$$S^2 = \frac{1}{n-1}\sum_{i=1}^{n}(x_i - \overline{x})^2 = \frac{1}{n-1}(\sum_{i=1}^{n}x_i^2 - n\overline{x}^2)$$

樣本變異數 S^2 使用 $(n-1)$ 當分母的原因是，分子中 $(x_i - \overline{x})$ 的自由度 (degree of freedom) 為 $(n-1)$ 的關係；也就是說 n 個項目 $(x_1 - \overline{x}), ..., (x_n - \overline{x})$ 中，只要知道其中的 $(n-1)$ 項，則剩下的最後一項就固定了，因為 $\Sigma(x_i - \overline{x}) = 0$。

　　因為變異數是取觀測值與母體平均數差之平方和,所以變異數的單位與原觀察值所使用的單位不同。為了解決這個問題,使離差測量數與原觀測值互相對應,我們取變異數的平方根,σ 稱為母體標準差,作為對應之離差測量數。樣本標準差則定義為 S。

　　對於分組資料而言,假設資料分為 m 組共有 n 個觀測值。令 x_i 為第 i 組觀測值之組中點,f_i 為該組觀測值相對應的次數,$\Sigma f_i = n$,則樣本變異數為:

$$S^2 = \frac{1}{n-1} \sum_{i=1}^{m} (x_i - \overline{x})^2 f_i$$

例 2.15

　　接續例題 2.14 的資料,試求 (a) 未分組之變異數和標準差;(b) 分組後之變異數和標準差。

答:(a) 未分組之變異數

$$S^2 = \frac{1}{50-1}\left[\sum_{i=1}^{50}(x_i - \overline{x})^2\right] = \frac{1}{50-1}\left(\sum_{i=1}^{50} x_i^2 - n\overline{x}^2\right)$$

$$= \frac{1}{49}(217921 - 200597.78) = \frac{17323.22}{49} = 353.54.$$

標準差 $S = 18.8$

(b) 首先列出分組表(單位:萬元)

每月成績	組中點 x_i	月數 f_i	$x_i - \overline{x}$	$(x_i - \overline{x})^2$	$(x_i - \overline{x})^2 f_i$
31-40	35.5	8	−27.8	772.84	6,182.72
41-50	45.5	6	−17.8	316.84	1,901.04
51-60	55.5	7	−7.8	60.84	425.88
61-70	65.5	11	2.2	4.84	53.24
71-80	75.5	8	12.2	148.84	1,190.72
81-90	85.5	6	22.2	492.84	2,957.04
91-100	95.5	4	32.2	1,036.84	4,147.36
總　和					16,858

分組後之變異數

$$S^2 = \frac{1}{n-1}\sum_{i=1}^{m}(x_i - \overline{x})^2 f_i = \frac{1}{n-1}\sum_{i=1}^{7}(x_i - 63.3)^2 f_i$$

$$= \frac{16858}{49} = 344.04.$$

分組後之標準差 $S = 18.55$

2.4 使用 Excel 來計算統計測量數

在進行統計測量數運算時，多會倚重電腦軟體來進行運算，以節省研究者的時間與精力。以下則使用 Excel 來進行例題 2.14 所提到的一些統計參數。

全距：使用 Max (…)−Min (…)。

算術平均數：使用 average (…)。

第 1 四分位數：使用 quartile (…,1)，相似的，第 2 四分位數為 quartile (…, 2)，以此類推。

眾數：使用 mode (…)。

中位數：使用 median (…)。

樣本變異數：使用 vara(…)，而母體變異數則使用 varp (…)。

樣本標準差：使用 sqrt (vara (…))，而母體標準差則使用 sqrt (varp (…))。

	A	B	C	D	E	F	G	H	I	J
				fx	=MAX(A1:J5)-MIN(A1:J5)					
1	31	31	32	35	37	37	37	39	41	41
2	45	45	48	49	51	56	56	58	58	59
3	60	61	61	63	65	65	67	68	68	70
4	70	70	72	73	74	75	76	77	77	79
5	81	82	83	87	87	90	93	93	95	99
6										
7	全距	68								

	A	B	C	D	E	F	G	H	I	J
				fx	=AVERAGE(A1:J5)					
1	31	31	32	35	37	37	37	39	41	41
2	45	45	48	49	51	56	56	58	58	59
3	60	61	61	63	65	65	67	68	68	70
4	70	70	72	73	74	75	76	77	77	79
5	81	82	83	87	87	90	93	93	95	99
6										
7	算術平均數	63.34								

	A	B	C	D	E	F	G	H	I	J
				fx	=QUARTILE(A1:J5,1)					
1	31	31	32	35	37	37	37	39	41	41
2	45	45	48	49	51	56	56	58	58	59
3	60	61	61	63	65	65	67	68	68	70
4	70	70	72	73	74	75	76	77	77	79
5	81	82	83	87	87	90	93	93	95	99
6										
7	第一四分位數	48.25								

B7　=MODE(A1:J5,1)

	A	B	C	D	E	F	G	H	I	J
1	31	31	32	35	37	37	37	39	41	41
2	45	45	48	49	51	56	56	58	58	59
3	60	61	61	63	65	65	67	68	68	70
4	70	70	72	73	74	75	76	77	77	79
5	81	82	83	87	87	90	93	93	95	99
6										
7	眾數	37								

B7　=MEDIAN(A1:J5)

	A	B	C	D	E	F	G	H	I	J
1	31	31	32	35	37	37	37	39	41	41
2	45	45	48	49	51	56	56	58	58	59
3	60	61	61	63	65	65	67	68	68	70
4	70	70	72	73	74	75	76	77	77	79
5	81	82	83	87	87	90	93	93	95	99
6										
7	中位數	65								

B7　=VARA(A1:J5)

	A	B	C	D	E	F	G	H	I	J
1	31	31	32	35	37	37	37	39	41	41
2	45	45	48	49	51	56	56	58	58	59
3	60	61	61	63	65	65	67	68	68	70
4	70	70	72	73	74	75	76	77	77	79
5	81	82	83	87	87	90	93	93	95	99
6										
7	樣本變異數	353.5351								

B7　=SQRT(VARA(A1:J5))

	A	B	C	D	E	F	G	H	I	J
1	31	31	32	35	37	37	37	39	41	41
2	45	45	48	49	51	56	56	58	58	59
3	60	61	61	63	65	65	67	68	68	70
4	70	70	72	73	74	75	76	77	77	79
5	81	82	83	87	87	90	93	93	95	99
6										
7	樣本標準差	18.802529								

　　如果覺得一個一個點選很麻煩，想要一次計算所有的統計量，Excel也可以做到，但是要先找到 Excel 中的增益集功能。首先，以 Excel 2007來說，先到 Excel 最上方的工具列中，點選右邊往下的箭頭，並選擇其他命令。

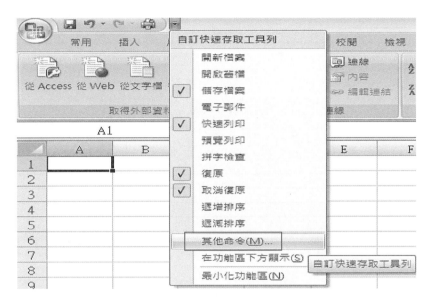

　　點選完之後，會進入 Excel 選項，此時選擇左邊的增益集。選擇後，右側會跳出內容清單，再選擇分析工具箱，並按執行。

　　接下來會跳出增益集的視窗，此時選擇分析工具箱，並按確定。

設定好功能之後，就可以進行分析了，先選擇功能鍵上的資料，而後選擇右方的資料分析。

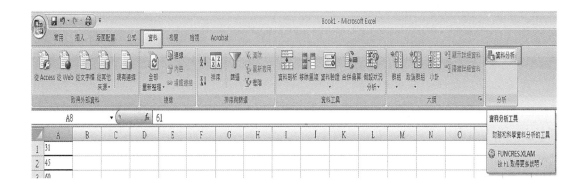

跳出資料分析的視窗後，選擇敘述統計，並按確定。

接下來則選擇所要進行運算的數據範圍，在此值得注意的是，所要分析的同一組數據必須全都要放在同一欄，或是同一列。像是例 2.14 的例子，若是要把所有的數據一起分析，則要把數據放在同一欄中，並選擇分組方式為逐欄，輸出選項為新工作表，摘要統計、第 K 個最大值、第 K 個最小值，接著按確定。而後，Excel 就會計算出大多數敘述統計的值了。

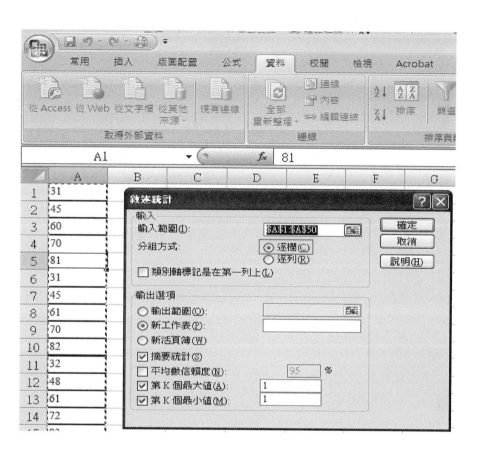

以下為輸出的結果：

	A	B
1	欄1	
2		
3	平均數	63.34
4	標準誤	2.659079
5	中間值	65
6	眾數	70
7	標準差	18.80253
8	變異數	353.5351
9	峰度	-0.9184
10	偏態	-0.07668
11	範圍	68
12	最小值	31
13	最大值	99
14	總和	3167
15	個數	50
16	第 K 個最大值(1)	99
17	第 K 個最小值(1)	31

摘要

1. 一般衡量資料的尺度有四種：(1) 類別尺度；(2) 順序尺度；(3) 計量尺度；(4) 比率尺度。

2. 統計資料若依據取得的方式來分，可分為直接資料與次級資料兩種。自行蒐集的資料稱為直接資料或初級資料，而參考他人蒐集的相關資料稱為間接資料。資料蒐集的方式有調查與實驗。

3. 利用統計圖表可讓讀者對於原始資料的內容及特性一目了然。

4. 常見的統計表有資料次數分配或頻率表、時間數列表與會計帳表等。

5. 常見的統計圖有直方圖、條圖、圓餅圖、XY 散佈圖、時間數列走勢圖、盒圖、股票箱形圖。

6. 在統計學上，常用集中趨勢參數與離散趨勢參數來表達母體的分布趨勢。

7. 集中趨勢參數是用來衡量所有觀測值分布的中心位置，如算術平均數、眾數、中位數等。

8. 離散趨勢參數是用來測量所有觀測值偏離中心的程度，它可表現出觀測值的散佈差異程度。常用的離散趨勢參數有全距、四分位間距及變異數與標準差。

重要公式

1. 算術平均數 $\overline{X} = \dfrac{1}{n}(x_1 + x_2 + \ldots + x_n) = \dfrac{1}{n}\sum_{i=1}^{n} x_i$

對於分組資料來說，假設資料分為 m 組共有 n 個觀測值。令 x_i 為第 i 組觀測值之組中點，f_i 為該組觀測值相對應的次數，$\Sigma f_i = n$，則其算術平均數為：

$$\overline{X} = \frac{1}{n}(x_1 f_1 + x_2 f_2 + \ldots + x_m f_m) = \frac{1}{n}\sum_{i=1}^{m} x_i f_i$$

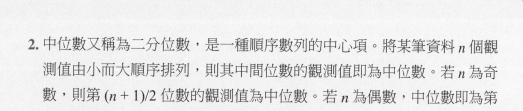

2. 中位數又稱為二分位數，是一種順序數列的中心項。將某筆資料 n 個觀測值由小而大順序排列，則其中間位數的觀測值即為中位數。若 n 為奇數，則第 $(n+1)/2$ 位數的觀測值為中位數。若 n 為偶數，中位數即為第 $n/2$ 位數與第 $(n/2)+1$ 位數觀測值的算術平均數。

3. 截尾平均數是考慮算術平均數容易受兩端特別遠離中心位置觀測值的影響，有時不能確切描述觀測值集中趨勢，因而改良的計算方式；亦即以截頭去尾的方式，將四分位數 Q_1 以下和 Q_3 以上的觀測值排除，再計算 Q_1 與 Q_3 之間觀測值（包含 Q_1 與 Q_3）的算術平均數。

4. 全距＝最大觀測值－最小觀測值。

5. 四分位間距 $= Q_3 - Q_1$。

6. 母體變異數為 $\sigma^2 = \dfrac{1}{N}\sum_{i=1}^{N}(x_i - \mu)^2 = \dfrac{1}{N}\sum_{i=1}^{N}x_i^2 - \mu^2$

樣本變異數為 $S^2 = \dfrac{1}{n-1}\sum_{i=1}^{n}(x_i - \overline{x})^2 = \dfrac{1}{n-1}(\sum_{i=1}^{n}x_i^2 - n\overline{x}^2)$

對於分組資料而言，假設資料分為 m 組共有 n 個觀測值。令 x_i 為第 i 組觀測值之組中點，f_i 為該組觀測值相對應的次數，$\Sigma f_i = n$，則樣本變異數為

$$S^2 = \dfrac{1}{n-1}\sum_{i=1}^{m}(x_i - \overline{x})^2 f_i$$

 習題

2.1　私立南開商工的董事長擔心近年來一直下降的新生報到人數。現在他僱用你從事統計工作，若要你提供他一個簡單的圖表來表示 1985 年至 1994 年十年間每年所招生的人數，則下列何種統計圖表最合適用？(a) 直方圖 (b) 條圖 (c) 圓餅圖 (d) XY 散佈圖 (e) 時間數列走勢圖。

2.2 若有一組隨機樣本，每一個樣本點的值都相同，則此組樣本的算術平均數、第 3 四分位數 (Q_3)、中位數、眾數及變異數敘述，何者正確？(a) 均不相同 (b) 均相同，但變異數不為 0 (c) 均相同，且變異數為 0。

2.3 國賓戲院記錄首映 25 天《海角一號》影片，午夜場的觀眾人數如下表所示：

19	23	28	36	30	12	37	44	11	44
44	9	33	29	14	30	24	8	9	33
34	21	29	34	13					

請 (a) 以 6-15、16-25、26-35、36-45 作為分界，製作次數分配表；(b) 繪製直方圖。

2.4 試舉出三種用來衡量資料集中趨勢的量值，並列示他們的計算公式或求算方法。

2.5 試舉出二種用來衡量資料離散趨勢的量值，並列示他們的計算公式或求算方法。

2.6 下列數據為新北市近年來新聘教師的人數，資料如下：6, 6, 4, 8, 10, 12，則其算術平均數、中位數、變異數為何？

2.7 景文科技大學舉行全校英文檢定考試，其中財務金融系成績的次數分配如下表，試求該系此次英文檢定考試之算術平均數。

組限	31-40	41-50	51-60	61-70	71-80	81-90	91-100
次數	4	2	11	73	39	20	1

2.8 西北旅行社的嚮導記錄暑假期間，搭乘長榮航空客機至夏威夷茂宜島歡樂旅遊的每日出團人數如下表：

38	21	17	42	30	24	20	19	32	11
20	36	30	20	43	43	19	30	9	18
17	49	37	14	15	36	24	23	41	19
51	58	32	62	29	17	13	17	16	31
43	61	14	20	25	16	21	40	45	22

試求暑假期間每日出團人數：(a) 算術平均數；(b) 中位數；(c) 截尾平均數；(d) 四分位數。

2.9　由奇異電子公司生產線上隨機抽樣 30 件產品，測其重量 (mg) 如下表：

159.2	159.2	160.7	158.4	159.5	159.1	157.7	158.6
157.2	158.1	156.6	158.6	157.3	157.9	158.8	159.0
158.7	159.0	159.3	158.9	158.8	159.1	158.6	158.9
158.4	159.1	159.1	159.3	159.5	157.9		

試計算：(a) 全距；(b) 四分位距；(c) 算術平均數；(d) 變異數。

2.10　一個投資者希望知道 A 股票和 B 股票那種較適合投資，下列是最近二個星期 A 股票及 B 股票每股的股票價值，那種股票之股價較為穩定？（以變異數大小來衡量）

A 股票：64.5, 65, 65.5, 64.5, 64.5, 62.5, 60, 58.5, 60.5, 60, 60, 62

B 股票：198, 195, 194, 195, 195, 190, 189, 186, 189, 185, 184, 185

2.11　以下是 1997 年 9 月 1 日至 8 日的店頭市場某一個股股票成交量、開盤價、最高價、最低價、收盤價（9 月 7 日為星期日）。

日期	成交量	開盤價	最高價	最低價	收盤價
9月1日	2,104	34	36	32	33
9月2日	1,459	34	34	31	31
9月3日	1,648	32	33	30	32
9月4日	2,314	35	35	34	34
9月5日	2,215	36	37	37	36
9月6日	3,648	35	39	35	39
9月8日	1,262	41	41	40	42
9月9日	2,773	40	44	39	40

請依照上表的資料繪製股票箱形圖。

3 機率世界

因為未來充滿了不確定性，這世界才顯得更有趣！

人類對未來將發生的事情，常常充滿著不確定性的感覺。在許多隨機試驗中，到底會產生何種結果也往往是不確定的。機率就是為了衡量這些不確定結果，而建構出來的一種測度。此測度值稱為事件發生之機率，為 0 與 1 之間的一個數值。它能幫助我們對未來現象結果，做一客觀合適的分析與估計，尋求真相發生的可能性高低，以供我們決策參考。

終於被雷擊中了，這下應該會中獎了吧！

兩個人的相知相遇、兩顆心的相愛相惜，機率比中頭彩更低。人海茫茫，兩人相遇。是否想過，你和他相愛的機率，究竟是幾分之幾？美國有一位老翁，連續刮中兩次彩券，眾人嘖嘖稱奇，說他中獎的機率比雷擊還低，有人還勸他千萬別在下雨天出門，以免招到雷擊。比機率太低的事情都給他撞上了，雷擊機率比刮中兩次彩券機率大，一定會撞上。

午餐後喝咖啡減少糖尿病病發機率

更新日期：2010/04/02 06：54（中央社記者聖保羅 1 日專電）

　　巴西聖保羅大學一項研究顯示，每天午餐後至少喝一杯 125cc 的咖啡，有助於減少 2 型糖尿病病發機率。沙托雷利 (Daniela Sartorelli) 使用法國從 1990 年起追蹤 7 萬名年齡 41 至 72 歲女性的一項研究資料，比較她們喝咖啡的量和糖尿病病發機率。她表示，已有其他研究指出咖啡可預防 2 型糖尿病，這項研究的差別在於指出飲用咖啡的時間。研究顯示，午餐後喝咖啡的女性發展出 2 型糖尿病的機率減少 34%。在其他時段喝咖啡，則未發現相同保護效益。研究期間，計有 1,425 人發展出 2 型糖尿病，其中 1,051 人未在午餐後飲用咖啡或飲用量低於 125cc；其餘 374 人在午餐後至少喝 125cc 咖啡。研究還顯示，咖啡本身有沒有含咖啡因或加糖，均呈現相同防禦效益。

　　雖然這項研究只針對女性，但在男性身上有相同作用，因為其他有關喝咖啡可預防糖尿病的研究對象，男女都包括在內。雖然仍在研究階段，沙托雷利認為喝咖啡可預防糖尿病的可能原因，是咖啡可減少人體吸收食物中可能引發糖尿病的鐵質。其他有關喝咖啡減少糖尿病死亡率的研究還指出，咖啡內含有的物質除了可幫助改善人體對胰島素的敏感度與葡萄糖吸收能力，還能防止分泌胰島素的胰臟 beta 細胞產生氧化作用。

3.1 機率的概念

有人認為人類因天性好賭，才發展出機率論。很多人也同意機率論的啟蒙聖地，應是 17 世紀的蒙地卡羅城，而機率論成為現代統計學的基礎卻是無庸置疑的。無論如何，在這瞬息萬變、錯綜複雜的後現代世界，新新人類意識抬頭的社會中，我們面對許多不確定的問題似乎也愈來愈多：

明天股價指數漲的機會高嗎？執政黨下次選舉會贏得多少的得票率？下週末到墾丁公園遊玩，會不會好天氣？他這麼用功，應該有希望考上研究所？這件新潮衣服還能殺價的可能性多大？某女影星與大導演結婚的機會多大？抽菸、嚼檳榔會增加多少致癌的機會？等。

這些不確定的問題都與機率有關，而機率就是為了衡量這些不確定結果，建構出來的一種測度。

但是將機率論當作一門科學來研究，必須有套較嚴謹的理論架構，以支持機率論中的定理推導與分析歸納。其中機率論最基本的概念為：

- 機率空間 (probability space)：系統中，集合所有可能出現的事件而構成的一個抽象空間，通常以 Ω 表示。機率空間有時也叫做樣本空間 (sample space) 或結果空間 (outcome space)。
- 事件 (events)：系統中我們所要討論合理且可能發生的現象，是機率空間的基本元素。
- 隨機變數 (random variables)：定義在機率空間的一個測量機率的工具，通常以一個一對多的不確定函數表示，而且其結果常符合某一特定分配。
- 隨機實驗 (random experiment)：可能出現的結果有很多種，重複實驗時無法明確預知將得到什麼結果的實驗方式。

經典上，我們定義一個函數，是針對定義域與對應域之間存在一對一或多對一的關係。即輸入什麼就對應輸出什麼，過程與結果都是確定的。但是

有沒有一對多情況發生呢？例如：輸入一事件，卻可能出現好幾種其他情況。像擲一骰子對應的是，可能出現的 6 種情況，因此我們稱這是一個隨機變數。簡要的說，隨機變數是一種一對多的不確定函數。實數值 x 之機率 $P(X = x)$ 決定於機率分配函數 $f(x)$。隨機變數 X 其目的，就是將試行結果以數值表示，省略一一列出可能實驗結果的繁雜。

如果隨機變數所取的數為有限數值或無窮可計數 (countable infinite) 時，則稱為間斷型隨機變數。而如果所取之數為無窮不可計數 (uncountable infinite) 時，則稱為連續型隨機變數。

我們都相信實驗檢驗真理，實驗在自然科學界及社會科學界的領域都扮演著極重要的角色。通常我們認為真理只有一個，若是在完全相同的條件中重複地做實驗，應會得到相同的結果。然而我們卻常發現有不少實驗，儘管條件幾乎相同，卻不一定會產生相同的結果。例如：投擲一錢幣，在相同的投擲力道、地面摩擦力、風向下，第一次投擲的結果（正面或反面）與第二次投擲的結果並不一定會相同。因此，投擲錢幣可視為一種隨機實驗，結果真理可能就不只一個了。

在隨機實驗中，到底會產生何種結果是不確定的。機率就是為了衡量這些不確定結果，而建構出來的一種測度。此測度值稱為事件發生之機率，為 0 與 1 之間的一個數值。幫助我們對未來現象結果，做一客觀合適的分析與估計。

如何決定機率值

決定機率值的方法，主要是 1. 理論機率；2. 經驗機率；3. 主觀認定機率。

1. 理論機率

假設樣本空間為有限的集合，且樣本空間內每一事件發生的機率都是相同的，若以 $n(\Omega)$ 代表在樣本空間 Ω 內發生所有事件的個數，$n(A)$ 代表屬於 A 事件之所有個數，則 A 事件發生的機率記做 $P(A) = \dfrac{n(A)}{n(\Omega)}$。

以投擲一顆骰子二次為例，所有可能的結果為 Ω = {(1,1), (1,2), ..., (5,6),

(6,6)}，此時 $n(\Omega) = 36$。若 A 表示點數和為 4 的事件集合，即 $A = \{(1,3), (3,1), (2,2)\}$。因此，$A$ 事件發生的機率為 $P(A) = \dfrac{n(A)}{n(\Omega)} = \dfrac{3}{36} = \dfrac{1}{12}$。

計算理論機率的方法也叫做古典方法，此種方法依靠抽象的推理與邏輯分析，而不必進行實際的試驗。像傳統排列組合的計算問題，都屬於此類範圍。

2. 經驗機率

一隨機實驗重複試行 n 次，其中 A 事件共發生了 f_A 次，則 A 事件發生之機率可視為發生次數與總次數比：$P(A) = f_A/n$，我們叫做事件之經驗機率。當實驗的次數愈大，事件的相對次數比將愈趨穩定，即

$$P(A) = \lim_{n \to \infty} f_A/n$$

這種經驗機率計算方式係考慮機率為長期試驗的結果，因此也稱作客觀機率。例如：欲調查民眾對於治亂世用重典的看法，以臺北市民作電話民意調查。令 A 表示贊成治亂世用重典，在 100 位抽訪者中，有 65 位贊成，因此 $P(A) = 0.65$。若樣本增加到 1,000 位時，發現有 714 位贊成，此時 $P(A) = 0.714$。以相對次數計算機率的缺點為，隨機實驗往往無法在環境不變下長期進行。

3. 主觀認定機率

主觀認定機率的概念是一事件發生的機率，常由人們對此事件的經驗，或心裡的感覺而決定。因為有些事件發生的機率，是無法用科學方法加以衡量測定。有些則是事件發生的次數很少，甚至不重複發生，如特殊疾病，無法根據其樣本量做出正確的計算。只有透過當事人或專業人士的先驗認定，預測其可能性，即事件發生的大約機率。例如：A 君第一次參加百公尺田徑賽，依其以往的經驗和認知，自我評估約有八成的勝算，因此 P（A 君勝）$= 0.8$，即為一種主觀認定出來的機率。

但是經驗或感覺會隨空間變化而改變，而且同一時間內也會因人而異。因此，先驗、主觀認定出來的機率，亦頗多爭議。

　　為了讓機率理論的分析推演過程，合乎人類的共同認知與思考水準，我們必須給定一些機率公設，以便合理進行理論與實務之演算。因此，機率公設如同數學公設一般，統一人類邏輯思考與共識。因為在認知一致的架構上，機率的表示與應用才有意義。

機率公設

　　在樣本空間中，事件 A 的機率記做 $P(A)$，機率必須符合以下公設：

1. $P(\Omega) = 1, P(\phi) = 0$。
2. $P(A) \geq 0$。
3. $P(A^c) = 1 - P(A)$，其中 $A^c = \Omega - A$，表示 Ω 中不屬於 A 事件的集合。
4. 若 $B \in \Omega$, $P(A \cup B) = P(A) + (B) - P(A \cap B)$。

例 3.1

　　假設投擲一枚公正銅板二次，隨機變數 X 表示出現正面的次數，求 (a) 二次皆為反面的事件及機率？(b) 至少有一次正面的事件及機率？

答：由題目知樣本空間 Ω = {正正, 正反, 反正, 反反}，也可表示成 Ω = $\{x|0,1,2\}$，其中 x 表正面出現的次數。機率分配函數 $f(x)$ 如下表所示：

x	0	1	2
$f(x)$	1/4	1/2	1/4

(a) 二次皆為反面的事件為 {反反}，即 ($x = 0$)。$P(反反) = P(x = 0) = 1/4$。

(b) 至少有一次正面的事件為 {正正, 正反, 反正}，即 ($x = 1$ 或 $x = 2$)。因此，$P(x = 1$ 或 $x = 2) = P(x = 1) + P(x = 2) = 1/2 + 1/4 = 3/4$。

3.2 統計獨立與條件機率

定義 3.1 統計獨立 (statistically independent)

樣本空間 Ω 中的兩事件 A, B，若 A 發生的機率不受 B 影響，即

$$P(A \cap B) = P(A)P(B) \tag{3.1}$$

則稱 A, B 統計獨立，簡稱 A, B 獨立，記為 $A \perp B$。不獨立的兩事件，則稱為相依 (dependent)。

定義 3.2 互斥事件 (disjoint events)

假設 A, B 為樣本空間 Ω 中的兩事件，若 A 與 B 兩事件集合無共同元素，即 $A \cap B = \phi$，則稱 A 與 B 兩事件互斥。

若 A 與 B 兩事件互斥，則 $P(A \cap B) = 0$。

例 3.2

2012 年職棒聯盟想要研究：棒球運動的愛好程度與性別是否互相獨立。特委託民意調查，隨機訪問了 1,000 人，其中 900 名男性、100 名女性，其調查結果如下表，試問棒球運動的愛好程度與性別是否互相獨立？

	愛好棒球	不愛好棒球	合計
男	648	252	900
女	72	28	100

答：P（男）$= 0.9$，P（女）$= 0.1$

$$P（愛好棒球）= \frac{648 + 72}{1000} = 0.72，P（不愛好棒球）=$$

$$\frac{252 + 28}{1000} = 0.28$$

$$P（男 \cap 愛好棒球）= \frac{648}{1000} = 0.648，P（男 \cap 不愛好棒球）=$$

$$\frac{252}{1000} = 0.252$$

$$P（女 \cap 愛好棒球）= \frac{72}{1000} = 0.072，P（女 \cap 不愛好棒球）=$$

$$\frac{28}{1000} = 0.028$$

由於

$$P（男 \cap 愛好棒球）= 0.648 = P（男）P（愛好棒球）$$

$$P（男 \cap 不愛好棒球）= 0.252 = P（男）P（不愛好棒球）$$

$$P（女 \cap 愛好棒球）= 0.072 = P（女）P（愛好棒球）$$

$$P（女 \cap 不愛好棒球）= 0.028 = P（女）P（不愛好棒球）$$

得知性別與棒球運動的愛好程度是相互獨立的，並無關聯。

定義 3.3　條件機率

樣本空間 Ω 中的兩事件 A, B，$P(A) > 0$。在 A 事件已發生的條件下，B 事件發生的機率稱為條件機率，以 $P(B|A)$ 表示，則

$$P(B|A) = \frac{P(B \cap A)}{P(A)} \tag{3.2}$$

例 3.3

投擲一枚公正銅板二次，求二次均出現相同結果的情形下，至少出現一次正面的條件機率。

答：樣本空間 $\Omega = \{正正, 正反, 反正, 反反\}$。令 A 為二次均出現相同結

果（二次正面或二次反面）的事件，B 為至少出現一次正面的事件，則 $P(A) = 1/2$、$P(B \cap A) = 1/4$。因此

$$P(B|A) = \frac{P(B \cap A)}{P(A)} = \frac{1/4}{1/2} = \frac{1}{2}。$$

例 3.4

葛麗絲到建國假日玉市場去選購商品。假設已知某玉店的 10 塊玉珮中有 4 塊為贗品。葛麗絲欲購買 2 塊玉珮，試問她所選購的兩塊玉珮皆為真品的機率為多少？

答：設 A 為第一塊玉珮為真品的事件，B 為第二塊玉珮為真品的事件。則

$$P(A \cap B) = P(A) \cdot P(B|A) = \frac{6}{10} \cdot \frac{5}{9} = \frac{1}{3}$$

所以 2 塊玉珮皆為真品的機率為 1/3。

例 3.5

大學學雜費是否調漲問題，一直困擾著大學教育機構。全國家長團體聯盟對 600 個成人做電話調查，根據是否有小孩上大學，以及他們認為助學貸款負擔對大學生是否太高、剛好、太低而分類，得到結果如下表：

	太高 (H)	剛好 (M)	太低 (L)
有孩子就讀大學 (Y)	0.28	0.15	0.05
沒孩子就讀大學 (N)	0.20	0.20	0.12

若由此母體選出受訪者接受專訪，則 (a) 受訪者有孩子就讀大學

之機率？(b) 已知受訪者有孩子就讀大學情況下，認為學費太高之機率
為何？

答：(a) 有孩子就讀大學之機率為

$$P(Y) = P(Y \cap H) + P(Y \cap M) + P(Y \cap L)$$
$$= 0.28 + 0.15 + 0.05 = 0.48$$

(b) 有孩子就讀大學情況下，認為學費太高之機率為

$$P(H \mid Y) = \frac{P(Y \cap H)}{P(H)} = \frac{0.28}{0.48} = \frac{7}{12}$$

在日常生活中，我們常會碰到以下的情況：設 B_1, B_2, ..., B_n 為互斥事件，且事件 A 為含有各種事件 B_i 某種共同特性之任意事件，其關係如下圖 3.1 所示。

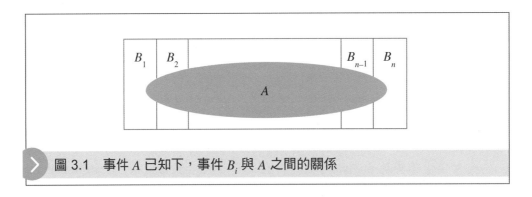

> 圖 3.1　事件 A 已知下，事件 B_i 與 A 之間的關係

在事件 A 已知下，如何計算事件 B_i 發生的機率？例如：被警方通緝的綁架要犯往陽明山方向逃逸，警方霹靂小組將陽明山山區分四區，且封山全力搜索。假設綁架要犯在四區藏匿的機率均等，且經警方在第一區搜索後並無發現要犯，試問綁架要犯在第二、三、四區藏匿的機率為多少？像這類機率問題我們可以應用貝氏定理來計算。

定理 3.1 貝氏定理

設 $B_1, B_2, ..., B_n$ 為互斥事件，且事件 A 為含有各種事件 B_i 某種共同特性之任意事件。在事件 A 已發生情況下，則事件 B_k 發生的機率為

$$P(B_k|A) = \frac{P(B_k)P(A|B_k)}{\sum_{i=1}^{n} P(B_i)P(A|B_i)} \tag{3.3}$$

證：將 $P(A) = P(A \cap B_1) + P(A \cap B_2) + \cdots + P(A \cap B_n)$

$= P(B_1)P(A|B_1) + P(B_2)P(A|B_2) + \cdots + P(B_n)P(A|B_n)$

$= \sum_{i=1}^{n} P(B_i)P(A|B_i)$ 代入下式即得

$$P(B_k|A) = \frac{P(A \cap B_k)}{P(A)} = \frac{P(B_k)P(A|B_k)}{\sum_{i=1}^{n} P(B_i)P(A|B_i)}$$

例 3.6

製造富豪高級房車的車廠，有兩條生產線 B_1, B_2，分別占有 60% 和 40% 的生產量。令 A 表示房車有瑕疵的事件。已知 B_1 生產線有 2% 的瑕疵品比例，B_2 生產線則有 3% 的瑕疵品比例。若某公司購買一輛該型房車有瑕疵，則此輛車為 B_1 生產線產品的機率有多少？

答：$P(B_1) = 0.6$，$P(A|B_1) = 0.02$，$P(B_2) = 0.4$，$P(A|B_2) = 0.03$

$P(B_1) = 0.6$	$P(B_2) = 0.4$
$P(A|B_1) = 0.02$	$P(A|B_2) = 0.03$

$$P(B_1|A) = \frac{P(B_1) \cdot P(A|B_1)}{P(B_1) \cdot P(A|B_1) + P(B_2) \cdot P(A|B_2)} = \frac{0.6 \cdot 0.02}{(0.6 \cdot 0.02) + (0.4 \cdot 0.03)} = 0.5$$

例 3.7

　　臺大醫院利用 *HIV* 檢驗做愛滋病血液篩檢，以確定是否感染愛滋病。若檢驗呈陽性反應，則醫院判定感染愛滋病，但醫院的判定不一定正確。假設此次送檢的血液樣本有 1% 確定感染愛滋病，且臺大醫院 *HIV* 血液篩檢的準確率高達 90%。我們欲知道當隨機抽取某人的血液檢驗結果：(a) *HIV* 呈陽性反應時，而確實感染愛滋病的機率？(b) *HIV* 呈陰性反應時，確實沒有感染愛滋病的機率？

答：我們可以由樹狀圖很清楚的得知：
$$\begin{cases} no\ AIDS:0.99 & \begin{cases} HIV(+):0.1 \\ HIV(-):0.9 \end{cases} \\ AIDS:0.01 & \begin{cases} HIV(+):0.9 \\ HIV(-):0.1 \end{cases} \end{cases}$$

(a)
$$P\big(AIDS\big|HIV(+)\big) = \frac{P\big(AIDS \cap HIV(+)\big)}{P\big(HIV(+)\big)}$$
$$= \frac{P(AIDS)P\big(HIV(+)\big|AIDS\big)}{P(AIDS)P\big(HIV(+)\big|AIDS\big) + P(no\ AIDS)P\big(HIV(+)\big|no\ AIDS\big)}$$
$$= \frac{(0.01)(0.90)}{(0.01)(0.90) + (0.99)(0.10)} = 0.083$$

(b)
$$P\big(no\ AIDS\big|HIV(-)\big) = \frac{P\big(no\ AIDS \cap HIV(-)\big)}{P\big(HIV(-)\big)}$$
$$= \frac{P(no\ AIDS)P\big(HIV(-)\big|no\ AIDS\big)}{P(AIDS)P\big(HIV(-)\big|AIDS\big) + P(no\ AIDS)P\big(HIV(-)\big|no\ AIDS\big)}$$
$$= \frac{(0.99)(0.90)}{(0.01)(0.10) + (0.99)(0.90)} = 0.9989$$

　　例 3.7 的結果可能會使我們大吃一驚，因為當醫生第一次檢驗出呈 *HIV* 陽性反應的檢體，只有 0.083 的正確性，而呈現陰性反應的檢體卻幾乎可以

肯定沒有罹患愛滋病。當然醫生在公布某人感染愛滋病之前,是不單只有做一次檢驗而已,而且還會輔以其他檢驗方法。

3.3 機率分配函數及其特徵值

機率分配函數 (probability distribution function) 可以讓我們了解事件在機率空間中,其密度分布的情況,或樣本在母體中出現的頻率情形。機率分配函數通常指累積機率分配函數 (cumulative probability distribution, cpd),以 $F(x)$ 表示;或機率密度函數 (probability density function, pdf),以 $f(x)$ 表示。

一個隨機變數的 X 累積機率分配函數 F,簡稱分配函數,定義為

$$F(x) = P(X \leq x) \tag{3.4}$$

也就是說,$F(x)$ 表示隨機變數的 X 之值小於或等於 x 的機率。由式 (3.4) 很容易推得,當 $x_1 < X \leq x_2$ 時

$$P(x_1 < X \leq x_2) = F(x_2) - F(x_1) \tag{3.5}$$

根據上述定義,我們可發現分配函數 F 具有下列性質:

1. F 是遞增函數,即若 $a \leq b$,則 $F(a) \leq F(b)$。
2. $\lim\limits_{x \to -\infty} F(X) = 0$,$\lim\limits_{x \to \infty} F(x) = 1$。
3. F 是右連續,即對任意 x 及數列 $x_n \downarrow x$,$\lim\limits_{n \to \infty} F(x_n) = F(x)$。

例 3.8

擲一公平的骰子二次,令隨機變數 X 為二次點數之和。試說明 X 的累積機率分配函數與機率密度函數,並求 $P(5 < X \leq 9)$。

答:二次點數之和最小為 2、最大為 12。因此,X 的累積機率分配函數與機率密度函數如下表。

x	2	3	4	5	6	7	8	9	10	11	12
$f(x)$	1/36	2/36	3/36	4/36	5/36	6/36	5/36	4/36	3/36	2/36	1/36
$F(x)$	1/36	3/36	6/36	10/36	15/36	21/36	26/36	30/36	33/36	35/36	1

故 $P(5 < X \le 9) = F(9) - F(5) = 30/36 - 10/36 = 20/36 = 5/9$

例 3.9

令隨機變數 X 為臺灣地區每戶家庭 18 歲以下的孩子數,其機率密度函數如下表。試畫其累積分配圖,並求 $P(1 \le X \le 3)$。

X	0	1	2	3	4	5(以上)
$F(x)$	0.42	0.21	0.24	0.09	0.03	0.01

答:X 的累積機率分配函數,如下圖所示:

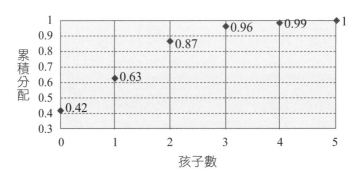

$P(1 \le X \le 3) = F(3) - F(1-) = 0.96 - 0.42 = 0.54$,或以機率密度函數求得

$P(1 \le X \le 3) = P(X = 1) + P(X = 2) + P(X = 3) = 0.21 + 0.24 + 0.09 = 0.54$。

母體分配的特徵,可以由它的期望值與變異數顯現出來。一個隨機變數的期望值 $E(X)$,是該隨機變數的所有可能發生結果乘以其發生之頻率,而

得到的加權平均數。期望值可用來表示機率分配 $f(x)$ 的集中趨勢,有時 $E(X)$ 亦被稱為母體平均數,以 μ 表示。

而一個隨機變數的變異數,則為該隨機變數的所有可能發生結果與期望值間的離散程度,以 σ_X^2 或 $Var(X)$ 表示。

機率分配函數既然是顯示了母體分配的情況,因此母體資料分布的兩個重要特徵:期望值與變異數,自然也可以由機率分配函數來求得。

定義 3.4 期望值

1. 若 X 為一離散型隨機變數,$f(x)$ 為其機率密度函數,則 X 之期望值為

$$\mu = E(X) = \sum_{x_i:f(x_i)>0} x_i f(x_i) \tag{3.6}$$

2. 若 X 為一連續型隨機變數,$f(x)$ 為其機率密度函數,則 X 之期望值為

$$\mu = E(X) = \int_{-\infty}^{\infty} xf(x)dx \tag{3.7}$$

定義 3.5 變異數

1. 若 X 為一個離散型隨機變數,$f(x)$ 為其機率密度函數,則 X 的變異數為

$$Var(X) = E(X-\mu)^2 = \sum_{x_i:f(x_i)>0} (x_i - \mu)^2 f(x_i) \tag{3.8}$$

2. 若 X 為一個連續型隨機變數,$f(x)$ 為其機率密度函數,則 X 的變異數為

$$Var(X) = E(X-\mu)^2 = \int_{-\infty}^{\infty} (x-\mu)^2 f(x)dx \tag{3.9}$$

定理 3.2 　有關期望值與變異數的公式

1. 若 a, b 為常數，則 $E(aX+b) = aE(X) + b$。

2. $Var(X) = E(X^2) - \mu^2$，其中 $\mu = E(X)$。

3. 若 a, b 為常數，則 $Var(aX+b) = a^2 Var(X)$。

證明：我們僅考慮 X 為離散型情形，當 X 為連續型隨機變數時，證法相同。

1. $E(aX+b) = \sum_{x_i : f(x_i) > 0} (ax_i + b) f(x_i) = a \sum_{x_i : f(x_i) > 0} x_i f(x_i) + b \sum_{x_i : f(x_i) > 0} f(x_i) = aE(X) + b$

2. $Var(X) = E(X - \mu)^2 = E(X^2 - 2X\mu + \mu^2) = E(X^2) - 2E(X)\mu + \mu^2 = E(X^2) - \mu^2$

3. $Var(aX+b) = E(aX + b - a\mu - b)^2 = E(aX - a\mu)^2 = a^2 E(X - \mu)^2 = a^2 Var(X)$

例 3.10

故鄉西點麵包店每天供應大型生日蛋糕。依據老闆的行銷經驗，每天賣出的機率如下表，試求每天銷售大型生日蛋糕的期望值與變異數。

銷售量	0	1	2	3	4	5
機率	0.1	0.1	0.2	0.3	0.2	0.1

答：$E(X) = 0 \cdot 0.1 + 1 \cdot 0.1 + 2 \cdot 0.2 + 3 \cdot 0.3 + 4 \cdot 0.2 + 5 \cdot 0.1 = 2.7$

$E(X^2) = 0^2 \cdot 0.1 + 1^2 \cdot 0.1 + 2^2 \cdot 0.2 + 3^2 \cdot 0.3 + 4^2 \cdot 0.2 + 5^2 \cdot 0.1 = 9.3$

$Var(X) = E(X^2) - \mu^2 = 9.3 - 2.7^2 = 2.01$

例 3.11

長紅證券公司總經理最近研究投資電子股股票的投資報酬率,發現其機率密度函數如下表。若以 X 表示可能投資報酬率,試計算 $E(X)$、$E(2X+3)$ 及 $Var(2X+3)$。

可能投資報酬率	-10	-6	5	15
機率	0.1	0.3	0.4	0.2

答： $E(X) = (-10) \cdot 0.1 + (-6) \cdot 0.3 + 5 \cdot 0.4 + 15 \cdot 0.2 = 2.2$

$E(2X+3) = 2E(X) + 3 = 2 \cdot 2.2 + 3 = 7.4$

$E(X^2) = (-10)^2 \cdot 0.1 + (-6)^2 \cdot 0.3 + 5^2 \cdot 0.4 + 15^2 \cdot 0.2 = 75.8$

$Var(2X+3) = 4Var(X) = 4(75.8 - 2.2^2) = 4(70.96) = 283.84$

3.4 聯合機率密度與邊際機率密度

在一個隨機實驗中,常常有兩個或兩個以上的隨機變數情況,此時得考慮其聯合機率密度、邊際機率密度與共變異數,以處理聯合機率問題。

兩個隨機變數 X, Y,其同時發生的事件機率我們用函數 $f(x,y)$ 來表示,稱 $f(x,y)$ 為 X 與 Y 之聯合機率密度函數。為了方便說明,假設隨機變數 X, Y 為間斷型態,隨機變數 X 與 Y 的邊際機率密度函數為:

$$X \text{ 的邊際機率分配函數 } f_X = \sum_y f(x,y) \tag{3.10}$$

$$Y \text{ 的邊際機率分配函數 } f_Y = \sum_x f(x,y) \tag{3.11}$$

我們可由表 3.2 清楚的看出,X, Y 的聯合機率密度和邊際機率密度關係。其中 x, y 為隨機變數 X, Y 對應值集合中的元素,而 $f(x,y)$ 表示為 X 與 Y 的聯合機率密度函數。

表 3.2　X 與 Y 之聯合機率分配和邊際機率分配

	y_1	y_2	y_3	f_X
x_1	$f(x_1, y_1)$	$f(x1, y_2)$	$f(x_1, y_3)$	$f_X(x_1)$
x_2	$f(x_2, y_1)$	$f(x_2, y_2)$	$f(x_2, y_3)$	$f_X(x_2)$
x_3	$f(x_3, y_1)$	$f(x_3, y_2)$	$f(x_3, y_3)$	$f_X(x_3)$
f_Y	$f_Y(y_1)$	$f_Y(y_2)$	$f_Y(y_3)$	$\sum_i f_x(x_i) = 1, \quad \sum_j f_y(y_j) = 1$

 例 3.12

假設隨機變數 X 與 Y 的聯合機率密度 $f(x, y)$ 如下表：

x＼y	10	20	30
10	0.12	0.08	0.2
20	0.18	0.12	0.3

試求隨機變數機率密度 X 和 Y 的邊際機率密度函數，並檢驗隨機變數 X 和 Y 是否獨立？

答：先算出 X 和 Y 邊際機率密度函數

x＼y	10	20	30	$f_X(x)$
10	0.12	0.08	0.2	0.4
20	0.18	0.12	0.3	0.6
$f_Y(y)$	0.3	0.2	0.5	1

依照前面章節的定義，只要計算 $f(x, y) = f_X(x) f_Y(y)$ 是否成立，即可得知 X 和 Y 是否獨立。

x＼y	10	20	30	$f_X(x)$
10	$(0.4)(0.3) = 0.12$	$(0.4)(0.2) = 0.08$	$(0.4)(0.5) = 0.2$	0.4
20	$(0.3)(0.6) = 0.18$	$(0.2)(0.6) = 0.12$	$(0.5)(0.6) = 0.3$	0.6
$f_Y(y)$	0.3	0.2	0.5	1

由上表得知，對於任何 x 與 y，$f(x, y) = f_X(x) f_Y(y)$ 皆成立，由此得知隨機變數 X, Y 是互相獨立的。

例 3.13

中國大陸自改革開放後，經濟突飛猛進，美元外匯存底已成全世界第一。上海金融市場更躍上國際舞臺，成為世界重要金融中心之一。上海證券指數對世界各國金融市場影響也愈來愈重要。臺灣亦受到重要影響，下表為臺北證券指數與上海證券指數日漲跌情形：

上海證券指數＼臺北證券指數	漲	跌	小計
漲	28	8	36
跌	4	10	14
小計	32	18	50

首先，我們各事件的相對次數作為各事件發生之機率，將上表化成聯合機率表如下：

	TP 漲	TP 跌	小計
SH 漲	0.56	0.16	0.72
SH 跌	0.08	0.20	0.28
小計	0.64	0.36	1.00

由上表可知臺證指數與上證指數同時漲之機率 P（TP 漲, SH 漲）= 0.56，算是連動性蠻高的。而臺證指數與上證指數同時跌之機率 P（TP 跌, SH 跌）= 0.2，連動性似乎蠻低的。

變異數 σ^2 是用來衡量單個隨機變數的樣本值與期望值離散情況，而共變異數則是衡量兩隨機變數 X 與 Y 單獨一方變動時，對另一變數產生

的相關影響之狀況。共變異數的計算，通常先個別求出變數 X 與 Y 的母體平均數 μ_X, μ_Y，再取 $(X - \mu_X)(Y - \mu_Y)$ 乘積的期望值，即可求得共變異數 $Cov(X, Y)$。共變異數 $Cov(X, Y)$ 有時又記做 $\sigma_{X,Y}$。

定義 3.6 共變異數 (covariance)

隨機變數 X, Y 的共變異數定義為

$$Cov(X,Y) = E(X - \mu_X)(Y - \mu_Y) \tag{3.12}$$

定理 3.3 二隨機變數和的期望值、變異數及共變異的一些性質

1. $E(X + Y) = E(X) + E(Y)$；假設 $E(X)$ 和 $E(Y)$ 都存在。
2. $Var(X + Y) = Var(X) + Var(Y) + 2Cov(X, Y)$

   若 X, Y 互相獨立，則 $Var(X + Y) = Var(X) + Var(Y)$。
3. $Cov(X, Y) = E(XY) - E(X)E(Y)$。
4. $Cov(aX + b, cY + d) = acCov(X, Y)$。

證明：

1. 我們僅考慮 X 為連續型的情形，當 X 為離散型隨機變數時，證法相同。

$$E(X+Y) = \int_{-\infty}^{\infty} \int_{-\infty}^{\infty} (x+y) f(x,y) dx dy$$

$$= \int_{-\infty}^{\infty} \int_{-\infty}^{\infty} x f(x,y) dy + \int_{-\infty}^{\infty} \int_{-\infty}^{\infty} y f(x,y) dx dy$$

$$= \int_{-\infty}^{\infty} x f_X(x) dx + \int_{-\infty}^{\infty} y f_Y(y) dy = E(X) + E(Y)$$

2. $Var(X+Y) = E(X + Y - (\mu_X + \mu_Y))^2$

$$= E[(X - \mu_X) + (Y - \mu_Y)]^2$$

$$= E[(X - \mu_X)^2 + (Y - \mu_Y)^2 + 2(X - \mu_X)(Y - \mu_Y)]$$

$$= E(X - \mu_X)^2 + E(Y - \mu_Y)^2 + 2E(X - \mu_X)(Y - \mu_Y)$$

$$= Var(X) + Var(Y) + 2Cov(X,Y)$$

3. $Cov(X, Y) = E(X - \mu_X)(Y - \mu_Y)$
$$= E(XY - X\mu_Y - Y\mu_X + \mu_X\mu_Y)$$
$$= E(XY) - E(X)\mu_Y - E(Y)\mu_X + \mu_X\mu_Y$$
$$= E(XY) - \mu_X\mu_Y = E(XY) - E(X)E(Y)$$

4. $Cov(aX + b, cY + d) = E(aX + b - a\mu_X - b)(cY + d - c\mu_Y - d)$
$$= E(aX - a\mu_X)(cY - c\mu_Y)$$
$$= acE(X - \mu_X)(Y - \mu_Y)$$
$$= acCov(X, Y)$$

上述的基本運算式可幫助推論隨機變數間的某些性質，例如假設隨機變數 X, Y 獨立，則 $Cov(X, Y) = E(XY) - E(X)E(Y) = E(X)E(Y) - E(X)E(Y) = 0$。

值得一提的是，雖然可用共變異數來了解隨機變數 X 和 Y 之間，互相影響的情形。但是共異變數 $\sigma_{X,Y}$ 容易因為單位的改變，而使得同樣母體的隨機變數 X, Y 之共異變數 $\sigma_{X,Y}$ 激增或頓減，會形成判斷上的困擾。所以針對此項缺失，發展出相關係數 ρ，定義如下：

定義 3.7 **相關係數 (correlation coefficient)**

設 σ_X^2 和 σ_Y^2 分別為隨機變數 X 和 Y 的變異數，σ_{XY} 為共變異數，則隨機變數 X 和 Y 的相關係數定義為

$$\rho = \frac{\sigma_{XY}}{\sigma_X\sigma_Y} = \frac{Cov(X, Y)}{\sigma_X\sigma_Y} \tag{3.13}$$

因此由式 (3.13) 可以看出，同一實驗不論取用何種單位，相關係數 ρ 的值都不會改變，而且 $-1 \le \rho \le 1$。若 $\rho = 0$，則稱隨機變數 X, Y 無關，否則稱隨機變數 X, Y 相關。

例 3.14

由政治大學應用數學系一年級學生中，隨機抽出 10 名學生的數學及英文成績如下：

學生	1	2	3	4	5	6	7	8	9	10	Total
數學 (X)	68	63	54	40	68	75	72	45	72	50	607
英文 (Y)	72	61	58	47	70	73	70	51	72	80	654

試求 (a) $E(X), E(Y), E(XY)$；(b) $\sigma_X^2, \sigma_Y^2, Cov(2X+3, 4Y+5)$；(c) ρ_{XY}。

答：

(a) $E(X) = \dfrac{607}{10} = 60.7, E(Y) = \dfrac{654}{10} = 65.4$

$E(XY) = \dfrac{1}{10}(68 \times 72 + 63 \times 61 + 54 \times 58 + 40 \times 47 + \cdots + 50 \times 80) = 4050.5$

(b) $\sigma_X^2 = \displaystyle\sum_{x=1}^{10} (x - \mu_X)^2 P(X = x) = 140.6, \sigma_Y^2 = \displaystyle\sum_{y=1}^{10} (y - \mu_Y)^2 P(Y = y) = 102.0$

$\sigma_{XY} = Cov(X, Y) = E(XY) - E(X)E(Y) = 4050.5 - 60.7 \cdot 65.4 = 80.72$

$Cov(2X + 3, 4Y + 5) = 8 Cov(X, Y) = 645.76$

(c) $\rho_{XY} = \dfrac{\sigma_{XY}}{\sigma_X \sigma_Y} = \dfrac{E(XY) - E(X)E(Y)}{\sigma_X \sigma_Y} = \dfrac{80.72}{119.78} = 0.674$

例 3.15

設隨機變數 X, Y 之聯合機率分配 $f(x, y)$ 如下表，試問 X, Y 是否獨立？是否相關？

x \ y	−1	0	1	$f(x)$
1	0.15	0.10	0.15	0.40
2	0.20	0.20	0.20	0.60
$f(y)$	0.35	0.30	0.35	1

答：隨機變數 X, Y 不獨立，因為

$$P(x = 1, y = 0) = 0.1 \neq P(x = 1) \, P(y = 0) = 0.4 \cdot 0.3 = 0.12$$

又由 $E(X) = 1 \cdot 0.4 + 2 \cdot 0.6 = 1.6$ ；$E(Y) = (-1) \cdot 0.35 + 0 \cdot 0.03 +$
$\qquad 1 \cdot 0.35 = 0$

$$E(XY) = 1 \cdot (-1) \cdot 0.15 + 1 \cdot 0 \cdot 0.1 + 1 \cdot 1 \cdot 0.15 + 2 \cdot (-1) \cdot 0.2 +$$
$$\qquad 2 \cdot 0 \cdot 0.2 + 2 \cdot 1 \cdot 0.2 = 0$$

得 $Cov(X, Y) = E(XY) - E(X)E(Y) = 0$，即 $\rho = \dfrac{Cov(X, Y)}{\sigma_X \sigma_Y} = 0$

故隨機變數 X, Y 亦不相關。

3.5 機率不等式

　　任何一筆樣本資料，我們可經由平均數 μ 和變異數 σ^2，來分析其母體的集中趨勢和離散狀況。若進一步能知道該母體的分配函數，則我們便可根據該分配函數，實際求得任意區間的機率分布。但是當我們不知道此筆樣本資料服從何種分配函數時，要求取任意區間的機率分布，是有困難的。而馬可夫不等式和謝比雪夫不等式，利用平均數 μ 和變異數 σ^2 關係，給我們對任意區間的機率分布一個很好的估計式。

定理 3.4　　馬可夫不等式 (Markov inequality)

若 X 為非負的隨機變數，則對任意 $a > 0$

$$P(X \geq a) \leq \frac{E(X)}{a} = \frac{\mu}{a} \tag{3.14}$$

證明：$E(X) = \displaystyle\int_{-\infty}^{\infty} x f(x) dx$

$\qquad\qquad = \displaystyle\int_{0}^{a} x f(x) dx + \int_{a}^{\infty} x f(x) dx$

$\qquad\qquad \geq \displaystyle\int_{a}^{\infty} x f(x) dx$

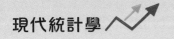
$$\geq a \int_a^\infty f(x)dx = aP(X \geq a) \quad \text{故得證 。}$$

| 定理 3.5 | 謝比雪夫不等式 (Chebyshev inequality) |

若隨機變數 X 具有期望值 μ 和變異數 σ^2，則對於任意 $k > 0$

$$P(|X - \mu| \geq k) \leq \frac{\sigma^2}{k^2} \tag{3.15}$$

證明：因 X 為非負的隨機變數，由馬可夫不等式知

$$P(|X - \mu| \geq k) = P((X - \mu)^2 \geq k^2) \leq \frac{E(X - \mu)^2}{k^2} = \frac{\sigma^2}{k^2} \quad \text{，故得證 。}$$

謝比雪夫機率不等式適用於任何分配函數，亦即不論 X 為何種機率分配，都可以用謝比雪夫不等式來求取隨機變數 X 落於某區間範圍的機率上限（或下限）。

例 3.16

設隨機變數 X 表示婦幼醫院每天接生新生兒數，其期望值為 10。試求 (a) 國慶日當天醫院接生超過 15 個新生兒的機率概況；(b) 若 X 的變異數為 4，則聖誕節當天醫院接生數在 6 至 14 個的機率至少為何？

答：(a) 由馬可夫不等式 $P(X \geq a) \leq \dfrac{\mu}{a}$，可知

接生數超過 15 個新生兒的機率 $P(X \geq 15) \leq \dfrac{10}{15} = 0.67$

(b) 由謝比雪夫不等式 $P(|X - \mu| < k) \geq 1 - \dfrac{\sigma^2}{k^2}$，可知接生數在 6 至 14 個的機率 $P(6 < x < 14) = P(|X - 10| < 4) \geq 1 - \dfrac{4}{16} = 1 - 0.25 = 0.75$

例 3.17

　　假設今年北大光華管理學院 EMBA 班入學考試，統計學到考人數有 100 人，平均分數為 55 分，標準差為 5 分。試問 (a) 考生分數在 40-70 分間有幾人？(b) 當此次考試成績服從常態分配時，是否仍滿足謝比雪夫不等式？

答：(a) 設隨機變數 X 代表考試成績，則由謝比雪夫不等式得知

$$P(40 < x < 70) = P(|X - 55| < 15) \geq 1 - \frac{25}{225} = 1 - 0.111 = 0.889$$

即考生分數在 40-70 分間至少有 88 人。

(b) 當此次考試成績具有常態分配時

$$P(40 < x < 70) = P(\frac{40-55}{5} < \frac{x-55}{5} < \frac{70-55}{5})$$
$$= P(-3 < Z < 3) = P(Z < 3) - P(Z < -3)$$
$$= 0.9987 - 0.0013 = 0.9974$$

其中 Z 表示標準常態分配（參考第 4 章 P.99），查附錄表 T4 可得到以上機率值。故考生分數在 40-70 分間約有 99 人。與 (a) 相比較可以看出，謝比雪夫不等式的估計仍適用。

摘要

1. 機率論最基本的概念

   (1) 事件：系統中我們所要討論且合理的現象，是機率空間基本元素。

   (2) 機率空間：系統中，集合所有可能出現的事件而構成的一個抽象空間。

   (3) 隨機變數：定義在機率空間的一個測量機率的工具，通常以一個一對多的不確定函數表示。

   (4) 隨機實驗：可能出現的結果有很多種，重複實驗時無法明確預知將得到什麼結果的實驗方式。

2. 決定機率值的方法有 (1) 理論機率；(2) 經驗機率；(3) 主觀認定機率。

3. 假設 A, B 為樣本空間中的兩事件，若 A 發生的機率不受 B 影響，即 $P(A \cap B) = P(A)P(B)$，則稱 A, B 獨立。

4. 設 A, B 為定義於樣本空間之事件，事件 B 已發生後再發生事件 A 的機率，稱為事件 A 的條件機率，記為 $P(A|B) = \dfrac{P(A \cap B)}{P(B)}$。

5. 貝氏定理：設 $B_1, ..., B_n$ 為互斥事件，在事件 A 已發生情況下，則事件 B_k 發生的機率為 $P(B_k|A) = \dfrac{P(B_k \cap A)}{\sum\limits_{i=1}^{n} P(B_i \cap A)} = \dfrac{P(B_k)P(A|B_k)}{\sum\limits_{i=1}^{n} P(B_i)P(A|B_i)}$。

6. 分配函數 $F(x) = P(X \le x)$ 表示隨機變數的 X 之值小於或等於 x 的機率，當 $x_1 < X \le x_2$ 時，$P(x_1 < X \le x_2) = F(x_2) - F(x_1)$。

7. 母體分配的特徵，可由它的期望值 $E(X) = \mu$ 與變異數 $Var(X) = \sigma^2$ 顯示出來。

8. 兩個隨機變數 X, Y，用 $f(x, y)$ 來表示 X 與 Y 之聯合機率密度函數。假設隨機變數 X, Y 為間斷型態，隨機變數 X 與 Y 的邊際機率密度函數為 X 的邊際機率分配 $f_X = \sum\limits_{y} f(x, y)$，$Y$ 的邊際機率分配 $f_Y = \sum\limits_{x} f(x, y)$。

9. 設 σ_X^2 和 σ_Y^2 分別為隨機變數 X 和 Y 的變異數，σ_{XY} 為共變異數，則隨

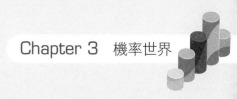
機變數 X 和 Y 的相關係數定義為 $\rho = \dfrac{\sigma_{XY}}{\sigma_X \sigma_Y} = \dfrac{Cov(X,Y)}{\sigma_X \sigma_Y}$。

10. 馬可夫不等式：若 X 為非負的隨機變數，$\forall a > 0, P(X \geq a) \leq \dfrac{E(X)}{a}$。
謝比雪夫不等式：若隨機變數 X 具有期望值 μ 和變異數 σ^2，$\forall k > 0$，
$P(|X - \mu| \geq k) \leq \dfrac{\sigma^2}{k^2}$。

 習題

3.1 如果事件 A, B 獨立，則 (a) $P(A \cup B) = 1$ (b) $P(A \cap B) = P(A)P(B)$ (c) A, B 必定互斥。

3.2 如果事件 A, B 互斥，則 (a) $P(A \cap B) = 1$ (b) $P(A|B) = P(A)$ 且 $P(B|A) = P(B)$ (c) $P(A \cup B) = P(A) + P(B)$。

3.3 假設 $P(A) = \dfrac{1}{2}, P(B) = \dfrac{1}{4}$，且 A 與 B 為互斥事件，則 $P(A \cup B)$ 等於
(a) $\dfrac{1}{8}$ (b) $\dfrac{3}{4}$ (c) $\dfrac{2}{5}$ (d) 0。

3.4 假設 $P(A) = \dfrac{1}{4}, P(B) = \dfrac{1}{5}$，且 A 與 B 為獨立事件，則 $P(A \cup B)$ 等於
(a) $\dfrac{1}{20}$ (b) $\dfrac{9}{20}$ (c) $\dfrac{2}{5}$ (d) 0。

3.5 假設 $P(A) = 0.6, P(B) = 0.2, P(A \cup B) = 0.7$，則 (a) $P(A \cap B) = 0.2$ (b) $P(A \cap B) = 0.3$ (c) $P(B|A) = 0.5$ (d) $P(A|B) = 0.5$。

3.6 如果 A, B 為獨立事件，試證 A, B^c 亦為獨立事件。（B^c 表示 B 的補集）

3.7 三個製造汽車煞車系統零件的工人 A, B, C 在製造過程中，他們出錯之機率分別是 0.02、0.01 和 0.06。現有一批已完成之零件，其中 45% 是 A 工人製造的、35% 是 B 工人製造的、20% 是 C 工人製造的，則

現代統計學

整批零件中，不良品所占的比率是多少？

3.8 台強電子公司向臺南、新竹兩供應商，以 1：3 的比例購入 IC 半導體零件。臺南供應商的產品不良率 6%，新竹供應商的產品不良率 4%。若台強電子公司隨機檢驗一零件，發現竟是不良品，試問此零件來自臺南供應商之機率為多少？

3.9 迅雷通訊行老闆想要研究 iPhone5 售出價格（原價或特價）與客戶是否購買延長保證間的關係。在分析過去紀錄後，得到以下聯合機率：

	購買延長保證	不購買延長保證
原價	0.56	0.16
特價	0.08	0.20

(a) 一位顧客以原價購買而購買延長保證的機率？

(b) 顧客購買延長保證的機率多少？

(c) 兩者事件是否獨立？

3.10 假設隨機變數 X 之機率密度函數如下：

$$f(x) = \begin{cases} 1/6, & x=1 \\ 3/6, & x=2 \\ 2/6, & x=3 \end{cases}$$

試求 (a) $P(x \leq 2)$；(b) $E(X)$；(c) $Var(X)$。

3.11 假設隨機變數 X 之機率密度函數如下：$f(x) = \begin{cases} 2x, & 0<x<1 \\ 0, & 其他 \end{cases}$

試求 (a) $P(X<0.3)$；(b) $E(X)$；(c) $Var(X)$。

3.12 假設隨機變數 X 與 Y 的聯合機率分配 $f(x,y)$ 如下表：

x \ y	10	20	30
10	0.08	0.08	0.04
20	0.12	0.12	0.06
30	0.20	0.20	0.10

試求隨機變數 X 和 Y 的邊際機率分配，並檢驗隨機變數 X 和 Y 是否獨立。

3.13　隨機變數 X 和 Y 有聯合機率函數為：

$$f(x,y) = \begin{cases} 1/3 & (x,y) = (0,1),\ (1,1),\ (1,0) \\ 0 & \text{其他範圍} \end{cases}$$

試求隨機變數 X 和 Y 的邊際機率密度、共變異數 $Cov(X, Y)$，和相關係數 ρ_{XY}。

3.14　大臺北地區空氣汙染指數每天平均是 75，請根據 (a) 馬可夫不等式求取空氣汙染指數大於等於 100 之機率上限；(b) 若已知標準差為 5，根據謝比雪夫不等式，求空氣汙染指數大於 50、小於 100 之機率下限。

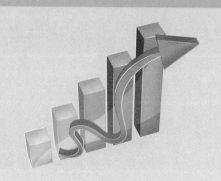

4 常用的機率與統計分配

　　一組樣本資料常呈現某種特殊型式的機率分配。當我們獲得母體的樣本資料時,需從各種機率分配當中,選擇出最接近該母體的機率分配,使我們對樣本資料與母體參數有較佳的推論與檢定能力。

　　常用的機率分配有二項分配、波松分配、均勻分配、指數分配與常態分配等。常用的統計分配有常態分配、t 分配、卡方分配、F 分配等。

今年到目前為止,
已經 7 個颱風過境⋯

五香鮮蔬燒烤

學生 (*Student*) 是威廉・戈塞 (William Sealy Gosset, 1876-1937) 的筆名。當時他還在都柏林的健力士釀酒廠工作。在《致費雪的信》這本書中，Gosset 曾經對費雪 (Fisher) 說：「很高興寄一份 Student 統計表給您，因為您是唯一會使用此表的第一人。」費雪也對於他的統計表表示認同，並且進一步努力研究此統計表，使得在應用方面更為完備。從此在統計學的應用上，學生統計表占了很重要的地位。

在 1908 年《*Biometrika*》的一篇文章〈平均數之可能誤差 (*The Probable Error of a Mean*)〉，Gosset 使用 Z 統計量來檢驗常態分配母群的平均數。Gosset 在估計時，他直接使用 n 作為樣本數，而非現在我們常使用的 $(n-1)$，並且假定 $t = z / \sqrt{n-1}$。費雪也以自由度的觀點來介紹 t 分布的形狀，在討論服從一些著名統計量的誤差函數分配文章中，他先以常態分配為基礎，再引入自由度的概念來介紹，並且說明常態分配僅是 t 分配的一個特例。

學生（非 t）分布一開始由費雪 (1925) 在《*Matron*》期刊論文〈應用學生分布〉以及在出版的《研究工作之統計方法》這本書提出。使得學生分布變得非常得有名，而且一直被廣泛地使用。他以之前的學生統計表為基礎，並且使得此統計表能夠被大家有效地使用。而真正的學生 t-分布（非學生）由 McKay (1932) 發表於 1929 年《英國皇家統計學報》〈變動係數與廣義 t-分布〉(*Distribution of the coefficient of variation and the extended t distribution*)。

t-test 檢定法，最早發現於費雪 (1932) 的《研究工作之統計方法》(*Statistical Methods for Research Workers*) 書中，提到 t-test 的效度，如同其他的假設檢驗，是非常好的。他的目的是要檢驗比較兩個母群的平均數是否真的有差異。此檢驗方法，至今仍受到心理學、生物學、農業學家的廣泛使用。

費雪爵士 (Sir R. A. Fisher, 1890-1962) 為一名英國統計學家、演化生物學家與遺傳學家。他是現代統計學與現代演化論的奠基者之一。安德斯・哈爾德稱他是一位幾乎獨自建立現代統計科學的天才，理查・道金斯則認為他是達爾文最偉大的繼承者。

4.1　離散型機率分配

較常見的離散型機率分配有：1. 二項分配 (Binomial distribution)；2. 波松分配 (Poisson distribution)；3. 離散型均勻分配 (Discrete uniform distribution) 與 4. 超幾何分配 (Hypergeometric distribution)。

1. 二項分配

若一隨機實驗只有成功和失敗兩種結果，成功事件發生的機率為 p，失敗發生的機率就是 $1 - p$。令隨機變數 $X = 1$ 代表成功的事件，$X = 0$ 代表該試驗失敗的事件，此時我們稱隨機變數 X 服從白努利分配 (Bernoulli distribution)，其機率分配函數為 $f(x) = P(X = x) = p^x (1-p)^{1-x}$，$x = 0$ 或 1。其期望值與變異數為：

$$E(X) = 1 \cdot p + 0 \cdot (1-p) = p, \; Var(X) = E(X^2) - E(X)^2 = p - p^2 = p(1-p)$$

例如投擲銅板一次，隨機變數 X 代表正面或反面，此試驗即為白努利隨機試驗。其中，出現正面代表成功的事件。

執行 n 次的白努利隨機試驗，假設每一次白努利試驗成功的機率都是 p，且這 n 次試驗皆互相獨立。令隨機變數 X 代表在 n 次白努利試驗中成功事件的總次數，我們稱此隨機變數 X 服從二項分配，通常以 $X \sim B(n, p)$ 表示。

二項隨機變數的機率密度函數及累積分配函數分別為：

$$f(x) = C_x^n p^x (1-p)^{n-x}, \; x = 0, ..., n, \; C_x^n = \frac{n!}{(n-x)!x!} \tag{4.1}$$

$$F(x) = \sum_{k=0}^{x} C_x^n p^k (1-p)^{n-k} \tag{4.2}$$

二項隨機變數的期望值與變異數分別為 $E(X) = np$, $Var(X) = np(1-p)$，圖 4.1 為不同的機率值 p 下，二項機率密度分布情形。

二項隨機變數的實例，在我們周邊生活俯拾皆是。譬如抽問 100 位高中

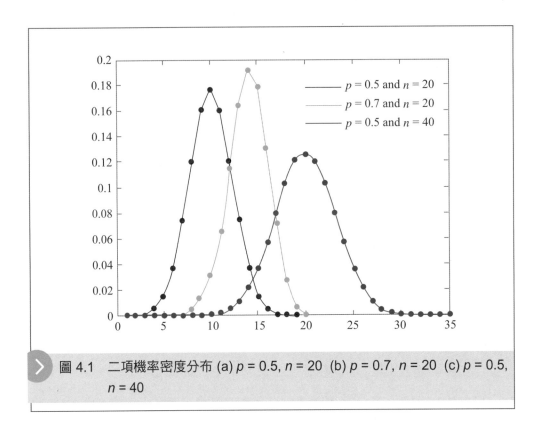

圖 4.1　二項機率密度分布 (a) $p = 0.5$, $n = 20$　(b) $p = 0.7$, $n = 20$　(c) $p = 0.5$, $n = 40$

生中，贊成廢除大學聯招的人數；品管部門隨機抽取 20 個產品，檢驗其中不良產品的個數；藥廠研究 50 位病患服用新藥後，病人痊癒的案例；民意調查高雄市民眾，贊成與反對臺灣宣布獨立的比率等。

例 4.1

假設臺北市約有 40% 的人們喜歡棒球運動。現於市區中隨機訪問 1 人，試問 (a) 此人喜歡棒球運動的期望值為何？變異數與標準差為何？(b) 若隨機訪問 5 人，試問我們可以期望 5 人中喜歡棒球的人數與變異數、標準差為何？有 2 個人喜歡棒球運動的機率為何？至少有 3 個人喜歡棒球運動的機率為何？

答：(a) 若隨機變數 X 代表喜歡棒球與否，則

期望值 $E(X) = p = 0.4$，變異數 $\sigma^2 = pq = 0.24$

(b) 若隨機變數 X 代表喜歡棒球的人數,則

期望值 $E(X) = np = 5 \cdot 0.40 = 2$

變異數 $\sigma^2 = V(X) = np(1-p) = 1.2$

$P(X = 2) = C_2^5 (0.4)^2 (0.6)^3 = 10 \cdot 0.0346 = 0.346$

$P(X \geq 3) = 1 - P(X \leq 2) = 1 - \sum_{x=0}^{2} C_x^5 (0.4)^x (0.6)^{n-x} = 0.317$

例 4.2

景文科技大學英文期末會考出 20 題 5 選 1 的選擇題,每題 5 分。假設有一學生完全以猜的方式做答,例如每題以擲骰子決定,若出現 1 點則選 1、出現 2 點則選 2、……出現 5 點則選 5、出現 6 點則重擲。試問 (a) 此學生答對題數的期望值與變異數為何?(b) 此學生英文期末會考分數期望值與變異數為何?(c) 此學生及格(高於 60 分)的機率有多大?(d) 此學生最多 40 分的機率為何?

答:設 X 代表此學生答對的題數

(a) 答對題數的期望值 $E(X) = 20 \cdot \dfrac{1}{5} = 4$

變異數 $Var(X) = 20 \cdot \dfrac{1}{5} \cdot \dfrac{4}{5} = 3.2$

(b) 分數期望值 $= 5 \cdot 4 = 20$ 分,分數變異數 $= 5^2 \cdot 3.2 = 80$ 分

(c) 此學生必須答對 12 題以上才能及格,因此及格機率為(查附表 T2)

$$P(X \geq 12) = 1 - P(X < 12) = 1 - \sum_{x=0}^{11} C_x^{20} \left(\frac{1}{5}\right)^x \left(\frac{4}{5}\right)^{20-x} = 1 - 1 = 0$$

(d) $P(X \leq 8) = \sum_{x=0}^{8} C_x^{20} \left(\frac{1}{5}\right)^x \left(\frac{4}{5}\right)^{20-x} = 0.99$,亦即若以猜的方式做答,

將有高達 99% 的機率會在 40 分以下

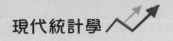

2. 波松分配

波松分配主要是衡量在一個單位時段或區域內，某事件發生次數的問題。在商業、在醫藥、在交通、在社會或在軍事上，均可找到波松分布的應用等。例如：餐館 1 個小時內的顧客到達人數；總機小姐 10 分鐘內所接的電話數；榮總醫院每分鐘掛號數；臺灣地區每年發生 3 級以上地震次數；中山高速公路每周發生的車禍次數；單位土地面積內的建宅數目。令隨機變數 X 代表在單位時段或區域內事件發生的次數，我們稱此隨機變數 X 符合波松分配，以 $X \sim Poisson(\mu)$ 表示，μ 為其平均數。圖 4.2 為不同的期望值下，波松機率密度分布情形。

波松隨機變數的機率密度函數及累積分配函數分別為：

$$f(x) = \frac{e^{-\mu}\mu^x}{x!}, x = 0,1,....$$
(4.3)

$$F(x) = \sum_{k=0}^{x} \frac{e^{-\mu}\mu^k}{k!}$$
(4.4)

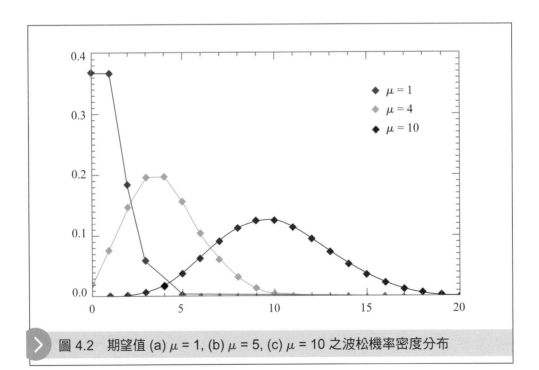

圖 4.2　期望值 (a) μ = 1, (b) μ = 5, (c) μ = 10 之波松機率密度分布

波松隨機變數的期望值與變異數為 $E(X) = \mu, Var(X) = \mu$。離散型隨機變數 X 具有波松分配時，有以下幾個特性：

(1) 每一個時段或區域內事件的發生皆是互相獨立的。譬如餐館 9：00～10：00 到達的顧客人數和 10：00～11：00 到達的顧客人數毫無相干。

(2) 在一固定時段內，事件發生的機率 p 都是相同的。

(3) 如果將整段時間再加以細分到 n 個微小區間，使得事件發生在每一微小區間內就只有發生（成功）和不發生（失敗）兩種可能，而其機率為 $p = \mu/n$。因此，整個區間內事件發生的期望次數，就可以看成是二項分配 n 次試驗的結果。也就是說，當 n 很大時，$\mu = np$ 不大不小而且是個已知定數，波松分布就可以代替二項分布了。

$$\lim_{n \to \infty} \binom{n}{x} p^x (1-p)^{n-x} = \frac{e^{-\mu} \mu^x}{x!}$$

其中 μ 代表整個區間內事件發生的期望次數，細分為 n 個微小區間時，二項分配試驗 n 次中，成功次數的期望值為 np。

例 4.3

　　皇品餐館推出頂級食材後，美食客 $(= n)$ 絡繹不絕。但每個客人訂極品松露的機率不大 $(= p)$，只知道平均約一個月消費兩罐：$\mu = np = 2$。那麼這家餐館每月開始時應有兩罐極品松露的庫存，當然不能只有兩罐，因為平均歸平均，銷售量超過平均數的機率很大。但是庫存太多也會影響食材鮮度與整個餐館資金運作。根據 $Poisson(x; 2)$，我們算得下表：

x	0	1	2	3	4	5	≥ 6
$Poisson(x; 2)$	.135	.271	.271	.180	.090	.036	.017

由上表可知，每月消費量達到五罐以上的機率只有 0.053，而達到

六罐以上則只有 0.017。所以理想的月初盤點量應為四罐，這樣大約平均 19 個月才會有一次缺貨。

　　波松分布是品質管制的利器，它可以幫助我們決定服務過程是否出了問題。我們從服務業角度來看，假設皇品餐館每做 100 個客人，平均會有兩個抱怨申訴，而這是合理的抱怨申訴率。根據波松分布，偶而出現三個或四個抱怨申訴也是正常的現象，可被允許。但是如果出現的頻率太高，例如出現六個以上的抱怨申訴，那麼服務過程就可能出了問題。

例 4.4

　　臺灣地處亞熱帶，常受颱風過境的自然災害困擾。每年夏季 6 月至 9 月為颱風侵襲臺灣的主要季節。中央氣象局統計資料指出，平均每年約有 5 個颱風過境臺灣。試問明年沒有颱風過境臺灣的機率為多少？明年將有 5 個颱風過境臺灣的機率為多少？明年超過 7 個以上颱風過境臺灣的機率為多少？

答：設 X 代表每年颱風過境臺灣次數，$X \sim Pois(5)$，則查表 T3 可得

$$P(X = 0) = \frac{e^{-5}5^0}{0!} = 0.0067, \ P(X = 5) = \frac{e^{-5}5^5}{5!} = 0.1755$$

$$P(X \geq 7) = 1 - P(X \leq 6) = 1 - \sum_{k=0}^{6} \frac{e^{-5}5^k}{k!} = 1 - 0.7622 = 0.2378$$

例 4.5

　　根據青輔會的資料顯示，全臺灣大約有 2% 的成年人具有碩士以上的學歷。現在自全國成年人中，隨機抽取 100 位成年人，其中恰有 3 人擁有碩士以上學歷的機率為何？

答：設隨機變數 X 代表擁有碩士以上學歷的人數，則依二項分配的定

義，很明顯地 $X \sim B(100, 0.02)$。按題意可得下式，但是計算將非常累。

$$P(x = 3) = C_3^{100}(0.02)^3(0.98)^{97} = 0.1823$$

若以波松分配來看，$\mu = np = 2$，則 X 近似 $Poisson(\mu)$

$$P(X = 3) = \frac{e^{-2}2^3}{3!} = 0.1804$$

兩相比較可知，當 n 愈大，波松分配愈趨近二項分配。

3. 離散型均勻分配

若隨機變數 X 的樣本空間集合有 N 個相異的元素 $\{1,2, 3,..., N\}$，且這 N 個元素被抽中的機會皆均等，我們稱此隨機變數 X 服從離散型均勻分配，以 $X \sim DU(N)$ 表示。離散型均勻隨機變數的機率密度函數及累積分配函數分別為：

$$f(x) = \frac{1}{N}, x = 1, 2, ..., N \tag{4.5}$$

$$F(x) = \frac{x}{N}, x = 1, 2, ..., N \tag{4.6}$$

其期望值與變異數為 $E(X) = \frac{1}{2}(N + 1)$，$Var(X) = \frac{1}{12}(N^2 - 1)$

當我們對母體的情況未知時，最常假設事件發生之機率服從離散型均勻分配。例如：抽籤時假設每一支籤被抽中的機會相等，隨機抽查 50 位住戶對社區的滿意度，假設每位住戶被抽取的機率都一樣。擲骰子的試驗也是常見的例子，有 1, 2, …, 6 點等六種可能結果，且每個點數被抽中的機會均是六分之一。

例 4.6

擲公正骰子一次，則擲出點數的期望值和變異數為何？

答：設隨機變數 X 代表骰子擲出的點數，則 X 服從的機率密度函數為：

$$f(x) = \frac{1}{6}; x = 1, 2, \cdots, 6$$

因此可知隨機變數 X 為具有離散型均勻分配

期望值 $E(X) = \frac{1}{6}(1 + 2 + ... + 6) = \frac{7}{2}$

變異數 $Var(X) = E(X^2) - E(X)^2 = \frac{1}{6}(1^2 + 2^2 + ... + 6^2) - (\frac{7}{2})^2$

$$= \frac{91}{6} - \frac{49}{4} = \frac{35}{12}$$

4. 超幾何分配

若母體內含有 N 個元素，這 N 個元素可分成兩類，其中具某種特性者屬一類共有 m 個，另外 $N - m$ 個不具某種特性，屬另一類。假設每個元素被抽中的機會皆均等，現在從這母體中以抽出不放回的方式，隨機抽取 n 個元素為樣本，抽中某種特性者（m 個的那類）屬成功，否則為失敗。令隨機變數 X 表示在抽取 n 個元素中屬成功的次數，則稱此隨機變數 X 符合超幾何分配，記為 $X \sim HG(N, m, n)$。

超幾何隨機變數的機率密度函數為：

$$f(x) = \frac{C_x^m C_{n-x}^{N-m}}{C_n^N}, \ x = 0, 1, 2, ..., n \tag{4.7}$$

超幾何隨機變數的期望值與變異數為：

$$E(X) = n\frac{m}{N}, Var(X) = n\frac{m}{N}(1 - \frac{m}{N})(\frac{N-n}{N-1})$$

在二項分配中，我們提到每一次的試驗都是互相獨立的，而超幾何分配則互相影響。譬如一個黑箱子中有 N 個球，其中有 M 個白球。今從黑箱子內隨機抽取 n 球，若每次抽取球後再將球放回，則每次抽取到白球的機率都是相同的，該試驗滿足二項分配的特性；但若是每次抽取球後不將球放回，則每次抽取到白球的機率都會受到前一次隨機抽取球的影響，此時，該試驗滿足超幾何機率分配的特性。

進一步考慮無限的母體，即 $N \to \infty$ 時的狀況，則超幾何分配又可視為二項機率分配。因為母體相當龐大，僅隨機抽取有限個球數，並不足以影響母體。也就是

$$\lim_{N \to \infty} \frac{C_x^m C_{n-x}^{N-m}}{C_n^N} = C_x^n p^x (1-p)^{n-x}, \ p = \frac{n}{N} \text{ 為常數。}$$

例 4.7

國科會欲選派 4 位研究學者赴澳洲做研究半年。現在有 20 位申請者，其中副教授有 5 位、助理教授有 15 位。由於這 20 位申請者的學經歷都差不多、很難取捨，因此決定以抽籤方式選取。試問以隨機抽取 4 位研究學者的試驗中，抽出 2 位為副教授的機率是多少？

答：令隨機變數 X 表示取出 4 位研究學者中副教授的個數，則

$X \sim HG(20, 4, 5)$

$$P(X = 2) = \frac{C_2^5 C_{4-2}^{20-5}}{C_4^{20}} = 0.2167$$

4.2 連續型機率分配

較常見的連續型機率分配有 1. 連續型均勻分配 (continuous uniform distribution)；2. 指數分配 (exponential distribution)；3. 常態分配 (normal distribution)。

1. 連續型均勻分配

連續型均勻分配是指，隨機變數 X 的機率密度函數 $f(x)$，在變數 X 所屬的區間內，機率值是均勻分配的，即 $f(x)$ 是固定值，以 $X \sim U(a, b)$ 表示。連續型均勻隨機變數的機率密度函數及累積分配函數分別為：

$$f(x) = \begin{cases} \dfrac{1}{b-a} & , \ x \in (a, b) \\ 0 & , \ 其他 \end{cases} \tag{4.8}$$

$$F(x) = \frac{x-a}{b-a} \ , \ x \in (a, b) \tag{4.9}$$

圖 4.3 為連續型均勻隨機變數的機率密度分布情形。

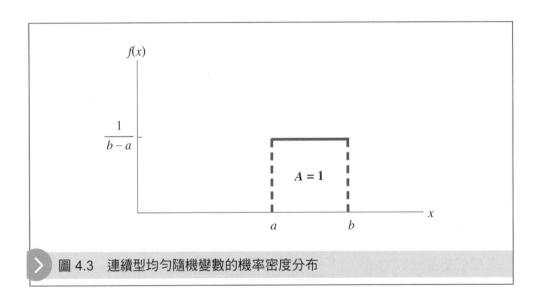

> 圖 4.3　連續型均勻隨機變數的機率密度分布

連續型均勻隨機變數的期望值與變異數為：

$$E(X) = \frac{a+b}{2}, Var(X) = \frac{(b-a)^2}{12}$$

例 4.8

設隨機變數 X 代表木柵捷運動物園站間隔發車時間，滿足 $X \sim U(3,7)$。求 (a) 機率密度函數 $f(x)$ 與累積分配函數 $F(x)$；(b) $E(X)$, $Var(X)$？

答：(a) 機率密度函數 $f(x) = \begin{cases} 1/4, & x \in (3,7) \\ 0, & \text{其他} \end{cases}$

累積分配函數 $F(x) = P(X \le x) = \int_3^x f(t)dt = \dfrac{x-3}{4}$

(b) $E(X) = \int_3^7 xf(x)dx = \int_3^7 \dfrac{x}{4}\,dx = \dfrac{x^2}{8}\Big|_3^7 = 5$

$Var(X) = E(X^2) - E(X)^2 = \int_3^7 \dfrac{x^2}{4}\,dx - 5^2 = \dfrac{x^3}{12}\Big|_3^7 - 25 = \dfrac{316}{12} - 25 = \dfrac{4}{3}$

或以上述連續型均勻隨機變數的期望值與變異數公式代入，亦可得 $E(X) = \dfrac{a+b}{2} = \dfrac{7+3}{2} = 5, Var(X) = \dfrac{(b-a)^2}{12} = \dfrac{(7-3)^2}{12} = \dfrac{4}{3}$

2. 指數分配

指數隨機變數主要是用於間隔或等待的時間，如在計算生命長度、顧客打電話的時間、電子產品失效時間等問題。隨機變數 X 被設為某事件發生所經歷的時間，以 $X \sim Exp(\lambda)$ 表示，其中 λ 為事件發生的平均時間。指數隨機變數的機率密度函數及累積分配函數分別為：

$$f(x) = \frac{1}{\lambda} e^{-\frac{x}{\lambda}}, x > 0 \tag{4.10}$$

$$F(x) = 1 - e^{-\frac{x}{\lambda}} \tag{4.11}$$

指數隨機變數的期望值與變異數為 $E(X) = \lambda$，$Var(X) = \lambda^2$。圖 4.4 為指數隨機變數的機率密度分布。

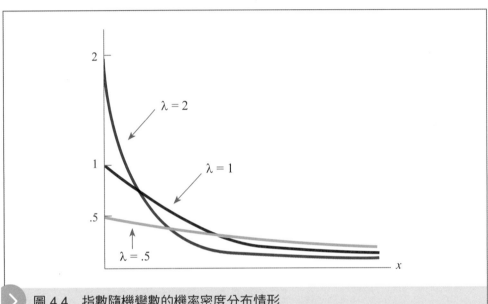

> 圖 4.4 　指數隨機變數的機率密度分布情形

 例 4.9

　　實踐大學生活應用系舉行春假烤肉郊遊活動，地點是阿姆坪。歸來時大家快樂的走到候車亭等往臺北的台汽客運。很不巧，同學們剛到候車亭時，車子正好開走。康樂股長看看站牌上寫著：平均每 20 分鐘開一班。試問同學們最多再等 10 分鐘的機率？超過 30 分鐘的機率？

答：設隨機變數 X 表示台汽客運到達的時間間距，因為往臺北的客運平均每 20 分鐘開一班，我們可視為隨機變數 X 具有 $Exp(20)$ 的機率分配。

$$f(x) = \frac{1}{20} e^{-\frac{x}{20}}$$

所以 $F(x) = P(X \le 10) = \int_0^{10} \frac{1}{20} e^{-\frac{x}{20}} dx = e^{-\frac{x}{20}} \Big|_0^{10} = 1 - e^{-\frac{10}{20}} = 0.39$

也就是說，他們在 10 分鐘內等到車的機率為 0.39，而超過 30 分鐘的機率為

$$P(X > 30) = \int_{30}^{\infty} \frac{1}{20} e^{-\frac{x}{20}} dx = e^{-\frac{x}{20}} \Big|_{30}^{\infty} = e^{-3/2} = 0.2231$$

例 4.10

假設公保大樓的門診醫生看病時間平均每分鐘看 0.2 個病人。若看病時間為一指數分配，試問看一病人超過 5 分鐘的機率有多少？最多 10 分鐘的機率有多少？

答：設隨機變數 X 表示醫生對每個病人看病時間。因為平均每分鐘看 0.2 個病人，亦即平均 5 分鐘看 1 個病人，故

$X \sim Exp(5), f(x) = \frac{1}{5} e^{-\frac{x}{5}}$，所以

$$F(x) = P(X > 5) = \int_{5}^{\infty} \frac{1}{5} e^{-\frac{x}{5}} dx = -e^{-\frac{x}{5}} \Big|_{5}^{\infty} = e^{-1} = 0.37$$

也就是說，看一個病人超過 5 分鐘的機率有 0.37

最多 10 分鐘的機率為 $P(X < 10) = \int_{0}^{10} \frac{1}{5} e^{-\frac{x}{5}} dx = -e^{-\frac{x}{5}} \Big|_{0}^{10} = 1 - e^{-2} =$

0.86

3. 常態分配

常態分配是應用最廣的機率分配，因為它能貼切地模式化或描述很多自然界現象或是社會科學實例。例如：一群人的身高、體重、學生之學習能力、產品規格的差異，甚至在統計模型預測的誤差上，常以常態分配來考慮。若隨機變數 X 服從平均數為 μ、變異數為 σ^2 的常態分配時，我們以 $X \sim N(\mu, \sigma^2)$ 表示，見圖 4.5。

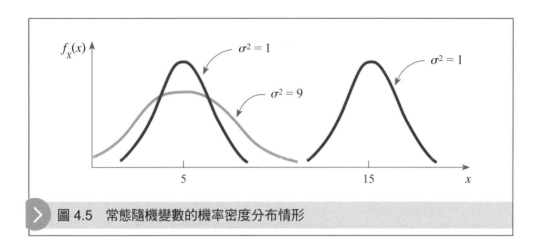

> 圖 4.5　常態隨機變數的機率密度分布情形

常態隨機變數 X 的機率密度函數及累積分配函數分別為：

$$f(x) = \frac{1}{\sqrt{2\pi}\sigma} e^{-\frac{(x-\mu)^2}{2\sigma^2}}, -\infty < \mu < \infty, \sigma > 0 \qquad \textbf{(4.12)}$$

$$F(x) = \int_{-\infty}^{x} \frac{1}{\sqrt{2\pi}\sigma} e^{-\frac{(x-\mu)^2}{2\sigma^2}} dx \qquad \textbf{(4.13)}$$

常態分配具有以下各項特性：

(1) 常態分配是一以平均數 μ 為中心線，呈左右對稱鐘狀圖形的分配。
　　σ 愈大，分配偏離中心 μ 愈遠，曲線圖愈平緩。

(2) 常態分配的母體平均數、眾數、中位數都是相同的值，即 $\mu = m = Q_2$。

(3) 機率分配函數圖形向曲線中心的兩端延伸，逐漸趨近橫軸（即機率函數值遞減）。

　　為了查表計算方便，通常將常態分配 $X \sim N(\mu, \sigma^2)$ 標準化。標準化過程是令 $Z = \dfrac{X - \mu}{\sigma}$，則 $Z \sim N(0, 1)$，又稱 Z 分配。標準常態機率密度函數為：

$$f(x) = \frac{1}{\sqrt{2\pi}} e^{-\frac{x^2}{2}}, \quad -\infty < x < \infty$$

我們可以說，標準常態分配是將原機率分配中心 μ 視為原點，再以 σ 為標準單位的常態分配。任何常態分配都可經由標準化的過程將其轉化為標準常態分配。因此，對於一個非標準化的常態分配，如要計算其區間機率，可先將其標準化為 Z 分配，再查附錄表 T4 的標準常態分配表可得。

例 4.11

1999 年國立政治大學應數系轉學考試的微積分成績，經整理得知具有 $N(50,16)$ 的常態機率分配。試問成績介於 50-60 的人數，大概占所有參加考試人數的比例為多少？

答：設隨機變數 X 代表考試成績，又其具有 $N(50,16)$

$$P(50 \leq X \leq 60) = P(\frac{50-50}{4} \leq \frac{X-50}{4} \leq \frac{60-50}{4})$$
$$= P(0 < Z < 2.5)$$
$$= P(Z < 2.5) - P(Z < 0)$$
$$= 0.994 - 0.5 = 0.494$$

所以考試成績在 50-60 分之間約占 49.4%

例 4.12

強生製藥廠製造一種抗胃癌新藥，假設每顆藥丸重量符合常態分配 $N(0.3, 0.01^2)$，單位：g。因為此藥含有某成分比率的珍貴藥材與劇毒，製造產品需要較嚴格的品管。強生製藥廠認為此種抗癌新藥的重量應為 0.3 ± 0.02 之間才安全。試問此種抗癌新藥產品不被接受的比率有多少？

答：設隨機變數 X 每顆藥重量 $X \sim N(0.3, 0.01^2)$

$$P(0.28 \leq X \leq 0.32) = P\left(\frac{0.28-0.3}{0.01} \leq \frac{X-0.3}{0.01} \leq \frac{0.32-0.3}{0.01}\right)$$
$$= P(-2 < Z < 2)$$

$$= 2P(Z < 2) - 1$$
$$= 2(0.9772) - 1$$
$$= 0.9544$$

所以，此種抗癌新藥產品約有 4.56% 的比率不被接受。

4.3 常用的統計分配

為了推論母體所服從的機率分配，例如：推論該機率分配的母體平均數 μ 或母體變異數 σ^2，我們常從母體中抽取數個樣本，利用這些樣本組成所謂的樣本統計量，而樣本統計量所服從的機率分配則稱為統計分配，也被稱為抽樣分配 (sampling distribution)。我們常利用統計分配來測量推論過程的誤差大小以及結論的可靠程度。

本節僅講述常用統計分配的定義，至於統計分配的實際應用則於第五章詳細討論。統計學中常用的統計分配有 1. 常態分配；2. 卡方分配 (Chi-Square distribution)；3. t 分配；4. F 分配。

1. 常態分配

我們已經在 4.1 節定義過常態分配，不過在當時，常態分配主要是用來說明隨機變數的分布狀況。而在統計應用上，常態分配是用來推論與檢定母體的特徵數。例如：我們常以樣本平均數 $\overline{X}$ 去推論 μ，其中 $\overline{X}$ 的統計分配即為常態分配。圖 4.6 為常態隨機變數的機率密度分布實況與比例。

2. 卡方分配

若隨機變數 U 服從的機率密度函數

$$f(u) = \frac{1}{\Gamma(\frac{v}{2})2^{\frac{v}{2}}} u^{\frac{v}{2}-1} e^{-\frac{u}{2}}, \; 0 \le u < \infty \tag{4.14}$$

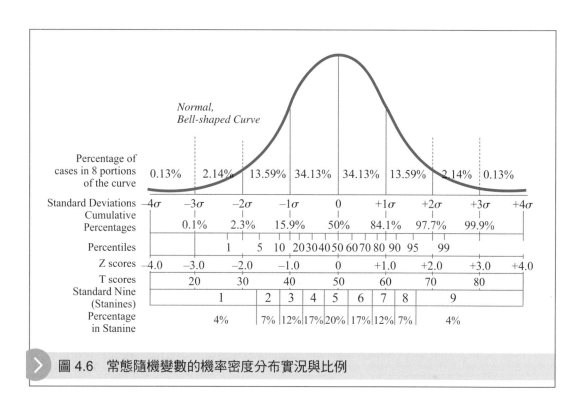

圖 4.6　常態隨機變數的機率密度分布實況與比例

則我們稱隨機變數 U 服從自由度為 ν 的卡方分配，以 $U \sim \chi^2(\nu)$ 表示。卡方分配 U 的期望值和變異數為 $E(U) = \nu, Var(U) = 2\nu$。根據上述卡方分配的定義可以發現，卡方分配是不對稱的統計分配，其隨機變數 U 介於 $[0, \infty)$ 之間，且卡方分配對應的機率分布隨著自由度 ν 而有所不同。圖 4.7 為卡方分配的機率密度分布。

假設隨機變數 $U \sim \chi^2(\nu)$，定義 $\chi_\alpha^2(\nu)$ 為自由度 ν 之卡方分配，其右尾機率等於 α 的臨界值。即 $P(U \geq \chi_\alpha^2(\nu)) = \alpha$，則我們可推導出：

$$P(U \geq \chi_{1-\alpha/2}^2(\nu)) = 1 - \frac{\alpha}{2}, P(U \geq \chi_{\alpha/2}^2(\nu)) = \frac{\alpha}{2} \tag{4.15}$$

即 $\chi_{1-\alpha/2}^2(\nu)$ 為自由度 ν 之卡方分配，其右尾機率等於 $1 - \alpha/2$ 的臨界值。也就是左尾機率等於 $\alpha/2$ 的臨界值。綜合以上討論，我們知道

$$P(\chi_{1-\alpha/2}^2(\nu) \leq U \leq \chi_{\alpha/2}^2(\nu)) = 1 - \alpha \tag{4.16}$$

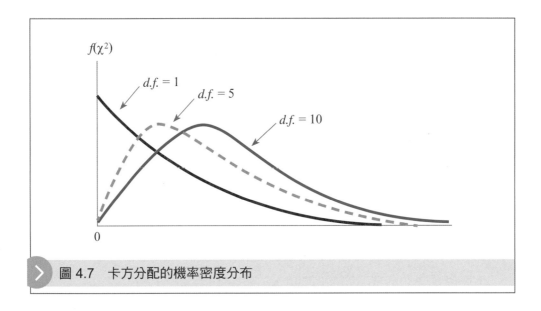

圖 4.7　卡方分配的機率密度分布

在查卡方分配對應的機率時，得先確定自由度 ν 和 α 值，再查出與 ν 和 α 對應的臨界值 $\chi_\alpha^2(\nu)$。

3. t 分配

假設存在著兩個互相獨立的隨機變數 Z 與 U，其中 $Z \sim N(0,1)$，而 $U \sim \chi^2(\nu)$，若隨機變數 t 服從的機率密度函數

$$t = \frac{Z}{\sqrt{U/\nu}} \tag{4.17}$$

則我們稱隨機變數 t 服從自由度為 ν 的 t 分配。一般記為 $t \sim t(\nu)$，其中 t 的期望值和變異數為 $E(t) = 0,\ Var(t) = \dfrac{\nu}{\nu - 2}, \nu > 2$。

t 分配和常態分配看起來非常的相似，其對應的機率分布圖皆對稱於原點，尤其當樣本數 n 愈大時，t 分配的機率分布情形愈趨近於標準常態分配。實際例子上，只要樣本數大於 25，t 分配就已經很接近常態分配。注意這裡指的是接近標準常態分布，但仍不是常態分布。當自由度趨近於 ∞ 時，t 分配才是標準常態分配。圖 4.8 為 t 分配的機率密度分布。

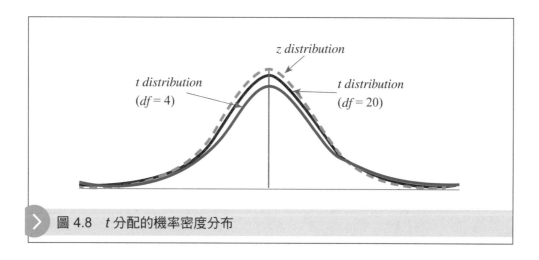

圖 4.8 *t* 分配的機率密度分布

假設隨機變數 $t \sim t(\nu)$，我們定義 $t_\alpha(\nu)$ 為自由度 ν 之 t 分配在右尾機率等於 α 的臨界值，即 $P(t \geq t_\alpha(\nu)) = \alpha$。由於 t 分配一對稱分配，可導出

$$P(t \geq t_{\alpha/2}(\nu)) = \frac{\alpha}{2},\ P(t \leq -t_{\alpha/2}(\nu)) = \frac{\alpha}{2} \tag{4.18}$$

即 $t_{\alpha/2}(\nu)$ 為自由度 ν 之 t 分配在右尾機率等於 $\alpha/2$ 的臨界值。而 $-t_{\alpha/2}(\nu)$ 為左尾機率等於 $\alpha/2$ 的臨界值。綜合以上討論，我們知道

$$P(-t_{\alpha/2} \leq t \leq t_{\alpha/2}) = 1 - \alpha$$

因此在查 t 分配對應的機率時，首先得先確定自由度 ν 和 α 值，再查出與 ν 和 α 對應的臨界值 $t_\alpha(\nu)$。

4. *F* 分配

假設存在著兩個互相獨立的卡方隨機變數 $U_1 \sim \chi^2(\nu_1)$、$U_2 \sim \chi^2(\nu_2)$，則隨機變數 F 定義為

$$F = \frac{U_1/\nu_1}{U_2/\nu_2} \tag{4.19}$$

我們稱隨機變數 F 服從自由度為 ν_1, ν_2 的 F 分配，以 $F \sim F(\nu_1, \nu_2)$ 表示。隨機變數 F 的期望值和變異數為

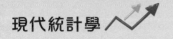
$$E(F) = \frac{\nu_1}{\nu_2 - 2}, \nu_2 > 2, \quad Var(F) = \frac{2\nu_2^2(\nu_1 + \nu_2 - 2)}{\nu_1(\nu_2 - 2)^2(\nu_2 - 4)}$$

和卡方分配一樣，F 分配的對應機率分布也非對稱圖形，且隨機變數值介於 $[0, \infty)$ 之間。圖 4.9 為 F 分配的機率密度分布。

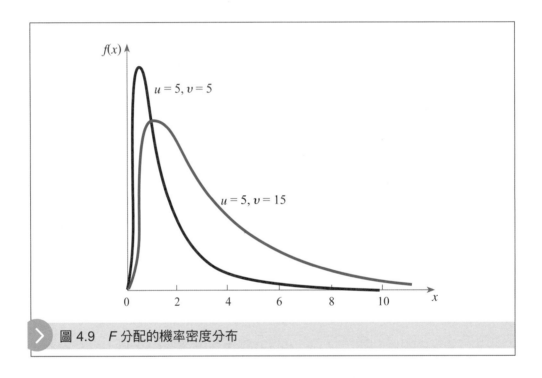

> 圖 4.9　F 分配的機率密度分布

如同卡方分配臨界值的定義，我們定義 $F_\alpha(\nu_1, \nu_2)$ 為自由度 ν_1, ν_2 之 F 分配在右尾機率等於 α 的臨界值，即

$$P\left(F \geq F_\alpha(\nu_1, \nu_2)\right) = \alpha \tag{4.20}$$

確定自由度 ν_1, ν_2 和 α 值後，查附錄表 T7 便可得知右尾機率為 α 值的臨界值 $F_\alpha(\nu_1, \nu_2)$。值得注意的是，如要查臨界值 $F_{1-\alpha}(\nu_1, \nu_2)$，可利用以下的關係來計算

$$F_{1-\alpha}(\nu_1, \nu_2) = \frac{1}{F_\alpha(\nu_2, \nu_1)} \tag{4.21}$$

例 4.13

試由查表求出下列統計分配的臨界值 (a) $\chi^2_{0.1}(6), \chi^2_{0.05}(10)$; (b) $t_{0.1}(5), t_{0.05}(10)$; (c) $F_{0.1}(4,10), F_{0.025}(10,8)$ 。

答：(a) $\chi^2_{0.1}(6) = 10.6446, \chi^2_{0.05}(10) = 18.3070$

(b) $t_{0.1}(5) = 1.476, t_{0.05}(10) = 1.812$

(c) $F_{0.1}(4,10) = 2.61, F_{0.025}(10,8) = 4.30$

4.4　中央極限定理

中央極限定理 (Central Limit Theorem) 可說是機率統計學中的天王定理。最初由 19 世紀法國數學家拉普拉斯（Pierre Simon de Laplace, 1749 - 1827, 有法國牛頓之稱）所提出來。他是從觀察到測量誤差有常態分配的趨向而得到此定理。應用中央極限定理證明測量誤差具有近似常態分配，被認為是近代科學的一個重大貢獻。而樣本平均數 $\bar{X}_n$ 大都將趨近於常態分配的概念，也使機率統計學在現代生活的應用進入一新的里程碑。

中央極限定理告訴我們從任何以期望值 μ、變異數 σ^2 的母體中，隨機抽出 n 個樣本 $\{X_1, X_2, ..., X_n\}$，則樣本平均數 $\bar{X}_n$ 減去母體期望值再除以 $\sigma/\sqrt{n}$ 將會趨近於標準常態分配，這就是中央極限定理的主要精神。它是探討 $\bar{X}_n$ 之極限分配相當重要的定理。因為不管隨機變數的母體來自何種機率分配，只要是一序列獨立的隨機變數，且母體期望值 μ 與變異數 σ^2 存在，皆可由中央極限定理，利用趨近於標準常態分配的關係，算出樣本統計量各種機率之臨界值，以方便我們做統計推論與檢定。

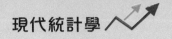
> **定理 4.1** 中央極限定理
>
> 若 $X_1, X_2, ..., X_n$ 為來自以期望值 μ、變異數 σ^2 的分配中抽出之一組隨機樣本,則 $n \to \infty$ 時
>
> $$\frac{\overline{X}_n - \mu}{\sigma / \sqrt{n}} \to N(0,1) \qquad\qquad (4.22)$$

值得注意的是,若母體的期望值 μ 或變異數 σ^2 不存在,例如:科西機率分配 (Cauchy distribution) 其期望值 μ 與變異數 σ^2 均不存在,那麼中央極限定理便不適用了。

例 4.14

花蓮女中學生平均身高為 160 公分,標準差為 9 公分,今從中隨機抽取 36 人求其平均身高大於 160 公分而小於 162 公分的近似機率?

答:令隨機變數 $\overline{X}_{36}$ 代表該次隨機抽取 36 人的平均身高,則 $\overline{X}_{36}$ 的平均數為 160,標準差為 $9 / \sqrt{36} = 1.5$。雖然題意並無說明樣本身高來自何種分配,但是明顯滿足中央極限定理假設。依中央極限定理 $\overline{X}_{36}$ 近似於常態分配,因此

$$P(160 < \overline{X}_{36} < 162)$$
$$= P(\frac{160-160}{1.5} < \frac{\overline{X}_{36}-160}{1.5} < \frac{162-160}{1.5})$$
$$\approx P(0 < Z < 1.33)$$
$$= 0.9082 - 0.5 = 0.4082$$

例 4.15

近年來通識學門中的生與死課程廣受學生的歡迎。假設根據輔仁大學註冊組統計,每學期選修該課程的學生人數服從二項分配 $B(n, p = 0.07)$,亦即每位學生選修生與死課程的機率為 0.07。為了避免選修人

數過多，影響教學品質，負責該學門的教授決定若選修學生數超過 80 人則分兩班上課。若本學期有 1,000 人可選這門課，試求該課程分兩班上課的機率？

答：令隨機變數 X_{1000} 代表選修該課程的學生人數，由題意可知該課程分兩班上課的機率為

$$P(X_{1000} \geq 80) = \sum_{x=80}^{1000} C_x^{1000} (0.07)^x (0.93)^{1000-x}$$

不過要計算此機率並不容易。若我們應用中央極限定理，因為 $E(X_{1000}) = np = 1000 \cdot 0.07 = 70$, $\sigma_{X_{1000}}^2 = npq = 1000 \cdot 0.07 \cdot 0.93 = 65.1$，得到

$$P(X_{1000} \geq 80) = P(\frac{X_{1000} - 70}{\sqrt{65.1}} \geq \frac{80 - 70}{\sqrt{65.1}})$$

$$\approx P(Z \geq 1.24)$$

$$= 1 - 0.8925 = 0.1075$$

常用的機率與統計分配

名稱	機率密度函數	期望值	變異數
二項分配 $X \sim B(n, p)$ $p + q = 1$	$f(x) = \begin{pmatrix} n \\ x \end{pmatrix} p^x (1-p)^{n-x}$	np	npq
超幾何分配	$f(x) = \begin{pmatrix} M \\ x \end{pmatrix} \begin{pmatrix} N-M \\ n \quad x \end{pmatrix} \Big/ \begin{pmatrix} N \\ n \end{pmatrix}$	$n\dfrac{M}{N}$	$n\dfrac{M}{N}(1 - \dfrac{M}{N})(\dfrac{N-n}{N \quad 1})$
波松分配 $X \sim Pois(\mu)$, $\mu > 0$	$f(x) = \dfrac{e^{-\mu}\mu^x}{x!}$	μ	μ
離散均勻分配 $X \sim DU(N)$ $N = 1, 2, ..., N$	$f(x) = \dfrac{1}{N}$	$\dfrac{N+1}{2}$	$\dfrac{N^2-1}{12}$
連續均勻分配 $X \sim U(a, b)$	$f(x) = \dfrac{1}{b-a}$	$\dfrac{a+b}{2}$	$\dfrac{(b-a)^2}{12}$
指數分配 $X \sim Exp(\lambda)$ $\lambda > 0$	$f(x) = \dfrac{1}{\lambda} e^{-\frac{x}{\lambda}}$	λ	λ^2
常態分配 $X \sim N(\mu, \sigma^2)$	$f(x) = \dfrac{1}{\sqrt{2\pi}\sigma} e^{-\frac{(x-\mu)^2}{2\sigma^2}}$	μ	σ^2
卡方分配 $X \sim \chi^2(\nu)$ $\nu = 0, 1, 2, ...$	$f(x) = \dfrac{1}{\Gamma(\frac{\nu}{2})2^{\frac{\nu}{2}}} x^{\frac{\nu}{2}-1} e^{-\frac{x}{2}}$	ν	2ν
t-分配 $X \sim t(\nu)$ $\nu = 0, 1, 2, ...$	$f(x) = \dfrac{\Gamma(\frac{\nu+1}{2})}{\Gamma(\frac{\nu}{2})} \dfrac{1}{\sqrt{\nu\pi}}(1+\dfrac{x^2}{\nu})^{-\frac{\nu+1}{2}}$	0	$\dfrac{\nu}{\nu-2}$
F-分配 $X \sim F(\nu_1, \nu_2)$ $\nu_1, \nu_2 = 0, 1, 2, ...$	$f(x) = \dfrac{\Gamma(\frac{\nu_1+\nu_2}{2})}{\Gamma(\frac{\nu_1}{2})\Gamma(\frac{\nu_2}{2})}$ $\cdot (\dfrac{\nu_1}{\nu_2})^{\frac{\nu_1}{2}} x^{\frac{\nu_1}{2}-1} \cdot (1+\dfrac{\nu_1}{\nu_2}x)^{-\frac{\nu_1+\nu_2}{2}}$	$\dfrac{\nu_1}{\nu_2-2}$	$\dfrac{2\nu_2^2(\nu_1+\nu_2-2)}{\nu_1(\nu_2-2)^2(\nu_2-4)}$

摘要

1. 若某一隨機試驗的結果只有兩個事件，其中某事件發生的機率為 p，另一事件發生的機率為 $(1-p)$，此種分配便稱為白努利分配。

2. 白努利分配的試驗重複 n 次的話，即為二項分配。

3. 若某一隨機試驗的結果有 N 個樣本點，且這些個別樣本點之出現機率均相等，則此分配即為離散型均勻分配。

4. 波松分配是在某一特定時間或區域內，事件發生次數的機率分配。

5. 超幾何分配與二項分配有密切的關係，是檢驗商品時發現不良品總數的機率分配。

6. 若某一隨機試驗的結果，在一連續的區間之無限樣本點上均有相同的機率，則此分配為連續型均勻分配。

7. 相對應於波松分配，兩事件發生的時間間隔為指數分配。

8. 常態分配是應用最廣的機率分配，因為它能貼切地模式化或描述很多自然界現象或是社會科學實例。

9. 中央極限定理：若 $X_1, X_2, ..., X_n$ 為來自以期望值 μ、變異數 σ^2 的分配中，抽出之一組隨機樣本，則 $\dfrac{\bar{X}_n - \mu}{\sigma / \sqrt{n}} \rightarrow N(0,1)$。

習題

4.1 假設 $X \sim B(4, 0.2)$，求 (a) $P(X = 2)$；(b) $P(X \geq 2)$；(c) $P(X \leq 2)$；(d) $E(X)$；(e) $Var(X)$。

4.2 假設東亞公司生產每一個燈泡之壽命大於 5 小時之機率為 0.135，現在隨機抽取 3 個燈泡。試求 (a) 至少有 1 個燈泡壽命大於 5 小時之機率；(b) 令隨機變數 X 代表 3 個燈泡中壽命大於 5 小時之燈泡個數，求 $E(X)$ 及 $Var(X) = ?$

4.3 若前往 SOGO 百貨公司某櫃員機結帳的顧客人數呈波松分配，平均每小時有 8 位顧客前去結帳，則在 8：00～9：00 PM 的時段之間，求 (a) 剛好有 8 位顧客結帳的機率；(b) 結帳的顧客不超過 2 位的機率。

4.4 礁溪以溫泉聞名，屬於碳酸氫鈉泉，泉色清無臭。由於富含鈉、鎂、鈣、鉀、碳酸離子，因此不論是浸泡、沐浴或經處理後成為礦泉水飲用，都對保健養生美容有幫助。礁溪旅遊中心為了促進觀光品質，宣稱當地街頭搶案次數為每 100 天平均 1.2 次的波松分布，試計算下列事件之機率：(a) 100 天中有 3 次以上街頭搶案發生之機率；(b) 100 天中沒有發生街頭搶案之機率。

4.5 現有 10 支燈管，其中 3 支是損壞的，以不放回的方式從中抽取 5 支燈管來檢查，請問 (a) 5支燈管全是好的機率；(b) 最多有 2 支燈管損壞的機率。

4.6 牙醫師進行牙齒神經根管治療時，都需先局部麻醉。若已知此麻醉劑的效果為 10 至 25 分鐘的均勻分布。試求 (a) 此機率密度函數、期望值與變異數；(b) 麻醉效果低於 12 分鐘之機率。

4.7 若隨機變數 X 具有期望值為 μ 的常態分配，則 $P(X < \mu) = ?$

4.8 若隨機變數 X 具有平均數 500、變異數 100 的常態分配，求 $P(475 \leq X \leq 500) = ?$

4.9 假設捷安特公司每週腳踏車產量大約服從 $\mu = 200$、$\sigma = 40$ 的常態分配，則求 (a) 產量大於 250 輛之機率；(b) 產量大於 200 輛且小於 250 輛之機率。

4.10 有一群臺灣學生想要申請國外企管研究所 (MBA) 入學，這群學生的托福 (TOEFL) 成績服從 $\mu = 450$、$\sigma = 36$ 的常態分配。(a) 令隨機變數 X 代表某學生之成績，試求 $P(425 < X < 525)$？(b) 若要進入伊利諾大學企管所，540 分是最低標準分數，則在這群 50 名學生中，有多少學生符合此項標準？

4.11 分別求出以下各隨機變數 X 的期望值與變異數：(a) 白努利分配，$X \sim B(p)$；(b) 波松分配，$X \sim Pois(\mu)$；(c) 指數分配，$X \sim Exp(\lambda)$。

4.12 試由查表求出下列的臨界值：(a) $\chi^2_{0.01}(12)$；(b) $\chi^2_{0.05}(6)$；(c) $t_{0.01}(10)$；(d) $t_{0.05}(5)$；(e) $F_{0.1}(7,15)$；(f) $F_{0.05}(15,6)$。

4.13 若隨機變數 X 代表櫻桃甜點中所含的櫻桃數，其機率分配如下：

X	5	6	7	8
$P(X = x)$	0.3	0.4	0.2	0.1

試求隨機變數 X 的期望值與變異數。

4.14 若我們投擲一公正銅板 100 次，令 Y 表示出現正面的次數，則 $Y \sim B(100, 0.5)$。試利用中央極限定理求 $P(50 < Y < 75)$ 之值。

提示：令 X_i 表第 i 次白努利試驗的現象，即

$$X_i = \begin{cases} 1 \text{，第 } i \text{ 次投擲出正面} \\ 0 \text{，第 } i \text{ 次投擲出反面} \end{cases} \text{，則 } Y = X_1 + X_2 + \ldots + X_{100}$$

5 抽樣方法與抽樣分配

從被研究的母體中，隨機抽取具有代表性的樣本來進行分析，即是抽樣調查。在統計學中，抽樣調查是最常被採用的資料取得方式。從人力、財力或是時間的觀點來看，抽樣調查是比普查有效率。例如：調查全臺灣學生的學習成就，由於時間和成本的限制，在無法採用普查的狀況下，抽樣調查是最佳的考慮。當我們在解讀此類調查時，不妨先去了解該項調查的取樣方式是否合理，以免被誤導而獲得不正確的資訊，甚至影響我們做出錯誤的決策。

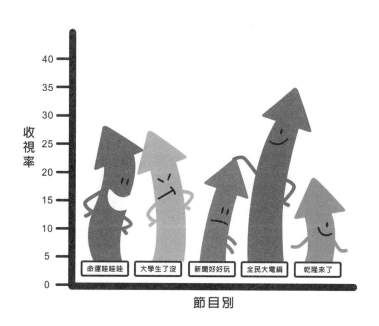

國家質檢總局稱我國月餅95%合格（新華網）

　　國家質檢總局產品質量司宣布，經抽查顯示全國 19 個省、自治區、直轄市的 91 家企業的 100 種月餅產品中，合格產品為 95 種，產品平均抽樣合格率為 95%。紀正昆說，自 1999 年以來，國家質檢總局已連續六年對月餅產品進行了國家監督抽查，產品合格率均在 90% 以上。不過，在今年的抽查中也發現，部分產品仍存在質量安全問題。一是部分產品微生物指標超標。

　　此次抽查發現有三種產品菌落總數超標、一種產品大腸菌群超標，嚴重的超過國家標準規定 3 倍多。造成微生物指標超標的主要原因是月餅生產企業中有眾多的中小企業，在月餅生產銷售旺季，往往招聘一些臨時工，趕加工時間，放鬆質量衛生管理和控制。

　　另外，抽查還發現部分產品標誌標示無規範。有的產品不能反映真實屬性，消費者很難從包裝上看出包裝盒裡裝的是月餅；還有的產品使用了國家標準規定限量使用的防腐劑，而沒有按國家標準規定對消費者明示。

　　提醒：聞聞月餅味道。在挑選月餅時首先要注意生產日期、保存期以及包裝是否完整，其次要看一看月餅是否有焦糊和霉變現象，並可聞一聞是否有油脂酸敗的味道，儘量選購知名品牌的產品。

5.1　抽樣方法

　　為了能簡潔精準地了解母體的內涵與特質，隨機抽樣調查需要相當周密的事前計畫，以取得最具代表性的樣本。否則容易因為所取的樣本對母體未具代表性，以致做出不合適的推論或決策。

　　舉例而言：TVBS 電視台新聞部想要調查總統候選人受支持的程度。該部門隨機抽取全國住宅區電話簿上的電話號碼（譬如將全國電話簿重新編頁，利用隨機數字，先取頁碼再取行數……），且具有投票資格的選民進行電話訪問。若該項調查僅是在上班時間進行，很明顯地無法調查到廣大而具

有影響力的選民，而產生嚴重的偏差。即使再大量的樣本，也只是重複錯誤訊息罷了。

　　更好的方式是從選區中，隨機抽取幾個較具代表性的小區域進行調查，寧可選擇規模較小而較長期追蹤的電話訪問方式，以獲取較具代表性和更完整的資訊。不可諱言的，實際上困難仍多，需要考慮城鄉差距、貧富狀況、眷村農村、文化背景、種族派系等種種不同區域取樣的差異。

　　另一個例子，有某研究人員想要了解攜手計畫是否對於低成就學生的學習有助益。就設計了一份問卷，並請研究助理發送給 20 位在臺北市國中服務的學長姐，交給班上學生帶回家請家長填答，收回了 80% 的問卷。而他的分析結果是攜手計畫的實施對於臺北市學生學習成就沒有助益。你對其結論認同嗎？

　　就其抽樣歷程而言，此研究人員所選取的方式為便利抽樣 (convenient sample)，也就是說，他抽樣的方式，是以其所獲得問卷回收的方便性為主。我們必須要質疑的是，這份研究助理所發送的問卷，是否都是發送到很好的學校。也許他的學長姐都是在臺北市的明星國中任教，所以並沒有很多低成就學生，因此對學生學習成效影響並不大。此種抽樣方式所抽出的樣本並不具有代表性。也就是說，他所做的結論並不能推論到臺北市的學生。這種抽樣方式是很多研究人員或論文所採用的，因此，當我們研讀一篇論文或研究報告，必須特別對其所抽樣的方式加以探討，因為抽樣的方式，會直接影響此研究所能推論的母群體。

　　此外，在進行研究前，還需考量的一點是：到底是進行普查好，還是進行抽樣？如果某研究者想了解全臺灣國中一年級學生的數學程度，這種情況下，應該採用普查，還是進行抽樣？

　　做決定前，需先對以下幾方面做考量：(1) 確定研究目的：如果研究的目的是要了解全臺灣每一位學生的學習成績，則可做普查；如果並不需要每位學生的成績，只需了解學生學習成就的概況，做抽樣即可；(2) 成本考量：如果此研究的經費與人力十分充裕，那可做普查；否則，應依據成本，來決定抽樣的人數；(3) 研究成果的精確度：在進行普查時，若是回收率很高，研究的成果是最為精確的；然而，雖然良好的抽樣設計可以提升精確

度，但不可避免的還是會產生某種程度的抽樣誤差 (sampling error) 及偏誤 (bias)；(4) 分析與報告需求：普查所獲得的資料是最為完善的，可以做各種層級的分析，而樣本若是進行抽樣，則需考量其抽樣的設計，才能決定可以推論到什麼樣的母群體。

抽樣調查的方式很多，若考慮財力、人力、時間或母體性質等因素，可將抽樣調查分為：1. 簡單隨機抽樣 (simple random sampling)；2. 分組隨機抽樣 (stratified random sampling)；3. 分層隨機抽樣 (multi-level stratified random sampling)；4. 群落抽樣 (clustered sampling)；5. 系統抽樣 (systematic sampling)。

1. 簡單隨機抽樣

簡單隨機抽樣是指母體中的任一元素，被選中的機率均相同的抽樣方法。例如：將母體中的 N 元素依次 1, 2, ..., N 編號，製成 N 張卡片放入一個箱子中，然後隨機抽取所需的樣本。簡單隨機抽樣為最典型的隨機抽樣法，通常以抽籤方式或亂數表進行。由簡單隨機抽樣法所得的樣本稱為簡單隨機樣本，簡稱隨機樣本。簡單隨機抽樣法又可分為抽出放回或抽出不放回的抽樣方式。

抽出放回方式即每抽取一次樣本，記錄後隨即歸還母體中。因此每次抽樣的母體基數都是相同的，而且每次抽樣都是互相獨立的。在抽出放回式抽樣中，樣本出現的機率為 $1/N$。

抽出不放回方式是每抽取一次樣本後，不歸還母體，因此母體基數即依抽樣次數遞減。例如：母體基數 N 中，以抽出不放回方式抽取 n 個樣本，則每個樣本被抽到的機率依次為 $1/N, 1/(N-1), ..., 1/(N-n+1)$。

2. 分組隨機抽樣法

若抽樣的母體結構較複雜，且母體所含的特質分散於各組時，例如：全臺灣的學生性別、城鄉、社經地位等。在抽樣前，必須先將母體分為數組，依據各組在母體所占的比例多少來隨機抽取樣本。此種方法稱為分組隨機抽樣。使分組抽樣結果，不僅能使各組樣本數占總樣本數比例一致，也能反應

出各組在母體中所展現的特性，見圖 5.1。

　　例如：若想知道學校對於設立教師評選委員會的看法，而調查 100 名的意見。假設母體為學校的教職員工，我們將母體分為教師和行政人員，其中教師占 90% 學校教職員工數，而行政人員（如校長、工友等）占 10% 學校教職員工數。若依簡單隨機抽樣法，則所取得的樣本可能全來自教師，我們可能完全聽不到學校行政人員的聲音。但是若以分組抽樣法進行，則我們可隨機抽取 90 名教師和 10 名學校行政人員進行調查訪問，結果應當較為合理且具有代表性。

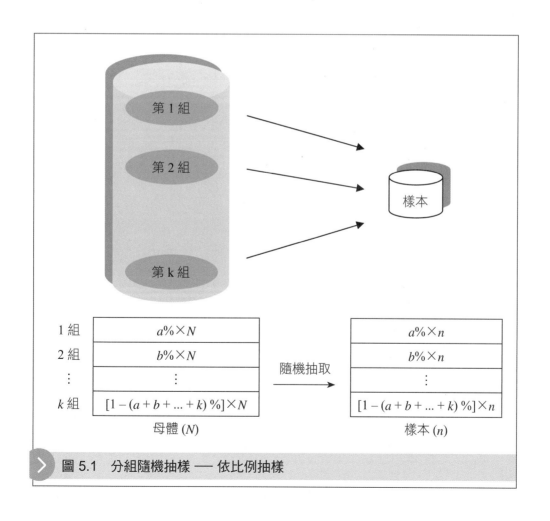

> **圖 5.1　分組隨機抽樣 —— 依比例抽樣**

3. 分層隨機抽樣

分層隨機抽樣是將母體先分為數層，再以每層的特性進行分組抽樣。因此，抽樣的每個小單位都與上一個較大的抽樣單位有叢級 (nested) 的關係。例如：學校為一個大單位，每一個班級為一個小單位，而學生個人惟一更小的單位。在抽樣時，每個大單位和小單位之間都有階層的關係 (hieratical relationship)，而每個小單位，則是叢級於上一層的大單位中（見圖 5.2）。

例如：經濟合作與發展組織 (OECD)，所舉辦的國際學生評量 (The Programme for International Student Assessment, 簡稱 PISA)，即採用分層隨機抽樣，這個測驗主要的目的為進行國際性的國際評比。PISA 的母群為所有參與的施測國家 15 歲的學生，當然，由於經費成本的考量，不能對所抽到的國家進行普測。因此，他們的做法是使用兩階段分層抽樣設計，第一階段為使用機率與學校大小比例，來進行學校層面的抽樣。在第二階段，則依據抽測到的學校，來進行隨機抽取學生。

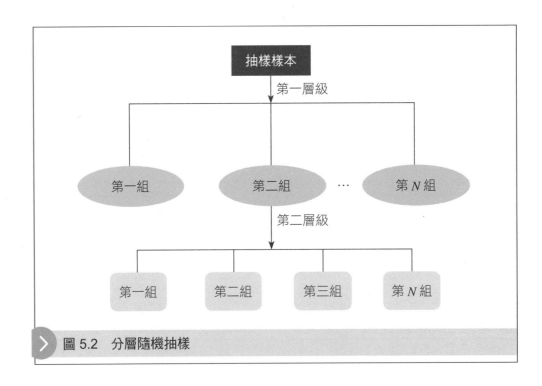

> 圖 5.2 分層隨機抽樣

4. 群落抽樣

群落抽樣是將母體分成 n 個群體，先對這 n 個群體抽出 k 群，之後再由 k 群中，進行抽樣或普查。

群落抽樣的優點可以避開母體規模龐大的困擾，調查範圍的縮小，更容易控制時間、節省開支，進而提高調查品質，見圖 5.3。

尤其是當群落內的差異性較高、群落間的差異性較小時，且每個群落能概似代表母體時，群落抽樣法只要抽取幾個群落就足以獲得良好的母體參數估計值。

例如：研究臺北市學生對於免試升學的意見，可隨機挑選幾個明星國中與非明星國中，對所挑選出的學校內的所有學生進行調查。基本上，這樣的方法是假設臺北市的明星國中與非明星國中內的群體差異不大，才能獲致較佳且較具代表性的統計結論。

5. 系統抽樣

系統抽樣是將母體的元素排序後，每隔一定間隔選取一樣本，直至選滿為止。實務上常有現成的資料可利用，例如：電話簿、戶口名冊、通訊錄

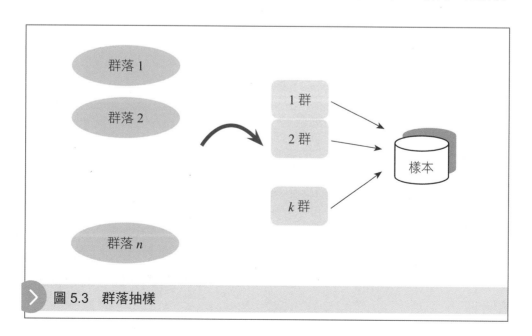

> 圖 5.3 群落抽樣

等。間隔亦可以時間或空間為單位，如氣溫每隔 1 小時量一次、測量河川汙染程度每隔 50 公尺取樣一次等。

此種抽樣方法若母體名冊完整時，應用方便，道理與隨機抽樣相同。但是當母體名冊屬於週期性或季節性的資料時，則會影響取樣結果。例如：飯店或航空公司營業額在週末較平常大很多、用電量在白天比在晚間多、貨幣供給額在每月月中最高等。使用系統抽樣法容易讓我們抽得的結果，都集中在高點或集中在低點，影響樣本對母體的代表性。

5.2 樣本比率 $\hat{p}$ 的抽樣分配

在抽樣調查實務中，經常對比率的問題感到興趣。例如：民眾對執政黨支持的比率、八點檔電視節目的收視率、臺灣學童近視的比率、一批商品中瑕疵品的比率等。由於母體的比率 p 未知，因此需以抽樣方法來估計。通常從母體抽取 n 個樣本，觀察其中具有某種屬性的個數為 x，並以 $\hat{p} = x/n$ 表示樣本比率。我們用 $\hat{p}$ 作為 p 的估計值，估計母體中具有某種屬性的比率 p。

根據二項分配的意義：在重複 n 次實驗中，若每次成功的機率為 p，則隨機變數 X 的期望值和變異數分別為 $E(X) = np, Var(X) = np(1-p)$。因此，可得樣本比率值 $\hat{p}$ 的期望值和變異數：

$$E(\hat{p}) = E(\frac{X}{n}) = \frac{1}{n}E(X) = p \tag{5.1}$$

$$Var(\hat{p}) = Var(\frac{X}{n}) = \frac{1}{n^2}Var(X) = \frac{p(1-p)}{n} \tag{5.2}$$

依中央極限定理，當 n 很大時，$\hat{p}$ 之抽樣分配會近似於常態分配，即

$$\hat{p} \sim N(p, \frac{p(1-p)}{n}) \tag{5.3}$$

當樣本數 n 愈大，$\hat{p}$ 的變異數愈趨近於零，表示樣本比例值 $\hat{p}$ 會因樣本數愈大而愈接近母體比率值 p。為了計算方便，我們常將 $\hat{p}$ 換為標準常態分配，即

$$Z = \frac{\hat{p} - p}{\sqrt{\dfrac{p(1-p)}{n}}} \sim N(0,1)$$

例 5.1

假設臺北市國小學生有 10% 的比例有體重過重的現象,現在隨機抽取 400 位臺北市國小學生,其體重過重的比例之期望值及變異數為多少?又體重過重之比率大於 12% 之機率為多少?

答:令隨機變數 X 代表 400 位國小學生中,體重過重之人數,即 $X \sim B(400, 0.1)$。則

(a) $E(\hat{p}) = p = 0.1$, $Var(\hat{p}) = \dfrac{p(1-p)}{n} = \dfrac{0.1 \times 0.9}{400} = 0.000225$

(b) $P(\hat{p} > 0.12) = P(\dfrac{\hat{p} - 0.1}{\sqrt{0.000225}} > \dfrac{0.12 - 0.1}{\sqrt{0.000225}})$
$\approx P(Z > 1.33)$
$= 1 - 0.9082 = 0.0918$

例 5.2

假設換心手術成功之機率為 0.8,則 200 名進行該手術的病患中,生存的比率 (a) 介於 0.75-0.85 之間的機率為何?(b) 大於 0.9 之機率為何?

答:令 X 代表 200 名病患中,手術成功的人數,即 $X \sim B(200, 0.8)$。則

$$\hat{p} = \frac{x}{n} = \frac{x}{200}, \quad E(\hat{p}) = p = 0.8, \quad Var(\hat{p}) = \frac{p(1-p)}{n} = \frac{0.8 \times 0.2}{200} = 0.0008$$

(a) $P(0.75 < \hat{p} < 0.85) \approx P(-1.77 < Z < 1.77) = 0.9616 - (1 - 0.9616)$
$= 0.9232$

(b) $P(\hat{p} > 0.9) \approx P(Z > 3.5) \approx 0$

5.3 樣本平均數 $\overline{X}$ 的抽樣分配

利用樣本平均數 $\overline{X}$ 來推論出原母體的平均數為 μ，藉以了解母體集中趨勢，是一項相當重要的統計工作。

若由平均數為 μ，變異數為 σ^2 的母體中，隨機取出 n 個樣本 $x_1, x_2, \cdots, x_n$，則根據中央極限定理，當 n 很大時，樣本平均數 $\overline{X}_n$ 將趨近於平均數為 μ，變異數為 σ^2/n 之常態分配，即 $\overline{X}_n \to N(\mu, \sigma^2/n)$。為了查表計算方便，我們通常將上式標準化為：

$$\frac{\overline{X}_n - \mu}{\sqrt{\sigma^2/n}} = Z_n \to N(0,1) \tag{5.4}$$

當母體為平均數 μ、變異數 σ^2 的常態分配時，樣本平均數 $\overline{X}_n$ 亦為一服從平均數為 μ，變異數為 σ^2/n 之常態分配，即 $\overline{X}_n \sim N(\mu, \sigma^2/n)$。

兩樣本平均數差 $\overline{X}_1 - \overline{X}_2$ 的抽樣分配

兩樣本平均數差，通常是應用在不同母體間某性質差異的比較。如臺北市和高雄市市民平均年所得的差異、大學男生和女生統計成績的差異等問題。我們可以經由兩樣本平均數差 $(\overline{X}_1 - \overline{X}_2)$ 之抽樣分配，去衡量推論兩母體平均數差 $(\mu_1 - \mu_2)$ 的狀況。

假設有兩個母體其平均數和變異數分別為 (μ_1, σ_1^2)、(μ_2, σ_2^2)。雖然兩者的分配必然來自常態分配，但若我們各自從其中隨機取出 n_1 和 n_2 個元素作為兩組樣本，因為這二組樣本為互相獨立，則根據中央極限定理 $\overline{X}_1 \to N(\mu_1, \sigma_1^2/n_1)$、$\overline{X}_2 \to N(\mu_2, \sigma_2^2/n_2)$，故我們有

$$\overline{X}_1 - \overline{X}_2 \to N(\mu_1 - \mu_2, \frac{\sigma_1^2}{n_1} + \frac{\sigma_2^2}{n_2}) \tag{5.5}$$

例 5.3

建國紡織廠有二條獨立的生產線，平均每天生產 500 匹的麻紗；即 $\mu_1 = \mu_2 = 500$，而其標準差分別為 $\sigma_1 = 9$、$\sigma_2 = 12$。假設第一條生產線生產 81 天、第二條生產線生產 36 天 $(n_1 = 81, n_2 = 36)$，求每天平均生產量 $\overline{X}_1, \overline{X}_2$ 之差小於 1 匹的機率。

答：$\dfrac{\sigma_1^2}{n_1} = \dfrac{81}{81} = 1, \dfrac{\sigma_2^2}{n_2} = \dfrac{144}{36} = 4, \overline{X}_1 \to N(500, 1), \overline{X}_2 \to N(500, 4)$

由上代入公式 (5.5) 可得，$\overline{X}_1 - \overline{X}_2 \to N(0, 5)$。因此

$$
\begin{aligned}
P(|\overline{X}_1 - \overline{X}_2| < 1) &= P(-1 < \overline{X}_1 - \overline{X}_2 < 1) \\
&= P(\frac{-1}{\sqrt{5}} < \frac{\overline{X}_1 - \overline{X}_2}{\sqrt{5}} < \frac{1}{\sqrt{5}}) \\
&\approx P(-0.45 < Z < 0.45) \\
&= 0.3472
\end{aligned}
$$

例 5.4

政府債券 X_1 每日殖利率之平均數 $\mu_1 = 0.2$、標準差 $\sigma_1 = 0.3$；公司債券 X_2 每日殖利率之平均數 $\mu_2 = 0.1$、標準差 $\sigma_2 = 0.2$。倘若政府債券與公司債券彼此獨立，現各取 49 天之殖利率為樣本，則求 (a) 樣本平均數差之期望值；(b) 樣本平均數差之變異數；(c) 樣本平均數差 $\overline{X}_1 - \overline{X}_2$ 會小於 0.2 之機率。

答：$\overline{X}_1 \to N(0.2, \dfrac{0.3^2}{49}), \overline{X}_2 \to N(0.1, \dfrac{0.2^2}{49}), \overline{X}_1 - \overline{X}_2 \to N(0.1, \dfrac{0.2^2}{49} + \dfrac{0.3^2}{49})$

(a) 樣本平均數差之期望值 $E(\overline{X}_1 - \overline{X}_2) = E(\overline{X}_1) - E(\overline{X}_2) = 0.1$

(b) 樣本平均數差之變異數

$$Var(\overline{X}_1 - \overline{X}_2) = Var(\overline{X}_1) + Var(\overline{X}_2) = \frac{0.2^2}{49} + \frac{0.3^2}{49} = 0.00265$$

$$\text{(c) } P(\bar{X}_1 - \bar{X}_2 < 0.2) = P\left(\frac{(\bar{X}_1 - \bar{X}_2) - (0.1)}{\sqrt{0.00265}} < \frac{0.2 - (0.1)}{\sqrt{0.00265}}\right)$$
$$\approx P(Z < 1.94)$$
$$= 0.9738$$

自由度 (degree of freedom, *df*)

自由度是指樣本資料中，能夠自由變動的數值的個數。例如：若樣本中有 n 個數值，則原來能自由變動的數值有 n 個。但若增加一個限制（如 $\dfrac{x_1 + x_2 + ... + x_n}{n} = 2$ ），就要少掉一個自由度，即 $df = n - 1$。舉例來說，對一組四個資料值給一限制式 $\bar{x}_n = 1$，若已知 $x_1 = 0.7, x_2 = 0.9, x_3 = 1.1$，則 x_4 必等於 1.3。因為能夠自由變動的 x 只有三個，即 $df = 3$。以幾何觀點來看，若在一個四維空間座標中，若有一限制式 $\bar{x}_4 = 2$，則此限制式將退化為三維平面方程式。

而在計算樣本變異數 S^2 時，需要用到樣本平均數，即計算離均差平方和 $\sum (x_i - \bar{x})^2$ 時，在這個平方和中因受到 $\bar{x}$ 的限制，能自由變動的數值只有 $n - 1$ 個。將平方和除以自由度，得到 $S^2 = \dfrac{\sum (x_i - \bar{x})^2}{n - 1}$，就是母群體 σ^2 的不偏估計數。但是如果我們計算 $\sum (x_i - \mu)^2$ 時（ μ 為母群體平均數），則每一個 x_i 均能自由活動，不受 μ 影響，因此其自由度仍為 n。

另一方面，在簡單迴歸中 $Y = aX + b$，因為決定一直線至少要經過 2 點，也就是說要決定 a, b 必須損失二樣本值。故若有 n 個樣本資料，計算殘差變異數 $\dfrac{\sum (y_i - \hat{y})^2}{n - 2}$ 時，分母用自由度 $n - 2$。這是因為樣本可自由變異的數已損失二樣本數。所以在計算母體變異數的不偏估計量時，其分母都採用自由度 $n - 2$，而不是用原來的樣本數 n。

t 分配的應用（σ 未知時使用）

在介紹平均數 $\overline{X}$ 的抽樣分配時，我們得知若隨機樣本來自平均數為 μ、變異數為 σ^2 的母體時，則 $\overline{X}_n \to N(\mu, \sigma^2/n)$。但是通常母體標準差 σ 為未知，則 σ^2/n 之值無法求算。此時，若母體是來自常態分配時，我們可用 t 分配來應付這類情形。

t 分配考慮母體是常態分配但標準差 σ 未知的情況下，以樣本標準差 S 來取代母體標準差 σ。即以 S 值作為 σ 的估計值，討論隨機變數 $\dfrac{\overline{X}_n - \mu}{\sqrt{S^2/n}}$ 所服從的分配。令 $t = \dfrac{\overline{X}_n - \mu}{\sqrt{S^2/n}}$，則經由證明可發現，此時隨機變數 t 服從自由度為 $n-1$ 的 t 分配，即

$$t = \frac{\overline{X}_n - \mu}{\sqrt{S^2/n}} \sim t(n-1) \tag{5.6}$$

例 5.5

晶晶寶石公司賣出藍寶石之平均價為 8.5 萬元／克拉，變異數未知之常態母體。上一週賣出 25 克拉藍寶石中，其價格標準差為 1.9 萬元／克拉。求上一週賣出 25 克拉藍寶石中之平均價大於 9 萬元／克拉之機率？

答：由題意因為 $t = \dfrac{\overline{X} - \mu}{S/\sqrt{n}} \sim t(n-1)$，因此 $\dfrac{\overline{X} - 8.5}{1.9/5} \sim t(24)$

$$P(\overline{X} > 9) = P\left(\frac{\overline{X} - 8.5}{1.9/5} > \frac{9 - 8.5}{1.9/5}\right) = P(t(24) > 1.3) = 0.1$$

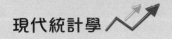

5.4 樣本變異數 S^2 的抽樣分配

利用樣本變異數 S^2 來推論母體的變異數 σ^2，藉以了解母體的離散程度，也是一項相當重要的統計工作。例如：螺絲釘製造工廠除了要求產品直徑標準外，直徑長度的變異數愈小愈好，以減少不良率。又如要比較兩地區人民經濟水準，除了觀察其平均年所得外，更重要的是看年所得變異數。若年所得變異數愈大，代表貧富愈懸殊，可能社會問題較嚴重。

卡方分配的應用：樣本變異數 S^2 的抽樣分配

從常態分配平均數為 μ、變異數為 σ^2 的母體中，隨機取出 n 個樣本 $X_1, X_2, \cdots, X_n$，其樣本變異數為 $S^2 = \dfrac{1}{n-1}\sum_{i=1}^{n}(X_i - \bar{X}_n)^2$。

通常樣本變異數 S^2 的抽樣分配並不容易導出，但是在常態分配的條件下，將 S^2 除以母體變異數 σ^2 再乘以 $(n-1)$ 可得

$$U = \frac{(n-1)S^2}{\sigma^2} = \frac{\sum_{i=1}^{n}(X_i - \bar{X}_n)^2}{\sigma^2} \tag{5.7}$$

則我們發現隨機變數 $\chi^2 (n-1)$ 的分配，服從自由度為 $\nu = n-1$ 的卡方分配。因此，我們可利用 χ^2 的分配，去求得樣本變異數 S^2 的抽樣分配。根據卡方分配的性質

$$E(U) = E\left(\frac{(n-1)S^2}{\sigma^2}\right) = n-1$$

$$Var(U) = Var\left(\frac{(n-1)S^2}{\sigma^2}\right) = 2(n-1)$$

整理以後可得

$$E(S^2) = \sigma^2 \tag{5.8}$$

$$Var(S^2) = \frac{2\sigma^4}{n-1} \tag{5.9}$$

例 5.6

三洋機械公司新出產機車專用引擎，品管部門以引擎輨軸長的變異數來判定生產過程是否有一致性。假定每個引擎輨軸長的變異數為 0.8，整批產品變異數超過 1.3，表示此批產品不佳，需要重新調整生產過程。現在從產品中隨機挑取 10 個引擎，試求重新調整生產過程之機率？

答：$P(S^2 > 1.3) = P\left(\dfrac{(n-1)S^2}{\sigma^2} > \dfrac{9 \cdot 1.3}{0.8}\right) = P(U > 14.6) = 0.1$ （查附錄表 T6

可得）。因此，重新調整生產過程之機率為 0.1。

F 分配的應用：兩樣本變異數比 S_1^2/S_2^2 的抽樣分配

當我們要比較兩母體變異數是否相等時，可利用樣本變異數比 S_1^2/S_2^2 來判定。例如：要比較兩家超商連鎖店營業額的變異、比較兩種基金操作獲利的變異等，以觀察兩者間的穩定情形。若 S_1^2/S_2^2 接近於 1，顯示兩母體的變異數 σ_1^2、σ_2^2 相當接近。

樣本變異數比的抽樣分配是指從互相獨立的兩常態母體 $N(\mu_1, \sigma_1^2)$、$N(\mu_2, \sigma_2^2)$ 中分別抽出 n_1、n_2 個樣本。令 S_1^2、S_2^2 分別表示此二組的樣本的變異數，則隨機變數

$$F = \frac{S_1^2/\sigma_1^2}{S_2^2/\sigma_2^2} \tag{5.10}$$

為服從自由度 $n_1 - 1, n_2 - 1$ 的 F 分配，即 $F \sim F(n_1 - 1, n_2 - 1)$。

我們可利用 F 的抽樣分配，再輾轉求得樣本變異數比 S_1^2/S_2^2 的抽樣分配。其中樣本變異數比 S_1^2/S_2^2 會因樣本數愈大，而愈接近母體變異數比 σ_1^2/σ_2^2。

例 5.7

投資風險的大小，一般由短期投資的可能結果而定。最常用的衡量短期投資方法就是計算可能結果的變異數值。1990 年諾貝爾經濟得獎主夏普 (Sharpe) 教授，即是研究這領域有卓越貢獻而得獎。現在假設有 A, B 兩種投資組合，兩種投資組合的平均報酬率均為 20%。但是 A 投資組合十年來的獲利變異數為 8.4，B 投資組合八年來的獲利變異數為 3.1。如果兩種投資組合的母體平均報酬率變異數均相等，即 $\sigma_1^2/\sigma_2^2 = 1$，試問 S_1^2/S_2^2 大於 2.7 的機率是多少？

答：$P(S_1^2/S_2^2 > 2.7) = P(\dfrac{S_1^2/\sigma_1^2}{S_2^2/\sigma_2^2} > 2.7) = P(F(9,7) > 2.7) = 0.1$（查附錄表 T7 可得）。

5.5 國內外大型教育測驗的抽樣方式

抽樣是從母群中選出樣本，並依據選出樣本的統計特性，來推論出母群的特徵。在大型測驗中，是無法進行普測的。這是因為學校廣布各縣市，且如果需要對各校進行施測，則要對每一個學校發公文，需有專人負責所有的事物，這樣的時間與花費是不大可能的。另一方面來說，要使用簡單隨機抽樣也不大可能，因為對於一些需要比較的變數，如學校 A 和學校 B 之間的語文成就表現或數學表現。若是在抽樣的過程中，學生在學校 A 只抽取到 5 個學生、在學校 B 卻抽到 100 個學生，面對這樣比例懸殊的樣本比例，是無法進行有意義統計結果推論或比較。因此，在大型測驗中，多半使用較複雜的多階段抽樣方法，像是分層隨機抽樣，或是分層群落抽樣來抽取樣本。因為，抽樣單位所抽到的機率並沒有使用相同的單位，所以若是想要將樣本的資料推回到母群體，必須考量適當的權重，才可以推估母群。

以下則以美國的國家教育進展評量（National Assessment of Educational

Progress, 簡稱 NAEP）與臺灣學習成就評量資料庫（Taiwan Assessment of Student Achievement, 簡稱 TASA）為例，來說明在大型教育測驗上的抽樣方式。

NAEP

NAEP 為美國政府用來評鑑學生學習成就的主要測驗，由美國全國教育統計中心（National Center for Education Statistics, 簡稱 NCES）所主辦。此測驗從 1969 年就以定期的方式，對 4 年級、8 年級的在學學生進行閱讀、數學與科學的評量，抽測的母群包含各族群與殘障、英文不佳的學生 (Limited English Proficiency, LEP)。NAEP 所使用的方式，稱為多階層分層機率抽樣設計 (stratified multistage probability sampling design)。

在這個設計中，第一層所抽出的單位為郡 (county)，NCES 先將全美的郡分為 1,000 個抽樣單位，然後以各郡的大小，來決定抽到的機率；也就是說，人口數愈大的郡，抽到的機率就愈大。其中，有 22 個具有代表性的都會區型之大郡是每年都會抽到的，剩下的小郡，則分為 72 個類別，依據地理位置、少數族群的人口數、教育程度與收入高低，來按照機率與大小比例來進行抽樣。

第二階段為抽取學校，在抽取的學校中，會考量 NAEP 所設定的地區、公私立學校、所在地與少數族群。為了能夠充分了解私立學校與弱勢族群的教育狀況，NCES 對私立學校與弱勢族群較多的學校，給予特別的加重抽樣。

第三個階段為抽出學生。主要是依據學校所準備的學生名冊來進行系統抽樣，較大的學校抽出較多的學生；普遍來說，每校抽出來的人數在 30 到 150 人之間。對抽出來的學生並進行考科分配，使測驗可以在有限的時間內，完成所有的學科測驗。

TASA

TASA 為國立教育研究院針對國內中小學學生學習成就建立常態性之資料庫，為教育部研訂課程與教學政策之重要參據。於 2005 年 5 月 26 日以兩

階段分層叢集隨機抽樣方式，進行全國 25 縣市之學生學習成就評量。施測年級由國小六年級，延伸至國小四年級、國小六年級、國中二年級、高中與高職二年級。施測科目則有國語、英語、數學、自然及社會，各年級各學科樣本數約為 7,500 名。

　　TASA 的抽樣方式為分層隨機抽樣。在此抽樣中，第一階段先將對母群依據縣市、人口密度、學校規模三個變項進行分層。其中，縣市的分層是依據行政區分成 25 個縣市，人口密度則是以縣市內的鄉鎮人口密度平均數為主，學校規模則是依據班級數目，25 班以上稱之為大校、24 班以下為小校，整個抽樣設計呈現一個 25 × 4 × 2 的分層設計。

　　第二階段則是依據所抽到的學校，以個人為單位，進行簡單隨機抽樣。TASA 抽樣設計如圖 5.4 所示。

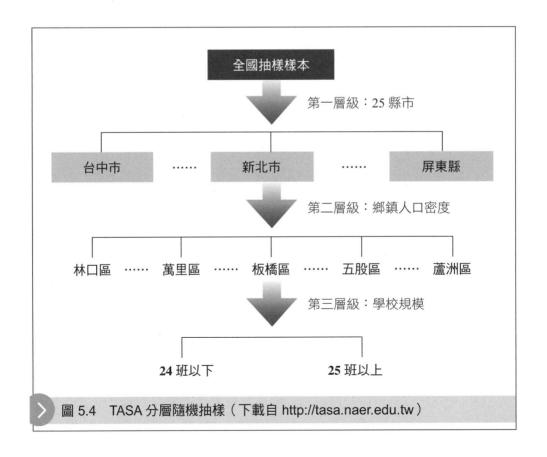

圖 5.4　TASA 分層隨機抽樣（下載自 http://tasa.naer.edu.tw）

摘要

1. 抽樣調查方法有：簡單隨機抽樣、分組隨機抽樣、分層隨機抽樣、群落抽樣、系統抽樣。

    (1) 簡單隨機抽樣：指母體內所有樣本，其被抽出的機率均相等。

    (2) 分組隨機抽樣：母體所含的特質分散於各組時，先將母體分為數組，依據各組在母體所占的比例多少來隨機抽取樣本。

    (3) 分層隨機抽樣：是將母體先分為數層，再以每層的特性進行分組抽樣。因此，抽樣的每個小單位都與上一個較大的抽樣單位有叢級 (nested) 的關係。

    (4) 群落抽樣法：是將母體分為若干群體，然後再從這些群體中隨機抽出一群體，並對此抽出之群體進行普查。

    (5) 系統抽樣法：是自母體自然隨機排列的資料中，每隔一定間隔選取一個樣本，直至抽滿欲取得樣本為止。

2. 當母體為常態分配時且變異數已知，樣本平均數服從常態分配。

3. 當母體為常態時且變異數未知，我們利用 t 分配來處理樣本平均數對母體平均數的推估。

4. 當母體為常態分配時，樣本變異數是服從卡方分配。

5. 當我們要比較兩母體變異數是否相等時，可利用樣本變異數比來比較，此時需要用到 F 分配。

6. 中央極限定理：若 $X_1, X_2, ..., X_n$ 為來自以期望值 μ、變異數 σ^2 的分配中，抽出之一組隨機樣本，則 $\dfrac{\bar{X}_n - \mu}{\sigma / \sqrt{n}} \to N(0,1)$。

 習題

5.1　試述分層抽樣法的抽樣程序。

5.2　試述系統抽樣法的優點及應注意事項。

5.3 從一個常態母體 $N(30, 400)$ 中抽出 100 個樣本，令 $\overline{X}_{100}$ 為樣本平均數，則 (a) $\overline{X}_{100}$ 會服從那種分配？請列出期望值和變異數；(b) 求 $P(\overline{X}_{100} < 32)$？

5.4 從一個 $p = 0.4$ 的白努利試驗中抽出 100 個樣本，組成樣本比例 $\hat{p}$。則 (a) $\hat{p}$ 會近似於那種分配？請列出期望值和變異數；(b) 求 $P(\hat{p} < 0.45)$ 的近似值。

5.5 新光三越百貨公司 55% 的顧客是女性，從中隨機抽取 200 位顧客，且令 $\hat{p}$ 為這 200 位顧客中女性所占的比例，則 (a) $\hat{p}$ 之抽樣分配為何？(b) $\hat{p}$ 大於 0.56 的機率是多少？

5.6 假設關渡汽車廠專門生產汽車輪軸，而輪軸的直徑呈現常態分配：$N(30, 0.1^2)$，單位為 cm。現將要生產 4 個汽車輪軸，並由這 4 個樣本組成樣本平均數 $\overline{X}$。試問 (a) 樣本平均數 $\overline{X}$ 之抽樣分配為何？(b) $P(\overline{X} < 29.875)$？

5.7 由兩個互相獨立的常態母體 $N(57, 12^2)$、$N(25, 6^2)$ 中，分別抽出 36 個樣本，試求 (a) 樣本平均數差 $\overline{X}_1 - \overline{X}_2$ 會服從那種分配？請列出期望值和變異數；(b) 求 $P(\overline{X}_1 - \overline{X}_2 > 35)$？

5.8 若政大研究所入學考試國文成績平均為 68 分，變異數 25；英文成績平均為 54 分，變異數 30，又其國文成績與英文成績相互獨立。現從所有參加考試的人數中，抽取 50 人，令 $\overline{X}_1$ 表示國文成績樣本平均值；$\overline{X}_2$ 表示英文成績樣本平均值。試求 (a) $\overline{X}_1 - \overline{X}_2$ 之抽樣分配為何？(b) $P(\overline{X}_1 - \overline{X}_2 > 16)$？

5.9 設 $X_1, X_2, \cdots, X_n$ 為抽取自常態分配 $N(\mu, \sigma^2)$ 的一組隨機樣本，S 為樣本標準差。試寫出以下各個統計量所服從的抽樣分配：

(a) $\overline{X}$；(b) $\dfrac{\overline{X} - \mu}{\sigma / \sqrt{n}}$；(c) $\dfrac{(n-1)S^2}{\sigma^2}$；(d) $\dfrac{\overline{X} - \mu}{S / \sqrt{n}}$。

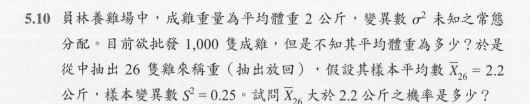
5.10 員林養雞場中，成雞重量為平均體重 2 公斤，變異數 σ^2 未知之常態分配。目前欲批發 1,000 隻成雞，但是不知其平均體重為多少？於是從中抽出 26 隻雞來稱重（抽出放回），假設其樣本平均數 $\overline{X}_{26} = 2.2$ 公斤，樣本變異數 $S^2 = 0.25$。試問 $\overline{X}_{26}$ 大於 2.2 公斤之機率是多少？

5.11 大學生阿信在公館夜市打工，賣新潮牛仔褲。他決定以新潮牛仔褲賣出價格的變異數，來判定開價是否合理。假定每條新潮牛仔褲的賣出價格變異數為 100，若整批新潮牛仔褲賣出價格變異數超過 180，表示此批新潮牛仔褲開價不合理，需要重新調整開價。從昨天新潮牛仔褲賣出價格中隨機挑取 17 次交易，試求重新調整開價之機率？

5.12 有兩個互相獨立的常態母體 $N(\mu_1, \sigma_1^2)$、$N(\mu_2, \sigma_2^2)$，若由這兩個母體各自抽出 n_1, n_2 個樣本，令其樣本變異數分別為 S_1^2, S_2^2。試寫出統計量 $\dfrac{S_1^2/\sigma_1^2}{S_2^2/\sigma_2^2}$ 所服從的抽樣分配。

5.13 合歡唱片公司為了了解網友的消費傾向，舉行年度十首流行歌曲網路票選，以作為推出新歌手專輯的策略。參加年度十首流行歌曲網路票選的網友中，根據統計資料顯示，男性網友占了 65%。若合歡唱片公司從參加票選的網友資料中隨機抽取 300 名網友，則 (a) 男性網友比例的變異數為多少？(b) 男性網友所占的比例介於 60%-70% 之間的機率為多少？

5.14 e 世紀的到來，消費者對於筆記型電腦的需求大幅提升。神手筆記電腦製造廠為了解目前市場上對於該公司 (A) 傻瓜型及 (B) 專業型筆記電腦的消費情況，於是對兩種型號的出貨量進行抽樣。已知傻瓜型每日的平均出貨量為 1,800 台、標準差為 200 台。專業型電腦每日的平均出貨量為 1,600 台、標準差為 100 台。現各取 50 天的出貨量為樣本，則 (a) 樣本平均數差之期望值為多少？(b) 樣本平均數差之變異數為多少？(c) 樣本平均數差 $\overline{A} - \overline{B}$ 會大於 250 台之機率為多少？

5.15 醫學研究指出,溫差變化太大容易引起心血管病變。假設中央氣象局資料顯示,香港、高雄兩城市的長期平均溫度及平均溫度變異數均相等。現在中台醫學研究團隊想了解香港、高雄兩城市平均溫度的變異數,作為臨床實務參考。於是觀察過去 13 個月資料,發現香港的平均氣溫變異數為 8.64℃,高雄的平均溫度變異數為 3.20℃。請問 S_A^2/S_B^2 大於 2.7 的機率是多少?

6 統計估計

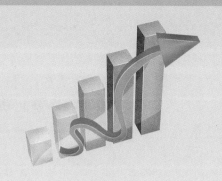

在觀察母體的過程中，母體參數像平均數 μ、變異數 σ^2 通常都是未知的。為了獲得未知參數的資訊，我們必須應用統計方法，以推論母體的參數。統計估計過程是由母體中抽取出數個樣本，藉機率原理找出適當的樣本統計量，再以此樣本統計量來推估母體參數。統計估計的表示方式，一般分為點估計和區間估計兩種。最常用的點估計方法，為最大概似法。

談話性節目中，主持人綜合觀眾的意見，
是不是符合科學的精神？

座擁萬坪綠海臺北景觀豪宅搶手

TVBS – 2012 年 4 月 7 日

在臺北市買房子，除了好地段，如果再加上好景觀，增值空間更大。建商在中山北路商圈，林森公園前推出豪宅建案，因為交通方便，又獨享萬坪公園綠海，不到一個禮拜，已經銷售超過 7 成。1 萬 3 千坪的綠蔭樹海，徜徉其中就能自在享受芬多精，但這不在高山森林裡，而是在臺北市中心，中山北路精華商圈。業者表示：過往在市中心，不管是在大安森林公園，或是國父紀念館、中正紀念堂，這樣的物件都是很少釋出，而且它的價值都是非常不斐。面對林森公園第一排，座擁萬坪綠意，得天獨厚的景觀豪宅，還有雙捷運經過，以及建築大師加持，一戶 100 坪起跳，想入住，一坪 80 萬起，而且是不二價。

業者表示：我們率先響應政府政策，在實價登錄前的不二價，讓消費者很清楚了解到，可以買到的價格，建設公司願意賣的價格，縮短彼此議價的時間，彼此的猜疑。不到一個星期銷售已經超過 7 成，有錢人買房子，只要喜歡，一點都不手軟。

6.1　點估計 (Point Estimation)

假設隨機變數 X 的母體機率密度函數為 $f(x|\theta)$，其中 θ 為未知的參數。為了估計這未知參數，我們從母體中隨機抽取一組樣本，得到觀測值為 $x_1, x_2, ..., x_n$。利用點估計方法算出一估計式 (estimator)，以 $\hat{\theta}$ 表示，再將觀測值 $x_1, x_2, ..., x_n$ 代入估計式中得到一數值，稱此數值為參數 θ 的估計值 (estimate)。

點估計就是指從母體抽取隨機樣本，經由樣本統計量來估計母體的參數，較常用的點估計方法有 1. 最大概似法 (maximum likelihood method)；2. 動差法 (moment method)。

最大概似法

最大概似法可說是統計推論中最常用，也是最重要的估計方法，由英國統計學家費雪 (R. A. Fisher) 於 1912 年提出的。主要的觀念是假定所抽出的樣本資料，為所有可能樣本中出現機率最大的樣本。因此，最大概似法即根據母體機率密度函數求得一估計式，使其聯合機率密度函數（即概似函數）的值為最大，而此估計值應很接近母體參數。

假設隨機變數 X 的母體機率密度函數為 $f(x,\theta)$，其中 θ 為未知的參數。為了估計這未知參數，我們從母體中隨機抽取一組樣本 $x_1, x_2, ..., x_n$，則概似函數定義為：

$$L(x_1, x_2, ...x_n; \theta) = f(x_1, \theta)\, f(x_2, \theta) \cdots f(x_n, \theta) \qquad \textbf{(6.1)}$$

若能求出估計式 $\hat{\theta}$，使得概似函數 $L(x_1, x_2, ...x_n; \theta)$ 值最大，則稱 $\hat{\theta}$ 為最大概似估計式(maximum likelihood estimator)，簡寫為 MLE。通常我們都應用微分技巧，以求出 θ 的最大概似估計式 $\hat{\theta}$。

例 6.1

假設台強電子公司新推出光碟燒錄機的使用壽命服從指數分配 $f(x) = \lambda e^{-\lambda x}$，為了要估計參數 λ 以了解平均使用壽命情形，測試部門隨機抽取 12 台樣本，做加強測試。測得其壽命結果如下（單位：百小時）：

$$8, 10, 13, 14, 19, 21, 27, 28, 34, 41, 52$$

試以最大概似法估計 λ 值。

答：n 個樣本概似函數為

$$L(x_1, x_2, ...x_n; \lambda) = f(x_1, \lambda) f(x_2, \lambda) \cdots f(x_n, \lambda)$$

$$= \lambda e^{-\lambda x_1} \lambda e^{-\lambda x_2} \cdots \lambda e^{-\lambda x_n} = \lambda^n e^{-\sum_{i=1}^{n} \lambda x_i}$$

為了計算方便，將上式各取對數

$$ln\ L(x_1, x_2, ...x_n; \lambda) = nlog\lambda - \lambda \sum_{i=1}^{n} x_i$$

微分後令為零，$\dfrac{dlnL}{d\lambda} = \dfrac{n}{\lambda} - \sum_{i=1}^{n} x_i = 0$

得到最大概似法估計式 $\hat{\lambda} = \dfrac{n}{\sum\limits_{i=1}^{n} x_i}$

將樣本資料代入估計式 $\hat{\lambda}$, $n = 12, \sum\limits_{i=1}^{12} x_i = 267$，因此 λ 最大概似法估計值為 $\dfrac{12}{267}$。

例 6.2

假設隨機變數 $X \sim N(\mu, \sigma^2)$，從其中隨機抽取一組樣本 $x_1, x_2, ...x_n$，試以最大概似法估計 μ, σ^2 的值。

答：n 個樣本概似函數為

$$L(x_1, x_2, ...x_n; \mu, \sigma^2) = f(x_1, \mu, \sigma^2) \cdots f(x_n, \mu, \sigma^2)$$

$$= \frac{1}{\sqrt{2\pi}\sigma} e^{-\frac{(x_1-\mu)^2}{2\sigma^2}} \cdots \frac{1}{\sqrt{2\pi}\sigma} e^{-\frac{(x_n-\mu)^2}{2\sigma^2}} = (\frac{1}{\sqrt{2\pi}\sigma})^n e^{-\sum \frac{(x_i-\mu)^2}{2\sigma^2}}$$

將上式各取對數

$$lnL(x_1, x_2, ...x_n; \mu, \sigma^2) = -\frac{n}{2}ln2\pi - \frac{n}{2}ln\sigma^2 - \frac{1}{2\sigma^2}\sum(x_i - \mu)^2$$

對 μ 偏微分後令為零，$\dfrac{\partial lnL(\mu, \sigma^2)}{\partial \mu} = 0$，可得 $\sum\limits_{i=1}^{n}(x_i - \mu) = 0$

因此 μ 的最大概似法估計式為 $\hat{\mu} = \dfrac{1}{n}\sum\limits_{i=1}^{n} x_i = \overline{X}$

對 σ^2 偏微分後令為零，$\dfrac{\partial lnL(\mu, \sigma^2)}{\partial \sigma^2} = 0$，可得

$$-\frac{n}{2\sigma} + \frac{1}{2\sigma^3}\sum_{i=1}^{n}(x_i - \mu)^2 = 0$$

因此 σ^2 的最大概似法估計式為 $\hat{\sigma}^2 = \frac{1}{n}\sum_{i=1}^{n}(x_i - \bar{x})^2$。

動差法

動差法是較直覺的估計方法，由英國統計學家皮爾森 (K. Pearson) 在 1894 年提出。它是依照對母體的特徵值衡量的方法，對應在樣本估計式的應用。

假設隨機變數 X 的 k 次動差為 $\mu_k = E(X^k)$，則樣本動差定義為

$$\hat{\mu}_k = \frac{1}{n}\sum_{i=1}^{n}X_i^k \tag{6.2}$$

$\hat{\mu}_k$ 即為對 k 次動差 μ_k 點估計。例如：我們使用動差法對母體平均數 μ（一次動差）做點估計，則 $\hat{\mu} = \frac{1}{n}\sum_{i=1}^{n}X_i = \bar{X}$。使用動差法對母體變異數 σ^2 做點估計，則

$$\hat{\sigma}^2 = \frac{1}{n}\sum_{i=1}^{n}(X_i - \bar{X})^2 = \frac{1}{n}\sum_{i=1}^{n}X_i^2 - \bar{X}^2 = \hat{\mu}_2 - \hat{\mu}^2 \tag{6.3}$$

對於常態分配的平均數 μ 與變異數 σ^2 來說，用動差法估計與用最大概似法估計的結果是一樣的。但對於其他分配，結果並不見得一樣。

例 6.3

假設隨機變數 X 代表木柵捷運動物園站旅客等候計程車時間，滿足均勻分配 $X \sim U(0, \theta)$，θ 未知。現在由旅客等候計程車時間，隨機抽樣 5 位資料如下：0.5, 1, 2, 3.5, 8（單位：分鐘）。試以動差法估計 θ 值，並與最大概似法估計的結果做比較。

答：均勻分配 $U(0, \theta)$ 的期望值 $E(X) = \theta / 2$，故 θ 的動差法估計式為：

$$\hat{\theta} = 2\frac{1}{n}\sum_{i=1}^{n} X_i = 2\bar{X}$$

因此 θ 的動差法估計值 $= 2(0.5 + 1 + 2 + 3.5 + 8)/5 = 6$

若用最大概似法估計 $U(0,\theta)$，容易發現 θ 的最大概似法估計式

$$\hat{\theta} = \max_{1 \le i \le n} x_i$$

因此 θ 的最大概似法估計值 $= \max\{0.5, 1, 2, 3.5, 8\} = 8$

值得一提的是，在均勻分配 $U(0,\theta)$ 中，用動差法估計的 θ 值小於用最大概似法估計的 θ 值。

6.2 如何評量點估計的優良性

當我們利用估計值去推論未知參數時，最關心的是：我們所引用的估計式是否能準確地估計出未知參數。我們希望所得到的估計值和未知參數不至於相差太遠，以免對未知參數的推論差太遠。同一個未知參數的估計式有很多種，到底那一個估計式最好呢？而最好的估計式其意義又是什麼？

為了解決這個問題，統計學上定義了兩個準則：1.不偏 (unbiased)；2. 最小變異數 (minimum variance)，來評量估計式的優良性。利用這兩個標準，我們可判斷所使用的估計式是否最佳。

定義 6.1 不偏估計式 (unbiased estimator)

設未知參數 θ 的估計式為 $\hat{\theta}$，$\hat{\theta}$ 可被視為一隨機變數。因此，隨機變數 $\hat{\theta}$ 會服從某一機率分配。當此分配的期望值 $E(\hat{\theta})$ 正好等於未知參數 θ 時，我們稱 $\hat{\theta}$ 為 θ 的不偏估計式，即若 $E(\hat{\theta}) = \theta$，則 $\hat{\theta}$ 為 θ 之不偏估計式。

例 6.4

假設由一個具有期望值 μ，變異數 σ^2 的母體中隨機抽取 $x_1, x_2, x_3,$ x_4, x_5 五個樣本。試問下列四個估計式：

$$\hat{\theta}_1 = x_1, \hat{\theta}_2 = \frac{1}{2}(x_1 + x_5), \hat{\theta}_3 = \frac{1}{2}(x_1 + 2x_5), \hat{\theta}_4 = \overline{X} = \frac{x_1 + x_2 + x_3 + x_4 + x_5}{5}$$

何者是 μ 的不偏估計量？

答：$E(\hat{\theta}_1) = E(x_1) = \mu$

$$E(\hat{\theta}_2) = E\left[\frac{1}{2}(x_1 + x_5)\right] = \frac{1}{2}\left[E(x_1) + E(x_1)\right] = \mu$$

$$E(\hat{\theta}_3) = E\left[\frac{1}{2}(x_1 + 2x_5)\right] = \frac{1}{2}\left[E(x_1) + 2E(x_1)\right] = \frac{3}{2}\mu$$

$$E(\hat{\theta}_4) = E\left[\frac{1}{5}(x_1 + x_2 + x_3 + x_4 + x_5)\right] = \mu$$

所以 $\hat{\theta}_1, \hat{\theta}_2, \hat{\theta}_4$ 是 μ 之不偏估計量。

例 6.5

假設由具有期望值 μ、變異數 σ^2 的母體中隨機抽取 n 個樣本。試問樣本變異數 S^2 是否為母體變異數 σ^2 之不偏估計式？

答：$E(S^2) = E\left(\frac{1}{n-1}\sum_{i=1}^{n}(X_i - \overline{X})^2\right)$

$$= \frac{1}{n-1}E(\sum_{i=1}^{n} X_i^2 - n\overline{X}^2)$$

$$= \frac{1}{n-1}(\sum_{i=1}^{n} EX_i^2 - nE\overline{X}^2)$$

$$= \frac{1}{n-1}[n(\mu^2 + \sigma^2) - n(\mu^2 + \frac{\sigma^2}{n})] = \sigma^2$$

故樣本變異數 S^2 是母體變異數 σ^2 之不偏估計式

若 $\overline{X}, S^2$ 表示由期望值 μ、變異數 σ^2 的母體中，隨機抽取 n 個樣本之樣本平均數與樣本變異數，通常 $E(\overline{X}) = \mu, E(\overline{X}_1 - \overline{X}_2) = \mu_1 - \mu_2, E(S^2) = \sigma^2$，$E(\hat{p}) = p$ 和 $E(\hat{p}_1 - \hat{p}_2) = p_1 - p_2$ 都會成立。因此，樣本平均數 $\overline{X}$、樣本平均數差 $\overline{X}_1 - \overline{X}_2$、樣本變異數 S^2、樣本比例 $\hat{p}$ 和比例差 $\hat{p}_1 - \hat{p}_2$ 分別為母體平均數 μ、母體平均數差 $\mu_1 - \mu_2$、母體變異數 σ^2、母體比例 p 和母體比例差 $p_1 - p_2$ 的不偏估計量。

我們不僅希望點估計式 $\hat{\theta}$ 的樣本平均數值會正確的落於 θ 上，更進一步的希望估計量 $\hat{\theta}$ 具有相當小的母體變異數，這就是有效性。

定義 6.2　有效性 (efficiency)

假設現有二個不偏估計量：$\hat{\theta}_1$ 與 $\hat{\theta}_2$。若 $Var(\hat{\theta}_1) < Var(\hat{\theta}_2)$ 我們稱 $\hat{\theta}_1$ 比 $\hat{\theta}_2$ 有效率。此時雖然 $\hat{\theta}_1$ 和 $\hat{\theta}_2$ 皆為 θ 的不偏估計量，但是因為 $\hat{\theta}_1$ 比 $\hat{\theta}_2$ 更有效率，因此我們自然較偏向採用 $\hat{\theta}_1$ 來估計 θ。

例 6.6

在例 6.4 中我們知道 $\hat{\theta}_1, \hat{\theta}_2, \hat{\theta}_4$ 皆為 μ 的不偏估計量，這三個不偏估計量中你會選擇用何者來估計 μ，為什麼？

答：$Var(\hat{\theta}_1) = Var(x_1) = \sigma^2$

$$Var(\hat{\theta}_2) = \frac{1}{4}[Var(x_1) + Var(x_1)] = \frac{\sigma^2}{2}$$

$$Var(\hat{\theta}_4) = \frac{\sigma^2}{5}$$

因為 $\hat{\theta}_4$ 之變異數最小，故選用 $\hat{\theta}_4$ 來估計 μ 最好。此時 $\hat{\theta}_4$ 為 $\hat{\theta}_1, \hat{\theta}_2,$ $\hat{\theta}_4$ 中，最有效估計式。

最小變異不偏估計式 (minimum-variance unbiased estimator)

　　若一不偏估計式，且其變異數比其他不偏估計式的變異數小，則稱此不偏估計式為最小變異不偏估計式。

　　最小變異不偏估計式有時又稱為最佳估計式 (best estimator)。雖然最佳估計式不容易尋找的到，但是在不偏估計式的集合中，比較容易找到一個最小變異數。在數理統計的書裡會證明到，若一不偏估計式其變異數到達 Cramer-Row 下限，則此不偏估計式就是最佳估計式；或者應用 Leman-Sheffe 定理，也可以由不偏估計式找到最佳估計式。例如：常用的樣本平均數 $\overline{X}$ 就是母體為常態分配、指數分配、波松分配時，期望值 μ 之最佳估計式。由於其中涉及較深的數學工具，在此就不詳細討論。

6.3 區間估計 (Interval Estimation)

　　當我們用點估計方法找出 θ 的估計式 $\hat{\theta}$ 時，通常 $\hat{\theta}$ 的樣本估計值不一定會準確的落於 θ 上，而是略大於或小於 θ。也就是說，大多數情況 $\hat{\theta}$ 的樣本估計值會落在 θ 附近的區間上。依此概念，我們可以將估計結果以區間的形式來表示。我們想要推論的是，那個區間包含了真正的參數 θ。

　　區間估計的程序是先利用點估計方法對未知的母體參數 θ，求出估計式 $\hat{\theta}$，再以 $\hat{\theta}$ 為中心導出一估計區間 (L,U)，使得此區間包含了參數 θ 的機率為 $1-\alpha, 0<\alpha<1$，以機率式子來表示：

$$P(L \leq \theta \leq U) = 1-\alpha \tag{6.4}$$

其中 $1-\alpha$ 為信賴水準 (confidence level)，(L, U) 稱為對 θ 所做估計之 $1-\alpha$ 信賴水準的信賴區間 (confidence interval)，L 為信賴區間下限，U 為信賴區間上限。

　　令為信賴區間長度 $= U - L$，在 $1-\alpha$ 信賴水準下，區間長度愈短，表示此區間估計的精確度愈高。也就是對未知的母體參數 θ 掌握度較高，因為 θ 的可能變動範圍較小。

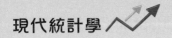
常態分配母體平均數 μ 的區間估計方法

我們首先要對常態分配母體 $N(\mu, \sigma^2)$ 中的母體平均數 μ 進行區間估計。因為 $\bar{X}$ 是常態分配母體平均數 μ 的最佳估計式，又常態分配是對稱形狀，因此平均數 μ 的區間估計便是以 $\bar{X}$ 為中心往兩邊延伸。不過由於受到變異數 σ^2 已知與否的影響，我們必須分兩種情況討論。

1. 變異數 σ^2 已知

假設 $\bar{X}$ 為由常態母體 $N(\mu, \sigma^2)$ 中，隨機抽取 n 個樣本的樣本平均數。令 $Z_{\alpha/2}$ 代表標準常態分配下，右尾機率為 $\alpha/2$ 所對應的 Z 值，見圖 6.1。其中常態分配以原點對稱，左尾機率為 $\alpha/2$ 所對應的 Z 值為 $-Z_{\alpha/2}$。

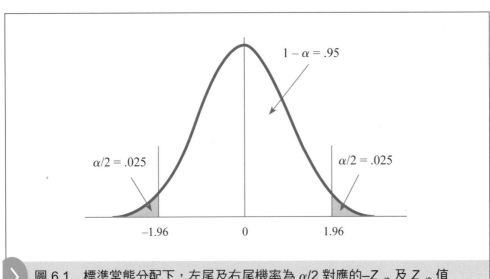

> 圖 6.1　標準常態分配下，左尾及右尾機率為 $\alpha/2$ 對應的 $-Z_{\alpha/2}$ 及 $Z_{\alpha/2}$ 值

因為

$$1 - \alpha = P(-Z_{\alpha/2} < Z < Z_{\alpha/2})$$

$$= P\left(-Z_{\alpha/2} < \frac{\bar{X} - \mu}{\sigma/\sqrt{n}} < Z_{\alpha/2}\right)$$

$$= P\left(\bar{X} - Z_{\alpha/2}\frac{\sigma}{\sqrt{n}} < \mu < \bar{X} + Z_{\alpha/2}\frac{\sigma}{\sqrt{n}}\right) \tag{6.5}$$

所以母體平均數 μ 的 $1 - \alpha$ 信賴區間為

$$(\bar{X} - Z_{\alpha/2}\frac{\sigma}{\sqrt{n}}, \bar{X} + Z_{\alpha/2}\frac{\sigma}{\sqrt{n}}) \tag{6.6}$$

例 6.7

阿里山銀行想要知道，顧客的平均一般定期存款金額，以便業務拓展參考。於是隨機抽取 49 位一般定期存款金額客戶，得知這 49 位客戶平均一般定期存款金額為 30 萬元。假設客戶一般定期存款金額為常態分配，變異數已知是 64（萬元），試求平均一般定期存款金額的 90% 信賴區間？

答：已知 $\bar{X} = 30$, $n = 49$, $\sigma^2 = 64$, $\alpha/2 = 0.05$，查標準常態分配表 T4 可得 $Z_{\alpha/2} = 1.645$，則平均一般定期存款金額 μ 的 90% 信賴區間為

$$(\bar{X} - Z_{0.05}\frac{\sigma}{\sqrt{n}}, \bar{X} + Z_{0.05}\frac{\sigma}{\sqrt{n}}) = (\bar{X} - 1.645\frac{8}{7}, \bar{X} + 1.645\frac{8}{7}) = 30 \pm 1.9$$

2. 變異數 σ^2 未知

在一般的情況下，變異數 σ^2 經常都是未知的，因此上述的信賴區間估計式 (6.5) 便無法使用。不過若是樣本數 n 夠大（大於 30），此時我們可直接以樣本變異數 $S^2 = \frac{1}{n-1}\sum_{i=1}^{n}(X_i - \bar{X})^2$ 來代替 σ^2。將樣本變異數 S^2 代入式 (6.5) 中，得到 $1 - \alpha$ 信賴區間

$$(\bar{X} - Z_{\alpha/2}\frac{S}{\sqrt{n}}, \bar{X} + Z_{\alpha/2}\frac{S}{\sqrt{n}}) \tag{6.7}$$

若是樣本數 n 不大 (≤ 25)，就採用 t 分配來處理。在第五章我們曾經提到過 $t = \frac{\bar{X} - \mu}{S/\sqrt{n}} \sim t(n-1)$。所以，我們可以用這關係找出 μ 的 $1 - \alpha$ 信賴區間為：

$$\left(\overline{X} - t_{\alpha/2}(n-1)\frac{S}{\sqrt{n}}, \overline{X} + t_{\alpha/2}(n-1)\frac{S}{\sqrt{n}} \right) \qquad \textbf{(6.8)}$$

例 6.8

　　臺北市政府教育局想要估計臺北市小學生，平均每天收看電視所花費的時間。因此隨機抽取 26 位小學生，得知這 26 位學童平均每天收看 80 分鐘的電視，樣本標準差為 30 分鐘。假設臺北市小學生每天收看電視所花費的時間為常態分配、變異數未知，試求臺北市小學生每天花費在看電視時間的平均數 μ 的 95% 信賴區間？

答：已知 $\overline{X} = 80$, $S = 30$, $n = 26$。查附錄表 T5，t 分配表可得 $t_{0.025}(25) = 2.06$。因此臺北市小學生，每天花費在看電視時間的平均數 μ 之 95% 信賴區間為

$$\overline{X} \pm t_{0.025}(25)\frac{S}{\sqrt{n}} = 80 \pm 2.06\frac{30}{\sqrt{26}} = 80 \pm 12$$

常態母體平均數差 $\mu_1 - \mu_2$ 之區間估計

　　做統計推論時，常會遇到比較兩個母體平均數差 $\mu_1 - \mu_2$ 的區間估計問題，譬如比較南北兩地區男性平均身高的差異、鄉鎮與都會區家庭平均所得的差異、投資兩種基金一年來平均報酬的差異、國中升學班與自學班平均每週考試次數的差異等。此時，我們必須對兩個母體平均數差 $\mu_1 - \mu_2$ 做區間估計，其方法與母體平均數 μ 的區間估計方法其實是一樣的。

1. 母體變異數 σ_1^2、σ_2^2 為已知

　　假設 $\overline{X}_1$ 及 $\overline{X}_2$ 為自兩常態母體 $N(\mu_1, \sigma_1^2)$ 與 $N(\mu_2, \sigma_2^2)$ 中分別隨機抽出 n_1, n_2 個樣本之樣本平均數，由 6.2 節知 $\overline{X}_1 - \overline{X}_2$ 亦為 $\mu_1 - \mu_2$ 之最佳點估計式。現在要對此兩常態母體平均數差 $\mu_1 - \mu_2$ 進行區間估計，便是以 $\overline{X}_1 - \overline{X}_2$ 為中心往兩邊延伸。因為

$$1-\alpha = P(-Z_{\alpha/2} < Z < Z_{\alpha/2})$$

$$= P\left(-Z_{\alpha/2} < \frac{(\overline{X}_1 - \overline{X}_2) - (\mu_1 - \mu_2)}{\sqrt{\dfrac{\sigma_1^2}{n_1} + \dfrac{\sigma_2^2}{n_2}}} < Z_{\alpha/2}\right)$$

$$= P\left(\overline{X}_1 - \overline{X}_2\right) - Z_{\alpha/2}\sqrt{\dfrac{\sigma_1^2}{n_1} + \dfrac{\sigma_2^2}{n_2}}$$

$$< \mu_1 - \mu_2 < (\overline{X}_1 - \overline{X}_2) + Z_{\alpha/2}\sqrt{\dfrac{\sigma_1^2}{n_1} + \dfrac{\sigma_2^2}{n_2}} \tag{6.9}$$

所以 $\mu_1 - \mu_2$ 的 $1-\alpha$ 信賴區間為

$$(\overline{X}_1 - \overline{X}_2) \pm Z_{\alpha/2}\sqrt{\dfrac{\sigma_1^2}{n_1} + \dfrac{\sigma_2^2}{n_2}} \tag{6.10}$$

2. 母體變異數 σ_1^2、σ_2^2 未知

如果是 σ_1^2、σ_2^2 是未知的，那麼區間估計式 (6.7) 是無法使用的。但是若樣本數 n_1 與 n_2 夠大，我們可直接以樣本變異數 S_1^2 與 S_2^2 分別取代母體變異數 σ_1^2 與 σ_2^2。將樣本變異數 S_1^2 與 S_2^2 代入區間估計式 (6.7) 中，得到 $\mu_1 - \mu_2$ 的 $1-\alpha$ 信賴區間為

$$(\overline{X}_1 - \overline{X}_2) \pm Z_{\alpha/2}\sqrt{\dfrac{S_1^2}{n_1} + \dfrac{S_2^2}{n_2}} \tag{6.11}$$

如果樣本數 n_1 與 n_2 不夠大，但是 $\sigma_1^2 = \sigma_2^2 = \sigma^2$，我們可採用 t 分配來處理。此時，可用共同變異數 $S_p^2 = \dfrac{(n_1-1)S_1^2 + (n_2-1)S_2^2}{n_1 + n_2 - 2}$ 作為 σ^2 的估計式，得到

$$t = \frac{(\overline{X}_1 - \overline{X}_2) - (\mu_1 - \mu_2)}{\sqrt{\dfrac{S_p^2}{n_1} + \dfrac{S_p^2}{n_2}}} \sim t(n_1 + n_2 - 2)$$

因為

$$1-\alpha = P\left(-t_{\alpha/2}(n_1+n_2-2) < t < t_{\alpha/2}(n_1+n_2-2)\right)$$

$$= P\left(-t_{\alpha/2}(n_1+n_2-2) < \frac{(\bar{X}_1-\bar{X}_2)-(\mu_1-\mu_2)}{\sqrt{\dfrac{S_p^2}{n_1}+\dfrac{S_p^2}{n_2}}} < t_{\alpha/2}(n_1+n_2-2) \right)$$

$$= P\left((\bar{X}_1-\bar{X}_2) - t_{\alpha/2}(n_1+n_2-2)\sqrt{\frac{S_p^2}{n_1}+\frac{S_p^2}{n_2}} < \mu_1-\mu_2 \right.$$

$$\left. < (\bar{X}_1-\bar{X}_2) + t_{\alpha/2}(n_1+n_2-2)\sqrt{\frac{S_p^2}{n_1}+\frac{S_p^2}{n_2}} \right) \tag{6.12}$$

所以 $\mu_1-\mu_2$ 的 $1-\alpha$ 信賴區間為

$$(\bar{X}_1-\bar{X}_2) \pm t_{\alpha/2}(n_1+n_2-2)\sqrt{\frac{S_p^2}{n_1}+\frac{S_p^2}{n_2}} \tag{6.13}$$

例 6.9

經緯房地產投資公司現有 2 種土地投資計畫，其 5 年盈收率之平均值分別是 μ_1 及 μ_2。假設投資第一類土地 50 筆 ($n_1=50$)，投資第 2 類土地 75 筆 ($n_2=75$)，其 5 年平均盈餘 $\bar{X}_1=120, \bar{X}_2=110$（單位：百萬元）。(a) 若盈餘之變異數已知且 $\sigma_1^2=\sigma_2^2=30$，試求 $\mu_1-\mu_2$ 之 90% 的信賴區間？(b) 假設盈餘變異數未知，但樣本變異數 $S_1^2=20, S_2^2=25$，試求 $\mu_1-\mu_2$ 之 90% 的信賴區間？(c) 假設盈餘變異數未知，但是 $\sigma_1^2=\sigma_2^2=\sigma^2$，且 $n_1=12$, $n_2=10$，而樣本變異數 $S_1^2=20$, $S_2^2=25$，試求 $\mu_1-\mu_2$ 之 90% 的信賴區間？

答：(a) $\sigma_1^2=\sigma_2^2=30, \bar{X}_1-\bar{X}_2=10, Z_{0.05}=1.645$，故 $\mu_1-\mu_2$ 之 90% 的信賴區間為

$$(\bar{X}_1-\bar{X}_2) \pm Z_{\alpha/2}\sqrt{\frac{\sigma_1^2}{n_1}+\frac{\sigma_2^2}{n_2}} = 10\pm1.645\sqrt{\frac{30}{50}+\frac{30}{75}} = 10\pm1.645$$

(b) $S_1^2 = 20, S_2^2 = 25, \mu_1 - \mu_2$ 之 90% 信賴區間為

$$(\overline{X}_1 - \overline{X}_2) \pm Z_{\alpha/2} \sqrt{\frac{S_1^2}{n_1} + \frac{S_2^2}{n_2}} = 10 \pm 1.645 \sqrt{\frac{20}{50} + \frac{25}{75}} = 10 \pm 1.141$$

(c) $n_1 + n_2 - 2 = 12 + 10 - 2 = 20, S^2 = \dfrac{(12-1)20 + (10-1)25}{12 + 10 - 2} = 22.25$

$t_{0.05}(20) = 1.725, \mu_1 - \mu_2$ 之 90% 信賴區間為

$$(\overline{X}_1 - \overline{X}_2) \pm t_{\alpha/2}(n_1 + n_2 - 2) \sqrt{\frac{S_p^2}{n_1} + \frac{S_p^2}{n_2}} = 10 \pm 1.725 \sqrt{\frac{22.25}{12} + \frac{22.25}{10}}$$

$$= 10 \pm 3.5$$

非常態母體平均數 μ 的區間估計

　　以上就常態母體平均數 μ 及平均數差 $\mu_1 - \mu_2$ 的區間估計方法做討論。若隨機樣本並非來自常態分配母體時，我們可根據中央極限定理，當樣本數 n 夠大，類似式 (6.4) 推導過程便可得。因此，對於非來自常態分配母體的母體平均數 μ 的區間估計，在 σ 已知情況下，平均數 μ 區間估計為

$\overline{X} \pm Z_{\alpha/2} \dfrac{\sigma}{\sqrt{n}}$。在 σ 未知情況下，可以樣本標準差 S 代替 σ，μ 區間估計為

$\overline{X} \pm Z_{\alpha/2} \dfrac{S}{\sqrt{n}}$。

例 6.10

　　根據經驗顯示吹風機的壽命服從指數分配。順風電器公司生產部經理想要估計新出產的一批吹風機的平均壽命，於是隨機抽取 50 具吹風機測試，得到其平均壽命 $\overline{X} = 980$ 小時，樣本標準差 $S = 260$ 小時。試求此批吹風機的平均壽命 μ 的 95% 信賴區間？

答：已知 $\overline{X} = 980, S = 260, n = 50$。查附錄表標準常態分配表 T4，可得 $Z_{0.025} = 1.96$。故此批頭髮吹風機的平均壽命 μ 的 95% 信賴區間為

$$\overline{X} \pm Z_{0.025} \frac{S}{\sqrt{n}} = 980 \pm 1.96 \frac{260}{\sqrt{50}} = 980 \pm 72.1$$

6.4 常態母體變異數 σ^2 的區間估計

現在要對常態母體的變異數 σ^2 進行估計。自常態母體 $N(\mu, \sigma^2)$ 中隨機抽取 n 個樣本，因為樣本變異數 $S^2 = \frac{1}{n-1}\sum_{i=1}^{n}(X_i - \overline{X})^2$ 為母體變異數 σ^2 的最佳估計式，又常態分配母體變異數 σ^2 除以樣本變異數 S^2 的統計量是卡方分配，即 $\frac{(n-1)S^2}{\sigma^2} \sim \chi^2(n-1)$。因為

$$\begin{aligned}
1-\alpha &= P\left(\chi^2_{1-\alpha/2}(n-1) < \frac{(n-1)S^2}{\sigma^2} < \chi^2_{\alpha/2}(n-1) \right) \\
&= P\left(\frac{(n-1)S^2}{\chi^2_{\alpha/2}(n-1)} < \sigma^2 < \frac{(n-1)S^2}{\chi^2_{1-\alpha/2}(n-1)} \right)
\end{aligned} \tag{6.14}$$

故 σ^2 的 $1-\alpha$ 信賴區間為（注意：卡方分配並非對稱形狀）

$$\left(\frac{(n-1)S^2}{\chi^2_{\alpha/2}(n-1)}, \frac{(n-1)S^2}{\chi^2_{1-\alpha/2}(n-1)} \right) \tag{6.15}$$

表示變異數 σ^2 落於信賴區間 $\left(\frac{(n-1)S^2}{\chi^2_{\alpha/2}(n-1)}, \frac{(n-1)S^2}{\chi^2_{1-\alpha/2}(n-1)} \right)$ 的機率為 $1-\alpha$。

例 6.11

漢城紅蔘公賣局特製人蔘雞精，強調是經過嚴格品管的健康食補品。漢城食品公司品管室發現內容量的變異數，對品質控制因素相當重要。每罐的內容量都要求有一定的標準。理由是若內容量的變異數太大、過大或過少的罐頭內容量，都會影響到產品品質。假設每罐人蔘雞精的內容量符合常態分配，現在品管室在生產線上隨機抽取 10 個樣本

（單位公克）如下：

$$199, 198, 201, 200, 199, 198, 197, 203, 201, 204$$

試求每罐人蔘雞精的內容量變異數 σ^2 之 90% 信賴區間？

答：$\overline{X} = (199 + 198 + 201 + 200 + 201 + 198 + 199 + 203 + 197 + 204)/10$

$\quad = 200$

樣本變異數 $S^2 = [(199 - 200)^2 + (198 - 200)^2 + \cdots + (204 - 200)^2]/$

$\qquad (10 - 1) = 5.11$

查附錄表 T6 卡方分配表，得 $\chi^2_{0.95}(9) = 3.33, \chi^2_{0.05}(9) = 16.92$

因此每罐人蔘雞精的內容量變異數 σ^2 之 90% 信賴區間為

$$\left(\frac{(n-1)S^2}{\chi^2_{\alpha/2}(n-1)}, \frac{(n-1)S^2}{\chi^2_{1-\alpha/2}(n-1)} \right) = \left(\frac{9 \cdot 5.11}{16.92}, \frac{9 \cdot 5.11}{3.33} \right) = (2.72, 13.81)$$

兩個常態母體變異數比 σ_1^2/σ_2^2 之區間估計

在統計實務上，我們常會對兩常態母體的變異數比 σ_1^2/σ_2^2 進行估計，以比較何者較具有穩定性。例如：兩種不同的生產過程、兩種不同的投資組合、兩地區的經濟水平等。假設 S_1^2 及 S_2^2 為自兩常態母體 $N(\mu_1, \sigma_1^2)$ 與 $N(\mu_2, \sigma_2^2)$ 中分別隨機抽出 n_1 及 n_2 個樣本之樣本變異數。若令

$$F = \frac{S_1^2/\sigma_1^2}{S_2^2/\sigma_2^2}$$

則此統計量為 F 分配，$F \sim F(n_1 - 1, n_2 - 1)$。因為

$$
\begin{aligned}
1 - \alpha &= P\left(F_{1-\alpha/2}(n_1 - 1, n_2 - 1) \leq F \leq F_{\alpha/2}(n_1 - 1, n_2 - 1) \right) \\
&= P\left(F_{1-\alpha/2}(n_1 - 1, n_2 - 1) \leq \frac{S_1^2/\sigma_1^2}{S_2^2/\sigma_2^2} \leq F_{\alpha/2}(n_1 - 1, n_2 - 1) \right) \\
&= P\left(\frac{S_1^2}{S_2^2} \frac{1}{F_{\alpha/2}(n_1 - 1, n_2 - 1)} \leq \frac{\sigma_1^2}{\sigma_2^2} \leq \frac{S_1^2}{S_2^2} \frac{1}{F_{1-\alpha/2}(n_1 - 1, n_2 - 1)} \right) \quad \textbf{(6.16)}
\end{aligned}
$$

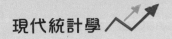

故變異數比 σ_1^2/σ_2^2 之 $1-\alpha$ 信賴區間為

$$\left(\frac{S_1^2}{S_2^2} \frac{1}{F_{\alpha/2}(n_1-1, n_2-1)} \ , \ \frac{S_1^2}{S_2^2} \frac{1}{F_{1-\alpha/2}(n_1-1, n_2-1)} \right) \tag{6.17}$$

不過由於 $F_{\alpha/2}(n_2-1, n_1-1) = \dfrac{1}{F_{1-\alpha/2}(n_1-1, n_2-1)}$ ，上式可再簡化成

$$\left(\frac{S_1^2}{S_2^2} \frac{1}{F_{\alpha/2}(n_1-1, n_2-1)} \ , \ \frac{S_1^2}{S_2^2} F_{\alpha/2}(n_2-1, n_1-1) \right) \tag{6.18}$$

例 6.12

續例 6.11，立冬已至，加上第四台電視廣告的促銷，漢城紅蔘公賣局出產的人蔘雞精銷售極佳。因此公司另推出一條生產線，為了要與原有之生產線比較，品管室分別由兩條生產線隨機抽取 $n_1 = 10$ 及 $n_2 = 11$ 個樣本，並得到 $S_1^2 = 9.2, S_2^2 = 8.9$。假設兩條生產線生產的人蔘雞精內容量均符合常態分配。試求每罐人蔘雞精的內容量變異數比 σ_1^2/σ_2^2 之 90% 信賴區間？

答：查附錄表 T7 F 分配表，得 $F_{\alpha/2}(n_1-1, n_2-1) = F_{0.05}(9,10) = 3.02$，
$F_{\alpha/2}(n_2-1, n_1-1) = F_{0.05}(10,9) = 3.14$
因此每罐人蔘雞精的內容量變異數比 σ_1^2/σ_2^2 之 90% 信賴區間為

$$\left(\frac{S_1^2}{S_2^2} \frac{1}{F_{\alpha/2}(n_1-1, n_2-1)}, \frac{S_1^2}{S_2^2} F_{\alpha/2}(n_2-1, n_1-1) \right)$$

$$= \left(\frac{9.2}{8.9} \cdot \frac{1}{3.02}, \ \frac{9.2}{8.9} \cdot 3.14 \right) = (0.34, 3.25)$$

6.5 母體比例 p 之估計

我們知道估計母體中具有某種屬性的比例 p，點估計 $\hat{p} = x/n$ 為最佳

估計式，其中 n 為實驗的次數，x 為成功的次數。樣本比例 $\hat{p}$ 的期望值和變異數為 $E(\hat{p}) = p$, $Var(\hat{p}) = p(1-p)/n$。根據中央極限定理可知，當 n 很大時，樣本比例 $\hat{p}$ 的抽樣分配會近似於常態分配，$\hat{p} \sim N(p, p(1-p)/n)$。因為

$$
\begin{aligned}
1-\alpha &= P(-Z_{\alpha/2} < Z < Z_{\alpha/2}) \\
&= P\left(-Z_{\alpha/2} < \frac{\hat{p}-p}{\sqrt{\hat{p}(1-\hat{p})/n}} < Z_{\alpha/2}\right) \\
&= P(\hat{p} - Z_{\alpha/2}\sqrt{\hat{p}(1-\hat{p})/n} < p < \hat{p} + Z_{\alpha/2}\sqrt{\hat{p}(1-\hat{p})/n})
\end{aligned}
$$
(6.19)

故母體比例 p 的 $1-\alpha$ 信賴區間為

$$
\hat{p} \pm Z_{\alpha/2}\sqrt{\hat{p}(1-\hat{p})/n}
$$
(6.20)

例 6.13

衛生署想要調查全國大專院校學生抽菸人口比例，於是隨機抽取 100 位大專生，發現有 19 位是抽菸人口，試求抽菸人口比例之 95% 信賴區間？

答：$\hat{p} = \dfrac{19}{100} = 0.19$, $\alpha = 0.05$, $Z_{\alpha/2} = Z_{0.025} = 1.96$。因此，全國大專院校學生抽菸人口比例之 95% 信賴區間為

$$
\hat{p} \pm Z_{\alpha/2}\sqrt{\hat{p}(1-\hat{p})} = 0.19 \pm 1.96\sqrt{\frac{(0.19)(0.81)}{100}} = 0.19 \pm 0.08
$$

兩個二項分配母體比例差 $p_1 - p_2$ 之估計

假設有兩個二項分配母體，其母體比例分別為 p_1, p_2，則它們的樣本比例最佳估計式為 $\hat{p}_1 = x_1/n_1$, $\hat{p}_2 = x_2/n_2$，其中 n_1 和 n_2 分別為兩個母體的試行次數，x_1, x_2 為成功次數。在樣本數夠大的情況下，樣本比例差 $\hat{p}_1 - \hat{p}_2$ 具有常態分配

$$\hat{p}_1 - \hat{p}_2 \sim N(p_1 - p_2, \frac{p_1(1-p_1)}{n_1} = \frac{p_2(1-p_2)}{n_2})$$

因為

$$1-\alpha = P(-Z_{\alpha/2} < Z < Z_{\alpha/2})$$

$$= P\left(-Z_{\alpha/2} < \frac{(\hat{p}_1 - \hat{p}_2) - (p_1 - p_2)}{\sqrt{(\hat{p}_1(1-\hat{p}_1)/n_1) = (\hat{p}_2(1-\hat{p}_2)/n_2)}} < Z_{\alpha/2}\right)$$

$$= P\left((\hat{p}_1 - \hat{p}_2) - Z_{\alpha/2}\sqrt{(\hat{p}_1(1-\hat{p}_1)/n_1) = (\hat{p}_2(1-\hat{p}_2)/n_2)} < p_1 - p_2\right.$$

$$\left. < (\hat{p}_1 - \hat{p}_2) = Z_{\alpha/2}\sqrt{(\hat{p}_1(1-\hat{p}_1)/n_1) = (\hat{p}_2(1-\hat{p}_2)/n_2)}\right) \tag{6.21}$$

故母體比例差 $p_1 - p_2$ 的 $1-\alpha$ 信賴區間為

$$(\hat{p}_1 - \hat{p}_2) \pm Z_{\alpha/2}\sqrt{(\hat{p}_1(1-\hat{p}_1)/n_1) = (\hat{p}_2(1-\hat{p}_2)/n_2)} \tag{6.22}$$

例 6.14

觀光局想要調查出國旅遊民眾中，前往泰國觀光的男女比例差。於是從去年出國旅遊民眾中，隨機抽取男女性各100人。發現前往泰國旅遊的民眾中，男性有25人，女性有10位。試求出國旅遊民眾中，前往泰國觀光的男女比例差的95%信賴區間？

答：$\hat{p}_1 = \dfrac{x_1}{n_1} = \dfrac{25}{100} = 0.25, \hat{p}_2 = \dfrac{x_2}{n_2} = \dfrac{10}{100} = 0.1,\ Z_{\alpha/2} = Z_{0.025} = 1.96$，故出國旅遊民眾中，前往泰國觀光的男女比例差之95%信賴區間為

$$(\hat{p}_1 - \hat{p}_2) \pm Z_{\alpha/2}\sqrt{(\hat{p}_1(1-\hat{p}_1)/n_1) + (\hat{p}_2(1-\hat{p}_2)/n_2)}$$

$$= (0.25 - 0.1) \pm 1.96 \cdot \sqrt{(0.25 \cdot 0.75/100) + (0.1 \cdot 0.9/100)}$$

$$= 0.15 \pm 0.103$$

6.6 決定樣本數

在進行區間估計時,我們希望信賴區間的長度愈短愈好。由以上對區間估計的討論,我們可發現信賴區間的長度是受到樣本數 n 與信賴係數 $1-\alpha$ 的影響。

估計母體平均數時,如何選取最少樣本數?

因為樣本平均數 $\bar{X}$ 推估母體平均數 μ 的 $1-\alpha$ 信賴水準之區間為 $(\bar{X}-Z_{\alpha/2}\dfrac{\sigma}{\sqrt{n}}, \bar{X}+Z_{\alpha/2}\dfrac{\sigma}{\sqrt{n}})$,其區間長度為

$$\bar{X}+Z_{\alpha/2}\frac{\sigma}{\sqrt{n}}-\bar{X}+Z_{\alpha/2}\frac{\sigma}{\sqrt{n}}=2Z_{\alpha/2}\frac{\sigma}{\sqrt{n}} \tag{6.23}$$

因此在給定的信賴係數 α 下,為了能控制區間的長度,我們必須藉由樣本數 n 的選取,達到我們對區間長度的要求。亦即為了讓 $1-\alpha$ 信賴水準的區間長度控制在數值 l 之內,我們應該取用那一個樣本數 n?由以下的演算可以得到答案:

$$2Z_{\alpha/2}\frac{\sigma}{\sqrt{n}} \leq l$$

$$\sqrt{n} \geq \frac{2Z_{\alpha/2}\sigma}{l}$$

$$n \geq (\frac{2Z_{\alpha/2}\sigma}{l})^2 \tag{6.24}$$

所以要將 $1-\alpha$ 信賴水準的區間長度控制在 l 之內,得先將樣本數 n 設定成大於 $(2Z_{\alpha/2}\sigma/l)^2$ 的數值。

值得一提的是在實務應用過程中,母體的變異數未知時,我們習慣以樣本全距除以 4 來估計 σ,即 $\sigma \approx$ 樣本全距/4。理由為根據經驗法則,幾乎 95% 以上的觀察值會落於母體平均數 μ 左右兩個標準差的範圍內。

例 6.15

　　新竹科學園區台強電子公司生產部，想要估計其作業員組合一部隨身數位影音光碟 (DVD) 機的平均時間。在觀察一段時間之後，他發現最短組合時間為 12 分鐘，最長組合時間為 28 分鐘。試問在 90% 信賴水準下，他要估計組合一部隨身影音光碟機的平均時間相差在 2 分鐘以內時，該生產部經理應抽取多少樣本才能合乎要求？

答：因為最短組合時間 12 分鐘與最長組合時間 28 分鐘相差 16 分鐘，我們估計 $\sigma \approx$ 樣本全距／4 = 16/4 = 4。又查附錄表 T4 得 $Z_{0.05} = 1.645$，由式 (6.23) 可得

$$n \geq (\frac{2Z_{\alpha/2}\sigma}{l})^2 = (\frac{2 \cdot 1.645 \cdot 4}{2})^2 = 43.03$$

因此該生產部經理應至少抽取 44 個樣本才能合乎要求。

　　同樣的方式，可用在樣本平均數差 $\overline{X}_1 - \overline{X}_2$ 推論母體平均數差 $\mu_1 - \mu_2$ 的情形。樣本數（當 $n_1 = n_2 = n$ 時）可以依樣推導出來：

$$2Z_{\alpha/2}\sqrt{\frac{\sigma_1^2}{n} + \frac{\sigma_2^2}{n}} \leq l$$

整理後得到

$$n \geq (\frac{2Z_{\alpha/2}\sqrt{\sigma_1^2 + \sigma_2^2}}{l})^2 \tag{6.25}$$

例 6.16

　　長庚醫學院心臟外科教授想要比較兩種訓練實習醫生心臟手術方法的效果。因此將實習醫生分為兩組，第一組用第一種方法，第二組用第二種方法。兩組實習醫生分別訓練完成後實際操作，並記錄實習手術時

間。心臟外科教授發現兩種方法的實習手術時間最長與最短相差約均為 12 分鐘左右。在 95% 信賴水準下，若希望兩組平均實習手術時間相差的估計在 3 分鐘以內，則每組需要多少實習醫生才能合乎要求？

答：因為實習手術時間最長與最短相差約為 12 分鐘，即 $4\sigma \approx 12$，故 $\sigma_1 = \sigma_2 = \sigma \approx 3$。又查附錄表 T4 得 $Z_{0.025} = 1.96$，由式 (6.24) 可得

$$n \geq (\frac{2Z_{0.025}\sqrt{\sigma_1^2 + \sigma_2^2}}{l})^2 = (\frac{2 \cdot 1.96\sqrt{9+9}}{3})^2 = 30.73$$

因此每組需要 31 位實習醫生才能合乎要求。

估計母體比例 p 時，如何選取最少樣本數？

若是想要以樣本比例 $\hat{p}$ 來推論母體比例 p，則信賴區間長度為 $2Z_{\alpha/2}\sqrt{\hat{p}(1-\hat{p})/n}$。因此，我們若要將區間長度控制在 l 之內，則選取的樣本數 n 可由以下的演算式求出：

$$2Z_{\alpha/2}\sqrt{\hat{p}(1-\hat{p})/n} \leq l$$

整理後得到

$$n \geq (2Z_{\alpha/2}\sqrt{\hat{p}(1-\hat{p})}/l)^2 \tag{6.26}$$

若 p 的估計值未知，我們知道當 $\hat{p} = (1-\hat{p}) = 0.5$ 時，$\hat{p}(1-\hat{p})$ 有最大值 1/4。因此，將 $\hat{p}(1-\hat{p})$ 的最大值 1/4 代入上式 (6.26) 中，得到

$$n \geq (Z_{\alpha/2}/l)^2 \tag{6.27}$$

所以，要將 $1-\alpha$ 信賴水準的區間長度控制在 l 之內，得先將樣本數 n 設定成大於 $\dfrac{Z_{\alpha/2}^2}{l^2}$ 的整數值。

例 6.17

非夢思塑身健美中心想要估計調查顧客對新推出超級塑身課程的接受率 p，以作為調整營業策略參考。若希望超級塑身課程的接受率 p，在 90% 信賴水準下的區間長度控制在 0.2 之內時，該塑身健美中心應抽取多少樣本才能合乎要求？

答：因為 p 的估計值 $\hat{p}$ 未知，因此我們取最保守估計 $\hat{p} = 0.5$。由式 (6.27) 可得 $n \geq (Z_{0.05} / l)^2 = (1.645 / 0.2)^2 = 67.65$

因此，該塑身健美中心至少要抽取 68 個樣本才能合乎要求。

6.7 應用 SPSS 進行信賴區間運算的操作方法

本節示範如何使用 SPSS 來建立信賴區間。以習題 6.8 來說，要找出 12 位科學家年齡的平均數 95% 的信賴區間。首先，先到「變數檢視」輸入名稱。

	名稱	類型	寬度	小數	標記	值	遺漏	欄	對齊	測量
1	年齡	數字的	8	2		無	無	8	靠右	次序的
2										
3										
4										
5										
6										
7										
8										
9										
10										
11										
12										
13										
14										
15										
16										
17										

再回到「資料檢視」依序輸入各數據。

	年齡	var	var	var	var	var	var
1	40.00						
2	43.00						
3	23.00						
4	40.00						
5	31.00						
6	49.00						
7	33.00						
8	30.00						
9	34.00						
10	43.00						
11	26.00						
12	39.00						
13							
14							
15							
16							

資料檢視　變數檢視

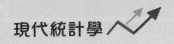
點選上方「分析」→「敘述統計」→「預檢資料」。

exercise 6.8.sav [資料集3] - SPSS Statistics Data Editor

檔案(F)　編輯(E)　檢視(V)　資料(D)　轉換(T)　分析(A)　統計圖(G)　公用程式(U)　增益集(O)　視窗(W)　說明(H)

	報表(P)	▶
1:年齡 40.0	敘述統計(E)	▶ 123 次數分配表(F)...
	表格(B)	▶ 描述性統計量(D)...
年齡　var	RFM 分析(I)	▶ 預檢資料(E)...
1　40.00	比較平均數法(M)	▶ 交叉表(C)...
2　43.00	一般線性模式(G)	▶ 1/2 比率(R)...
3　23.00	概化線性模式(Z)	▶ P-P 圖(P)...
4　40.00	混合模式(X)	▶ Q-Q 圖(Q)...
5　31.00	相關(C)	▶
6　49.00	迴歸(R)	▶
7　33.00	對數線性(O)	▶
8　30.00	神經網路(W)	▶
9　34.00	分類(Y)	▶
10　43.00	維度縮減(D)	▶
11　26.00	尺度(A)	▶
12　39.00	無母數檢定(N)	▶
13	預測(T)	▶
14	存活分析(S)	▶
15	複選題分析(U)	▶
16	遺漏值分析(V)...	
17	多個插補(T)	▶
18	複合樣本(L)	▶
19	品質控制(Q)	▶
20	ROC 曲線(V)...	
21	Amos 7...	
22		

將「年齡」移入「依變數清單」，並勾選「統計量」中的「平均數的信賴區間 95%」，再按確定。

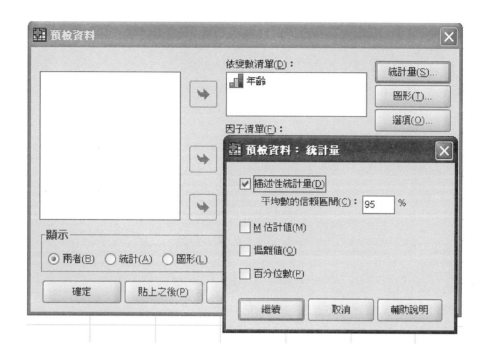

執行後的結果如下，可看出平均數的 95% 信賴區間上限為 31.0291，下限為 40.8042。

描述性統計量

			統計量	標準誤
年齡	平均數		35.9167	2.22063
	平均數的 95% 信賴區間	下限	31.0291	
		上限	40.8042	
	刪除兩極端各 5% 觀察值之平均數		35.9074	
	中位數		36.5000	
	變異數		59.174	
	標準差		7.69248	
	最小值		23.00	
	最大值		49.00	
	範圍		26.00	
	四分位全距		12.00	
	偏態		-.089	.637
	峰度		-.686	1.232

現代統計學

1. 以樣本觀測值的統計量去推估母體之參數即為估計，估計的類型可分為點估計與區間估計兩種。

2. 點估計就是從母體抽取隨機樣本，經由樣本統計量來估計母體的參數。較常用的點估計方法有 (1) 最大概似法；(2) 動差法。

3. 我們利用不偏性與最小變異數，這兩個標準來決定所使用的估計式是否最佳。最小變異不偏估計式 (MVUE) 又稱最佳估計式 (best estimator)。

4. 常用的樣本平均數 $\bar{X}$ 是母體為常態分配、指數分配、波松分配等，期望值 μ 之最佳估計式。

5. 區間估計的程序是先利用點估計方法對未知的母體參數 θ，求出估計式 $\hat{\theta}$，再以 $\hat{\theta}$ 為中心導出一估計區間 (L, U)，使得此區間包含了參數 θ 的機率為 $1 - \alpha$。

6. 小樣本常態分配母體平均數 μ 的區間估計：(1) 若 σ^2 已知，用 Z 分配；(2) 若 σ^2 未知，用 t 分配。

7. 對於大樣本的母體平均數 μ 的區間估計，在 σ 已知情況下，平均數 μ 區間估計為 $\bar{X} \pm Z_{\alpha/2} \dfrac{\sigma}{\sqrt{n}}$。在 σ 未知情況下，可以樣本標準差 S 代替 σ。

8. 常態分配母體變異數 σ^2 的區間估計用卡方分配。

9. 兩常態母體的變異數比 σ_1^2 / σ_2^2 的區間估計用 F 分配。

6.1　何謂統計估計？請說明之。

6.2　在統計學上用那些標準來評量估計式的優良性？

6.3　臺灣的地理位置處於東亞地震帶，地震活動較頻繁。假設臺灣發生有感地震的次數服從波松分配 $Poi(\mu)$。臺東氣象站為了要估計此參數

μ，以了解臺灣有感地震情形，於是觀察過去一年來的月資料。得到臺灣有感地震資料如下：9, 7, 12, 14, 3, 11, 7, 10, 4, 6, 8, 10。試以最大概似法求 μ 之估計式，並由樣本資料去估計 μ 值。

6.4 假設 X_1, X_2, X_3 為由波松機率密度函數 $Poi(\mu)$ 其中 μ 是未知參數，隨機抽取的三個樣本。現有四個估計量分別為

$$\hat{\theta}_1 = x_1, \hat{\theta}_2 = \frac{x_1 + x_2}{2}, \hat{\theta}_3 = \frac{x_1 + 2x_2}{3}, \hat{\theta}_4 = \frac{x_1 + x_2 + x_3}{3}$$

試問 (a) 那些是 μ 的不偏估計量？(b) 在所有不偏估計量中，何者具有最小變異數？

6.5 屏東東港海鮮聞名南臺灣，每年秋冬之際盛產紅蟳肥美味佳，吸引大批饕客。根據過去經驗，每隻紅蟳重量服從常態分配，標準差為 2 兩。為了估計紅蟳平均重量 μ，我們從這整櫃紅蟳中抽出了 8 隻，測量其重量如下：7, 8, 12, 8, 10, 9, 9, 11。試求出此批紅蟳平均重量 μ 的 90% 信賴區間。

6.6 衛生署藥物研究所調查坊間暗地流行的快樂丸，是否產生超活力。於是將 $10mg$ 快樂丸藥劑注入 50 隻小白鼠體內，然後對每隻小白鼠做活力測驗，得到樣本平均數 $\bar{X} = 15.1$，$S = 4.6$。若活力測驗服從常態分配，試求活力測驗平均值 μ 的 95% 信賴區間。

6.7 海山企業集團的員工反應，新成立的分公司設立的地點不佳，以致於每天必須花費許多時間在塞車上。為此，公司進行調查員工塞車的狀況。現在調查 20 名員工，發現員工平均花費在塞車的時間為 36.5 分鐘，樣本標準差為 11.3 分鐘。假設每位員工每天花費在塞車的時間服從 $N(\mu, \sigma^2)$，試求每位員工花費在塞車上的平均時間 μ 之 95% 信賴區間？

6.8 科學中偉大的發現往往是由創造力豐富的年輕人所提出的。下表是 16 世紀中葉至 20 世紀的十二個重大科學突破的歷史：

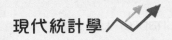

科學發現	科學家	年代	年齡
太陽中心論	哥白尼	1543	40
天文學的基本定律	伽利略	1600	43
運動定律、微積分、萬有引力	牛頓	1665	23
電的實質	富蘭克林	1746	40
燃燒即氧化	拉瓦席	1774	31
進化論	達爾文	1858	49
光的電磁場	麥斯威爾	1864	33
留聲機、電燈	愛迪生	1877	30
X 放射線	居禮夫人	1896	34
量子論	普朗克	1901	43
相對論	愛因斯坦	1905	26
量子力學的數學基礎	薛丁爾	1926	39

假設提出重大科學突破時科學家的年齡服從 $N(\mu, \sigma^2)$ 分配、變異數未知，試求重大科學突破時科學家平均年齡 μ 的 95% 信賴區間。

6.9 高血壓是近年來國人罹患率甚高的疾病，醫護人員不斷地找尋有效的方法來治療高血壓。成大醫學院教授想了解藥物 A 及藥物 B 何者對治療高血壓較為有效。現在各別選取 50 名高血壓病人，分別以藥物 A 及藥物 B 治療，則血壓下降的程度如下：

藥物 A（50 名）	藥物 B（50 名）
$\overline{X}_1 = 14.31$	$\overline{X}_2 = 13.28$
$S_1 = 5$	$S_2 = 4$

根據以往經驗，以藥物 A, B 來治療血壓下降的程度服從均勻分配。試求在這二種藥物的治療之下，血壓下降之平均數差 $\mu_1 - \mu_2$ 的 95% 信賴區間？

6.10 神數電腦公司為測試二種電腦 CPU 速度，將 8 個已完成的 Pascal 程式，分別在這二種電腦上執行，CPU 所花費的時間如下：

程式	Computer 1	Computer 2
1	32	28
2	47	42
3	60	55
4	24	25
5	45	42
6	55	49
7	51	52
8	30	36

若兩種電腦 CPU 所花費的時間分別服從 $N(\mu_1, \sigma^2), N(\mu_2, \sigma^2)$，$\sigma^2$ 未知。試求此二種電腦 CPU 平均時間差 $\mu_1 - \mu_2$ 的 95% 信賴區間？

6.11 雪山飲料公司專門製造蘆薈露健康飲料。該公司老闆想要了解裝填機器釋出飲料量的變異程度，以控制產品品質。於是隨機抽取 10 瓶蘆薈露，並求出蘆薈露量之樣本標準差 $S = 1.2$cc，假設機器每次釋出的蘆薈露量是服從 $N(\mu, \sigma^2)$，試求該機器每次釋出蘆薈露量變異數 σ^2 的 95% 信賴區間。

6.12 臺北市和平高中的自然組數學教師想要研究在該校模擬考中，考生數學成績的變異程度。現從自然組中隨機抽取 41 位考生，並求出他們成績的樣本標準差 $S = 18$。假設全校自然組考生的數學成績呈常態分配 $N(\mu, \sigma^2)$，試求自然組考生數學成績變異數 σ^2 的 95% 信賴區間。

6.13 社會學者曾提出社會貧富懸殊過大，是造成犯罪率增加的主要原因之一。中央研究院社會科學所研究群針對兩個犯罪率明顯不同的城市，做居民年所得的抽樣調查。自城市 A 抽取 41 個樣本、自城市 B 抽取出 31 個樣本，得到 $S_1^2 = 16, S_2^2 = 10$。假設兩城市居民年所得呈常態分配，試求 σ_1^2 / σ_2^2 之 95% 信賴區間。

6.14 洋洋貿易公司品管單位要調查新進一批禮品中瑕疵品的比例 p。調查人員從這批禮品中隨機抽取了 32 件樣本，發現其中 4 件是瑕疵品，試求此批禮品中瑕疵品比例 p 的 95% 信賴區間。

6.15 某假日職棒與職籃比賽同時開打，主辦單位想要比較這兩場比賽女性觀眾比例差距。假設在職棒比賽中女性觀眾的比例為 p_1，現從觀眾中抽取觀眾 800 人，發現其中有 300 人為女性。另外在職籃比賽中，女性觀眾的比例為 p_2，也從中抽取觀眾 200 人，發現其中有 36 人為女性。試求職棒與職籃兩場比賽女性觀眾的比例差 $p_1 - p_2$ 之 95% 信賴區間。

6.16 Yahoo 網購公司想要估計顧客電話訂購至收到商品的平均時間。研發部經理根據經驗知道，郵遞時間最多 8 天可寄達。試問在 95% 信賴水準下，他要估計郵遞平均時間相差在 1 天以內時，該研發部經理應抽取多少樣本才能合乎要求？

6.17 為了引水與放水方便，大多數的能源工廠喜歡蓋在河流或海岸邊。由於近來生態環保的要求，能源工廠必須提交環保評估規劃，方能營運。根據資料顯示，能源工廠排放熱水與鄰近海域的水溫差最多不得超過 5℃。現在能源工廠要估計排放熱水與墾丁國家公園鄰近海域的平均水溫差。試問在 95% 信賴水準下，能源工廠排放熱水與鄰近海域的平均水溫相差的估計在 0.8℃ 以內，要採集多少樣本才能合乎要求？

6.18 依過去資料顯示，民意調查若以通信方式進行，其有效回收率大約在 7 成左右。現在大觀基金會正進行一項離島開設觀光賭場的民意試行調查 (pilot survey)，若希望在回收率與真實結果之間的誤差，在 95% 信賴水準下的區間長度控制在 0.08 之內時，該基金會應抽取多少樣本才能合乎要求？

7 統計檢定

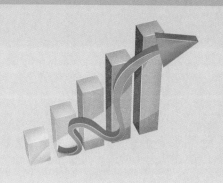

對已提出的母體參數或特徵，未經統計程序檢定的確認，我們僅能稱為統計假設。統計檢定是利用樣本統計量，對已提出的母體參數或特徵，進行統計程序的檢定，以決定是否接受先前提出的母體參數或特徵論點，此種統計程序過程又稱為假設檢定 (testing hypothesis)。

拿出證據，否則無罪！

美牛爭議

針對美牛爭議,行政院拋出安全容許、牛豬分離、強制標示、排除內臟四項政策原則,衛生署高層透露,為做市場區隔,國產牛、豬肉均傾向不開放使用萊克多巴胺;至於進口牛肉的殘留容許量,則將根據最新國人飲食狀況調查,於三個月內召開食品安全諮詢委員會重新訂定,一定不會超過 10 ppb。

衛生署副署長說,任何食品在製造、生產若有添加物,一定會考量容許量,衛生署將廣納各界疑慮和意見,參考國際資料及國人飲食習慣來評估健康風險,於三個月內訂出保障國人健康的殘留標準。

衛生署食品藥物管理局長表示,衛生署曾於 96 年預告肉類含萊克多巴胺殘留容許量,但其參考背景值是 1993 年至 1996 年的國人飲食調查;而為能以最新數據說服國人,衛生署將依據 2003 年至 2008 年最新國人營養調查,重新進行攝食風險評估。

林口長庚臨床毒物科主任表示,舊版國人飲食調查顯示,成人每天平均肉類攝食量僅 150 公克,但是,隨著飲食西化,新版國人每天肉類攝食量已倍增至近 300 公克,另考慮孩童、孕婦、肝腎疾病患者等易感族群的健康,萊克多巴胺殘留容許量有必要訂得更嚴格,2.5 至 5 ppb 應是可接受的範圍。對於衛生主管機關來說,萊克多巴胺殘留容許量的標準是一致的,不會有牛豬、國家之別,或是國內外之分。但農政單位仍可就整體政策考量,依權責做選擇性的開放。

據了解,除行政院已明確指示的進口肉品牛豬分離原則,進口豬肉仍不得檢出萊克多巴胺。為作市場區隔,國產牛肉及豬肉也都傾向不開放使用萊克多巴胺。也就是說,國產肉品殘留標準仍將維持不得檢出,違者將依違反《動物用藥管理法》裁罰。

7.1 統計檢定的概念

實驗檢驗真理——這是千古名言。但是有了實驗數據,如何進行真理的

檢驗，卻是一個需詳盡研究的問題。

　　未經檢驗的學說或理論，我們僅能稱之為假設。同樣的，對已提出的母體參數或特徵，未經統計程序檢定的確認，我們也僅能稱為統計假設。統計假設包括事先假設 H_0 (null hypothesis) 與對立假設 H_1 (alternative hypothesis)。

　　檢定統計量 (test statistics) 就是用來檢驗統計假設的度量工具。在顯著水準 α 下 $(0 \le \alpha \le 1)$，檢定統計量將母體分為兩個區域：接受區域 (acceptance region) 與拒絕區域 (rejection region)。接受區域與拒絕區域的分界點稱為臨界值 (critical value)，通常以 C_α 表示（若母體為常態分配，則以 Z_α 表示）。圖 7.1 顯示顯著水準 α 與拒絕區域的關係。

　　由於實際的母體參數或特徵未知，因此我們必須經由隨機樣本，求算樣本統計量值，並觀察樣本統計量值是否落於接受區域，以決定要不要接受事先假設 H_0。也就是說，根據樣本統計量值對母體做判斷，以決定是否接受或拒絕先前提出的母體參數或特徵論點。

　　統計檢定的概念就是利用適合的檢定統計量，在顯著水準 α 下，對統計假設進行統計程序的檢驗，此種統計檢驗的過程又稱為假設檢定。假設檢定的標準程序如下：

1. 問題的確定：建立事先假設 H_0 與對立假設 H_1。

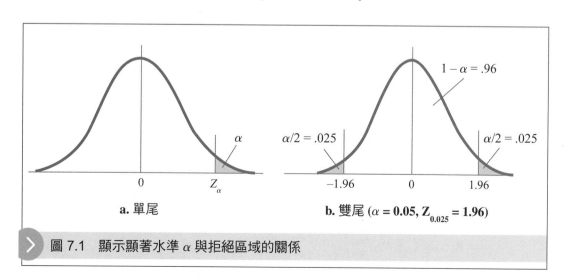

a. 單尾　　　　　b. 雙尾 $(\alpha = 0.05, Z_{0.025} = 1.96)$

> 圖 7.1　顯示顯著水準 α 與拒絕區域的關係

2. 選定檢定統計量 T 與樣本數 n。

3. 決定顯著水準，α 並由檢定統計量 T 的機率分配找出拒絕區域 R_α。

4. 由樣本資料計算檢定統計量值，若樣本統計量落於 R_α 則拒絕 H_0。

建立統計假設

假設檢定的第一步，當然就是要先確定問題並建立假設。有了明確的統計假設，我們才能根據它進行統計檢定。

因為日常生活中所接觸的語句或思想，常充滿著模糊性與不確定性。如何將這些模糊語句或思想，轉換為確定問題的陳述，最後再化為統計假設是一相當重要的課題。

舉例而言，捷運公司宣稱電聯車廂輪胎品質優良，超乎國際標準。然而什麼樣才算是電聯車廂輪胎品質優良呢？國際標準的程度又是如何呢？如果想要驗證捷運公司的宣稱是否屬實，我們必須先確立問題並建構統計假設，然後依照統計檢定的標準程序進行。若已知電聯車廂輪胎平均壽命的國際標準為 10 萬公里。此時我們可給定事先假設 $H_0 : \mu = 10$，而與事先假設 H_0 互斥的集合則稱為對立假設，以 H_1 表示，即 $H_1 : \mu \neq 10$。

從消費者的觀點而言，他們在意的是輪胎的平均壽命是否會大於 10 萬公里。這時候事先假設就可設成 $H_0 : \mu \geq 10$，而對立假設為 $H_1 : \mu < 10$。實際上，以捷運為例，統計假設可以被設立成以下的三種類型：

1. 事先假設 $H_0 : \mu = 10$，對立假設 $H_1 : \mu \neq 10$：若是想了解輪胎平均壽命是否等於 10 萬公里，可設立這類型的假設。採用這種假設的統計檢定，一般稱為雙尾檢定。

2. 事先假設 $H_0 : \mu \geq 10$，對立假設 $H_1 : \mu < 10$：若是想了解輪胎平均壽命是否超過 10 萬公里，可設立這類型的假設。採用這種假設的統計檢定一般稱為左尾檢定。

3. 事先假設 $H_0 : \mu \leq 10$，對立假設 $H_1 : \mu > 10$：若是想了解輪胎平均壽命是否低於 10 萬公里，可設立這類型的假設。採用這種假設的統計檢定一般稱為右尾檢定。

為了讓讀者能夠清楚比較在日常生活中一些模糊語句或思想，如何轉換為確定問題的陳述，最後化為統計假設。由以下的例子，可以看出其間的差異與轉換過程。

例 7.1

國中升學班學生的成績與自學班學生的比較。

生活語詞：國中升學班學生未來的成績與自學班學生差不多。

思考過程：(a) 未來學生年級定位要明確，是指高一、高二，甚或大學時期。(b) 學生的成績表現，通常包括德智體群美五育的評量。(c) 即使拿智育成績來做比較，評量方式亦包括：筆試、口試、報告等數種。若單是以幾門學科如數學、英文等的筆試測驗來比較好壞，並不公正。因此，問題確立必須設定在某個時間，特定學門的特定考試方法所得的結果上才能做比較。

問題確立：高一學生中，來自國中升學班學生的月考數學筆試平均分數 μ_1 與自學班學生的平均分數 μ_2 一樣。

統計假設：$H_0: \mu_1 = \mu_2; H_1: \mu_1 \neq \mu_2$。

例 7.2

抽菸與身體健康的關係。

生活語句：抽菸有害身體健康。

思考過程：(a) 抽菸的輕重會影響身體健康，有人偶而（幾天）抽一根菸，有人一天抽好幾根菸，因此有必要設定抽菸輕重的範圍。(b) 年齡大小，都會影響到生病的罹患率，甚至工作環境也有影響。因此必須先把這些模糊語詞如，年齡、性別先確立出來，才能進行統計檢定。(c) 身體健康不好此句也應說明確一些。抽菸對身體健康影

響應以呼吸器官系統最大，如呼吸器官疾病或肺病等。
否則有人需靠抽菸來紓解精神壓力，抽菸反而有助其某
方面（如心理）健康。

確定問題：在 20 至 60 歲的男性中，每天抽 2 根菸以上者，罹患肺
病的比率 p_1 較不抽菸者罹患肺病的比率 p_2 為高。

統計假設：事先假設 $H_0 : p_1 \leq p_2$，對立假設 $H_1 : p_1 > p_2$。

決定拒絕域

根據實務狀況建立統計假設以後，接著就是選取適當的檢定統計式，再根據顯著水準 α 找出拒絕域 R_α。因為統計檢定是一種決策法則，用來決定是否要拒絕事先假設，而這項法則便是以拒絕域作為判定的準則。

以捷運電聯車廂輪胎的平均壽命為例，若研究人員所設的拒絕域為 $\{\overline{X} < 9.5\}$；也就是說，若樣本值 $\overline{X}$ 小於 9.5，則我們拒絕捷運公司的宣稱，電聯車廂輪胎品質優良，超乎國際標準。現在假定我們實際測試了 50 輛電聯車，樣本數 $n = 50$，結果這 50 輛電聯車的輪胎平均壽命 $\overline{X}$ 為 9.87。因為 9.87 > 9.5，樣本求算值未落入拒絕域之內，故沒有明顯的證據顯示事先假設 $H_0 : \mu = 10$ 是錯誤的，我們接受捷運公司宣稱的 10 萬公里輪胎平均壽命。

型 I 誤差和型 II 誤差

由檢定統計式根據顯著水準找出拒絕域後，最後就是將隨機樣本值代入檢定統計式中求算。若是求算值落入拒絕域，我們便拒絕事先假設 H_0。若是求算值落在拒絕域外，我們便接受事先假設 H_0。

但是進行假設檢定時，由於機率的關係，有時會產生二種錯誤的決策：

1. 實際情況是事先假設 H_0 為真，但是我們拒絕事先假設 H_0。
2. 實際情況是對立假設 H_1 為真，但是我們接受事先假設 H_0。

第一種誤差我們稱為型 I 誤差 (type I error)、第二種誤差稱為型 II 誤差

(type II error)，型 I 誤差和型 II 誤差發生的機率分別以 α 和 β 表示，這兩種機率的定義如下：

$$\alpha = P\,(\text{型 I 誤差}) = P_{H0}\,(\text{拒絕 } H_0) = P_{H0}\,(\text{樣本統計量落入拒絕域}) \quad \textbf{(7.1)}$$

$$\beta = P\,(\text{型 II 誤差}) = P_{H1}\,(\text{接受 } H_0) = P_{H1}\,(\text{樣本統計量未落入拒絕域}) \quad \textbf{(7.2)}$$

其中 α 亦稱為該假設檢定的顯著水準，即從事檢定時所能接受的錯誤機率。通常顯著水準是先給定，一般設為 5% 或 1%。

又根據 β，我們定義檢定力 (power) 為：

$$\text{檢定力} = P_{H1}\,(\text{拒絕 } H_0) = 1 - \beta \quad \textbf{(7.3)}$$

檢定力是作為評定統計檢定優劣的量值，檢定力愈大，表示這個統計檢定的效率愈佳。若是有多個檢定統計量存在，這些檢定都採用同一個顯著水準 α，則我們可以依它們的檢定力之大小，從中找出最好的檢定統計量。

例 7.3

假設 $\overline{X}_4, \overline{X}_{25}$ 表示由常態母體 $N(\mu, 4^2)$ 分別隨機抽取 $4, 25$ 個樣本之樣本平均數，欲進行 μ 值之檢定。若令統計假設為 $H_0 : \mu = 0, H_1 : \mu = 1$。求下列二種檢定法則的 α 與 β 值。

檢定法則 1 為：若 $\overline{X}_{25} > 1.32$　　則拒絕 $H_0 : \mu = 0$

檢定法則 2 為：若 $\overline{X}_4 > 3.29$　　則拒絕 $H_0 : \mu = 0$

答：檢定法則 1

$$\alpha = P_{H_0}\,(\text{拒絕 } H_0) = P_{\mu=0}\,(\overline{X}_{25} > 1.32)$$

$$= P(\frac{\overline{X}_{25} - 0}{4/5} > \frac{1.32}{4/5}) = P(Z > 1.65) \cong 0.05$$

$$\beta = P_{H_1}\,(\text{接受 } H_0) = P_{\mu=1}\,(\overline{X}_{25} < 1.32)$$

$$= P(\frac{\overline{X}_{25} - 1}{4/5} < \frac{0.32}{4/5}) = P(Z < 0.4) = 0.66$$

檢定法則2

$$\alpha = P_{H_0}(\text{拒絕 } H_0) = P_{\mu=0}(\overline{X}_4 > 3.29)$$

$$= P(\frac{\overline{X}_4 - 0}{4/2} > \frac{3.29}{4/2}) = P(Z > 1.645) = 0.05$$

$$\beta = P_{H_1}(\text{接受 } H_0) = P_{\mu=1}(\overline{X} < 3.29)$$

$$- P(\frac{\overline{X} - 1}{4/2} < \frac{2.29}{4/2}) = P(Z < 1.15) = 0.87$$

由上述得知法則 1 和法則 2 的 α 值均相同，但是法則 1 的檢定力 $1 - \beta = 0.34$、法則 2 的檢定力 $1 - \beta = 0.13$。所以，檢定法則 1 較檢定法則 2 的檢定力好。

7.2 母體平均數 μ 之檢定

常態母體平均數 μ 之假設檢定

首先，我們要對常態母體 $N(\mu, \sigma^2)$ 中的平均數 μ 進行假設檢定。因為，樣本平均數 $\overline{X}$ 為母體平均數 μ 的最佳估計式，所以 μ 的檢定可透過統計量 $\overline{X}$ 來進行。不過在小樣本 ($n < 30$) 情況下，由於受到變異數 σ^2 已知與否的影響，我們必須分兩種情況處理：

變異數 σ^2 已知，檢定 μ 用 Z 檢定式，$Z = \dfrac{\overline{X} - \mu}{\sigma/\sqrt{n}}$ 進行檢定。 **(7.4)**

變異數 σ^2 未知，檢定 μ 用 t 檢定式，$t(n-1) = \dfrac{\overline{X} - \mu}{S/\sqrt{n}}$ 進行檢定。 **(7.5)**

表 7.1、7.2 分別為 σ^2 已知及未知時，μ 的統計假設與在顯著水準 α 下的決策法則。

表 7.1　σ^2 已知時，μ 的統計假設與決策法則

統計假設	決策法則
雙尾檢定：$H_0 : \mu = \mu_0, H_1 : \mu \neq \mu_0$	若 $Z < -Z_{\alpha/2}$ 或 $Z > Z_{\alpha/2}$，拒絕 H_0
左尾檢定：$H_0 : \mu \geq \mu_0, H_1 : \mu < \mu_0$	若 $Z < -Z_\alpha$，拒絕 H_0
右尾檢定：$H_0 : \mu \leq \mu_0, H_1 : \mu > \mu_0$	若 $Z > Z_\alpha$，拒絕 H_0

 表 7.2　σ^2 未知時，μ 的統計假設與決策法則

統計假設	決策法則
雙尾檢定：$H_0 : \mu = \mu_0, H_1 : \mu \neq \mu_0$	若 $t < -t_{\alpha/2}(n-1)$ 或 $t > t_{\alpha/2}(n-1)$，拒絕 H_0
左尾檢定：$H_0 : \mu \geq \mu_0, H_1 : \mu < \mu_0$	若 $t < -t_\alpha(n-1)$，拒絕 H_0
右尾檢定：$H_0 : \mu \leq \mu_0, H_1 : \mu > \mu_0$	若 $t > t_\alpha(n-1)$，拒絕 H_0

 例 7.4

　　正典小學的年度教育預算報告中指出，即將啟用的行政大樓平均每月維修管理費用為 24 萬元。為了了解這筆預算之合適度，教育部隨機抽取 10 棟與此行政大樓相似的建築物，求得其每週維修費用之平均值 $\overline{X} = 22$。假設每月維修費用為常態分配，且已知 $\sigma = 6$，則在顯著水準 $\alpha = 0.05$ 下，此項預算是否合理？

答：令 μ 為行政大樓平均每月維修管理費用

(a) 建立統計假設 $\begin{cases} H_0 : \mu = 24 \\ H_1 : \mu \neq 24 \end{cases}$

(b) 樣本來自常態分配母體，且已知 $\sigma = 6$，故採用 Z 檢定。

(c) 應用雙尾檢定，在顯著水準 $\alpha = 0.05$ 下，$Z_{0.025} = 1.96$，檢定量臨界值 $= \pm 1.96$。

(d) 樣本統計量值為 $Z = \dfrac{\overline{X} - 24}{\sigma / \sqrt{n}} = \dfrac{22 - 24}{6 / \sqrt{10}} = -1.05 > -1.96$ 所以接受事先假設 H_0，表示此預算是合理的。

例 7.5

假設交通部觀光局宣稱，已嚴格要求所屬人員每年平均出差不超過 8 天，但是在野黨立法委員提出質疑觀光局執行不力。在野黨國會助理於是就去年觀光局所屬人員中，隨機抽取 15 位進行調查，發現平均出差天數 $\overline{X} = 10$，假設觀光局所屬人員每年出差天數服從常態分配 $N(8, 2^2)$，則在顯著水準 $\alpha = 0.05$ 下，觀光局對所屬人員每年出差天數要求是否執行不力？

答：令 μ 為觀光局所屬人員每年平均出差天數

(a) 建立統計假設 $\begin{cases} H_0 : \mu \leq 8 \\ H_1 : \mu > 8 \end{cases}$

(b) 樣本來自常態分配母體，且已知 $\sigma = 2$，故採用 Z 檢定。

(c) 應用右尾檢定，在顯著水準 $\alpha = 0.05$ 下，檢定量臨界值 $Z_{0.05} = 1.645$。

(d) 樣本統計量值為 $Z = \dfrac{\overline{X} - 8}{\sigma / \sqrt{n}} = \dfrac{10 - 8}{2 / \sqrt{15}} = 3.87 > 1.645$，所以拒絕事先假設 H_0，表示觀光局對所屬人員每年出差天數要求執行不力。

例 7.6

台農罐頭食品工廠生產部宣稱，每日出產的鳳梨罐頭產量服從常態分配 $N(3600, \sigma^2)$，σ^2 未知。其總經理發現最近有減產現象，為實際了解平均每日產量，於是自每日產量的紀錄中隨機抽取 20 天，得到樣本平均產量 $\overline{X} = 3500$ 箱，標準差 $S = 180$ 箱。試問在顯著水準 $\alpha = 0.05$ 下，是否台農罐頭食品工廠出產的鳳梨罐頭產量最近有減產現象？

答：令 μ 為台農罐頭食品工廠平均每日鳳梨罐頭產量

(a) 建立統計假設 $\begin{cases} H_0 : \mu \geq 3600 \\ H_1 : \mu < 3600 \end{cases}$

(b) 樣本來自常態分配母體,且 σ 未知,故採用 t 檢定。

(c) 應用左尾檢定,在顯著水準 $\alpha = 0.05$ 下,檢定量臨界值 $t_{0.05}(19)$ = 1.729。

(d) 樣本統計量值為 $t = \dfrac{\overline{X} - 3600}{S/\sqrt{n}} = \dfrac{3500 - 3600}{180/\sqrt{20}} = -2.485 < -1.729$,

所以拒絕事先假設 H_0,表示鳳梨罐頭產量最近確有減產現象。

兩個常態母體平均數差 $\mu_1 - \mu_2$ 的假設檢定

從兩常態母體 $N(\mu_1, \sigma_1^2)$、$N(\mu_2, \sigma_2^2)$ 中,分別隨機抽取出 n_1, n_2 個樣本,且令其樣本平均數分別為 $\overline{X}_1$ 及 $\overline{X}_2$,我們想要了解 μ_1 和 μ_2 是否相等,此時可對母體平均數差 $\overline{X}_1 - \overline{X}_2$ 進行假設檢定。我們知道樣本平均數差 $\overline{X}_1 - \overline{X}_2$ 為 $\mu_1 - \mu_2$ 的優良估計式,所以 $\mu_1 - \mu_2$ 的檢定可透過統計量 $\overline{X}_1 - \overline{X}_2$ 來進行。

變異數 σ_1^2, σ_2^2 已知,μ_1 與 μ_2 是否相等的檢定用 Z 檢定式,

$$Z = \frac{(\overline{X}_1 - \overline{X}_2) - (\mu_1 - \mu_2)}{\sqrt{\dfrac{\sigma_1^2}{n_1} + \dfrac{\sigma_2^2}{n_2}}} \text{ 進行檢定。} \tag{7.5}$$

變異數 σ_1^2, σ_2^2 未知,μ_1 與 μ_2 是否相等的檢定用 t 檢定式,

$$t(n_1 + n_2 - 2) = \frac{(\overline{X}_1 - \overline{X}_2) - (\mu_1 - \mu_2)}{S\sqrt{\dfrac{1}{n_1} + \dfrac{1}{n_2}}} \text{ 進行檢定。} \tag{7.6}$$

其中假設 $\sigma_1^2 = \sigma_2^2 = \sigma^2$,共同變異數 $S_p^2 = \dfrac{(n_1 - 1)S_1^2 + (n_2 - 1)S_2^2}{n_1 + n_2 - 2}$。

表 7.3、7.4 分別為變異數 σ_1^2, σ_2^2 已知及未知時,檢定 μ_1 與 μ_2 是否相等的統計假設與在顯著水準 α 下的決策法則。

表 7.3 σ_1^2, σ_2^2 已知，μ_1 與 μ_2 是否相等的統計假設與決策法則

統計假設	決策法則
雙尾檢定：$H_0 : \mu_1 = \mu_2 , H_1 : \mu_1 \neq \mu_2$	若 $Z < -Z_{\alpha/2}$ 或 $Z > Z_{\alpha/2}$，拒絕 H_0
左尾檢定：$H_0 : \mu_1 \geq \mu_2 , H_1 : \mu_1 < \mu_2$	若 $Z < -Z_{\alpha}$，拒絕 H_0
右尾檢定：$H_0 : \mu_1 \leq \mu_2 , H_1 : \mu_1 > \mu_2$	若 $Z > Z_{\alpha}$，拒絕 H_0

表 7.4 σ_1^2, σ_2^2 未知，μ_1 與 μ_2 是否相等的統計假設與決策法則

統計假設	決策法則
雙尾檢定：$H_0 : \mu_1 = \mu_2 , H_1 : \mu_1 \neq \mu_2$	若 $t > t_{\alpha/2}(n-1)$ 或 $t < -t_{\alpha/2}(n-1)$，拒絕 H_0
左尾檢定：$H_0 : \mu_1 \geq \mu_2 , H_1 : \mu_1 < \mu_2$	若 $t < -t_{\alpha}(n-1)$，拒絕 H_0
右尾檢定：$H_0 : \mu_1 \leq \mu_2 , H_1 : \mu_1 > \mu_2$	若 $t > t_{\alpha}(n-1)$，拒絕 H_0

例 7.7

嬰兒壯奶粉公司廣告聲稱，他們的產品較健健美奶粉好。這裡所謂好，是指嬰兒如果食用該奶粉，體重明顯增加較快。消費者基金會為了查證嬰兒壯奶粉公司廣告是否誇大其辭，隨機抽取 10 位甫出生的健康寶寶，其中 5 位餵食嬰兒壯奶粉，另 5 位則以健健美奶粉餵食。經過兩週後，觀察每一位嬰兒體重增加的值如下（單位：盎司）：

嬰兒	1	2	3	4	5
嬰兒壯奶粉	32	24	30	29	27
健健美奶粉	30	36	28	37	40

假設兩週內嬰兒體重上升服從常態分配，試問 (a) 若已知食用嬰兒壯奶粉體重上升變異數 $\sigma_1^2 = 11$，而健健美奶粉體重增加變異數 $\sigma_2^2 = 9$，則在顯著水準 $\alpha = 0.05$ 下，該公司廣告之聲稱是否正確？(b) 若 $\sigma_1^2 =$

$\sigma_2^2 = \sigma^2$，但 σ 未知，則在顯著水準 $\alpha = 0.05$ 下，該公司廣告之聲稱是否正確？

答：令食用嬰兒壯奶粉、健健美奶粉體重增加的平均值分別為 μ_1 與 μ_2

(a) i. 建立統計假設 $\begin{cases} H_0 : \mu_1 \geq \mu_2 \\ H_1 : \mu_1 < \mu_2 \end{cases}$，或 $\begin{cases} H_0 : \mu_1 - \mu_2 \geq 0 \\ H_1 : \mu_1 - \mu_2 < 0 \end{cases}$

ii. 樣本來自常態分配母體，且已知 $\sigma_1^2 = 11, \sigma_2^2 = 9$，故採用 Z 檢定。

iii. 應用左尾檢定，在顯著水準 $\alpha = 0.05$ 下，檢定量臨界值 $-Z_{0.05} = -1.64$。

iv. 樣本統計量 $Z = \dfrac{(\overline{X}_1 - \overline{X}_2) - (\mu_1 - \mu_2)}{\sqrt{\dfrac{\sigma_1^2}{n_1} + \dfrac{\sigma_2^2}{n_2}}} = \dfrac{(28.4 - 34.2) - 0}{\sqrt{\dfrac{11}{5} + \dfrac{9}{5}}} = -2.9$

< -1.64，所以拒絕 H_0，表示嬰兒壯奶粉公司廣告聲稱是誇大其辭。

(b) i. 建立統計假設 $\begin{cases} H_0 : \mu_1 - \mu_2 \geq 0 \\ H_1 : \mu_1 - \mu_2 < 0 \end{cases}$

ii. 樣本來自常態分配且 $\sigma_1^2 = \sigma_2^2 = \sigma^2$，但 σ 未知，故採用 t 檢定。

iii. 應用左尾檢定，在顯著水準 $\alpha = 0.05$ 下，檢定量臨界值 $= -t_{0.05}(8) = -1.86$。

iv. $S_1 = 3.05$, $S_2 = 5.02$，自由度 $\nu = 5 + 5 - 2 = 8$

共同變異數 $S^2 = \dfrac{(n_1 - 1)S_1^2 + (n_2 - 1)S_2^2}{n_1 + n_2 - 2} = \dfrac{138}{8} = 17.25$

樣本統計量值 $t = \dfrac{(\overline{X}_1 - \overline{X}_2) - 0}{S\sqrt{\dfrac{1}{n_1} + \dfrac{1}{n_2}}} = \dfrac{-28.4 - 34.2}{4.15\sqrt{\dfrac{1}{5} + \dfrac{1}{5}}} = -2.21 < -1.86$

$= -t_{0.05}(8)$，所以拒絕 H_0，表示嬰兒壯奶粉公司廣告聲稱是誇大其辭。

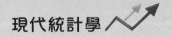
非常態母體平均數 μ 之假設檢定（大樣本時）

以上就常態母體平均數 μ 及平均數差 $\mu_1 - \mu_2$ 的檢定方法做討論。若樣本並非來自常態分配母體時，我們可根據中央極限定理，當樣本數 n 夠大時，上述檢定統計式照樣可以用。

例如：做母體平均數 μ 的檢定時，在 σ 已知情況下，平均數 μ 的樣本統計量之接受域為 $\bar{X} \pm Z_{\alpha/2} \dfrac{\sigma}{\sqrt{n}}$。而在 σ 未知情況下，可以樣本標準差 S 代替 σ，因此平均數 μ 的樣本統計量之接受域為 $\bar{X} \pm Z_{\alpha/2} \dfrac{S}{\sqrt{n}}$。

例 7.8

高速公路西螺休息站宣稱，開放大陸客來臺觀光前，白天（早上 8 點至晚上 8 點）平均每小時維持 6 部遊覽車進入，且服從波松分配。池上便當連鎖店觀察到由於開放大陸客來臺觀光關係，遊覽車進入泰安休息站的車數似乎有增加的趨勢。為了驗證這假設，於是池上便當連鎖店隨機抽取 36 筆資料，發現平均每小時有 7 部遊覽車進入，標準差 $S = 3$。試問在顯著水準 $\alpha = 0.05$ 下，開放大陸客來臺觀光後，遊覽車進入西螺休息站的車數是否有增加的趨勢？

答：令 μ 為遊覽車平均每小時進入西螺休息站的車數

(a) 建立統計假設 $\begin{cases} H_0 : \mu \le 6 \\ H_1 : \mu > 6 \end{cases}$

(b) 樣本來自波松分配母體，因為是大樣本故可採用 Z 檢定。

(c) 應用右尾檢定，在顯著水準 $\alpha = 0.05$ 下，檢定量臨界值 $Z_{0.05} = 1.64$。

(d) 樣本統計量值為 $Z = \dfrac{\bar{X} - 6}{S / \sqrt{n}} = \dfrac{7 - 6}{3 / \sqrt{36}} = 2 > 1.64$，所以拒絕 H_0，

即開放大陸客來臺觀光後，遊覽車進入西螺休息站的車數是有增加的趨勢。

7.3 母體變異數 σ^2 之假設檢定

如果我們想要對常態母體 $N(\mu, \sigma^2)$ 中的變異數 σ^2 進行假設檢定，可以透過樣本變異數 S^2 來進行。我們知道統計量 $\chi^2 = \dfrac{(n-1)S^2}{\sigma^2} \sim \chi^2(n-1)$，因此在事先假設 $H_0 : \sigma^2 = \sigma_0^2$ 下，

檢定 σ^2 用檢定統計式 $\chi^2 = \dfrac{(n-1)S^2}{\sigma^2}$ 進行檢定。 （7.7）

表 7.5 為檢定 σ^2 的統計假設與在顯著水準 α 下的決策法則。

表 7.5　檢定 σ^2 的統計假設與決策法則

統計假設	決策法則
雙尾檢定：$H_0 : \sigma^2 = \sigma_0^2,\ H_1 : \sigma^2 \neq \sigma_0^2$	若 $\chi^2 > \chi_{\alpha/2}^2(n-1)$ 或 $\chi^2 < \chi_{1-\alpha/2}^2(n-1)$，拒絕 H_0
左尾檢定：$H_0 : \sigma^2 \geq \sigma_0^2,\ H_1 : \sigma^2 < \sigma_0^2$	若 $\chi^2 < \chi_{1-\alpha}^2(n-1)$，拒絕 H_0
右尾檢定：$H_0 : \sigma^2 \leq \sigma_0^2,\ H_1 : \sigma^2 > \sigma_0^2$	若 $\chi^2 > \chi_{\alpha}^2(n-1)$，拒絕 H_0

例 7.9

在倉庫存貨的控制中，有一個主要的考量因素就是消費者對於產品每日需求量的變異程度。存貨控管部門根據經驗，相信消費者對產品每日需求量呈現常態分布，且變異數 $\sigma^2 = 250$。如今隨機抽取 25 天的銷售紀錄，得到如下資料：$\bar{X} = 50.6, S^2 = 500$。試問在顯著水準 $\alpha = 0.1$ 下，是否有足夠之證據說明存貨控管部門的經驗想法是對的？

答：令 $\sigma^2 =$ 消費者對產品每日需求量變異數

(a) 建立統計假設 $\begin{cases} H_0 : \sigma^2 = 250 \\ H_1 : \sigma^2 \neq 250 \end{cases}$

(b) 樣本來自常態分配母體，故採用卡方 χ^2 檢定。

(c) 應用雙尾檢定，在顯著水準 $\alpha = 0.1$ 下，檢定量臨界值為

$\chi^2_{0.95}(24) = 13.8, \chi^2_{0.05}(24) = 36.4$ 。

(d) 樣本統計量值為 $\chi^2 = \dfrac{(n-1)S^2}{\sigma^2} = \dfrac{24 \cdot 500}{250} = 48 > 36.4$ ，所以拒絕

H_0 ，表示存貨控管部門的經驗想法是不正確的。

兩常態母體變異數 σ_1^2, σ_2^2 的假設檢定

假設兩獨立常態母體的變異數分別為 σ_1^2, σ_2^2 ，如果我們想要對變異數 σ_1^2, σ_2^2 是否相等進行假設檢定，可以透過兩樣本變異數 S_1^2, S_2^2 來進行。

我們知道統計量 $F = \dfrac{S_1^2/\sigma_1^2}{S_2^2/\sigma_2^2} \sim F(n_1 - 1, n_2 - 1)$ ，因此在事先假設 $H_0 : \sigma_1^2 = \sigma_2^2$ 下，

檢定 σ_1^2, σ_2^2 是否相等，用統計式 $F = \dfrac{S_1^2/\sigma_1^2}{S_2^2/\sigma_2^2} = \dfrac{S_1^2}{S_2^2}$ 進行檢定。 **(7.8)**

表 7.6 為檢定兩變異數 σ_1^2, σ_2^2 是否相等的統計假設與在顯著水準 α 下的決策法則。

表 7.6　σ_1^2, σ_2^2 是否相等的統計假設與決策法則

統計假設	決策法則
雙尾檢定： $H_0 : \sigma_1^2 = \sigma_2^2, H_1 : \sigma_1^2 \neq \sigma_2^2$	若 $F > F_{\alpha/2}(v_1, v_2)$ 或 $F < F_{1-\alpha/2}(v_1, v_2)$, 拒絕 H_0
左尾檢定： $H_0 : \sigma_1^2 \geq \sigma_2^2, H_1 : \sigma_1^2 < \sigma_2^2$	若 $F < F_{1-\alpha}(v_1, v_2)$, 拒絕 H_0
右尾檢定： $H_0 : \sigma_1^2 \leq \sigma_2^2, H_1 : \sigma_1^2 > \sigma_2^2$	若 $F > F_{\alpha}(v_1, v_2)$, 拒絕 H_0

表中的 $v_1 = n_1 - 1, v_2 = n_2 - 1$ ，而且 $F_{1-\alpha}(v_1, v_2) = \dfrac{1}{F_{\alpha}(v_2, v_1)}$ 。

例 7.10

衡量財務投資的風險通常是以報酬的變異程度來比較。美國花旗銀行成長基金現在要比較 2 種投資的風險，假設各投資 1 千萬元在 2 種投資方案上，A 方案代表穩健成長、B 方案代表積極成長，並預測其每月盈收如下表（單位：萬元）：

A	12	6	25	−5	18	6	−3	10	9	15
B	18	0	−15	32	25	−20	37	−15		

若每月報酬率是常態分配，試問在顯著水準 $\alpha = 0.05$ 下，第 A 種投資風險是否較第 B 種投資風險高？

答：令兩個投資方案的風險報酬的變異程度，以 σ_1^2 及 σ_2^2 表示。

(a) 建立統計假設 $\begin{cases} H_0 : \sigma_1^2 \geq \sigma_2^2 \\ H_1 : \sigma_1^2 < \sigma_2^2 \end{cases}$。

(b) 樣本來自常態分配母體，故採用 F 檢定。

(c) 應用左尾檢定，在顯著水準 $\alpha = 0.05$ 下，檢定量臨界值

$$F_{0.95}(n_1 - 1, n_2 - 1) = F_{0.95}(9, 7) = 1 / F_{0.05}(7, 9) = 1 / 3.29 = 0.304 \text{。}$$

(d) $S_1^2 = 82.2, S_2^2 = 530.2$，樣本統計量值為

$$F = \frac{S_1^2}{S_2^2} = \frac{82.2}{530.2} = 0.16 < 0.304$$

所以拒絕事先假設 H_0，即第 A 種投資風險較第 B 種投資風險低。

7.4 母體比例 *p* 之假設檢定

如果我們想要對二項分配的母體比例 p 進行假設檢定，因為樣本比例 $\hat{p} = \dfrac{x}{n}$ 為母體比例 p 的最佳估計式。且當 n 很大時，$Z = \dfrac{\hat{p} - p}{\sqrt{p(1-p)/n}}$ 會趨

近標準常態分配 $N(0.1)$。所以母體比例 p 的檢定，用檢定式

$$Z = \frac{\hat{p} - p}{\sqrt{p(1-p)/n}} \qquad (7.9)$$

進行檢定。

表 7.7 為母體比例 p 的統計假設與在顯著水準 α 下的決策法則。

表 7.7　母體比例 p 的統計假設與決策法則

統計假設	決策法則
雙尾檢定：$H_0 : p = p_0, H_1 : p \neq p_0$	若 $Z < -Z_{\alpha/2}$ 或 $Z > Z_{\alpha/2}$，拒絕 H_0
左尾檢定：$H_0 : p \geq p_0, H_1 : p < p_0$	若 $Z < -Z_{\alpha}$，拒絕 H_0
右尾檢定：$H_0 : p \leq p_0, H_1 : p > p_0$	若 $Z > Z_{\alpha}$，拒絕 H_0

例 7.11

　　愛迪生燈管公司最近從南韓進口一批藝術燈管，對方公司品管部保證其不良率 p 在 5% 以下。經過海運半個月後在基隆通關驗貨，愛迪生燈管公司檢驗人員從該批藝術燈管中取出之 144 件作檢定，發現有 12 件為不良品。假設貨運過程對產品毫無影響，試問在顯著水準 $\alpha = 0.05$ 下，是否接受不良率 p 在 5% 以下之保證？

答：令 p 為藝術燈管不良率

(a) 建立統計假設 $\begin{cases} H_0 : p \leq 0.05 \\ H_1 : p > 0.05 \end{cases}$。

(b) 樣本比例 $\hat{p} = \dfrac{12}{144} = 0.083$，因為是大樣本故可採用 Z 檢定。

(c) 應用右尾檢定，在顯著水準 $\alpha = 0.05$ 下，檢定量臨界值。

(d) 樣本統計量值為 $Z = \dfrac{\hat{p} - p}{\sqrt{p(1-p)/n}} = \dfrac{0.083 - 0.05}{\sqrt{0.05 \cdot 0.95/144}} = 1.82 > 1.64$

所以拒絕 H_0，即拒絕對方公司品管部保證此批藝術燈管不良率 p 在 5% 以下的宣稱。

兩二項分配母體比例差 $p_1 - p_2$ 之假設檢定

如果我們想要比較兩個二項分配母體的比例 p_1 與 p_2 是否相等時，可對母體比例差 $p_1 - p_2$ 進行假設檢定。因為樣本比例 $\hat{p}_1 = \dfrac{x_1}{n_1}, \hat{p}_2 = \dfrac{x_2}{n_2}$ 分別為兩母體比例 p_1 和 p_2 的最佳估計式，而且當 n_1, n_2 很大時

$$Z = \frac{(\hat{p}_1 - \hat{p}_2) - (p_1 - p_2)}{\sqrt{\hat{p}_1(1-\hat{p}_1)/n_1 + \hat{p}_2(1-\hat{p}_2)/n_2}} \tag{7.10}$$

會趨近標準常態分配 $N(0.1)$，所以比較兩個二項分配母體的比例 p_1 與 p_2 是否相等時，用檢定式 (7.10) 進行檢定。

又因為事先假設 $H_0 : p_1 = p_2$，我們常以混和樣本比例 $\hat{p} = \dfrac{n_1\hat{p}_1 + n_2\hat{p}_2}{n_1 + n_2}$ 作為 p 的估計值會準確一些，此時檢定統計式修定為

$$Z = \frac{(\hat{p}_1 - \hat{p}_2) - (p_1 - p_2)}{\sqrt{\hat{p}(1-\hat{p})/n_1 + \hat{p}(1-\hat{p})/n_2}} \tag{7.11}$$

表 7.8 為比較兩個二項分配母體的比例 p_1 與 p_2 是否相等時的統計假設與在顯著水準 α 下的決策法則。

表 7.8　母體比例差 $p_1 - p_2$ 的統計假設與決策法則

統計假設	決策法則
雙尾檢定：$H_0 : p_1 = p_2, H_1 : p_1 \neq p_2$	若 $Z < -Z_{\alpha/2}$ 或 $Z > Z_{\alpha/2}$，拒絕 H_0
左尾檢定：$H_0 : p_1 \geq p_2, H_1 : p_1 < p_2$	若 $Z < -Z_{\alpha}$，拒絕 H_0
右尾檢定：$H_0 : p_1 \leq p_2, H_1 : p_1 > p_2$	若 $Z > Z_{\alpha}$，拒絕 H_0

例 7.12

政治大學去年舉辦兩次周末教育學分班數學科教師甄試。第一次有 98 人報名，錄取 54 人。第二次有 142 人報名，錄取 91 人。試問在顯著水準 $\alpha = 0.05$ 下，兩次夜間教育學分班數學科教師甄試的錄取率是否相同。

答：令兩次夜間教育學分班數學科教師甄試錄取的比例為 p_1 和 p_2

(a) 建立統計假設 $\begin{cases} H_0 : p_1 = p_2 \\ H_1 : p_1 \neq p_2 \end{cases}$。

(b) 因為是大樣本，故可採用 Z 檢定。

(c) 用雙尾檢定，顯著水準 $\alpha = 0.05$ 下檢定量臨界值為 $\pm Z_{0.025} = \pm 1.96$。

(d) 樣本比例 $\hat{p}_1 = \dfrac{54}{98} = 0.55$, $\hat{p}_2 = \dfrac{91}{142} = 0.64$ 用混和樣本比例

$\hat{p} = \dfrac{n_1 \hat{p}_1 + n_2 \hat{p}_2}{n_1 + n_2} = \dfrac{98 \cdot 0.55 + 142 \cdot 0.64}{98 + 142} = 0.6$，故樣本統計量值

$$|Z| = \left| \frac{(\hat{p}_1 - \hat{p}_2) - (p_1 - p_2)}{\sqrt{\hat{p}(1 - \hat{p})/n_1 + \hat{p}(1 - \hat{p})/n_2}} \right| = \left| \frac{0.55 - 0.64}{\sqrt{0.6 \cdot 0.4/98 + 0.6 \cdot 0.4/142}} \right| =$$

$1.4 < 1.96$

所以接受 H_0，即政治大學去年舉辦兩次夜間教育學分班數學科教師甄試的錄取率相同。

7.5 應用 SPSS 進行統計檢定的操作方法

以下則示範如何使用 SPSS 來進行統計檢定的操作。在例題 7.7 中，水準 0.05 下，來檢視兩者的變異數是否相同。

如果使用 SPSS 來操作，則我們須先輸入各變數的資料，包括奶粉種類、體重數據等，以例 7.7 為例，先點選到變數檢視，在第一格打上奶粉種

類、第二格打上體重數據。

之後回到資料檢視，以數字 1 代表嬰兒壯奶粉、2 代表健健美奶粉，並輸入各組數據。

之後按上方「分析」→「比較平均數法」→「獨立樣本 T 檢定」。

將「體重數據」放入「檢定變數」中，「奶粉種類」放入「分組變數」中。

再來點選「定義組別」，在組別1打上1、組別2打上2，然後按繼續。

之後再按確定便可跑出數據，數據圖表中包含敘述統計量、獨立樣本的檢定以及 T 檢定，SPSS 軟體裡還有更多的統計量及檢定方法，讀者有需要的話，可以自行勾選需要的選項。在報表中，可以看出 t 檢定值為 -2.208。而這個值，查表可看出小於單尾檢定 $t_{0.05}(8) = -1.86$，所以拒絕 H_0。

組別統計量

奶粉種類		個數	平均數	標準差	平均數的標準誤
體重數據	1.00	5	28.4000	3.04959	1.36382
	2.00	5	34.2000	5.01996	2.24499

獨立樣本檢定

		變異數相等的 Levene 檢定		平均數相等的 t 檢定						
									差異的 95% 信賴區間	
		F 檢定	顯著性	t	自由度	顯著性(雙尾)	平均差異	標準誤差異	下界	上界
體重數據	假設變異數相等	2.757	.135	-2.208	8	.058	-5.80000	2.62679	-11.85738	.25738
	不假設變異數相對			-2.208	6.598	.065	-5.80000	2.62679	-12.08881	.48881

T 值

摘要

1. 統計假設包括事先假設 H_0 與對立假設 H_1。檢定統計量就是用來檢驗統計假設的度量工具。

2. 假設檢定是對母體參數提出假設，利用樣本的訊息，決定接受該假設或拒絕該假設的統計方法。假設檢定根據對立假設的不同，可分為左尾檢定、右尾檢定及雙尾檢定三個不同的類型。

3. 檢定統計量將母體分為兩個區域：接受區域與拒絕區域。接受區域與拒絕區域的分界點稱為臨界值。

4. 進行假設檢定時，由於機率的關係會產生二種錯誤的決策：

   型 I 誤差：實際情況是事先假設 H_0 為真，但我們拒絕事先假設 H_0。

   型 II 誤差：實際情況是對立假設 H_1 為真，但我們接受事先假設 H_0。

   型 I 誤差和型 II 誤差發生的機率，分別以 α 和 β 表示。

5. 根據實務狀況建立統計假設以後，接著就是選取適當的檢定統計式，再根據顯著水準 α 找出拒絕域 R_α。因為統計檢定提供一種決策法則，用來決定是否要拒絕事先假設，而這項法則便是以拒絕域作為判定的準則。

6. 檢定力 $= P_{H_1}$（拒絕 H_0）$= 1 - \beta$，檢定力是作為評定統計檢定優劣的量值，檢定力愈大，表示這個統計檢定的效率愈佳。

7. 小樣本情況下，對常態母體 $N(\mu, \sigma^2)$ 中的平均數 μ 進行檢定時，因為樣本平均數 $\overline{X}$ 為母體平均數 μ 的最佳估計式，所以 μ 的檢定可透過統計量 $\overline{X}$ 來進行。

   若母體變異數 σ^2 已知，檢定 μ 用 Z 檢定式，$Z = \dfrac{\overline{X} - \mu}{\sigma / \sqrt{n}}$ 進行檢定。

   若母體變異數 σ^2 未知，檢定 μ 用 t 檢定式，$t(n-1) = \dfrac{\overline{X} - \mu}{S / \sqrt{n}}$ 進行檢定。

8. 大樣本情況下，對母體平均數 σ^2 的檢定，若母體變異數 σ^2 已知，平均數 μ 的樣本統計量之接受域為 $\overline{X} \pm Z_{\alpha/2} \dfrac{\sigma}{\sqrt{n}}$。

若母體變異數 σ^2 未知，可以樣本標準差 S 代替 σ，因此平均數 μ 的樣本統計量之接受域為 $\overline{X} \pm Z_{\alpha/2}\dfrac{S}{\sqrt{n}}$。

9. 如果要對常態母體 $N(\mu,\sigma^2)$ 中的變異數 σ^2 進行假設檢定，可透過樣本變異數 S^2 來進行。因為統計量 $\chi^2 = \dfrac{(n-1)S^2}{\sigma^2} \sim \chi^2(n-1)$，故在事先假設 $H_0:\sigma^2=\sigma_0^2$ 下，檢定 σ^2 用檢定統計式 $\chi^2 = \dfrac{(n-1)S^2}{\sigma^2}$ 進行檢定。

10. 如果要對變異數 σ_1^2, σ_2^2 是否相等進行假設檢定，可透過兩樣本變異數 S_1^2, S_2^2 來進行。因為統計量 $F = \dfrac{S_1^2/\sigma_1^2}{S_2^2/\sigma_2^2} \sim F(n_1-1, n_2-1)$，因此在事先假設 $H_0:\sigma_1^2=\sigma_2^2$ 下，檢定 σ_1^2, σ_2^2 是否相等，用統計式 $F = \dfrac{S_1^2/\sigma_1^2}{S_2^2/\sigma_2^2} = \dfrac{S_1^2}{S_1^2}$ 進行檢定。

11. 檢定二項分配的母體比例 p，用 $Z = \dfrac{\hat{p}-p}{\sqrt{p(1-p)/n}}$ 進行檢定。

12. 比較兩個二項分配母體的比例 p_1 與 p_2 是否相等時，用 $Z = \dfrac{(\hat{p}_1-\hat{p}_2)-(p_1-p_2)}{\sqrt{\hat{p}_1(1-\hat{p}_1)/n_1 + \hat{p}_2(1-\hat{p}_2)/n_2}}$ 進行檢定。

習題

7.1 何謂統計檢定？請詳細解釋。

7.2 試述假設檢定的程序。

7.3 試說明型 I 誤差、型 II 誤差和檢定力的意義？

7.4 由於民眾對環保看法不同，拜耳公司在臺中市梧棲設立工廠案一直爭論不休。現在針對評估計畫中的處理廢水過程來看，假如梧棲居民想要了解，拜耳公司處理後的廢水含某種有毒化學元素的濃度 δ 是否超過 $0.06mg/kl$？請你幫梧棲居民寫出統計假設。

7.5 拔河意外事件的發生，再度引起民眾對運動傷害的重視。假設依規定標準拔河繩子的平均抗張力強度應為 10,000 公斤以上。現在運動安全檢查員對新出產的一批拔河繩子，進行隨機抽出 25 個樣本，得到本平均數 $\overline{X} = 9850$ 公斤。若拔河繩子的抗張力強度服從常態母體，且已知母體標準差為 600，試問在顯著水準 $\alpha = 0.05$ 下，是否同意此批拔河繩子的抗張力強度合乎標準？

7.6 超人電池製造商宣稱他所製造的電池可使用超過 330 個小時。研究人員從中抽取了 12 個電池來進行測試，得到了以下的資料：

| 290 | 331 | 329 | 364 | 332 | 333 | 346 | 356 | 352 | 272 | 316 | 347 |

假設電池的使用期限是服從常態母體，且母體標準差未知。試問在顯著水準 $\alpha = 0.01$ 的情況下，我們要不要相信製造商的宣稱？

7.7 反斗城玩具工廠的訓練組長在公司月會宣稱：經過魔鬼訓練營訓練出來的員工，組裝一個櫻桃小丸子布娃娃的平均時間為 3 分鐘。品管部經理想證實此事，於是從生產線上之實務裝配紀錄，抽查了十個小丸子布娃娃的組裝時間，得到資料如下：2.5, 3.4, 2.3, 3.7, 2.2, 3.1, 2.4, 3.5, 4.2, 4.4。假設組裝一小丸子布娃娃的時間呈常態分配 $N(\mu, \sigma^2)$，其變異數 σ^2 未知。在顯著水準 $\alpha = 0.05$ 的情況下，品管人員是否同意員工組裝一個小丸子布娃娃，平均時間為 3 分鐘的假設？

7.8 住都市的人會與住鄉下的人一樣長壽嗎？樂生基金會想要探討這個問題，於是從臺北市萬華區與臺東縣知本鄉去年老人（65 歲以上）的死亡資料，各隨機抽取 10 名統計，得到結果如下：

| 臺東知本 | 78 | 72 | 68 | 88 | 83 | 67 | 92 | 80 | 75 | 86 |
| 臺北萬華 | 76 | 70 | 74 | 94 | 85 | 76 | 72 | 69 | 75 | 81 |

假設老人（65 歲以上）的死亡年齡服從常態分配，且變異數相等。試問在顯著水準 $\alpha = 0.05$ 下，住在都市且 65 歲以上的人（以臺北萬華為代表）與住鄉下且 65 歲以上的人（以臺東知本為代表），平均

壽命一樣長嗎？

7.9 文化大學新聞報提出大專生讀書風氣的論題，其中一項探討大學生與二年制專科學生是否一樣用功？為了回答這個問題，實習記者隨機抽取了 47 個大學生、36 個專科生，調查他們每週讀書時間，得到下列資料：

大學生	$\overline{X}_1 = 15.6$	$S_1^2 = 22.5$
二專生	$\overline{X}_2 = 13.7$	$S_2^2 = 20.9$

假設大學生、專科生每週讀書時間分別服從均勻分配 U，且變異數均未知。試問在顯著水準 $\alpha = 0.05$ 下，是否能說明大學生與二年制專科學生是否一樣用功？

7.10 落實國中常態編班是執行臺灣教改政策的主要項目之一。教育部要檢驗各縣市推動國中常態編班的成效，於是想到用比較每班平均學科成績的變異數是一有效辦法。現在從臺南三民國中一年級共 12 班中，隨機抽取 6 班的平均學科成績做分析，資料如下：68, 73, 75, 81, 87, 90。假設根據先前教育測驗研究報告指出，每班平均學科成績應呈常態分配，且標準差為 8 分。在顯著水準 $\alpha = 0.05$ 下，試問三民國中是否有實施常態編班的情形？

7.11 社會學者相信地區民眾年所得的變異程度，是影響地區治安的好壞的原因之一。為了驗證這個觀點，社會學者從兩個被公認治安情況差異懸殊的兩個地區進行抽樣調查，並整理後得到結果如下：$S_1^2 = 43.6$ ($n_1 = 9$)，$S_2^2 = 101.8$ ($n_2 = 9$)，單位萬元。假設兩地區居民的年所得服從常態分配。在顯著水準 $\alpha = 0.05$ 下，試問治安好的地區其居民年所得差異是否較治安差的地區居民年所得差異小？

7.12 最近婚姻的外遇問題，引起社會大眾的廣泛討論。千里眼徵信社於情人節當天各大報刊登巨幅廣告，指出目前臺灣 20 歲至 70 歲的夫妻中，先生有過外遇的比率超過 40%，引起很多女士焦慮緊張。新好男

人基金會委託中研院社科所研究員查證此廣告是否誇大，經過特別設計的問卷調查，發現在 240 件有效樣本中，先生有過外遇為 65 件。試問在顯著水準 $\alpha = 0.05$ 下，該廣告是否誇大其辭？

7.13 加拿大西岸地區 2003 年進行抽樣調查，抽樣人數為 1,654 人，發現有 37% 的公民認為亞裔移民會影響到當地生活品質。2008 年針對同樣的議題再進行抽樣，抽樣人數為 1,814 人，此時有 42% 的公民認為亞裔移民會影響到當地生活品質。在顯著水準 $\alpha = 0.05$ 下，試問 2003 至 2008 年間加拿大地區公民認為亞裔移民會影響到當地生活品質的比率是否一致？

8 變異數分析

第七章，我們介紹了在兩個常態母體下檢定平均數的方法，例如：用 t 檢定。但是對於 k 個常態母體，欲檢定其平均數是否一致時，若用逐一比對程序檢定不但效率不高，也會增加型 I 誤差的機率。因此我們需要用變異數分析，一般稱作 ANOVA，來檢定 k 個母體平均數是否相等。即將一組資料的總變異，依可能的變異來源，分割成數區，然後就其兩種變異情形：各區內變異與各區間變異，加以分析探討。

變異數分析依據因子（控制變數）的數目，又可區分為一因子變異數分析及二因子變異數分析。

有機飲食＝健康？該注意哪些？

2012 年 4 月 9 日 üho 優活健康網

（優活健康網新聞部／綜合報導）澎湖縣衛生局表示，近來不斷傳出食物中含有毒或有害物質的新聞消息，因此讓消費者陷入一片恐慌，有人選擇生機、天然的飲食，希望以減少農藥、化學肥料、重金屬等方式遠離汙染的毒害。目前在源頭管理上，農業栽種及畜牧均推廣減量使用農藥、肥料、飼料添加劑及動物用藥。

衛生局也提醒正計畫採取有機或生機飲食的民眾，要注意幾項重要的事。首先，一定要選擇有良好信譽的有機栽培農戶及商家產品，也儘量選擇當地、當季的農產品，因為如此一來既不需費力生產，也能保持蔬果的原味及營養，減少人工程序和汙染。

食用有機蔬果並不代表沒有任何的蟲卵或是細菌，因此食用時，一定要記得清洗乾淨。尤其是生食時，更要沖洗乾淨，清洗時，先以水沖洗蔬果根部或果蒂，將根或果蒂摘除後，再以水浸泡 10 至 20 分鐘，之後再沖洗 2-3 遍，有助於去除汙染物。

最後食用有機飲食時，儘量以低溫或清燙涼拌方式調理，避免溫度過高，減少食物營養被破壞，也避免高溫造成食品劣變，產生有害物質。有機飲食不代表生食，也不是素食，有些食物生食反而對健康有害。一定要煮熟。例如：豆類因為含有胰蛋白酶抑制因子與血小板凝集素，需加熱煮沸 5 分鐘，才能讓酵素失去活性；而穀類食物在烹煮後，才有利消化吸收；胡蘿蔔中含有的胡蘿蔔素及番茄的茄紅素，也是在加熱後才更助於人體吸收。此外選擇食物還要視個人體質而定，例如：生機飲食常用的苜蓿芽，含有刀豆胺基酸會加重紅斑性狼瘡病人的自體免疫問題，因而引起紅血球破裂而溶血，造成貧血。因此天然飲食的安全食用法，必須因食物本身條件及人體吸收要件而取捨。

8.1 由實驗設計談起

實驗設計使於 19 世紀初，英國為了改良農作物的品質與量產，提出了實驗設計方法。理由很簡單，各種新改良品種的小麥需經過一年才能成熟，因此如何設計較有效率的農作物實驗方法，以節省時間及成本並獲得足夠的資訊，是非常重要的。漸漸地，此實驗設計方法愈來愈被大家接受，並廣泛地被應用至許多科學實驗的領域，如醫藥、理工、環保、教育心理、商業企管及品質管制等方面。也由於這歷史淵源，直到現在有關實驗設計的名詞，仍沿用當時植物學的術語，例如：反應變數 (response variables)、因子水準 (factor level)、處理 (treatment) 等。

實驗設計在探討依變項的改變來源，於控制其他可能會造成影響的因素下，依變項的改變可歸因隨機的變動 (random error) 與自變項兩種影響的來源，當進行完統計分析後，指出自變項的影響大於隨機的波動，即可將依變項的波動歸因為自變項的影響，而得到因果關係的結論。然而，實驗設計的好壞在能否控制干擾因素，使依變項的改變能夠完全取決於自變項。一般而言，在實驗過程中，可分為控制組與實驗組兩組。控制組為完全沒有接受自變項的影響或實驗處理，實驗組的受試者則是接受不同的實驗處理，而後比較實驗組與控制組於依變項上的變化與差異。

總而言之，實驗設計的目的是將不同的處理，指定給不同的實驗單位，以便觀察其結果好壞。但是在實驗過程當中，處理的效果容易被其他因子的作用混在一起。因此，一個好的實驗設計必須使用隨機化過程，稱為完全隨機設計 (completely randomized design) 或者劃分集區來控制這些因子，稱為集區隨機化設計 (randomized block design)，來增加處理效果的可信度。

所謂完全隨機設計是指在考慮一個因子的情況下，有 $n_1, n_1, ..., n_k$ 個實驗單位分別指定到 k 個處理上，即第 1 個處理用於 n_1 個實驗單位、第 2 個處理用於 n_2 個實驗單位，…、第 k 個處理用於 n_k 個實驗單位。所以共有 $n = n_1 + n_2 + ... + n_k$ 個實驗單位，這 n 個實驗單位的實驗順序是隨機決定的，如此可消弭其餘不相干的因子對本實驗的干擾。完全隨機設計因為只考慮到一

個因子，因此亦常稱作一因子變異數分析。

舉例來說，麥當勞木柵分店想要研究三種新進員工職前教育訓練課程：(1) 電視教學；(2) 講師講習；(3) 實地觀摩，對學習效果是否有影響。於是將新進員工隨機分成三組，分別施以不同職前教育訓練課程，第一組有 7 人、第二組有 8 人、第三組 6 人，隨機決定這 21 人接受訓練課程的順序。如此一來，可防止不相干的因子干擾到本實驗，讓職前教育訓練課程對學習效果的影響能清楚地呈現出來。

而集區隨機化設計，是指事先將實驗對象劃分成若干同質性的集區，然後在每個集區內涵具同質性環境下，進行不同實驗處理。因此在每個集區內，只有處理被認為是有效的影響因子。例如：我們想要研究 B1、B2、B3 三種肥料，實驗於一塊農地上對臺南玉井土芒果產量的效果。首先我們可依據陽光、水源、土質等相似條件，將此農地分為若干集區如 A1、A2、A3、A4 等，然後對每個集區再等分為三小區施予 B1、B2、B3 三種肥料。如表 8.1 所示

表 8.1　三種肥料實驗於一塊農地之集區隨機化設計

A1	A2	A3	A4
B1	B2	B3	B1
B2	B1	B2	B3
B3	B3	B1	B2

變異數分析就是接在實驗設計之後，針對多個母體平均數是否相等的問題，所提出的統計檢定方法。它利用一個或兩個反應變數，當它的因子（質或量）改變後，對測量結果之影響。舉例來說，有一家飲料公司開發出一種新型水果茶飲料，並預備在臺灣銷售此新產品。為了打開該項產品的市場，在開始銷售產品之前，市調部門研究消費者對水果茶的偏好狀況，亦即研究水果茶的顏色、價格、甜度、包裝等因素，是否會影響水果茶的銷售量。

假設公司對顏色這項影響因子非常重視，為了研究顏色對水果茶銷售量的影響，研發部門分別製造了粉紅、橙色、淡紫與墨綠四種顏色的水果茶，

並在全臺灣設置了 20 個測試賣場。一個賣場僅販售一種顏色的水果茶，因此每一種顏色的水果茶均有 5 個賣場在販售。至於水果茶的價格、甜度、包裝等，則固定在某種水準，不作任何變動。經過一段期間的販售之後，統計這四種顏色的水果茶的銷售量，是否有所不同，並對顏色是否會影響銷售量作出結論。

以上是一個集區隨機化的實驗設計。該試驗中，水果茶的顏色、價格、甜度、包裝各項性質可被視為控制變數 (controllable variable)，而各個賣場的水果茶銷售量則被視為依變量 (dependent variable)。但是在各種控制變數中，只有顏色被設定成不同的水準，亦即設定了四種不同的顏色，其餘的控制變數則被固定起來。賣場雖不被固定，但我們對此自變數卻無興趣，故以賣場為集區。因此，顏色被稱為因子 (factors)，而四種不同的顏色則是四種因子水準 (factor levels)。對於這四種顏色的水果茶銷售量，我們的考慮以平均數 $\mu_1, \mu_2, \mu_3, \mu_4$ 之間的差異作為衡量的標準，因此統計假設為

H_0：顏色對水果茶的銷售量沒有影響；即 $\mu_1 = \mu_2 = \mu_3 = \mu_4$。
H_1：至少有一種顏色對銷售量結果與其他不一樣；即 μ_i 不全等。

變異數分析的主要觀念，就是利用各組資料平均數的差異與各組資料整體之間差異做比較，來檢定平均數是否相同的方法。因此，藉著全部的變異數與各組的變異數比值，我們便可建構一合適的統計量，以進行統計假設 H_0：各組的平均數相等的檢定。若全部的變異數與各組的變異數比值夠大，即表示至少有一組的平均數與其他組的平均數顯著不同。很自然地我們會傾向拒絕 H_0，即至少有一組的平均數與其他組的平均數有差異。

以圖 8.1 來看，我們可以發現圖 8.1(a) 中，三組資料彼此混雜在一起，各組資料的分布狀況大致相同，因此可以說 $\mu_1 = \mu_2 = \mu_3$。但是圖 8.1(b) 中，三組資料的分布彼此壁壘分明，因此可以說 μ_i 不全等。而由變異數的觀點來看：(1) 圖 8.1(a) 中的各組資料分布較分散，也就是說，各組的變異數與全部的變異數比起來相對較大。(2) 圖 8.1(b) 中的各組資料分布較集中，也就是說，各組的變異數與全部的變異數比起來相對較小。

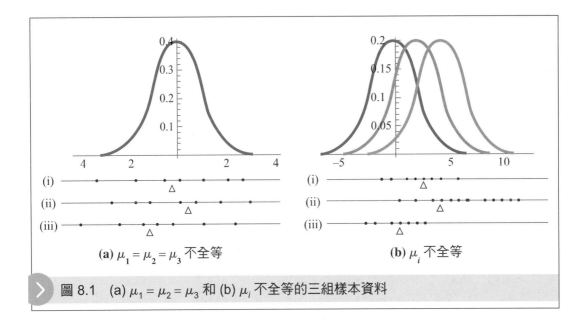

(a) $\mu_1 = \mu_2 = \mu_3$ 不全等   **(b)** μ_i 不全等

> 圖 8.1　(a) $\mu_1 = \mu_2 = \mu_3$ 和 (b) μ_i 不全等的三組樣本資料

8.2 一因子變異數分析 (The One-Way Analysis of Variance)

在上述麥當勞職前教育訓練的例子當中，研究人員設計出三種訓練方式來探討學習的效果。因此，想要找出最適當的訓練方式以便得到最佳的學習成績。對於這類型的例子，訓練課程這項因子被設定成三種不同的水準，也就是說，研究者僅以訓練課程這一個因子來對母體作分類探討，這種方法稱為一因子變異數分析。在眾多統計資料中，存在著甚多的實例是屬於一因子變異數分析的情況。例如：在不同溫度下，研究化學藥品的反應；對農作物施以不同的肥料，是否會造就出不同的產量；不同的教育程度，是否會影響其薪資能力等等。

變異數分析表 (ANOVA Table)

對於因子以外的未知自變項，為了抵消它們對實驗所造成的影響，以便能夠確實的觀察到特定因素的影響效果，我們常採用完全隨機設計的實驗方

式。在麥當勞員工職前教育訓練的例子裡，某些自變項，例如：天氣的變化、學員的精神狀況、學員的年齡與性別等，可能無法被控制成同一種水準，而這些因素也會對學習效果造成影響。也就是說，此時學習效果不只受課程訓練方式的影響，而且也受到其他因子的影響，以致於降低了實驗的正確性。所以我們要採用隨機化來決定實驗執行的順序，藉此中和其他因子對實驗的影響。令

$$\overline{Y}_i = \frac{1}{n_i}\sum_{j=1}^{n_i} Y_{ij} \text{，表示第 } i \text{ 因子水準的樣本平均數}$$

$$\overline{Y} = \frac{1}{n}\sum_{i=1}^{k}\sum_{j=1}^{n_i} Y_{ij} \text{，表示總樣本平均數，} n = n_1 + n_2 + ... + n_k$$

一因子變異數分析乃根據變異來源：組間變異平方和 (treatment sum of squares)，計算來自於各個母體之間的差異、組內變異平方和 (error sum of squares)，計算來自於各個母體本身的隨機誤差項 (random error)，與總變異平方和 (total sum of squared deviation)，計算所有觀察值與總平均數之間的差異平方總和等統計量，建立變異數分析表。如表 8.2 所示，簡稱 ANOVA，來進行檢定工作。

表 8.2　一因子變異數分析表

變異來源	平方和 SS	自由度 df	均方和 MS	F
因子（組間）	SST	$k-1$	$MST = \dfrac{SST}{k-1}$	$\dfrac{MST}{MSE}$
隨機（組內）	SSE	$n-k$	$MSE = \dfrac{SSE}{n-k}$	
總和	SS	$n-1$	$MS = \dfrac{SS}{n-1}$	

其中

$$SS = \sum_{i=1}^{k}\sum_{j=1}^{n_i}(Y_{ij} - \overline{Y})^2$$

$$SST = \sum_{i=1}^{k}\sum_{j=1}^{n_i}(\overline{Y}_i - \overline{Y})^2 \; ; \; MST = \frac{SST}{k-1}, k-1 \text{ 為 } SST \text{ 的自由度}$$

$$SSE = \sum_{i=1}^{k}\sum_{j=1}^{n_i}(Y_{ij} - \overline{Y}_i)^2 \; ; \; MSE = \frac{SSE}{n-k}, n-k \text{ 為 } SSE \text{ 的自由度}$$

在一因子變異數分析中，SS 可被分解成 SST 與 SSE 這兩項，形成以下的關係式：

$$SS\text{（總變異）} = SST\text{（組間變異）} + SSE\text{（組內變異）}$$

$$\sum_{i=1}^{k}\sum_{j=1}^{n_i}(Y_{ij} - \overline{Y})^2 = \sum_{i=1}^{k}\sum_{j=1}^{n_i}(\overline{Y}_i - \overline{Y})^2 + \sum_{i=1}^{k}\sum_{j=1}^{n_i}(Y_{ij} - \overline{Y}_i)^2 \tag{8.1}$$

為了計算的方便，我們常用以下的公式來求算 SS、SST 和 SSE 的值：

$$SS = \sum_{i=1}^{k}\sum_{j=1}^{n_i}(Y_{ij} - \overline{Y})^2 = \sum_{i=1}^{k}\sum_{j=1}^{n_i}Y_{ij}^2 - n\overline{Y}^2 \tag{8.2}$$

$$SST = \sum_{i=1}^{k}\sum_{j=1}^{n_i}(\overline{Y}_i - \overline{Y})^2 = \sum_{i=1}^{k}n_i\overline{Y}_i^2 - n\overline{Y}^2 \tag{8.3}$$

$$SSE = \sum_{i=1}^{k}\sum_{j=1}^{n_i}(Y_{ij} - \overline{Y}_i)^2 = \sum_{i=1}^{k}\sum_{j=1}^{n_i}Y_{ij}^2 - \sum_{i=1}^{k}n_i\overline{Y}_i^2 \tag{8.4}$$

一因子變異數分析的統計假設為

$H_0 : \mu_1 = \mu_2 = ... = \mu_k$ ；即因子對依變數無影響。

$H_1 : \mu_i$ 不全等；即因子對依變數有影響。

上述的假設中，$\mu_1, \mu_2, ..., \mu_k$ 分別為 k 個因子水準所造成的效果。若 H_0 為真，便代表這 k 個效果不存在，因子未能對依變量造成影響。檢定統計量為利用 MST 和 MSE 組成 F 統計量：

$$F = \frac{MST}{MSE} \tag{8.5}$$

若各組樣本均來自常態分配，則檢定統計量為一 F 分配。在顯著水準 α 下，我們可由附錄表 T7 查得臨界值。如果 $F > F_\alpha(k-1, n-k)$，則拒絕 H_0，

如果 $F \leq F_\alpha(k-1, n-k)$，便接受 H_0。

例 8.1

假定麥當勞木柵分店想要研究三種新進員工職前教育訓練課程：(1)電視教學；(2) 講師講習；(3) 實地觀摩，對學習效果是否有影響。於是將新進員工隨機分成三組，分別施以不同職前教育訓練課程。結訓後的實習成績如下表 8.3。試列出一因子變異數分析表，並問在顯著水準 $\alpha = 0.05$ 下，檢測三種新進員工職前教育訓練課程是否會影響實習成績。

表 8.3　三種職前教育訓練課程結訓後的實習成績

訓練課程	實習成績								$\overline{Y}_i$
電視教學	70	83	88	92	85	80	90		84
講師講習	76	85	80	90	85	88	90	94	86
實地觀摩	82	80	75	89	70	72			78

答：$\overline{Y} = \dfrac{1}{21}(7 \cdot 84 + 8 \cdot 86 + 6 \cdot 78) = 83.05$

$\displaystyle \sum_{i=1}^{k} \sum_{j=1}^{n_i} Y_{ij}^2 = 70^2 + 83^2 + \cdots + 72^2 = 145882$

$\displaystyle \sum_{i=1}^{k} n_i \overline{Y}_i^2 = 7 \cdot 84^2 + 8 \cdot 86^2 + 6 \cdot 78^2 = 145064$

$\displaystyle SS = \sum_{i=1}^{k} \sum_{j=1}^{n_i} (Y_{ij} - \overline{Y})^2 = \sum_{i=1}^{k} \sum_{j=1}^{n_i} Y_{ij}^2 - n\overline{Y}^2 = 145882 - 144835 = 1047$

$\displaystyle SST = \sum_{i=1}^{k} n_i \overline{Y}_i^2 - n\overline{Y}^2 = 145064 - 144835 = 229$

$SSE = SS - SST = 1047 - 229 = 818$

$MST = \dfrac{SST}{k-1} = \dfrac{395}{3-1} = 197.5, \quad MSE = \dfrac{SSE}{n-k} = \dfrac{818}{21-3} = 45.44$

故得到變異數分析表如下

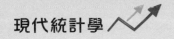
變異來源	平方和	自由度 (df)	均方和 (MS)	$F_{0.05}(2,18) = 3.55$
因子 （組間）	$SST = 229$	$k - 1 = 2$	$MST = \dfrac{SST}{k-1} = 114.5$	$\dfrac{MST}{MSE} = 2.52$
隨機 （組內）	$SSE = 818$	$n - k = 18$	$MSE = \dfrac{SSE}{n-k} = 45.44$	
總和	$SS = 1047$	$n - 1 = 20$		

檢定統計量 $F = 2.52 < 3.55 = F_{0.05}(2,18)$，因此我們接受 H_0；即這三種新進員工職前教育訓練課程對實習成績無影響。

8.3 集區隨機化設計 (The Randomized Block Design)

在 8.2 節我們提到如何運用一因子變異數分析，來研究某特定因子對依變量的影響，而且也提供了完全隨機設計，藉此可以中和或消弭一些非特定因素對依變量所造成的影響。如此才不會受到非特定因素的干擾，以致於無法正確的判斷出特定因子對依變量的影響程度。

但在某些情況下，非特定因素對依變量的干擾過大，甚至於完全隨機設計也無法消弭這些干擾。此時依變量不只受到特定因子的影響，也受到非特定因素的影響。

我們用一個例子來說明：假設遠東集團旗下有六家百貨公司，研發部經理想知道對員工進行職業訓練，是否能改進員工的工作效率。因此設計了四種不同的訓練方式，並以旗下的六家百貨公司作為測試的對象，每家百貨公司員工接受四種訓練方式。訓練結束後，再由總經理到各家百貨公司評分。總經理對六家百貨公司已接受職業訓練員工一一作評分，藉此評鑑這四種訓練方式所產生的工作效率。

若用一因子變異數分析的架構來看這個問題，訓練方式為特定因子，四種訓練方式分別為四種因子水準，員工之工作效率為依變量。但工作效率

卻不是只受到訓練方式的影響，也有可能受到百貨公司個別環境的影響，因為百貨公司可能各自具備了不同的風格特色。所以，我們要考慮到四種不同的訓練方式對員工之工作效率是否相同時，若用 8.2 節的檢定方式，勢必會將百貨公司所導致的影響計入 SSE 之內，而使得 SSE 膨脹起來，因而影響了結論的正確性。在此情況下，8.2 節設立的模式和檢定方式已經不能適用，我們必須加以修正。

例如：總經理對六家百貨公司員工之工作效率作評鑑。這一家百貨公司員工之工作效率評鑑的分數形成一個集區 (Block)。由於受到集區的干擾，變異的來源不只是來自於特定因子與母體本身的隨機誤差項，這時還得考慮來自於集區的變異。因此，總變異 SS 的分解方式必須加以修改，SS 可被分解成 SST、SSB 與 SSE 三項，形成以下的關係式：

$$SS（總變異）= SST（組間變異）+ SSB（集區變異）+ SSE（隨機誤差）$$

$$\sum_{i=1}^{k}\sum_{j=1}^{c}(Y_{ij}-\overline{Y})^2 = \sum_{i=1}^{k}\sum_{j=1}^{c}(\overline{Y}_{i.}-\overline{Y})^{2\,\prime} + \sum_{i=1}^{k}\sum_{j=1}^{c}(\overline{Y}_{.j}-\overline{Y})^2 + \sum_{i=1}^{k}\sum_{j=1}^{c}(Y_{ij}-\overline{Y}_{i.}-\overline{Y}_{.j}+\overline{Y})^2$$

$$(8.6)$$

這個關係式可以解釋為：總變異是由特定因子、集區與母體本身的隨機誤差項所造成的。自由度與關係如下（k 為因子處理數，c 為集區數）

$$kc-1 = (k-1)+(c-1)+(k-1)(c-1)$$

其中

$$SS = \sum_{i=1}^{k}\sum_{j=1}^{c}(Y_{ij}-\overline{Y})^2 = \sum_{i=1}^{k}\sum_{j=1}^{c}Y_{ij}^{\,2}-kc\overline{Y}^2 \quad (\overline{Y}=\frac{1}{kc}\sum_{i=1}^{k}\sum_{j=1}^{c}Y_{ij}) \quad (8.7)$$

$$SST = \sum_{i=1}^{k}\sum_{j=1}^{c}(\overline{Y}_{i.}-\overline{Y})^2 = c\sum_{i=1}^{k}\overline{Y}_{i.}^{\,2}-kc\overline{Y}^2 \quad (Y_{i.}=\sum_{j=1}^{c}Y_{ij},\ \overline{Y}_{i.}=\frac{Y_{i.}}{c}) \quad (8.8)$$

$$SSB = \sum_{i=1}^{k}\sum_{j=1}^{c}(\overline{Y}_{.j}-\overline{Y})^2 = k\sum_{j=1}^{c}Y_{.j}^{\,2}-kc\overline{Y}^2 \quad (Y_{.j}=\sum_{i=1}^{k}Y_{ij},\ \overline{Y}_{.j}=\frac{Y_{.j}}{k}) \quad (8.9)$$

$$SSE = \sum_{i=1}^{k}\sum_{j=1}^{c}(Y_{ij}-\overline{Y}_{i.}-\overline{Y}_{.j}+\overline{Y})^2 = \sum_{i=1}^{k}\sum_{j=1}^{c}Y_{ij}^{\,2}-c\sum_{i=1}^{k}\overline{Y}_{i.}^{\,2}-k\sum_{j=1}^{c}\overline{Y}_{.j}^{\,2}+kc\overline{Y}^2 \quad (8.10)$$

由隨機集區實驗結果，我們可檢定因子對依變數是否有影響，及檢定集區對依變數是否有影響。

檢定因子對依變數是否有影響

$H_0 : \mu_1 = \mu_2 = ... = \mu_k$；即因子對依變數無影響；

$H_1 : \mu_i$ 不全等；即因子對依變數有影響。

上述的假設中，$H_0 : \mu_1 = \mu_2 = ... = \mu_k$ 分別為 k 個因子水準所造成的效果，若假定假設為真，便代表這 k 個效果不存在，則因子未能對依變量造成影響。檢定方法是利用 $MST = SST/k - 1$ 和 $MSE = SSE/(k - 1)(c - 1)$ 組成 F 統計量：

$$F = \frac{MST}{MSE} \tag{8.11}$$

如果 $F > F_\alpha \left(k - 1, (k - 1)(c - 1) \right)$，則拒絕 H_0，反之便接受 H_0。

檢定集區對依變數是否有影響

$H_0 : \mu_1 = \mu_2 = ... = \mu_c$；即集區對依變數無影響；

$H_1 : \mu_i$ 不全等；即集區對依變數有影響。

上述的假設中，$H_0 : \mu_1 = \mu_2 = ... = \mu_c$ 分別為 c 個集區水準所造成的效果，若假定假設為真，便代表這 c 個集區效果不存在，則集區效果未能對依變量造成影響。檢定的方法是利用 $MSB = SSB/c - 1$ 和 $MSE = SSE/(k - 1)(c - 1)$ 組成 F 統計量：

$$F = \frac{MSB}{MSE} \tag{8.12}$$

如果 $F > F_\alpha \left(c - 1, (k - 1)(c - 1) \right)$，則拒絕 H_0，反之便接受 H_0。現將集區隨機設計的變異數分析表，展示於表8.4。

表 8.4 集區隨機設計的變異數分析表

變異來源	平方和 (*SS*)	自由度 (*df*)	均方和 (*MS*)	*F*
因子（組間）	SST	$k-1$	$MST = \dfrac{SST}{k-1}$	$\dfrac{MST}{MSE}$
集區	SSB	$c-1$	$MSB = \dfrac{SSB}{c-1}$	$\dfrac{MSB}{MSE}$
隨機（組內）	SSE	$(k-1)(c-1)$	$MSE = \dfrac{SSE}{(k-1)(c-1)}$	
總和	SS	$kc-1$		

例 8.2

　　新光百貨集團為了評估四種不同的教育訓練課程（分別以 *A, B, C, D* 表示）對於 *EMBA* 高階經理教育訓練課程的成效。總經理對全臺六家百貨公司之 *EMBA* 高階經理受訓後之工作效率打分數。表 8.5 為列聯表結果。試做變異數分析表檢定在顯著水準 $\alpha = 0.05$ 下，不同的 *EMBA* 高階經理教育訓練課程與不同區域是否影響工作效率。

表 8.5 工作效率之評分資料

訓練課程	百貨公司						
	臺北	板橋	新竹	臺中	臺南	高雄	總和
A	70	77	76	80	84	78	465
B	61	75	67	63	66	68	400
C	82	88	90	96	92	98	546
D	74	76	80	76	84	86	476
總和	287	316	313	315	326	330	1887

答：檢定因子對依變數是否有影響

　　　$H_0 : \mu_1 = \mu_2 = ... = \mu_k$；即 *EMBA* 教育訓練課程對工作效率無

影響；

$H_1 : \mu_i$ 不全等；即 *EMBA* 教育訓練課程對工作效率有影響。

檢定集區對依變數是否有影響

$H_0 : \mu_1 = \mu_2 = ... = \mu_c$；即集區對工作效率無影響；

$H_1 : \mu_i$ 不全等；即集區對工作效率有影響。

$$SS = \sum_{i=1}^{k} \sum_{j=1}^{c} Y_{ij}^2 - kc\overline{Y}_{..}^2 = 150661 - 148365.37 = 2295.63$$

$$SST = \sum_{i=1}^{k} c\overline{Y}_{i.}^2 - kc\overline{Y}_{..}^2 = 150152.83 - 148365.37 = 1787.46$$

$$SSB = \sum_{j=1}^{c} k\overline{Y}_{.j}^2 - kc\overline{Y}_{..}^2 = 148648.75 - 148365.37 = 283.38$$

$$SSE = SS - SST - SSB = 2295.63 - 1787.46 - 283.38 = 224.79$$

$$MST = \frac{SST}{k-1} = \frac{1787.46}{3} = 595.83, \ MSB = \frac{SST}{c-1} = \frac{1787.46}{3} = 56.68$$

$$MSE = \frac{SSE}{(k-1)(n-1)} = \frac{224.79}{15} = 14.98$$

$$F_{MST/MSE} = \frac{MST}{MSE} = \frac{595.83}{14.98} = 39.75, \ F_{MSB/MSE} = \frac{MSB}{MSE} = \frac{56.68}{14.98} = 3.78$$

將此例的變異數分析表列示如下：

變異來源	平方和 (SS)	自由度 (df)	均方和 (MS)	$F_{0.05}(3,15) = 3.29$
因子：*EMBA* 課程	1787.46	3	$MST = 595.83$	$F_{MST/MSE} = 39.75$
集區：百貨公司	283.38	5	$MSB = 56.68$	$F_{MSB/MSE} = 3.78$
隨機誤差	224.79	15	$MSE = 14.98$	
總和	2295.63	23		

因為 $F_{MST/MSE} = 39.75 > F_{0.05}(3,15)$，所以拒絕 H_0，即我們認為不同的 *EMBA* 教育課程會影響員工的工作效率成效。

又因為 $F_{MSB/MSE} = 3.78 > F_{0.05}(3,15)$，所以拒絕 H_0，即不同集區會影響員工的工作效率成效。

8.4　二因子變異數分析 (Two-Way Analysis of Variance)

在一因子變異數分析和集區隨機設計當中，都是在研究一個因子對依變量所造成的影響，我們可以擴展這樣的觀念，去研究若存在著二個因子，那麼依變量會如何被影響，這樣的研究架構稱為二因子變異數分析。進行二因子變異數分析時，需考慮因子間對依變數有交叉影響，一般稱此交叉影響為交互作用。若實驗前已知或假設二因子對依變數無交互作用，則變異數分析的結構較為簡單，此時二個因子對依變量的影響可以分開研究，否則進行有交互影響之二因子變異數分析，此時二個因子對依變量的影響必須放在一起同時討論。

舉例而言，某企業經營者想研究電器產品的販售店面和包裝型態對銷售量所產生的影響。於是，選定了三種販售店面：百貨公司、超級市場和專賣店與四種包裝方式（四種包裝方式暫時以甲、乙、丙和丁作為代號），想以這種組合來檢測包裝型態和販售店面是否會造成銷售量的差異。在此例中，存在著二個因子：販售店面 A 因子和包裝型態 B 因子。販售店面又分為 3 項因子水準：百貨公司、超級市場和專賣店；包裝型態之下則存在著 4 項因子水準：甲、乙、丙和丁。如此，形成了 12 項組合。

因此對電器銷售量的分析，應該以二因子的變異數分析來研究這二個因子對電器銷售量的影響。在二因子變異數分析中，變異的來源是來自於二個因子 A, B 和交互作用、隨機誤差項。所以總變異可被分解成 A 因子變異、B 因子變異、二因子交互變異和誤差變異這 4 項，形成以下的關係式：

$$總變異 = A\ 因子差異 + B\ 因子差異 + AB\ 因子交互差異 + 隨機誤差$$
$$SS\quad = \quad SSA \quad + \quad SSB \quad + \quad SSAB \quad + \quad SSE \qquad (8.13)$$

這項關係式可以解釋為：總變異是由特定的 A, B 二個因子、因子之間的交互作用和母體本身的隨機誤差項所共同造成的，其自由度分別為 $rcn - 1, (r-1), (c-1), (r-1)(c-1)$ 與 $rc(n-1)$；其中

$$SS = \sum_{i=1}^{r}\sum_{j=1}^{c}\sum_{k=1}^{n}(Y_{ijk} - \overline{Y})^2 = \sum_{i=1}^{r}\sum_{j=1}^{c}\sum_{k=1}^{n}Y_{ijk}^2 - rcn\overline{Y}^2 \qquad \textbf{(8.14)}$$

$$SSA = \sum_{i=1}^{r}\sum_{j=1}^{c}\sum_{k=1}^{n}(\overline{Y}_{i..} - \overline{Y})^2 = \sum_{i=1}^{r}cn\overline{Y}_{i..}^2 - rcn\overline{Y}^2 \qquad \textbf{(8.15)}$$

$$SSB = \sum_{i=1}^{r}\sum_{j=1}^{c}\sum_{k=1}^{n}(\overline{Y}_{.j.} - \overline{Y})^2 = \sum_{j=1}^{c}rn\overline{Y}_{.j.}^2 - rcn\overline{Y}^2 \qquad \textbf{(8.16)}$$

$$SSAB = \sum_{i=1}^{r}\sum_{j=1}^{c}\sum_{k=1}^{n}(\overline{Y}_{ij.} - \overline{Y}_{i..} - \overline{Y}_{.j.} + \overline{Y})^2 \qquad \textbf{(8.17)}$$

$$SSE = \sum_{i=1}^{r}\sum_{j=1}^{c}\sum_{k=1}^{n}(Y_{ijk} - \overline{Y}_{ij.})^2 = \sum_{i=1}^{r}\sum_{j=1}^{c}\sum_{k=1}^{n}Y_{ijk}^2 - n\sum_{i=1}^{r}\sum_{j=1}^{c}\overline{Y}_{ij.}^2 \qquad \textbf{(8.18)}$$

二因子變異數分析表，展示於表 8.6。

表 8.6　二因子變異數分析表

變異來源	平方和 (SS)	自由度 (df)	均方和 (MS)	F
A 因子	SSA	$r-1$	$MSA = \dfrac{SSA}{r-1}$	$F = \dfrac{MSA}{MSE}$
B 因子	SSB	$c-1$	$MSB = \dfrac{SSB}{c-1}$	$F = \dfrac{MSB}{MSE}$
交互作用	$SSAB$	$(r-1)(c-1)$	$MSAB = \dfrac{SSAB}{(r-1)(c-1)}$	$F = \dfrac{MSAB}{MSE}$
隨機誤差	SSE	$rc(n-1)$	$MSE = \dfrac{SSE}{rc(n-1)}$	
總和	SS	$rcn-1$		

　　在進行二因子變異數分析時，一般是先檢定交互作用存不存在，若是接受了 H_0：交互作用不存在，則二因子變異數分析的架構可被簡化，此時再繼續進行 A, B 因子效果的檢定假設才有意義。若是拒絕了 H_0，無論 A, B 因子效果檢定的結果為何，交互作用都會保留在模式中，此時已認定 A, B 因子會對依變量造成影響。以下為二因子變異數分析三階段檢定過程：

檢定交互作用是否存在

檢定交互作用是否存在的統計假設為

H_0：交互作用不存在；

H_1：交互作用存在。

若事先假設為真，表示 A 因子與 B 因子未對依變量產生交叉影響。檢定的方法是利用 $MSAB$ 和 MSE 組成 F 統計量：

$$F = \frac{SSAB / (r-1)(c-1)}{SSE / rc(n-1)} = \frac{MSAB}{MSE} \tag{8.19}$$

如果 $F > F_\alpha \big((r-1)(c-1), rc(n-1) \big)$，則拒絕 H_0，反之則接受 H_0。

檢定 A 因子是否會影響依變量

假設我們已經作出交互作用不存在的結論，那麼就可以分別檢定二個因子對依變量的影響了。要檢定因子 A 對依變量是否有影響，可建立事先假設與對立假設

$H_0 : \mu_{1j} = \mu_{2j} = ... = \mu_{rj} , j = 1, 2, ..., \cdots c;$

$H_1 : \mu_{1j}, \mu_{2j}, ..., \mu_{rj}$ 不全相等。

若事先假設為真，表示 A 因子未能對依變量造成影響。檢定的方法是利用 MSA 和 MSE 組成 F 統計量：

$$F = \frac{SSA / (r-1)}{SSE / rc(n-1)} = \frac{MSA}{MSE} \tag{8.20}$$

如果 $F > F_\alpha \big(r-1, rc(n-1) \big)$，則拒絕 H_0，反之則接受 H_0。

檢定 B 因子是否會影響依變量

要檢定因子 B 對依變量是否有影響，可建立事先假設與對立假設

$H_0 : \mu_{i1} = \mu_{i2} = ... = \mu_{ic} , i = 1, 2, ..., r;$

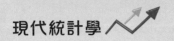

$H_1 : \mu_{i1}, \mu_{i2}, ..., \mu_{ic}$ 不全相等。

若事先假設為真,則代表著 B 因子未能對依變量造成影響。檢定的方法是利用 MSB 和 MSE 組成 F 統計量:

$$F = \frac{SSB / (c-1)}{SSE / rc(n-1)} = \frac{MSB}{MSE} \tag{8.21}$$

如果 $F > F_\alpha(c-1, rc(n-1))$,則拒絕 H_0,反之則接受 H_0。

最後值得一提的是,初學者可能會覺得二因子設計與隨機集區化設計很像。事實上,當重複樣本數為 1 時,二者的計算過程的確是一樣的。(Minitab 使用相同之指令)那麼二因子設計與隨機集區化設計差異在那裡呢?主要是隨機集區化設計中,集區過程是為了要減少變異而做。限定集區可顯示實驗單位之特性,而二因子設計卻是要探討二因子的處理對依變數之效果。

例 8.3

　　大同公司統計資料顯示新型手機銷售狀況,見表 8.7。其中販售店面和包裝型態這兩項因子共形成了 12 種組合,在每種組合之下,皆有

表 8.7　電器銷售資料

販售店面	包裝型態				總和
	甲	乙	丙	丁	
百貨公司	45 50	56 63	65 71	48 53	451
超級市場	57 65	69 78	73 80	60 57	539
專賣店	70 78	75 82	82 89	71 75	622
總合	365	423	460	364	1612

二個實際觀察值。請以二因子變異數分析，在顯著水準 $\alpha = 0.05$ 下，去檢測販售店面（因子 A）和包裝型態（因子 B）對銷售量是否會影響。

答：從表 8.7 中的資料可以求算出，$r = 3, c = 4, n = 2, Y_{...} = 1612$

$$\sum_{i=1}^{r}\sum_{j=1}^{c}\sum_{k=1}^{n} Y_{ijk}^{2} = 45^2 + 50^2 + ... + 75^2 = 111550$$

$$\sum_{i=1}^{r} cn\overline{Y}_{i..}^{2} = \frac{451^2 + 539^2 + 622^2}{4 \times 2} = 110100.75$$

$$\sum_{j=1}^{c} rn\overline{Y}_{i..}^{2} = \frac{365^2 + 423^2 + 460^2 + 364^2}{3 \times 2} = 109375$$

$$\sum_{i=1}^{r}\sum_{j=1}^{c} n\overline{Y}_{ij.}^{2} = \frac{95^2 + 119^2 + ... + 146^2}{2} = 111292$$

$$rcn\overline{Y}^{2} = 3 \times 4 \times 2(\frac{1612}{3 \times 4 \times 2})^2 = 108272.67$$

$$SS = \sum_{i=1}^{r}\sum_{j=1}^{c}\sum_{k=1}^{n} Y_{ijk}^{2} - rcn\overline{Y}^{2} = 111550 - 108272.66 = 3277.34$$

$$SSA = \sum_{i=1}^{r} cn\overline{Y}_{i..}^{2} - rcn\overline{Y}^{2} = 110100.75 - 108272.66 = 1828.09$$

$$SSB = \sum_{j=1}^{c} rn\overline{Y}_{.j.}^{2} - rcn\overline{Y}^{2} = 109375 - 108272.66 = 1102.34$$

$$SSAB = \sum_{i=1}^{r}\sum_{j=1}^{c} n\overline{Y}_{ij.}^{2} - \sum_{i=1}^{r} cn\overline{Y}_{i..}^{2} - \sum_{j=1}^{c} rn\overline{Y}_{.j.}^{2} + rcn\overline{Y}^{2}$$
$$= 111292 - 110100.75 - 109375 + 108272.66 = 88.91$$

$$SSE = \sum_{i=1}^{r}\sum_{j=1}^{c}\sum_{k=1}^{n} Y_{ijk}^{2} - \sum_{i=1}^{r}\sum_{j=1}^{c} n\overline{Y}_{ij.}^{2} = 111550 - 111292 = 258$$

$$MSA = \frac{SSA}{r-1} = \frac{1828.09}{2} = 914.04$$

$$MSB = \frac{SSB}{c-1} = \frac{1102.34}{3} = 367.44$$

$$MSAB = \frac{SSAB}{(r-1)(c-1)} = \frac{88.91}{6} = 14.81$$

$$MSE = \frac{SSE}{rc(n-1)} = \frac{258}{12} = 21.5$$

變異數分析表為

變異來源	平方和 (SS)	自由度 (df)	均方和 (MS)	F
販售店面	1828.09	2	914.04	$F = 42.51$
包裝型態	1102.34	3	367.44	$F = 17.09$
交互作用	88.91	6	14.81	$F = 0.69$
誤差	258	12	21.5	
總和	3277.34	23		

以下將進行三階段的檢定程序：

(a) 首先檢定販售店面和包裝型式之間是否存在著交互作用。

統計假設為 H_0：販售店面和包裝型式沒有交互作用；

H_1：販售店面和包裝型式有交互作用。

因為 $F = 0.69 > F_{0.05}(6,12) = 3.09$，所以接受 H_0，

我們認為交互作用並不存在。如此，便可以個別分析販售店面和包裝型式對電器銷售的影響。

(b) 再檢定販售店面是否會影響電器之銷售量。

統計假設為 H_0：販售店面不影響電器之銷售量；

H_1：販售店面會影響電器之銷售量。

因為 $F = 42.51 > F_{0.05}(2,12) = 3.89$，所以拒絕 H_0，即我們認為販售店面會影響電器之銷售量。

(c) 最後檢定包裝型式是否會影響電器之銷售量。

統計假設為 H_0：包裝型式不影響電器之銷售量；

H_1：包裝型式會影響電器之銷售量。

因為 $F = 17.09 > F_{0.05}(3,12) = 3.49$，所以拒絕 H_0，即我們認為包裝型式也會影響電器之銷售量。

例 8.4

順天中醫診所為了探討食用紅麴納豆與實行運動課程對降低膽固醇的成效。於是設計一簡單的 2×2 實驗設計，分成 4 種處理方式：A = 使用紅麴納豆及實行運動課程、B = 食用紅麴納豆、C = 實行運動課程、D = 紅麴納豆與運動課程均不做。隨機抽選 20 位病人做實驗，結果如下表 8.8。試以一因子變異數分析、二因子變異數分析，在顯著水準 $\alpha = 0.05$ 下，檢測紅麴納豆與運動課程對降低膽固醇的成效。

表 8.8　食用紅麴納豆與實行運動課程對降低膽固醇的成效

處理	樣本				
A	22	8	35	26	18
B	18	5	14	12	10
C	8	14	9	4	18
D	7	8	6	13	4

答：由表 8.8 的資料，針對 A, B, C, D 4 種處理，計算建構一因子 ANOVA 表如下：

變異來源	平方和 (SS)	自由度 (df)	均方和 (MS)	$F_{0.05}(3,16) = 3.24$
因子（組間）	569	$k - 1 = 3$	$MST = \dfrac{SST}{k-1} = 189.7$	$\dfrac{MST}{MSE} = 4.64$
隨機（組內）	654	$n - k = 16$	$MSE = \dfrac{SSE}{n-k} = 40.9$	
總和	1223	$n - 1 = 19$		

檢定統計量 $F = 4.64 > 3.29 = F_{0.05}(3,16)$，因此我們拒絕 H_0；即這 4 種處理對降低膽固醇的成效有差異。

以上用一因子變異數分析，顯示不同處理有顯著差異。但是卻

無法說明是食用紅麴納豆或是運動課程對降低膽固醇的效果。若我們分別考慮以食用紅麴納豆與實行運動課程對降低膽固醇的成效，即以食用或未食用紅麴納豆（單因子兩處理）與實行運動課程或未實行運動課程（單因子兩處理）分別進行一因子變異數分析。首先，得到食用紅麴納豆與否的一因子變異數分析表如下：

變異來源	平方和 (SS)	自由度 (df)	均方和 (MS)	$F_{0.05}(1,18) = 4.41$
食用紅麴納豆	288.8	1	288.8	5.62
誤差	925.0	18	51.4	
總和	1213.8	19		

可發現食用或未食用紅麴納豆處理有顯著差異。（註：此時若使用本書 7.2 節：兩個母體平均數差之 t 檢定，發現 $t = 2.37$，亦可驗證 $t^2 = 5.62 = F$）

再來得到實行或未實行運動課程處理之一因子變異數分析表。

變異來源	平方和 (SS)	自由度 (df)	均方和 (MS)	$F_{0.05}(1,18) = 4.41$
運動課程	217.8	1	217.8	3.94
誤差	996.0	18	55.3	
總和	1213.8	19		

可發現實行或未實行運動課程處理並無顯著差異。

若用原始樣本資料，並考慮二因子變異數分析及交互作用，來進行三階段的檢定程序。我們可得含交互作用之二因子變異數分析表如下：

變異來源	平方和 (SS)	自由度 (df)	均方和 (MS)	$F_{0.05}(1,16) = 4.49$
食用紅麴納豆	288.8	1	288.80	$F = 7.19$
運動課程	217.8	1	217.80	$F = 5.42$
交互作用	64.8	1	64.80	$F = 1.61$
誤差	642.4	16	40.15	
總和	1213.8	19		

(a) 首先檢定食用紅麴納豆與實行運動課程對降低膽固醇是否存在著交互作用。

統計假設為 H_0：食用紅麴納豆與實行運動課程沒有交互作用；

　　　　　H_1：食用紅麴納豆與實行運動課程有交互作用。

因為 $F = 1.61 > F_{0.05}(1,16) = 4.49$，所以接受 H_0，即我們認為沒有交互作用存在。接著分別分析食用紅麴納豆和實行運動課程對降低膽固醇的影響。

(b) 檢定食用紅麴納豆對降低膽固醇的成效是否會影響。

統計假設為 H_0：食用紅麴納豆不影響降低膽固醇；

　　　　　H_1：食用紅麴納豆會影響降低膽固醇。

因為 $F = 7.19 > F_{0.05}(1,16) = 4.49$，所以拒絕 H_0，即我們實行認為食用紅麴納豆對降低膽固醇會有影響。

(c) 最後檢定運動課程對降低膽固醇的成效是否有影響。

統計假設為 H_0：運動課程不影響降膽固醇；

　　　　　H_1：運動課程會影響降膽固醇。

因為 $F = 5.42 > F_{0.05}(1,16) = 4.49$，所以拒絕 H_0，即我們運動課程對降膽固醇的成效有用。

　　由以上比較分析可知，考慮二因子變異數分析及交互作用，其結果之精確性較高，F 值較大。故若資料若能進行多因子變異數分析，效果應會比單因素分析佳。

8.5　應用 SPSS 進行變異數分析的操作方法

　　若用手算來計算 ANOVA 的值要花許多工夫，可是使用 SPSS 來進行運算則是十分簡單的。我們以例題 8.1 為示範，在例題 8.1 中，麥當勞木柵店要對新進員工進行職前教育訓練課程，包括電視教學、講師講習與實地觀摩。他要使用一因子變異數分析，並了解在顯著水準 $\alpha = 0.05$ 下，檢測三種

新進員工職前教育訓練課程是否會影響實習成績。首先，先點選「變數檢視」，在第一欄輸入訓練課程、第二欄輸入實習成績。

	名稱	類型	寬度	小數	標記	值	遺漏	欄
1	訓練課程	數字的	8	2		無	無	8
2	實習成績	數字的	8	2		無	無	8
3								
4								
5								
6								
7								
8								
9								
10								
11								
12								

之後回到資料檢視，以數字 1 代表電視教學、2 代表講師講習、3 代表實地觀摩，並依次輸入數據。

再來點選上方「分析」→「比較平均數法」→「單因子變異數分析」。

	訓練課程	實習成績
1	1.00	70.00
2	1.00	83.00
3	1.00	88.00
4	1.00	92.00
5	1.00	85.00
6	1.00	80.00
7	1.00	90.00
8	2.00	76.00
9	2.00	85.00
10	2.00	80.00
11	2.00	90.00
12	2.00	85.00
13	2.00	88.00
14	2.00	90.00
15	2.00	94.00
16	3.00	82.00
17	3.00	80.00
18	3.00	75.00
19	3.00	89.00
20	3.00	70.00
21	3.00	72.00

將「實習成績」放入「依變數清單」欄位,「訓練課程」放入「因子」欄位,輸入完畢後按左下方確定按鈕。

之後按「選項」，點選「描述性統計量」及「變異數同質性檢定」。

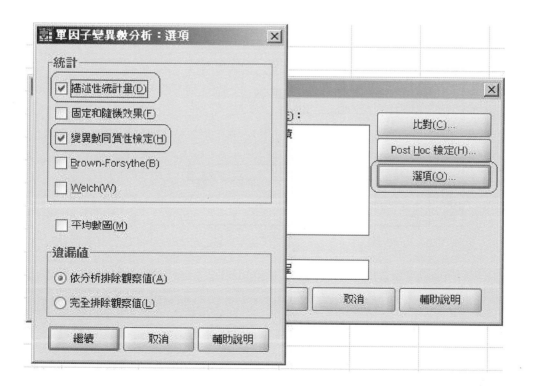

選取完畢後，按繼續再按確定，即可跑出數據結果。檢定統計量 F = 2.519 < 3.55 = $F_{0.05}(2,18)$，因此我們接受 H_0；此外，若檢視顯著性，為 0.109，這個值也大於顯著水準 0.05，因此我們接受 H_0，即這三種新進員工職前教育訓練課程對實習成績無影響。

➡ **單因子**

[資料集1]

描述性統計量

實習成績

	個數	平均數	標準差	標準誤	平均數的 95% 信賴區間		最小值	最大值
					下界	上界		
1.00	7	84.0000	7.41620	2.80306	77.1412	90.8588	70.00	92.00
2.00	8	86.0000	5.83095	2.06155	81.1252	90.8748	76.00	94.00
3.00	6	78.0000	7.07107	2.88675	70.5794	85.4206	70.00	89.00
總和	21	83.0476	7.23517	1.57884	79.7542	86.3410	70.00	94.00

變異數同質性檢定

實習成績

Levene 統計量	分子自由度	分母自由度	顯著性
.193	2	18	.826

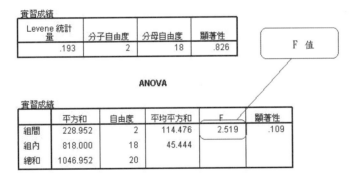

F 值

ANOVA

實習成績

	平方和	自由度	平均平方和	F	顯著性
組間	228.952	2	114.476	2.519	.109
組內	818.000	18	45.444		
總和	1046.952	20			

摘要

1. 實驗的目的是將不同的處理，指定給不同的實驗單位，以便觀察其結果好壞。在實驗過程當中，處理的效果容易被其他因子的作用混在一起。因此一個好的實驗設計必須使用隨機化過程，稱為完全隨機設計；或者劃分區集來控制這些因子，稱為隨機集區化設計，來增加處理效果的可信度變。

2. 完全隨機設計是指在考慮一個因子的情況下，有 $n_1, n_2, ..., n_k$ 個實驗單位分別指定到 k 個處理上。隨機集區化設計，是指事先將實驗對象劃分成若干同質性的集區，然後在每個集區內涵具同質性環境下，進行不同實驗處理。

3. 變異數分析就是接在實驗設計之後，針對多個母體平均數是否相等的問題，利用各組資料平均數的差異，與各組資料整體之間相互差異作比較，來檢定平均數是否相同的統計檢定方法。

4. 變異數分析依據因子的數目，又可區分為一因子變異數分析及二因子變異數分析。

5. 一因子變異數分析研究某特定因子對依變量的影響。擴展這觀念，二因子變異數分析是研究若存在二個因子，那麼依變量會如何被影響。

6. 二因子變異數分析的三階段檢定過程：(1) 檢定交互作用是否存在；(2) 檢定一因子是否會影響依變量；(3) 檢定另一因子是否會影響依變量統計的主要工作，就是在尋求問題真相的過程中，架構一系列有組織、有系統且可分析的研究過程，以獲得客觀可靠的結論。

重要公式

1. 一因子變異數分析表

變異來源	平方和 (SS)	自由度 (df)	均方和 (MS)	F
因子（組間）	SST	$k-1$	$MST = \dfrac{SST}{k-1}$	$\dfrac{MST}{MSE}$
隨機（組內）	SSE	$n-k$	$MSE = \dfrac{SSE}{n-k}$	
總和	SS	$n-1$	$MS = \dfrac{SS}{n-1}$	

總差異平方和 $SS = \displaystyle\sum_{i=1}^{k}\sum_{j=1}^{n_i}(Y_{ij}-\overline{Y})^2$

組間差異平方和 $SST = \displaystyle\sum_{i=1}^{k}\sum_{j=1}^{n_i}(\overline{Y}_i-\overline{Y})^2$

組內差異平方和 $SSE = \displaystyle\sum_{i=1}^{k}\sum_{j=1}^{n_i}(Y_{ij}-\overline{Y}_i)^2$

組間差異均方和 $MSB = \dfrac{SST}{k-1}$

組內差異均方和 $MSE = \dfrac{SSE}{n-k}$，$n-k$ 為 SSE 的自由度

SS（總變異）＝ SST（組間變異）＋ SSE（組內變異）

$$\sum_{i=1}^{k}\sum_{j=1}^{n_i}(Y_{ij}-\overline{Y})^2 = \sum_{i=1}^{k}\sum_{j=1}^{n_i}(\overline{Y}_i-\overline{Y})^2 + \sum_{i=1}^{k}\sum_{j=1}^{n_i}(Y_{ij}-\overline{Y}_i)^2$$

2. 隨機集區設計的變異數分析表

變異來源	平方和 (SS)	自由度 (df)	均方和 (MS)	F
因子（組間）	SST	$k-1$	$MST = \dfrac{SST}{k-1}$	$\dfrac{MST}{MSE}$
集區	SSB	$c-1$	$MSB = \dfrac{SSB}{c-1}$	$\dfrac{MSB}{MSE}$
隨機（組內）	SSE	$(k-1)(c-1)$	$MSE = \dfrac{SSE}{(k-1)(c-1)}$	
總和	SS	$kc-1$		

SS（總變異）$= SST$（組間變異）$+ SSB$（集區變異）$+ SSE$（隨機誤差）

$$\sum_{i=1}^{k}\sum_{j=1}^{c}(Y_{ij}-\overline{Y})^2 = \sum_{i=1}^{k}\sum_{j=1}^{c}(\overline{Y}_{i.}-\overline{Y})^2 + \sum_{i=1}^{k}\sum_{j=1}^{c}(\overline{Y}_{.j}-\overline{Y})^2 + \sum_{i=1}^{k}\sum_{j=1}^{c}(Y_{ij}-\overline{Y}_{i.}-\overline{Y}_{.j}+\overline{Y})^2$$

$$SS = \sum_{i=1}^{k}\sum_{j=1}^{c}(Y_{ij}-\overline{Y})^2 = \sum_{i=1}^{k}\sum_{j=1}^{c}Y_{ij}^2 - kc\overline{Y}^2 \quad (\overline{Y}=\frac{1}{kc}\sum_{i=1}^{k}\sum_{j=1}^{c}Y_{ij})$$

$$SST = \sum_{i=1}^{k}\sum_{j=1}^{c}(\overline{Y}_{i.}-\overline{Y})^2 = c\sum_{i=1}^{k}\overline{Y}_{i.}^2 - kc\overline{Y}^2 \quad (Y_{i.}=\sum_{j=1}^{c}Y_{ij}, \overline{Y}_{i.}=\frac{Y_{i.}}{c})$$

$$SSB = \sum_{i=1}^{k}\sum_{j=1}^{c}(\overline{Y}_{.j}-\overline{Y})^2 = k\sum_{j=1}^{c}\overline{Y}_{.j}^2 - kc\overline{Y}^2 \quad (Y_{.j}=\sum_{i=1}^{k}Y_{ij}, \overline{Y}_{.j}=\frac{Y_{.j}}{k})$$

$$SSE = \sum_{i=1}^{k}\sum_{j=1}^{c}(Y_{ij}-\overline{Y}_{i.}-\overline{Y}_{.j}+\overline{Y})^2 = \sum_{i=1}^{k}\sum_{j=1}^{c}Y_{ij}^2 - c\sum_{i=1}^{k}\overline{Y}_{i.}^2 - k\sum_{j=1}^{c}\overline{Y}_{.j}^2 + kc\overline{Y}^2$$

3. 二因子變異數分析表

變異來源	平方和 (SS)	自由度 (df)	均方和 (MS)	F
A 因子	SSA	$k-1$	$MSA = \dfrac{SSA}{k-1}$	$F = \dfrac{MSA}{MSE}$
B 因子	SSB	$c-1$	$MSB = \dfrac{SSB}{c-1}$	$F = \dfrac{MSB}{MSE}$
交互作用	$SSAB$	$(k-1)(c-1)$	$MSAB = \dfrac{SSAB}{(k-1)(c-1)}$	$F = \dfrac{MSAB}{MSE}$
隨機誤差	SSE	$kc(n-1)$	$MSE = \dfrac{SSE}{kc(n-1)}$	
總和	SS	$kcn-1$		

$$總變異 = A \text{ 因子差異} + B \text{ 因子差異} + AB \text{ 因子交互差異} + \text{隨機誤差}$$

$$SS \quad = \quad SSA \quad + \quad SSB \quad + \quad SSAB \quad + \quad SSE$$

$$SS = \sum_{i=1}^{k}\sum_{j=1}^{c}\sum_{k=1}^{n}(Y_{ijk} - \overline{Y})^2 = \sum_{i=1}^{k}\sum_{j=1}^{c}\sum_{k=1}^{n}Y_{ijk}^2 - kcn\overline{Y}^2$$

$$SSA = \sum_{i=1}^{k}\sum_{j=1}^{c}\sum_{k=1}^{n}(\overline{Y}_{i..} - \overline{Y})^2 = \sum_{i=1}^{k}cn\overline{Y}_{i..}^2 - kcn\overline{Y}^2$$

$$SSB = \sum_{i=1}^{k}\sum_{j=1}^{c}\sum_{k=1}^{n}(\overline{Y}_{.j.} - \overline{Y})^2 = \sum_{j=1}^{c}kn\overline{Y}_{.j.}^2 - kcn\overline{Y}^2$$

$$SSAB = \sum_{i=1}^{k}\sum_{j=1}^{c}\sum_{k=1}^{n}(\overline{Y}_{ij.} - \overline{Y}_{i..} - \overline{Y}_{.j.} + \overline{Y})^2$$

$$SSE = \sum_{i=1}^{k}\sum_{j=1}^{c}\sum_{k=1}^{n}(Y_{ijk} - \overline{Y}_{ij.})^2 = \sum_{i=1}^{k}\sum_{j=1}^{c}\sum_{k=1}^{n}Y_{ijk}^2 - n\sum_{i=1}^{k}\sum_{j=1}^{c}\overline{Y}_{ij.}^2$$

習題

8.1 以下有數個一因子變異數分析的例子，針對各個例子找出其因子、因子水準以及因變量：

(a) 某家汽車零件公司主要是製造三種汽車零件：輪胎、煞車、排氣管；每一種零件各設置一個銷售網來負責銷售，公司高層人員想要研究這三種零件的銷售網每月的營業額是否相同。

(b) 稅捐稽徵處想要研究在臺北市三種職業（大學教授、電腦工程師、房地產仲介業者）年收入的狀況。研究人員從臺北市抽出1,000 人，以這些樣本來推斷這三種職業的年收入是否相同。

(c) 某研究室研究不同溫度下木材的抗壓能力，研究人員設定了三種溫度：0℃、25℃、50℃，他們想要知道在這三種溫度之下，木材的抗壓能力是否會不同。

8.2 高雄科技大學語言教學中心想要研究不同的教學方式，對學習成果所造成的影響。研究人員隨機選出 15 位大一新生同學，並將之分為三組。第一組用教學錄影帶來教授學生、第二組採用傳統的課堂教學方

式、第三組僅授予講義，由學生自行研讀。一學期後，對這三組學生進行測驗，以下是測驗的成績：

教學方式＼樣本	1	2	3	4	5
錄影教學	86	82	94	77	86
課堂教學	90	79	88	87	96
講義教學	78	70	65	74	63

(a) 求出以下各個變數的值：n_T（總樣本）、n_1、Y_{32}、$\bar{Y}_2$ 和 $\bar{Y}$。

(b) 寫出 ANOVA 表。

(c) 在顯著水準 $\alpha = 0.05$ 下，不同的教學方式是否對學習成果會造成影響？請寫出你的檢定程序。

8.3 新力電器公司將研發的 DVD 新產品委託四地區工廠製造，為了測試這四地區工廠製造 DVD 機的品質，研究人員分別由四地區工廠的生產線上各抽出 6 台 DVD 機，將 DVD 機的音量開到最大，並記錄它們的使用期限，以下便是測試的結果：

工廠＼樣本	1	2	3	4	5	6
日本廠	5.5	5.0	5.2	5.3	4.8	4.8
大陸廠	4.7	3.9	4.3	4.5	4.1	4.3
臺灣廠	6.1	5.7	5.0	5.3	5.2	6.3
越南廠	4.5	5.1	4.3	4.1	4.5	5.1

(a) 求出以下各個變數的值：n_T、n_3、Y_{24}、$\bar{Y}_3$ 和 $\bar{Y}$。

(b) 寫出 ANOVA 表。

(c) 在顯著水準 $\alpha = 0.05$ 下，這四地區工廠所製造的 DVD 機品質是否一樣？請寫出你的檢定程序。

8.4 初鹿牧場食品研究人員想要研究蛋糕中乳酪的含量,是否會影響蛋糕的體積;他調配了 10 公克、20 公克、30 公克三種乳酪含量,將它們置入原料中再烘烤成蛋糕,並測量蛋糕的體積。研究人員烘烤了 21 個蛋糕,每種乳酪含量各烘烤 7 個蛋糕,以下是所得的資料:

重量 \ 樣本	1	2	3	4	5	6	7
10 公克	387	396	401	405	398	391	393
20 公克	390	394	381	390	402	403	391
30 公克	398	401	405	380	391	394	395

(a) 求出以下各個變數的值:$\overline{Y}_1$、$\overline{Y}_2$ 和 $\overline{Y}_3$。

(b) 寫出 ANOVA 表。

(c) 在顯著水準 $\alpha = 0.05$ 下,乳酪含量是否會影響到蛋糕的體積,請寫出你的檢定程序。

8.5 神奇能源公司想要研究比較新出產 A, B 和 C 三種環保汽油的效能。由於不同環保汽油用在不同品牌汽車上行駛里程數可能受影響,因此於是隨機挑選 4 輛不同廠牌之新車進行行駛里程數實驗,每一輛汽車均使用三種汽油施測,以消除因汽車不同所引起之誤差。取得資料如下:

汽油 \ 汽車	1	2	3	4
A	14.7	16.0	16.3	15.1
B	16.2	18.1	17.9	16.7
C	15.1	16.5	15.8	16.8

這是一個隨機集區化的變異數分析:

(a) 在這個分析中,請解釋何者為因子?何者為集區?

(b) 寫出 ANOVA 表。

(c) 在顯著水準 $\alpha = 0.05$ 下，這 A, B 和 C 三種環保汽油行駛里程數
是否一樣？請寫出你的檢定程序。

又因為 $F_{MSB/MSE} = 4.71 < F_{0.05}(3,6) = 4.76$，所以接受集區對行駛里
程數無影響之假設。

8.6 好料廚具公司代理了三家廠牌的電子壓力鍋，假設這三家廠牌電子壓
力鍋的品質、價格相差並不大。為了解顧客對廠牌的喜好狀況，好料
廚具公司想要比較這三家廠牌電子壓力鍋的銷售狀況。研究人員選了
六家廚具商店，並調查在這六家商店中三家廠牌電子壓力鍋的銷售金
額，以下便是調查的結果：

專賣店 廠牌	商店 1	商店 2	商店 3	商店 4	商店 5	商店 6
老虎	2,161	1,769	2,748	1,782	2,830	3,183
象印	2,379	1,913	1,119	1,208	1,962	1,689
潤發	1,479	1,024	1,598	963	1,913	2,251

這是一個隨機集區化的變異數分析，請回答以下問題：

(a) 在這個分析中，請解釋何者為因子？何者為集區？

(b) 寫出 ANOVA 表。

(c) 在顯著水準 $\alpha = 0.05$ 下，這三種廠牌電子壓力鍋的銷售金額是否
一樣？

8.7 以下是水果茶銷售的實際觀測資料：

賣場 j 顏色 i	1	2	3	4	5
粉紅 1	26.5	28.7	25.1	29.1	27.2
橙色 2	31.2	28.3	30.8	27.9	29.6
淡紫 3	27.9	25.1	28.5	24.2	26.5
墨綠 4	30.8	29.6	32.4	31.7	32.8

這是一項隨機集區化的實驗設計，依顏色的不同、所有賣場（集區）的水果茶銷售量被分類為四組，由於每一種顏色的水果茶皆設置了五個賣場在販售。因此，在每種顏色之下皆有五個實際銷售量。銷售量是以萬元作為單位。

(a) 請列出變異數分析表。

(b) 在顯著水準 $\alpha = 0.05$ 下，檢測水果茶顏色是否會影響銷售量。

8.8 家樂福量販店想要研究販賣場所和包裝對產品銷售的影響，因此以百貨公司和超級市場作為賣場，並且採用三種不同的包裝，以下是該項產品的銷售狀況：（單位萬元）

包裝 賣場	包裝一	包裝二	包裝三	總和
百貨公司	56, 23, 52, 28, 35	43, 25, 16, 27, 32	47, 43, 52, 61, 74	614
超級市場	16, 14, 18, 27, 31	58, 62, 68, 72, 83	15, 14, 22, 16, 27	543
總和	300	486	371	1157

(a) 寫出 ANOVA 表。

(b) 在顯著水準 $\alpha = 0.05$ 下，對這組資料做一些檢定與結論。

8.9 轟天雷傳播公司想要研究宣傳媒體對廣告所產生的效果。他們採用兩種傳播的方式：1. 由電視播放廣告；2. 由廣播電台播放廣告；研究人員也想知道：多次的播放廣告是否會加深消費者對產品的印象。因此，他們設定了二種廣告播放的次數：三次、十次。這是二因子變異數分析，每個因子各有二個因子水準，因此構成了四種組合；研究人員找了 16 位受測者，在看過或聽過廣告後由受測者評分，分數從 0 到 20。每種組合分配 4 位受測者，以下便是測驗的資料：

傳播方式＼播放次數	廣告播放三次	廣告播放十次	總和
電視播放廣告	6, 10, 11, 9	8, 13, 12, 10	79
廣播電台播放廣告	15, 18, 14, 16	19, 20, 13, 17	132
總和	99	112	211

(a) 寫出 ANOVA 表。

(b) 在顯著水準 $\alpha = 0.05$ 下，上例的二個因子之間是否有交互作用存在？請寫出你的檢定程序。

(c) 在顯著水準 $\alpha = 0.05$ 下，不同的宣傳媒體是否會使消費者對廣告產生不同的印象？

(d) 在顯著水準 $\alpha = 0.05$ 下，不同的播放次數是否會使消費者對廣告產生不同的印象？

9 相關分析與迴歸模式

日常生活中，常會發現某些現象與其他現象有相關性，或者是現象之間有某些因果律。找關係或了解現象之間的因果律，可説是從事社會或自然科學研究過程中最重要的工作。本章我們將計算變數之間的相關程度，以及探討變數之間的因果律。最後，應用統計方法建立一合適的迴歸模式。當我們由多個變數去預測另一個變數時，則稱為多變數迴歸分析。

人們常說的因果關係，就是一相關分析

人們普遍相信因果關係。科學實驗可以證實的物理現象中，就存在許多現象與現象之間的因果關係。對此，在社會科學當中，無論是心理學、經濟學或社會學的理論建構模型，就運用大量的因果律。人藉由掌握此一無形的客觀規律，進而預測，甚至控制這個世界

因果關係作為人們認識世界與解釋事物發展變化的一種方式，人們對世間萬物因果聯繫的理解與運用，可以追溯到久遠年代。愛因斯坦曾經提到：西方科學是建立在以因果律為基礎的形式邏輯之上。作為科學家最經常運用的因果概念，就受到科學哲學家的極大關注。

以石頭砸碎窗戶為例，我們說事件 B（窗戶破碎）起因於事件 A（石頭碰撞窗戶）的時候，他們指的是什麼？這有很多種說法，他們可能是說，事件 A 在某些時間與空間的條件下，導致、強制、產生、造成、引起了事件 B。對於說一事件引起了另一事件，其意思是什麼，按照字面上的解釋顯然仍有許多值得探討與釐清的地方

休謨 (David Hume, 1711-1776) 在《人性論》書中，用了大量的篇幅考察與釐清因果關係。當時人們普遍認為，因果關係主要包括三個因素：空間上的接近、時間上的先後延續與必然性的聯繫。休謨認為必然性的聯繫這一因素是缺乏根據的，也反覆強調人們關於因果關係的概念，在任何情況下都不是由先驗的推論得來的，而是憑借於經驗與習慣性的聯想。只有在重複了 A 的發生，而 B 總是在其後發生，人們才期待，當下一個 A 發生時，B 又隨之發生。事實上，人們從未觀察到事件間的必然聯繫，只是在重複一致地經歷了以上的事例後，就把這個以為是不變的秩序解釋為一種因果秩序，而這種因果關係只是人們擬構起來的習慣、期望與信念，我們找到適當的原因來說明所期望的結果。

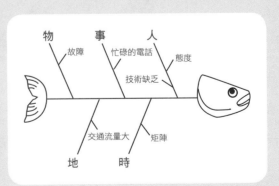

康德 (Immanuel Kant, 1724-1804) 無法容忍休謨的懷疑論與心理主義，破壞了自然科學嚴格可靠的基礎。雖然康德同意休謨的兩項結論：一是因果關係的基礎不存在於事物本身，而是來源於認知主體；二是因果關係的所謂必然性不能從經驗中產生。但是康德進一步主張：認識主體自身存在空間、時間與因果性等先天範疇。這些內在於主體的先驗條件，加上我們的經驗，使得我們的經驗具有結構與秩序，也給予因果關係必然而普遍有效的基礎，這同時保證了自然科學存在著某種東西是嚴格可靠性的。

人們不可能完全知道所有的規律。如此事件 A 引起事件 B，就會由於規律陳述的不完備而不能斷言。例如：我們想探討一件飛機失事原因，必須分析一切有關的條件，包括：氣候的狀況、機械故障、電腦系統出問題、駕駛員操作疏失、暴力攻擊等。如果我們希望對這個事故求得一個唯一的原因，那麼依據提出問題的角度，就可能得出很多答案，每一個人只要從他自己的角度去觀察整個情景，他就會找出某種原因。

但是在複雜的情境下，存在著許多相關的成分，如果飛機事故與一個先行事件之間產生了一種因果關係，我們說先行事件引起了事故，其意思包括了如果人們已經知道了事前情景與一切有關的規律，就能夠預言事故。因果關係雖然意味著可預言性，但是這種可預言性不意味著實際的與未來的必然性，因為沒有一個人可以知道一切有關的事實與規律。

中國有句諺語：種什麼樣的因，就會得什麼樣的果。所謂的因果關係，並不是只要自己有投入，就會有預期的結果。重點在於事先是否做好探索問題、找到真正原因是什麼？因為，這會影響是否用對方法與工具，而不同的方法與工具，也會讓結果會有所差異。

東方國家對因、果有分別、詳盡的分析。因果佛學用以說明一切事物聯繫、影響和生滅變化的重要理論。釋迦牟尼曾辯證了古印度外道所持的偽因偽果、無因有果、有因無果、無因無果等說法。深信因果是普世信徒的基本信念。因又稱因緣，果又稱果報。一切事物均從因緣而生，有因必有果。因和果輾轉相生，謂之因果報應。佛學的因果說通於過去、現在和未來，稱為三世因果。

9.1 資料散佈圖與相關程度

第八章變異數分析是探討因子（自變數）對依變數是否有影響之統計檢定方法，但是它僅能分析自變數與依變數有無顯著關係，卻無法分析期間之關係程度。若我們想了解 X 與 Y 兩個現象之間的關係程度，最直接的方法就是先把 (X, Y) 的資料散佈圖畫出來。到底 X 與 Y 這兩變數之間呈現何種程度的關係，由資料散佈圖我們便可約略看出它們之間的相關性。例如：母親的智商與其孩子的智商關係、犯罪率與人口密度的關係、加權股票指數與成交值的關係等。

相關與迴歸主要是應用於線性關係的檢定，相關分析的主要目的在於描述兩個變數之間的線性關係，而迴歸則是基於兩個變項之間的線性關係，進一步分析兩變項之間的預測關係。然而，一個顯著的相關係數，只能夠說明兩個變數之間具有某些程度上的關聯，但是並無法得知兩個變數之間的因果關係。例如：2010 年 2 月 4 日網路新聞報導，英國里茲大學心理學家研究後發現，上網成癮與罹患憂鬱症有強烈關聯，但不敢確定是上網導致憂鬱或有憂鬱傾向愛上網。且專家發現，有少數受測者出現不由自主上網的習慣，線上聊天、經營社交網絡的時間完全取代真實生活的社交互動。研究報告表示，上網成癮者憂鬱沮喪的現象，比起沒上癮者嚴重得多，憂鬱指數足足高 5 倍。事實上，上網成癮與憂鬱現象，就像先生雞或先生蛋問題，仍有爭議。統計數據只能說明憂鬱症和上網具有相關，但無法證實，是否是憂鬱症的人比較愛上網，或是愛上網的人容易得憂鬱症。

迴歸的目的與相關不同，主要的目的在於因果關係探討，亦即取用某獨立變數 (independent variable) 去解釋另一個依變數 (dependent variable)，並透過迴歸的模式與考驗，來探討變數之間的關聯性。

迴歸的名詞，始於 1855 年，英國學者 Galton 發表的論文〈*Regression toward mediocrity in heredity stature*〉。在此論文中，分析小孩身高與父母身高的關係，文中發現，父母的身高和小孩的身高有緊密的關聯性，當父母身高愈高，則小孩就愈高，而父母愈矮，則生出的小孩就愈矮小。然而，若

是父母的身高是極高或是極矮時，小孩的身高卻不如父母身高的變化，而會朝向大眾身高的平均數移動。這種迴歸到平均數的現象 (regression toward mean) 的現象，廣為大眾所知，而 Regression 這個名詞，也就被研究者視為研究變項之間的同義詞。

宇宙間任兩個變數之間必定有關係存在，不外是正相關、負相關、或統計無關。因此測量關係程度的大小，才是我們所感興趣的。在統計學上，我們常用相關係數，一般以 ρ 來表示，代表兩個變數 X 及 Y 的相關程度。它的定義為

$$相關係數 \quad \rho = \frac{\sigma_{X,Y}}{\sigma_X \sigma_Y} = \frac{Cov(X,Y)}{\sigma_X \sigma_Y} \tag{9.1}$$

當 $\rho > 0$ 時，我們稱 X 和 Y 之間為正相關。當 $\rho < 0$ 時，則稱 X 和 Y 之間為負相關。若是 $\rho = 0$，則稱 X 和 Y 之間沒有關係存在，或說統計無關。

不過要求相關係數，先需要得知它們的變異數 σ_X^2、σ_Y^2 和它們之間的共變異數 $Cov(X,Y)$。但是在實務應用上，常常並不容易得到。所以，我們用樣本相關係數 $\hat{\rho}$ 來估計 ρ，即

$$\hat{\rho} = \frac{\sum_{i=1}^{n}(x_i - \overline{x})(y_i - \overline{y})}{\sqrt{\sum_{i=1}^{n}(x_i - \overline{x})^2}\sqrt{\sum_{i=1}^{n}(y_i - \overline{y})^2}} \tag{9.2}$$

其中 (x_i, y_i) 為第 i 對樣本值，$i = 1, 2, ..., n$；$\overline{x}$ 及 $\overline{y}$ 分別為其樣本平均數。

研究資料相關的第一個步驟，便是將蒐集到的樣本資料 $(x_1, y_1), (x_2, y_2), ..., (x_n, y_n)$ 用散佈圖表示出來。由散佈圖中我們可以看出 X 和 Y 之間的分布情形，也可隱約地看出 X 與 Y 的關係。接著藉樣本相關係數 $\hat{\rho}$，便可以估計 X 和 Y 之間相關程度。

例 9.1 資料散佈圖直線走向

民生醫院提供了一份健保門診的年齡和血壓的資料，如表 9.1 所示。

表 9.1 年齡和血壓的對應資料

掛號	年齡 (X)	血壓 (Y)
1	43	128
2	48	120
3	56	135
4	61	143
5	67	141
6	70	152
7	74	156
8	80	162

我們將年齡視為自變數置放在 X 軸，血壓視為因變數置放在 Y 軸，即 $(X, Y) =$（年齡，血壓），則年齡對血壓形成的散佈圖如圖 9.1。

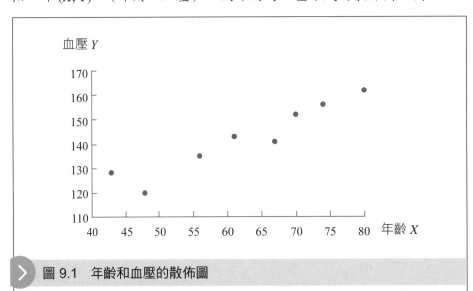

圖 9.1 年齡和血壓的散佈圖

從圖 9.1 可以看出，年齡和血壓的關係大略是呈直線偏右上走勢，這代表 $\rho > 0$。因此，我們稱年齡和血壓之間呈現正相關。

一般來說，若散佈圖呈往右上趨勢，則暗示 X, Y 二變數之間存在正相關，其相關係數 $\rho > 0$。若散佈圖呈往右下趨勢，則暗示二變數 X, Y 之間存在負相關，其相關係數 $\rho < 0$。若散佈圖呈現一團或不規則的情況，則暗示 X, Y 的相關係數 $\rho = 0$ 或接近 0，即 X, Y 二變數之間沒有相關或關係很小。

例 9.2 資料散佈圖非直線走向

民生醫院提供年齡和肌肉強韌度的資料，如表 9.2 所示。

表 9.2 年齡和肌肉強韌度的對應資料

掛號	年齡 (X)	肌肉強韌度 (Y)
1	2	10
2	9	33
3	14	50
4	24	77
5	35	96
6	45	62
7	52	43
8	61	20

我們將年齡視為自變數置放在 X 軸，肌肉強韌度視為因變數置放在 Y 軸；即 $(X, Y) = （年齡，肌肉強韌度）$。畫成散佈圖如圖 9.2。

從圖 9.2 可以看出，年齡和肌肉強韌度的關係並不是呈直線走向，而是呈曲線走向，所以年齡和肌肉強韌度之間確有一種趨勢，關係存在，但經計算後，我們發現 ρ 幾乎為 0，這是因為 ρ 僅能用來測量直線相關程度，對於非直線的情況而言，ρ 就沒有什麼代表意義了。

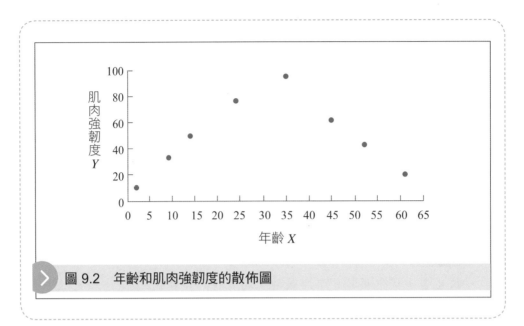

圖 9.2　年齡和肌肉強韌度的散佈圖

 例 9.3　資料散佈圖無相關走向

表 9.3 為民治大學學生每天喝下的牛奶分量和讀書時間的資料。

表 9.3　牛奶分量和讀書時間的對應資料

學生	牛奶分量 (X)	讀書時間 (Y)
1	48	3
2	8	1
3	32	2
4	64	5
5	10	8
6	32	5
7	56	10
8	72	2
9	48	1

我們將牛奶分量視為自變數置放在 X 軸，讀書時間視為因變數置放在 Y 軸，即 $(X, Y) =$（牛奶分量，讀書時間）。畫成散佈圖如圖 9.3。

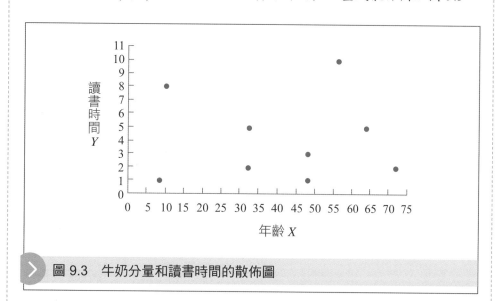

> 圖 9.3　牛奶分量和讀書時間的散佈圖

我們從圖 9.3 可以看出，牛奶分量和讀書時間之間毫無趨勢可言，ρ 幾乎為 0，這也代表讀書時間（因變數）是不受每天所喝牛奶分量的影響。

相關係數 ρ 的檢定

當隨機變數 X 和 Y 之聯合分配服從二元常態分配時，欲檢定 $H_0 : \rho = 0$ vs. $H_1 : \rho \neq 0$ 時，在統計假設 H_0 為真的情況下，我們可以由其樣本相關係數 $\hat{\rho}$ 導出 t 檢定統計量

$$t = \frac{\hat{\rho}\sqrt{n-2}}{\sqrt{1-\hat{\rho}^2}} \sim t(n-2) \tag{9.3}$$

亦即可利用自由度為 $n-2$ 之 t 檢定量作檢定。

若欲檢定相關係數是否等於某不為 0 的特定值時，即檢定 $H_0 : \rho = \rho_0$ vs. $H_1 : \rho \neq \rho_0 \ (\rho_0 \neq 0)$ 時，由於此時 $\hat{\rho}$ 為一偏態分配，我們可使用費雪轉換

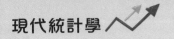

(Fisher transformation)：

$$Z_{\hat{\rho}} = \frac{1}{2} ln \frac{1+\hat{\rho}}{1-\hat{\rho}} \qquad (9.4)$$

在統計假設 H_0 為真的情況下，$Z_{\hat{\rho}}$ 趨近常態分配，即

$$Z_{\hat{\rho}} \to N(Z_0, \frac{1}{n-3})$$

其中 $Z_0 = \frac{1}{2} ln \frac{1+\rho_0}{1-\rho_0}$。此時，我們便可以使用近似常態分配來作檢定。

 例 9.4

長紅投資顧問公司研究報告指出，臺灣地區加權股價指數漲跌 X 與成交量 Y 有關，其相關係數為 0.7。為了驗證此結果，我們隨機抽取去年 39 筆資料，得到 $\rho_{xy} = 0.6$。

統計假設為 $\begin{cases} H_0 : \rho_{XY} = 0.7 \\ H_1 : \rho_{XY} \neq 0.7 \end{cases}$

接著進行在 $\alpha = 0.05$ 下之雙尾檢定。由

$$Z_{\hat{\rho}} = \frac{1}{2} ln \frac{1+0.6}{1-0.6} = 0.69 \text{ 及 } Z_0 = \frac{1}{2} ln \frac{1+0.7}{1-0.7} = 0.87 \text{ 可得}$$

$$\left| \frac{Z_{\hat{\rho}} - Z_0}{\sqrt{1/(n-3)}} \right| = 6|0.69 - 0.87| = 1.08 < \Phi_{0.025} = 1.96$$

因此我們接受 H_0，即接受臺灣地區加權股價指數漲跌 X 與成交量 Y 相關係數為 0.7 之假設。

9.2 單變數迴歸模式

單變數迴歸模式與相關係數，都是探討兩個變數間的關係。但是在相

關係數分析中，並沒有考慮到兩變數 X, Y 間的因果關係。若變數 Y（一般稱為因變數）和變數 X（一般稱為解釋變數或自變數）之間存在有線性迴歸關係，也就是說 Y 所表現出來的結果是受 X 的影響的話，那麼如何應用 (X, Y) 此組資料做進行迴歸分析，並建構一合適之迴歸模式，將是本節我們要探討的問題。

值得注意的是，兩事件有正（或負）相關，並非意味著其中之一事件為另一事件的發生的原因。以下實例就三個有趣的情境說明之。

例 9.5

情境 1　在屏東縣鄉間流傳，每年燕巢數目增加會帶來嬰兒數增加。生態學者想要證實這傳言，於是蒐集相關資料。初步發現，燕巢數目和嬰兒出生數確實呈高度正相關。表面上似乎印證燕巢數增加會帶來嬰兒數增加，但這是否就表示燕巢數增加會帶來嬰兒數增加？或者是嬰兒數增加帶來燕巢數增加？

但是經過生態學者與統計學者深入研究後，發現燕巢數與嬰兒數之所以呈正相關是因為嬰兒數增加，人們需多蓋房子住，而房子的屋簷卻是燕造巢的好地方。所以，燕巢數目和嬰兒出生數之間是間接的因果，而不是直接的因果關係。

情境 2　高雄市大同國小輔導室對該小學學生實施性向測驗時，偶然發現身高和數學測驗分數之間呈現正相關。也就是說，身高愈高，數學測驗分數愈高。此結果顯然違背經驗常理，兩者之間應無直接的因果關係。個子低的同學，尤其不服氣。

經過輔導老師與統計學者深入調查發現，原來在統計資料過程時，並沒有按年級分級進行。結果國小高年級者，身高自然較低年級者為高，而其數學學力測驗亦自然較低年級者為高。真正直接影響數學測驗分數的因素是年級，而不是身高。

情境 3　美國印第安那州的地區教會想要募款興建新教堂，提出教堂能潔淨人們心靈、減少犯罪、降低監獄服刑人數的口號。為了增

加民眾的參與熱忱與信心，教會牧師於是蒐集最近 15 年的教堂數與監獄服刑人數做統計分析。初步結果卻令教會大為緊張，最近 15 年的教堂數與監獄服刑人數呈正相關。也就是說教堂數愈多，監獄服刑人數愈多。

經過教會牧師與統計學者深入討論，並蒐集最近 15 年當地人口增減資料與犯罪率情形，發現原來監獄服刑人數的增加，主要是自該地區人口數之增加與商業繁榮的關係，並不是教堂數的增加而導致監獄服刑人數的增加，而教堂數的增加是因為人口增加的自然需求，為此教會牧師才鬆了一口氣。

討論一個因變數和一個解釋變數的迴歸模式，稱為單變數線性迴歸 (simple linear regression)，它是迴歸分析中最基本的模式。研究迴歸分析的第一個步驟是，將蒐集到的樣本資料用散佈圖表示出來，亦即將這一組解釋變數 X 與因變數 Y 的隨機樣本 $(x_1, y_1), (x_2, y_2), ..., (x_n, y_n)$ 列點描圖。藉此散佈圖分布情形，便可以建立因變數和解釋變數之間的迴歸模式。雖然散佈圖僅能呈現變數之間的分布情形，並不一定能明確描述其中因果關係，不過散佈圖所透露的資訊對於建構迴歸模式仍是大有助益。接著就是估計建構這個迴歸模式。

以產品銷售量和廣告成本為例，當我們決定這兩個變數的因果關係之後，我們便可根據迴歸模式建構方法來建構模式。最後應用這建構完成的模式來做系統分析與預測，譬如投入 100 萬元的廣告成本之後，銷售量將會增加多少。

單變數線性迴歸模式的建立

單變數迴歸模式是由一組解釋變數 X_i 和因變數 Y_i 所建構而成。單變數線性迴歸的統計模式如下：

$$Y_i = \beta_0 + \beta_1 X_i + \varepsilon_i, \ i = 1, 2, ..., n \tag{9.5}$$

其中：i 代表樣本的個數，n 表示共有 n 組樣本；(X_i, Y_i) 表示第 i 組樣本的解釋變數和因變數；β_0, β_1 為參數（常數值）；ε_i 代表樣本中第 i 個隨機誤差項。

為了配合參數估計與檢定方便，我們對迴歸模式有以下的基本假設：

1. 常態分配假設

觀察值 Y 為來自一個常態分配的母體。此外，對經由迴歸方程式所分離的隨機誤差 ε_i（即經由 X 所對應的 Y 值與真正的 Y 值之間的差距），亦服從常態分配 $N(0, \sigma^2)$。

2. 誤差獨立性假設

隨機誤差 ε_i 與不同 X 所產生的誤差相互獨立。即 $Cov(\varepsilon_i, X_i) = 0$。若是隨機誤差之間出現相關，則會造成參數估計值誤差估計，並且統計檢驗力也會降低，不易得到顯著的統計結果。

3. 線性關係假設

X 與 Y 之間必須具有線性的關係，若 X 與 Y 的關係為非線性關係，則需將數據進行數學轉換。例如：若是自變數為類別變數（例如：性別、科系別）等，則需先將類別的自變項進行轉換成虛構變項 (dummy variable) 的形式，再進行運算。

值得一提的是，由 $E(\varepsilon_i) = 0$ 可得 $E(Y_i|X_i = x_i) = \beta_0 + \beta_1 x_i$。故知第 i 組樣本因變數 Y_i 的期望值為 $\beta_0 + \beta_1 x_i$。又由 $Var(\varepsilon_i) = \sigma^2$ 可得 $Var(Y_i|X_i = x_i) = \sigma^2$，故知因變數 Y 的變異數均為 σ^2。

我們用圖 9.4 來說明迴歸模式 (9.5)。令 X_i 為廣告支出，Y_i 為銷售量。假設當廠商花了 20 萬元的廣告費用時，銷售量 Y_i 是一個以期望值為 100 萬元的常態分配。若廠商花了 30 萬元的廣告費用，銷售量 Y_i 則是一個以期望值為 250 萬元的常態分配。

也就是說，若將 X_i 視為一個常數，Y_i 則是一個隨機變數。因此，Y_i 的期望值 $E(Y_i) = \beta_0 + \beta_1 X_i$ 受到自變數 X_i 的影響，而且這影響呈直線走向。這條直線 $E(Y_i) = \beta_0 + \beta_1 X_i$ 一般被稱作迴歸函數 (regression function)，參數 β_0

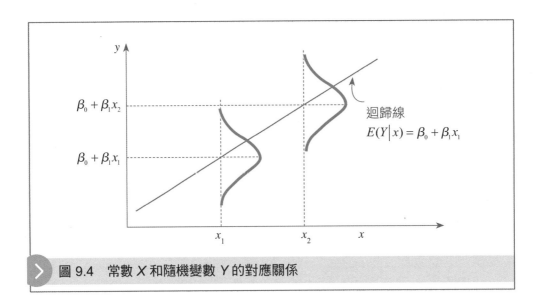

圖 9.4　常數 X 和隨機變數 Y 的對應關係

為直線的截距，β_1 為直線的斜率。這兩個參數是未知的，因此我們需要對截距和斜率進行估計和檢定。

應用最小平方法估計 β_0 和 β_1

由於迴歸參數 β_0 和 β_1 是未知，所以必須利用樣本觀察值來估計它們。通常我們用最小平方法 (method of least squares) 求得。最小平方法的概念是根據 n 個資料 (X_i, Y_i)，找出一條樣本迴歸線或稱為配適線 (fitted line) $\hat{y}_i = b_0 + b_1 x_i$，其中 b_0 和 b_1 分別代表 β_0 和 β_1 之估計值，使得各資料值 y_i 與迴歸線上所對應的配適值 $\hat{y}_i$ 之差異的平方總和 (Sum of the Squared Error, SSE) 為最小：

$$SSE = \sum_{i=1}^{n} e^2 = \sum_{i=1}^{n} (y_i - \hat{y})^2 = \sum_{i=1}^{n} (y_i - (b_0 + b_1 x_i))^2 \tag{9.6}$$

即在 n 個樣本 $(x_1, y_1), (x_2, y_2) \ldots (x_n, y_n)$ 中，找出 b_0 和 b_1 使得 $\sum_{i=1}^{n} (y_i - (b_0 + b_1 x_i))^2 = \sum_{i=1}^{n} (y_i - \hat{y}_i)^2 = \sum_{i=1}^{n} e_i^2$ 為最小。

要找出 b_0 和 b_1 使得 SSE 最小，我們得先將 SSE 分別對 b_0 和 b_1 做偏微

分並令其為零，得到以下的方程式：

$$\sum_{i=1}^{n} Y_i = nb_0 + b_1 \sum_{i=1}^{n} X_i \tag{9.7}$$

$$\sum_{i=1}^{n} X_i Y_i = b_0 \sum_{i=1}^{n} X_i + b_1 \sum_{i=1}^{n} X_i^2 \tag{9.8}$$

解這兩項方程式可得

$$b_1 = \frac{\sum_{i=1}^{n}(X_i - \overline{X})(Y_i - \overline{Y})}{\sum_{i=1}^{n}(X_i - \overline{X})^2} = \frac{\sum_{i=1}^{n} X_i Y_i - n\overline{X}\,\overline{Y}}{\sum_{i=1}^{n} X_i^2 - n\overline{X}^2} \tag{9.9}$$

$$b_0 = \overline{Y} - b_1 \overline{X} \tag{9.10}$$

我們常用 $\hat{Y} = b_0 + b_1 X$ 來估計迴歸函數 $E(Y_i) = \beta_0 + \beta_1 X_i$。值得注意的是，$b_0$ 和 b_1 分別是 β_0 和 β_1 的不偏估計量，亦即 $E(b_0) = \beta_0$ 且 $E(b_1) = \beta_1$。在計算估計值時，先算出 b_1，再根據 b_1 計算 b_0。為了方便記憶，有時也將 b_1 寫為

$$b_1 = \frac{S_{xy}}{S_{xx}}, \text{其中 } S_{xy} = \sum_{i=1}^{n}(X_i - \overline{X})(Y_i - \overline{Y}), S_{xx} = \sum_{i=1}^{n}(X_i - \overline{X})^2$$

 例 9.6

　　故鄉市場調查公司想要調查某項商品銷售狀況，該公司認為這項產品的銷售量應該是與廣告支出大有關係。所蒐集到的樣本資料列於下表（單位：萬元）。如果你是調查人員，對於這樣的狀況你要如何進行分析？

廣告支出	2.0	2.4	3.0	3.6	4.4	5.1	5.5	6.0	6.4	7.0	7.5	8.0
銷售量	120	134	145	148	155	152	159	162	160	158	163	175

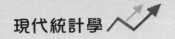
答：首先考慮，這項調查是要研究廣告支出如何影響銷售量，在這樣的架構下，應該是將廣告支出視為自變數 X，而銷售量視為因變數 Y。接下來用散佈圖看看 X 和 Y 之間呈現什麼樣的走勢。由散佈圖可以看出這兩者呈現直線的走向，因此我們認為廣告支出 X 和銷售量 Y 是屬於單變數線性迴歸的架構，所以假設真實模式為 $Y_i = \beta_0 + \beta_1 X_i + \varepsilon_i$ 是很合理的。接下來的工作便是估計模式中的未知參數 β_0 和 β_1。

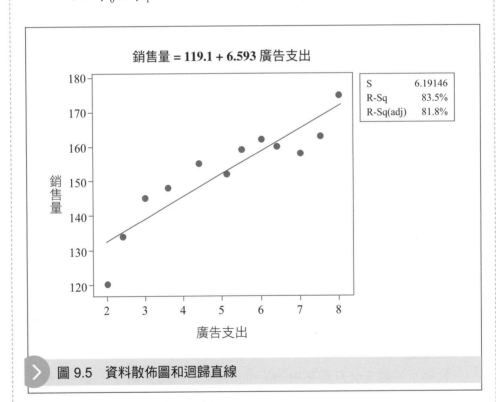

> 圖 9.5　資料散佈圖和迴歸直線

以下便是求參數 β_0 和 β_1 的不偏估計量 b_0 和 b_1 步驟：

$$\bar{X} = \frac{\sum X_i}{n} = \frac{4+6+\ldots+5}{12} = \frac{55}{12} = 4.58$$

$$\sum X_i Y_i = 4 \times 197 + 6 \times 272 + \ldots + 5 \times 239 = 14060$$

$$\sum X_i^2 = 4^2 + 6^2 + \ldots + 5^2 = 299$$

$$b_1 = \frac{\sum_{i=1}^{n} X_i Y_i - n\overline{X}\,\overline{Y}}{\sum_{i=1}^{n} X_i^2 - n\overline{X}^2} = \frac{14060 - 12 \times 4.58 \times 217.75}{299 - 12 \times 4.58^2} = \frac{2092.5}{47.3} = 44.2$$

$$b_0 = \overline{Y} - b_1\overline{X} = 217.75 - 44.2(4.58) = 15.3$$

因此樣本迴歸函數為 $\hat{Y} = 15.3 + 44.2X$

　　我們將這項模式繪於圖 9.5 中，讀者可以發現這條直線與樣本點的走勢相當吻合，因此樣本迴歸模式 $\hat{Y} = 15.3 + 44.2X$ 便代表了銷售量和廣告支出之間的關係；這項式子可以作這樣的解釋：當不作任何廣告時，廠商可以獲得 15.3 萬元的銷售額。而且，每增加 1 萬元的廣告支出，銷售額會增加 44.2 萬元。

　　若廠商想要知道當廣告支出為 4.5 萬元時，能獲得多少的銷售量？我們可以用 $\hat{Y}_{X=x} = b_0 + b_1 x$ 來估計，$\hat{Y}_{X=4.5} = 15.3 + 44.2 \times 4.5 =$ 214.2。因此估計值為 214.2，也就是說當廣告支出為 4.5 萬元時，能獲得約 214.2 萬元的銷售量。

如何檢定 β_1？

　　在大多數的迴歸分析中，研究者主要目的是為了要探討迴歸函數的斜率 β_1；斜率 β_1 代表解釋變數增加一單位時，因變數改變的情況。斜率愈大，代表解釋變數雖然只有些微的改變，但卻會導致因變數產生劇烈的變動。此時自變數對因變數具有舉足輕重的影響地位。若是斜率為 0，即 $\beta_1 = 0$，則代表解釋變數不論怎麼改變，因變數都不會產生變化。也就是說，自變數和因變數之間並無任何關係存在，如圖 9.3 所示。

　　以廣告支出和銷售量為例，若是 $\beta_1 = 0$，則表示無論廠商如何的支出廣告費用，都不會對銷售量產生作用。因此，廠商必須另外尋求能夠刺激銷售量的影響因素。因此在研究自變數和因變數互動關係時，檢定「自變數和因變數彼此之間是否有關係存在」是一重要的工作。

　　當迴歸模式之誤差項 ε_i 服從常態分配時，b_1 即為一以期望值 $E(b_1) = \beta_1$、

變異數 $Var(b_1) = \sigma_\varepsilon^2/S_{xx}$ 之常態分配，即 $b_1 \sim N(\beta_1, \sigma_\varepsilon^2/S_{xx})$。由於 σ_ε^2 通常是未知的，我們常用均方誤差 (Mean Square Error) $MSE = \sum(Y_i - \hat{Y})^2/(n-2)$ 作為 σ_ε^2 的估計值。因此，$Var(b_1)$ 的估計值就是用 MSE/S_{xx}。令 $S(b_1) = \sqrt{MSE/S_{xx}}$，我們稱 $S(b_1)$ 為 b_1 的估計標準差。此時可以證明 b_1 減 β_1 再除以 $S(b_1)$ 服從 t 分配；即

$$\frac{b_1 - \beta_1}{S(b_1)} \sim t(n-2) \tag{9.11}$$

檢定 β_1 的統計量與檢定程序為：

1. 統計假設：$\begin{cases} H_0 : \beta_1 = 0 \\ H_1 : \beta_1 \neq 0 \end{cases}$。

2. 檢定統計量 $t = b_1/S(b_1)$。

3. 在顯著水準 $\alpha = 0.05$ 下，若 $|t| \geq t_{\alpha/2}(n-2)$，則拒絕 H_0，即自變數 X 和因變數 Y 之間沒有迴歸關係。

例 9.7

接續例子 9.6，雖然廣告支出與銷售量之間的迴歸模式已被估計出來，但研究人員還想更進一步了解，是否廣告支出並不適合作為自變數。也就是說，我們懷疑廣告支出這個因子並不會對銷售量造成影響。研究人員該採用何種程序來澄清這項疑慮？並且列示樣本迴歸模式的預測能力。

答：如果懷疑廣告支出不會對銷售量造成影響，我們可以採用假設檢定的程序，去推論 $\beta_1 = 0$ 是否成立。

統計假設為：$\begin{cases} H_0 : \beta_1 = 0 \\ H_1 : \beta_1 \neq 0 \end{cases}$

接下來計算 t 統計量。因為 $S_{xx} = 46.9$，且 σ_ε^2 的估計值

$$MSE = \frac{SSE}{n-2} = \frac{\sum_{i=1}^{n}(y_i - \hat{y}_i)^2}{10} = \frac{336.9}{10} = 33.69$$

$$t = b_1 / S(b_1) = \frac{b_1}{\sqrt{MSE/S_{xx}}} = \frac{44.4}{\sqrt{33.69/46.9}} = \frac{44.4}{0.848} = 52.4$$

在顯著水準 $\alpha = 0.05$ 下，查附錄表 T5 得 $t_{0.025}(10) = 2.22 < 52.4$，故我們拒絕 $\beta_1 = 0$ 的假設，即廣告支出這項因子應該引入模式中。

9.3 多變數迴歸模式

迴歸分析的架構中，是由因變數 Y 和自變數 X 組成的統計模式。若是只考慮一個因變數和一個自變數之間的形式，我們稱這樣的架構為單變數迴歸。以產品銷售量和廣告成本為例，一般來說，產品銷售量是受廣告成本所影響，所以，我們以銷售量為因變數，而廣告成本為自變數，組成一個因果系統，這是屬於單變數迴歸的架構。

若是考慮一個因變數和多個自變數之間的形式時，我們稱這樣的架構為**多變數迴歸** (multiple regression)。以心臟病與其各項病因為例，病因是因，而心臟病是果。因此以心臟病為因變數，而病因為自變數，其中包含了超過二種以上的自變數：1. 運動；2. 抽菸；3. 年齡；4. 飲食習慣等。這種例子則屬於多變數迴歸的架構範圍。

有很多情況，僅將一個自變數納入考慮的迴歸模式，可能無法完整的描述所要研究的現象。以前述的產品銷售量為例，我們可以將廣告支出 X 再細分為投資在電視上的廣告費用 X_1 和投資在報紙上的廣告費用 X_2，如此一來，便可以看出，利用不同的傳播媒體刊登廣告會對銷售量造成什麼樣的影響。另一方面，產品銷售量應不僅受廣告影響，產品價格也是一個重要影響因素。在這樣的迴歸關係中，因變數銷售量對應了兩個自變數：廣告 X_1 和產品價格 X_2，這也是屬於多變數迴歸模式的架構範圍。

二變數線性迴歸模式

$$Y_i = \beta_0 + \beta_1 X_{i1} + \beta_2 X_{i2} + \varepsilon_i , \ i = 1, 2, ..., n \tag{9.12}$$

在模式 (9.12) 中，我們引進了兩個自變數：X_{i1} 和 X_{i2}，而參數 β_1 可解釋成當 X_{i1} 增加一單位時，導致因變數 Y_i 改變的比例。同理 β_2 為當 X_{i2} 增加一單位時，導致 Y_i 改變的比例。在這裡 Y_i 的期望值為 $\beta_0 + \beta_1 X_{i1} + \beta_2 X_{i2}$。因此，迴歸函數為 $E(Y) = \beta_0 + \beta_1 X_1 + \beta_2 X_2$。

β_0、β_1 和 β_2 的估計

假設存在著 n 組樣本，第一組樣本為 (X_{11}, X_{12}, Y_1)，第二組樣本為 $(X_{21}, X_{22}, Y_2), \ldots$，依此類推。接下來我們得根據這些樣本觀察值，對未知參數 β_0、β_1 和 β_2 進行估計。這三個迴歸參數的估計量，仍可用最小平方法求得，令總平方差 SSE 為

$$SSE = \sum_{i=1}^{n}[Y_i - (\beta_0 + \beta_1 X_{i1} + \beta_2 X_{i2})]^2 \tag{9.13}$$

我們要找出可以使 SSE 值為極小的 β_0、β_1 和 β_2。符合這項條件的 β_0、β_1 和 β_2 的估計量分別用符號 b_0、b_1 和 b_2 來表示，將式 (9.13) 分別對 b_0、b_1 和 b_2 做偏微分，並令為零，得到下列三項方程式：

$$\sum Y_i = nb_0 + b_1 \sum X_{i1} + b_2 \sum X_{i2}$$
$$\sum X_{i1} Y_i = b_0 \sum X_{i1} + b_1 \sum X_{i1}^2 + b_2 \sum X_{i1} X_{i2}$$
$$\sum X_{i2} Y_i = b_0 \sum X_{i2} + b_1 \sum X_{i1} X_{i2} + b_2 \sum X_{i2}^2 \tag{9.14}$$

利用解聯立方程式的技巧，可自行解得 b_0、b_1 和 b_2。如此便可找到了參數 β_0、β_1 和 β_2 的估計量：b_0、b_1 和 b_2，而且經由證明得知這些估計量是不偏的。若將 β_0、β_1 和 β_2 代入迴歸模式 $E(Y) = \beta_0 + \beta_1 X_1 + \beta_2 X_2$ 中，可得到樣本迴歸模式：$\hat{Y} = b_0 + b_1 X_1 + b_2 X_2$，我們常用此式來估計迴歸模式。

如何個別檢定 β_1 和 β_2

在多變數迴歸模式 (9.12) 中，β_1 代表在 X_2 不變時，X_1 增加一單位而導致因變數 Y 改變的情況。β_2 則是代表在 X_1 不變時，X_2 增加一單位而導致因變數 Y 改變的情況。若是 $\beta_1 = 0$，則代表解釋變數 X_1 不論怎麼改變，因變數 Y 都不會產生變化；也就是說，X_1 和 Y 之間並無任何關係存在。此時

應將 $\beta_1 X_{i1}$ 自模式 (9.12) 取出，而形成單變數迴歸模式 $Y_i = \beta_0 + \beta_2 X_{i2} + \varepsilon_i$。同理， 若是 $\beta_2 = 0$，則表示 X_2 和 Y 之間並無任何關係存在，此時應取出 $\beta_2 X_{i2}$，而形成單變數迴歸模式 $Y_i = \beta_0 + \beta_1 X_{i1} + \varepsilon_i$。

在模式建構過程中，我們常會將無關 Y 的解釋變數，置入多重迴歸模式中。因此需要針對每一個解釋變數，檢定其是否與因變數有關，以便將無關的解釋變數排除在模式之外。在多變數迴歸中，檢定「二個自變數和因變數之間是否有關係存在」的概念與單變數迴歸相同，也是用 t 分配的方式來進行檢定。當誤差項 ε_i 服從常態分配時，$b_1 \sim N(\beta_1, \sigma_{b_1}^2)$、$b_2 \sim N(\beta_2, \sigma_{b_2}^2)$。不過，$\sigma_{b_1}^2$ 和 $\sigma_{b_2}^2$ 常是未知的，我們常用 $S^2(b_1)$、$S^2(b_2)$ 來作為它們的估計值。我們可以證明

$$\frac{b_i - \beta_i}{S(b_i)} \sim t(n-3) \text{ , } i = 1, 2 \qquad (9.15)$$

檢定 β_1 的統計量與程序如下：

1. 統計假設：$\begin{cases} H_0 : \beta_1 = 0 \\ H_1 : \beta_1 \neq 0 \end{cases}$。

2. 檢定統計量 $t = b_1 / S(b_1)$。

3. 在顯著水準 $\alpha = 0.05$ 下，若 $|t| \geq t_{\alpha/2}(n-3)$ ，則拒絕 H_0；即自變數 X_1 和因變數 Y 之間有迴歸關係，X_1 該置入模式 (9.12) 當中。

同理，檢定 β_2 的統計量與程序如下：

1. 統計假設：$\begin{cases} H_0 : \beta_2 = 0 \\ H_1 : \beta_2 \neq 0 \end{cases}$。

2. 檢定統計量 $t = b_2 / S(b_2)$。

3. 在顯著水準 $\alpha = 0.05$ 下，若 $|t| \geq t_{\alpha/2}(n-3)$，則拒絕 H_0；即自變數 X_2 和因變數 Y 之間有迴歸關係，X_2 該置入模式 (9.12) 當中。

上述的 $S^2(b_1)$、$S^2(b_2)$ 和 t 值的計算過於繁複，一般不採用人工計算，而是利用統計軟體來進行計算。

例 9.8

蓋洛普市場調查公司認為非夢思商品的銷售量 Y，是受到投資在電視上的廣告費用 X_1 和投資在報紙上的廣告費用 X_2 所影響。請根據下表的樣本資料（單位：10 萬元），找出模式中迴歸參數的估計值和樣本迴歸模式，並討論將 X_1 和 X_2 引入模式之中是否恰當。

X_1	2	2	2	2	3	3	3	3	4	4	4	4	5	5	5	5
X_2	2	3	4	5	2	3	4	5	2	3	4	5	2	3	4	5
Y	8.7	10.5	11	12	12.7	12.8	14.7	15.3	16.1	16.3	16.5	17.7	19.7	18.9	19.9	20.5

答：假設非夢思商品銷售量 Y、投資在電視上的廣告費用 X_1 和投資在報紙上的廣告費用 X_2 服從線性迴歸模式：

$$Y_i = \beta_0 + \beta_1 X_{i1} + \beta_2 X_{i2} + \varepsilon_i.$$

接下來，我們要對迴歸參數 β_0、β_1 和 β_2 進行估計：

$$\sum Y_i = 243.31, \sum X_{i1} = 56, \sum X_{i2} = 56, \sum X_{i1}^2 = 216, \sum X_{i2}^2 = 216,$$
$$\sum X_{i1} X_{i2} = 196, \sum X_{i1} Y_i = 912.17, \sum X_{i2} Y_i = 912.17$$

根據最小平方法可知

$$\sum Y_i = nb_0 + b_1 \sum X_{i1} + b_2 \sum X_{i2}$$
$$\sum X_{i1} Y_i = b_0 \sum X_{i1} + b_1 \sum X_{i1}^2 + b_2 \sum X_{i1} X_{i2}$$
$$\sum X_{i2} Y_i = b_0 \sum X_{i2} + b_1 \sum X_{i1} X_{i2} + b_2 \sum X_{i2}^2$$
$$243.31 = 16b_0 + b_1 56 + b_2 56$$
$$\Rightarrow 912.17 = b_0 56 + b_1 216 + b_2 196$$
$$865.7 = b_0 56 + b_1 196 + b_2 216$$

從以上的聯立方程式可解得 $\begin{cases} b_0 = 2.13 \\ b_1 = 3.03 \\ b_2 = 0.71 \end{cases}$，所以樣本迴歸模式為

$$\hat{Y} = 2.13 + 3.03X_1 + 0.71X_2$$

接下來要討論自變數 X_1 和 X_2 是否該引入模式中,也就是分別檢定 $H_0 : \beta_1 = 0$ 和 $H_0 : \beta_2 = 0$ 是否成立。

首先檢定 $H_0 : \beta_1 = 0$。

我們直接引用統計軟體中的計算結果,因為 $S(b_1) = 0.12$,所以 $t = b_1 / S(b_1) = 3.03/0.12 = 25.18$。而 $|t| = 25.18 > t_{0.05/2}(13) = 2.16$,所以我們拒絕 $H_0 : \beta_1 = 0$,即 X_1 應該置入迴歸模式中。

再檢定 $H_0 : \beta_2 = 0$。

我們直接引用統計軟體中的計算結果,因為 $S(b_2) = 0.12$,所以 $t = b_2 / S(b_2) = 0.71/0.12 = 5.87$。而 $|t| = 5.87 > t_{0.05/2}(13) = 2.16$,所以我們也拒絕 $H_0 : \beta_2 = 0$,即 X_2 應該置入迴歸模式中。

綜合以上結論,X_1, X_2 都應該置入迴歸模式當中。

以下是用 MINITAB 16.0 處理例 9.7 資料的輸入與輸出範例:

輸入

MTB > regression c1 2 c2 c3.

(c1 代表 Y 資料,2 代表有 2 個自變數,X_1, X_2 分別以 c2, c3 表示)

輸出結果

Regression Analysis

The regression equation is

Y = 2.13 + 3.03 X_1 + 0.706 X_2

Predictor	Coef	StDev	T
Constant	2.1344	0.6104	3.50
X_1	3.0293	0.1203	25.18
X_2	0.7058	0.1203	5.87

在以上的輸出結果中,「Coef」代表 b_0, b_1 和 b_2,「StDev」代表

$S^2(b_0)$, $S^2(b_1)$ 和 $S^2(b_2)$，「T」則代表 $b_0/S(b_0)$, $b_1/S(b_1)$ 和 $b_2/S(b_2)$。我們可直接引用軟體的輸出結果來進行檢定。

如何同時檢定 β_1 和 β_2

在多變數迴歸分析中，我們也可以研究 X_1 和 X_2 這兩自變數是否會同時對 Y 造成影響，也就是檢定 $\beta_1 = \beta_2 = 0$ 的說法是否成立。若是這項說法成立，代表不論這兩自變數怎麼改變，因變數都不會產生變化，也就是說，因變數不與任何自變數產生關係。在第八章我們曾經提到變異數分析表 (ANOVA) 的製作過程，其實在迴歸分析中也定義了一套專屬的 ANOVA，我們可以利用這套 ANOVA 對 $\beta_1 = \beta_2 = 0$ 進行檢定。以下列示出多變數迴歸的變異數分析表：

表 9.5　多變數迴歸之變異數分析表

變異來源	平方和 (SS)	自由度 (df)	均方和 (MS)	F
迴歸	$SSR = \sum(\hat{Y}_i - \overline{Y})^2$	2	$MSR = \dfrac{SSR}{2}$	$F = \dfrac{MSR}{MSE}$
誤差	$SSE = \sum(Y_i - \hat{Y}_i)^2$	$n-3$	$MSE = \dfrac{SSE}{n-3}$	
總和	$SS = \sum(Y - \overline{Y}_i)^2$	$n-1$		

我們可將 SSR 視為將 X_1 和 X_2 引進迴歸模式之後，使得 Y 之變異降低的數量。也就是說，SSR 這部分的變異已由自變數 X_1 和 X_2 共同來解釋，Y 僅需負擔 SSE 這部分的變異。SS, SSE 和 SSR 之間仍舊形成 $SS = SSR + SSE$ 的關係式，其中 MSE 可作為 σ^2 的估計量。

根據以上的 ANOVA，我們可以定出檢定 $\beta_1 = \beta_2 = 0$ 的決策法則。令統計假設為

$H_0 : \beta_1 = \beta_2 = 0$

$H_1 : \beta_1$ 和 β_2 至少有一個不為 0

若 H_0 為真，表示自變數 X_1 和 X_2 皆未能對因變數 Y 造成影響。檢定的方法是利用 ANOVA 中的統計量 F，在顯著水準 $\alpha = 0.05$ 下，如果 $F > F_\alpha (2, n - 3)$，則拒絕 H_0。如果 $F < F_\alpha (2, n - 3)$，則接受 H_0。

例 9.9

請根據例 9.8 的資料，應用多變數迴歸之變異數分析表，判斷 X_1 和 X_2 是否可同時自迴歸模式中移出，也就是檢定 $\beta_1 = \beta_2 = 0$ 的假設是否成立？

答：$SS = \sum (Y_i - \overline{Y})^2 = (8.74 - 15.20)^2 + ... + (20.51 - 15.20)^2 = 197.25$

$\hat{Y}_1 = b_0 + b_1 X_{11} + b_2 X_{12} = 2.13 + 3.03 \times 2 + 0.71 \times 2 = 9.61$

$\hat{Y}_2 = b_0 + b_1 X_{21} + b_2 X_{22} = 2.13 + 3.03 \times 2 + 0.71 \times 3 = 10.31$

$$\vdots$$

$\hat{Y}_{16} = b_0 + b_1 X_{161} + b_2 X_{162} = 2.13 + 3.03 \times 5 + 0.71 \times 5 = 20.81$

$SSR = \sum (\hat{Y}_i - \overline{Y})^2 = (9.61 - 15.20)^2 + ... + (20.81 - 15.20)^2 = 193.45$

$SSE = SS - SSR = 197.25 - 193.48 = 3.77$

$MSR = \dfrac{SSR}{2} = \dfrac{193.48}{2} = 96.74, \ MSE = \dfrac{SSE}{16 - 3} = \dfrac{3.77}{13} = 0.289$

$F = \dfrac{MSR}{MSE} = \dfrac{96.74}{0.289} = 334$

在顯著水準為 $\alpha = 0.05$，查表值 $F_{0.05}(2,13) = 3.81 < 334$，所以我們拒絕 $\beta_1 = \beta_2 = 0$ 的說法。也就是說，X_1 和 X_2 不應同時被排除到模式之外，至少有一個自變數會對銷售量造成影響。我們將變異數列示如下：

變異來源	平方和 (*SS*)	自由度 (*df*)	均方和 (*MS*)	*F*
迴歸	193.48	2	96.74	334
誤差	3.77	13	0.289	
總和	197.25	15		

9.4 迴歸模式的診斷

在實務研究過程中，迴歸模式是一個很好的統計分析工具，但是我們也不應盲目的使用它。必須先確定在模式建構過程中所用的假設，大致上符合基本假設才能應用，以免採用迴歸分析法逕行的推論不合理。最常用的迴歸模式診斷方法為判定係數 (coefficient of determination) 與殘差分析 (residual analysis)，我們用判定係數的測量值來衡量自變數 X 和因變數 Y 之間直線關係的強度，有助於了解所建構的迴歸模式的適切性。用殘差分析來檢視所建構的迴歸模式，是否符合迴歸模式的基本假設。

單變數迴歸模式的判定係數

單變數迴歸模式中以自變數 X 來解釋因變數 Y，其解釋能力的高低是評斷模式適合與否的重要指標。判定係數就是用來衡量單變數迴歸模式的配適程度。

根據單變數迴歸模式 $Y_i = \beta_0 + \beta_1 X_i + \varepsilon_i$，可知對於因變數 Y 的變異，可以分解成兩部分：1. 由 X 所解釋的變異，這部分就是模式所能解釋的變異；2. 由殘差項 ε 所造成的變異，這部分就是不能被模式所解釋的變異。令變數 Y 的變異為總變異 SS，則 $SS = \sum (y_i - \overline{y})^2 = S_{yy}$ 可分解成

1. 由迴歸模式所解釋的變異 $SSR = \sum (\hat{y}_i - \overline{y})^2 = \dfrac{S_{xy}^2}{S_{xx}}$ 。

2. 由殘差項 ε 所造成的變異 $SSE = \sum (y_i - \hat{y}_i)^2 = S_{yy} - \dfrac{S_{xy}^2}{S_{xx}}$ 。

以下列關係式表示如下：

$$\begin{array}{ccccc}
\text{總平方和 } (SS) = & \text{迴歸平方和 } (SSR) & + & \text{誤差平方和 } (SSE) \\
\sum (y_i - \overline{y})^2 & = \sum (\hat{y}_i - \overline{y})^2 & + & \sum (y_i - \hat{y}_i)^2
\end{array} \tag{9.16}$$

為了使迴歸模式有較佳的配適，則迴歸平方和 SSR 應占 SS 主要部分，SSE 愈小愈好。因此，定義迴歸模式的配適程度指標的判定係數 r^2 為 SSR 和 SS

之比：

$$r^2 = \frac{迴歸平方和}{總平方和} = \frac{SSR}{SS} = \frac{S_{xy}^2}{S_{yy}S_{xx}} = b_1^2 \frac{S_{xx}}{S_{yy}}$$ **(9.17)**

r^2 的分布範圍是 $0 \le r^2 \le 1$。若是樣本點大多數集中於迴歸直線周圍，形成一種強烈的直線走勢，則 r^2 會接近 1。若是樣本點隨機的散佈在四周圍，資料的走勢不能形成一種趨向，則 r^2 會接近 0。

r 是具有方向性的測量值，若是樣本迴歸直線的斜率為正（即 $b_1 > 0$），則 r 也為正；若 $b_1 < 0$，則 r 為負。最後值得一提的是：判定係數 r^2 與 X, Y 的相關係數 ρ_{XY} 有以下的關係，$\rho_{XY}^2 = r^2$。

 例 9.10

在例 9.8 中，說明廣告支出和銷售量之間的線性相關強度，也就是樣本迴歸模式：$\hat{Y} = 15.3 + 44.2X$ 的解釋能力，並求相關係數 ρ_{XY}。

答：由於判定係數 $r^2 = SSR_y / SS_y = 92547/92884 = 0.996$，這表示因為加入了廣告支出這項因子，使得來自於 Y 的變異降低了 99.6%，因此我們相信樣本迴歸模式 $\hat{Y} = 15.3 + 44.2X$，具有優良的解釋能力。又相關係數 $\rho_{XY} = \sqrt{0.996} = 0.998$。

 例 9.11

在例 9.9 中，引入 X_1, X_2 是否使迴歸模式具良好的解釋能力？

答：由於判定係數 $r^2 = SSR_y / SS_y = 193.48/197.25 = 0.98$。這代表引入 X_1, X_2 能使迴歸模式更具有良好的解釋能力，我們認為將 X_1 和 X_2 引入模式是正確的。

殘差分析

　　迴歸模式建構完成之後，我們應注意：是否該組資料符合迴歸模式的基本假設：殘差值 ε_i 是互相獨立，且均服從常態分配 $N(0, \sigma^2)$？令 $X = X_i$ 時的殘差 $e_i = Y_i - \hat{Y}_{X=X_i}$，其中的 $\hat{Y}_{X=X_i}$ 來自於樣本迴歸模式：$\hat{Y} = b_0 + b_1 X$。殘差分析就是藉著樣本資料配適後的殘差 e_i，探討所建構的迴歸模式是否符合建構迴歸模式基本假設，也可偵測出可能的異常觀測值 (outliers)。

1. 殘差值 e_i 獨立性

　　檢定殘差值 e_i 獨立性可用連串檢定 (run test) 法或自相關分析 (ACF, PACF) 檢視之。一般統計軟體 MINITAB、SAS、SPSS 等均有此功能，操作簡易。

2. 殘差值 e_i 常態分配檢定

　　檢定殘差值 e_i 常態分配可用第十章中介紹的科莫果夫－史邁諾夫檢定法或第九章中介紹的卡方適合度檢定法檢視之。一般統計軟體 MINITAB、SAS、SPSS 等均有此功能，操作簡易。

3. X 和 Y 之間是否呈直線走勢，即是否符合 $E(Y_i | X_i = x_i) = \beta_0 + \beta_1 x_i$

　　以例 9.6 來說，其迴歸模式為 $\hat{Y} = 14.2 + 44.4X$，殘差值 e_i 列於下表：

廣告支出 X_i	4	6	2	5	7	6	3	8	5	3	1	5
銷售量 Y_i	197	272	100	228	327	279	148	377	238	142	66	239
殘差值 e_i	5.2	–8.5	–3.0	–8.3	2.3	–1.5	0.1	8.1	1.7	–5.9	6.5	2.7

　　以第一個樣本 $(X_1 = 4, Y_1 = 197)$ 為例，$\hat{Y}_1 = 15.3 + 44.2 \times 4 = 192.1$。所以第一個樣本的殘差 e_i 為 $Y_1 - \hat{Y}_1 = 197 - 192.1 = 4.9$。其餘各項依此類推。求得殘差值後，可依此組成殘差分析圖，藉此來判斷資料是否符合基本假設。

　　我們可將殘差 e_i 置於縱軸，解釋變數 X_i 置於橫軸，對應成一平面圖，如果解釋變數 X 和應變數 Y 之間確實呈直線走勢的話，則圖點應是均勻地散佈在 $e_i = 0$ 這條數線上下，如下圖 9.6 所示。

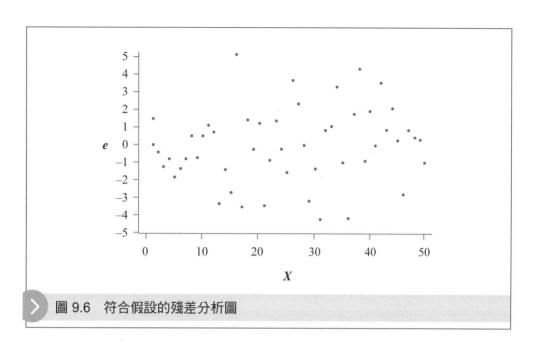

圖 9.6　符合假設的殘差分析圖

若是殘差 e_i 的走勢形成一曲線形態，如下圖 9.7 所示。

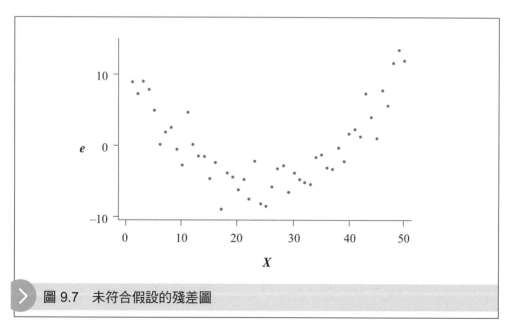

圖 9.7　未符合假設的殘差圖

此時我們得懷疑此組資料可能不符合假設，解釋變數 X 和因變數 Y 之間可能是呈現曲線的走勢，而不是直線的走勢。

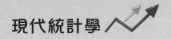

4. 不論 X 為多少，Y 的變異數均為常數 $Var(Y_i | X_i = x_i) = \sigma^2$

　　若是殘差圖的圖點分布有擴張（或縮減）的趨勢，如下圖 9.8、圖 9.9 所示。

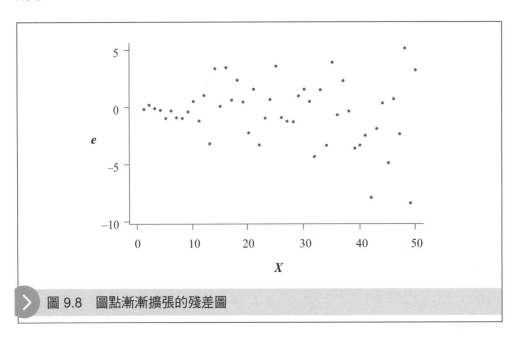

> 圖 9.8　圖點漸漸擴張的殘差圖

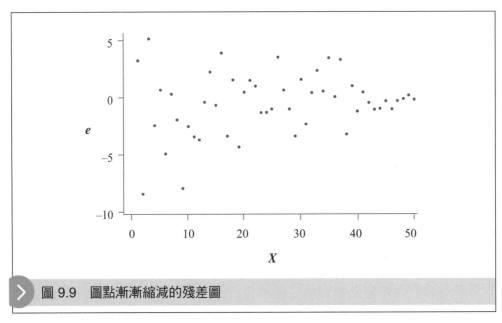

> 圖 9.9　圖點漸漸縮減的殘差圖

則資料不符合迴歸模式假設，它們的變異數並不是常數，是會隨著 X 增加而增加，如圖 9.8；或是隨著 X 增加而減少，如圖 9.9。

當由殘差分析圖看出資料不符合線性迴歸的假設時，上述的估計和檢定方法不能適用在原始資料上。這時可以考慮使用轉換 (transformation) 的技巧，對原始資料進行轉換，使得轉換後的資料能符合線性迴歸的假設，再加以分析。舉例而言，若是從資料散佈圖看出 Y 會隨著 X 作平方比例的增加，則我們可以考慮對 Y 作 $\log Y$ 的函數轉換，再看看 $(\log Y, X)$ 是否能符合線性迴歸的假設；或者是對 X 作 X^2 的轉換，再看看 (Y, X^2) 是否符合線性迴歸的假設。

9.5 應用 SPSS 進行相關分析與迴歸模式的操作方法

此節示範使用 SPSS 來進行迴歸分析。例題 9.8 中，蓋洛普市場調查公司認為非夢思商品的銷售量 Y，是受到投資在電視上的廣告費用 X_1 和投資在報紙上的廣告費用 X_2 所影響。這個例題中，想要找出模式中迴歸參數的估計值和樣本迴歸模式，並討論將 X_1 和 X_2 引入模式之中是否恰當。

	名稱	類型	寬度	小數	標記	值	遺漏
1	X1	數字的	8	2		無	無
2	X2	數字的	8	2		無	無
3	Y	數字的	8	2		無	無

首先，先到「變數檢視」，依序打上 $X1, X2, Y$。

之後回到資料檢視，依序打上各組資料。

	未命名標題1 [資料集0] – SPSS Statistics Data Editor								
檔案(F) 編輯(E) 檢視(V) 資料(D) 轉換(T) 分析(A) 統計圖(G) 公用程式(U) 增益集(O) 視窗(W) 說明(H)									

2 : Y   10.5   顯示：3 個變數 (共有 3 個)

	X1	X2	Y	var	var	var	var	va
1	2.00	2.00	8.70					
2	2.00	3.00	10.50					
3	2.00	4.00	11.00					
4	2.00	5.00	12.00					
5	3.00	2.00	12.70					
6	3.00	3.00	12.80					
7	3.00	4.00	14.70					
8	3.00	5.00	15.30					
9	4.00	2.00	16.10					
10	4.00	3.00	16.30					
11	4.00	4.00	16.50					
12	4.00	5.00	17.70					
13	5.00	2.00	19.70					
14	5.00	3.00	18.90					
15	5.00	4.00	19.90					
16	5.00	5.00	20.50					
17								

資料檢視   變數檢視

SPSS Statistics Processor is ready

再來點選上方「分析」→「迴歸」→「線性」。

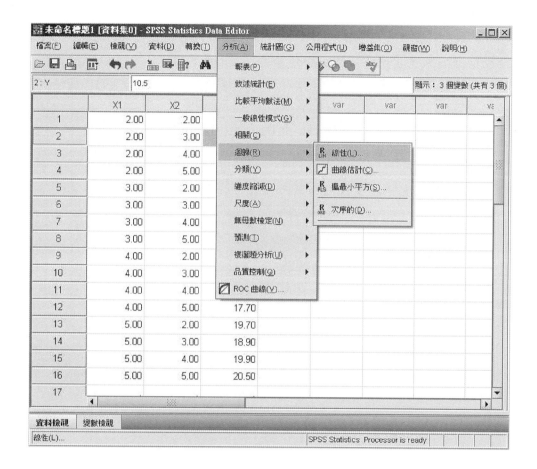

將 Y 移入「依變數」，$X1$ 及 $X2$ 移入「自變數」後按確定。

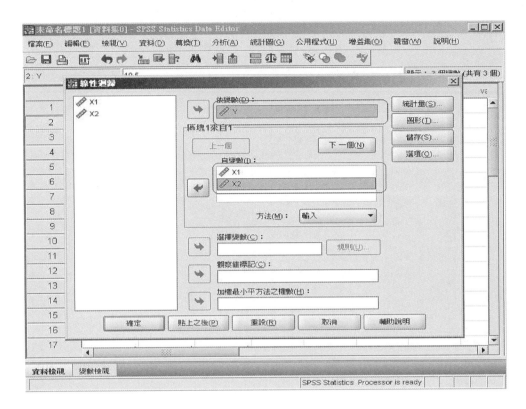

　　點選「統計量」，再點選「估計值」、「模式適合度」、「描述性統計量」後按繼續。

點選圖形,將「ZRESID」移入「Y」,「ZPRED」移入「X」,點選「常態機率圖」後,按繼續再按確定。

執行後的結果 $\hat{Y} = 2.081 + 3.038X_1 + 0.713X_2$。而相對應的 t 值,也可在下表找到。此處所算的值,和先前略有不同,此因先前計算中有四捨五入的原因。

敘述統計

	平均數	標準離差	個數
Y	15.2062	3.63840	16
X1	3.5000	1.15470	16
X2	3.5000	1.15470	16

相關

		Y	X1	X2
Pearson 相關	Y	1.000	.964	.226
	X1	.964	1.000	.000
	X2	.226	.000	1.000
顯著性(單尾)	Y	.	.000	.200
	X1	.000	.	.500
	X2	.200	.500	.
個數	Y	16	16	16
	X1	16	16	16
	X2	16	16	16

選入刪除的變數

模式	選入的變數	刪除的變數	方法
1	X2, X1[a]	.	選入

a. 所有要求的變數已輸入。

模式摘要[b]

模式	R	R平方	調過後的 R 平方	估計的標準誤
1	.990[a]	.980	.977	.54689

a. 預測變數:(常數), X2, X1

b. 依變數: Y

Anova[b]

模式		平方和	df	平均平方和	F	顯著性
1	迴歸	194.681	2	97.341	325.460	.000[a]
	殘差	3.888	13	.299		
	總數	198.569	15			

a. 預測變數:(常數), X2, X1

b. 依變數: Y

模式		未標準化係數		標準化係數	t	顯著性
		B之估計值	標準誤差	Beta 分配		
1	(常數)	2.081	.621		3.354	.005
	X1	3.038	.122	.964	24.839	.000
	X2	.713	.122	.226	5.826	.000

a. 依變數: Y

由上而下依序為
β_0、β_1、β_2的估計值

由上而下依序為
β_0、β_1、β_2的 t 值

殘差統計量ᵃ

	最小值	最大值	平均數	標準離差	個數
預測值	9.5813	20.8312	15.2062	3.60260	16
殘差	-.88125	1.00625	.00000	.50913	16
標準預測值	-1.561	1.561	.000	1.000	16
標準殘差	-1.611	1.840	.000	.931	16

a. 依變數: Y

摘要

1. 相關分析是研究兩變數 X 及 Y 間相關的程度與方向。我們用相關係數 $\rho = \sigma_{X,Y} / \sigma_X \sigma_Y$ 來表示兩個變數的相關程度。當 $\rho > 0$ 時，我們稱 X 和 Y 正相關；當 $\rho < 0$ 時，則稱 X 和 Y 負相關。若是 $\rho = 0$，則稱 X 和 Y 沒有關係存在，或說統計無關。

2. 當選定的自變數與因變數間有某種因果關係存在後，可利用迴歸分析來探討變數間的線性影響。

3. 配合參數估計與檢定方便，我們對迴歸模式有以下的基本假設：(1) 隨機誤差項 ε_i 是獨立且均服從 $N(0, \sigma^2)$；(2) Y_i 為互相獨立隨機變數且 $Y_i \sim N(\beta_0 + \beta_1 X_i, \sigma^2)$；(3) ε_i 與 X_i 無關。

4. 建立迴歸模型後，我們用最小平方法求得模型中的參數。

5. 常用的迴歸模式診斷方法有判定係數 r^2 與殘差分析，用判定係數的測量值來衡量自變數 X 和因變數 Y 間直線關係的強度，有助於了解所建構迴歸模式的適切性。用殘差分析來檢視所建構的迴歸模式，是否符合基本假設。

6. 當由殘差分析圖看出資料不符合線性迴歸的假設時，可以考慮使用轉換的技巧，對某變數取對數或平方等轉換，使得轉換後的資料能符合線性迴歸的假設。

習題

9.1 韓國慶熙大學教育研究所於 2009 年調查該校附屬中學教師的年資和每月薪資的關係，以下是調查所得的資料：（單位：萬韓圜）

年資	5	10	15	20	25	30
月薪	39.5	49.0	58.5	68.0	77.5	87.0

請依據上述的資料回答以下的問題：

(a) 若以統計迴歸來分析這個問題，你認為年資和月薪何者應作為自變數？何者應作為因變數？

(b) 請畫出年資和月薪的資料散佈圖。

(c) 根據所畫出散佈圖，你認為年資和月薪是呈現什麼樣的迴歸型式？（直線迴歸、曲線迴歸、無迴歸關係）

9.2 飆馬直排輪溜冰鞋公司的研發部認為，生產機器的保養費用 (X) 和機器的產能 (Y) 之間應有所關聯，於是他們對六部機器進行調查，以下是調查所得的資料：

保養費 X	80	90	95	100	110	125
產能 Y	550	800	1200	1700	2200	2900

(a) 請根據以上的資料畫出散佈圖。

(b) 根據所畫出散佈圖，你認為保養費用和產能是呈現什麼樣的迴歸型式？（直線迴歸、曲線迴歸、無迴歸關係）

9.3 研究原住民文化習俗的社會學者，前往烏來山區做田野研究，其中有一項是對他們的夫妻婚姻年齡做調查。以下是六對夫妻的年齡資料，其中 X 為妻子的年齡，Y 為丈夫的年齡。

妻子 (X)	18	20	25	28	30	32
丈夫 (Y)	39	22	25	37	28	34

(a) 請根據以上的資料畫出散佈圖。

(b) 根據所畫出散佈圖，烏來山區原住民妻子和丈夫的年齡之間呈現什麼樣的迴歸型式？（直線迴歸、曲線迴歸、無迴歸關係）

9.4 有一迴歸模式 $Y_i = -6 + 1.3X_i + \varepsilon_i$，$\varepsilon_i \sim N(0, 16)$，試求

(a) $P(-5 < \varepsilon_i < 5) = ?$

(b) 如果 $X_i = 0.15$ 且 $\varepsilon_i = 4$，則 Y_i 之值會是多少？

(c) 如果 $X_i = 6$，則 $E(Y_i) = ?$

(d) 如果 $X_i = 6$，則 $P(Y_i > 1) = ?$

9.5 假設香港每年的農產品輸出量 Y 和農產品輸入量 X 符合以下的線性迴歸模式：$Y = 320 + 0.4X + \varepsilon$，其中單位為萬噸，所以迴歸模式為 $E(Y) = 320 + 0.4X$。

    (a) 若某年的農產品輸入 X 為 380 萬噸，則該年農產品輸出 Y 的期望值會是多少？

    (b) 如果某年的農產品輸入 X 為 600 萬噸，且 $\varepsilon = 35$，則該年的農產品輸出 Y 會是多少？

9.6 豐田汽車公司想要研究旗下各車型轎車重量與汽油的效能關係。令 X 為汽車的重量（單位：千磅），Y 為每公升汽油車子所能行進的車程（單位：公里），現有八種款式汽車接受測試，所得資料如下：

X	21	24	23	21	22	18	20	26
Y	35	27	31	38	36	40	37	28

    (a) 請畫出資料散佈圖。

    (b) 將這個問題代入直線迴歸中，請求出 b_0, b_1 和樣本迴歸模式。

    (c) 請解釋 b_1 的意義。

    (d) 若汽車的重量為 19 千磅，則車程期望值的估計值為多少？

    (e) 請寫出變異分析表 (ANOVA)。

    (f) 求出 r^2。

    (g) 求出 σ_y^2 的估計值。

    (h) 令 $\alpha = 0.05$，檢定 $\beta_1 = 0$ 是否成立，並解釋你所得的結論。

9.7 桃園一家有線電視公司想要研究廣告對於產品銷售的影響。研究人員針對某種產品製作了一支廣告，分別在 10 個縣市播放，但每個縣市廣告播放的次數 X 是不同的。研究人員記錄下這 10 個地區的產品銷售量 Y，以下便是所得的資料：

X	3	1	4	0	2	4	0	3	1	2
Y	2.66	1.29	3.02	1.09	2.01	3.64	0.55	3.21	1.85	2.50

(a) 請畫出資料散佈圖。

(b) 將這個問題代入直線迴歸中，求出 b_0, b_1 和樣本迴歸模式。

(c) 請解釋 b_1 的意義。

(d) 請寫出變異分析表 (ANOVA)。

(e) 求出 r^2。

(f) 求出 σ_y^2 的估計值。

(g) 令 $\alpha = 0.05$，檢定 $\beta_1 = 0$ 是否成立，並解釋你所得的結論。

9.8 垃圾焚化爐使用一段時間後，需經整修才能再度使用，以下是九座焚化爐的使用時間 X（單位：月）和整修成本 Y（單位：十萬）。

X	2.2	1.8	2.9	2.5	1.6	2.9	2.7	3.1	1.9
Y	5.0	4.3	6.2	5.1	3.6	5.8	5.9	6.1	4.1

試回答以下問題：

(a) 請畫出資料散佈圖。

(b) 將這個問題代入直線迴歸中，請求出 b_0, b_1 和樣本迴歸模式。

(c) 請解釋 b_1 的意義。

(d) 若焚化爐已使用了二個月，則整修成本期望值的估計值為多少？

(e) 請寫出變異分析表 (ANOVA)。

(f) 求出 r^2。

(g) 求出 σ_y^2 的估計值。

(h) 令信賴係數為 99%，求出 β_1 的信賴區間。

(i) 令 $\alpha = 0.05$，檢定 $\beta_1 = 0$ 是否成立，並解釋你所得的結論。

9.9 有一多變量迴歸模式 $Y_i = -10 + 2X_{i1} - 3X_{i2} + \varepsilon_i,\ \varepsilon_i \sim N(0, 1)$：

(a) 令 $X_{i1} = 6$，則 $E(Y)$ 和 X_{i2} 的函數關係為何？

(b) 如果 $X_{i1} = 10$ 且 $X_{i2} = 5$，試描述 Y 所服從的分配。

9.10 空中大學教務處想要研究學生每天用功的時數 X_{i1} 和學生的年齡 X_{i2} 對學期 7 科總成績 Y_i 的影響，研究人員選出了 5 位學生，並得到以下的資料：

Y_i	550	570	525	670	490
X_{i1}	3.2	2.7	2.5	3.4	2.2
X_{i2}	22	27	24	28	23

(a) 將這個問題代入多變量迴歸中，請求出 b_0, b_1, b_2 和樣本迴歸模式。

(b) 若有位學生每天用功 3 小時，而他的年齡為 25，則這位學生的學期總成績期望值的估計值為多少？

(c) 請寫出變異分析表 (ANOVA)。

(d) 求出 r^2。

(e) 求出 σ_y^2 的估計值。

(f) 令 $\alpha = 0.05$，檢定 $\beta_1 = \beta_2 = 0$ 是否成立，並解釋你所得的結論。

10 無母數統計檢定

　　一般統計檢定方法，都假定抽樣母體來自某一分配。最常見的是假設抽樣母體來自常態分配。例如：Z, t, F 和 χ^2 之檢定統計量，其檢定之有效性均基於抽樣母體來自常態分配。但是如果母體並不服從常態分配，或母體來自某一未知分配時，應如何處理呢？在統計學領域裡，我們可應用無母數統計方法，來解決當母體分配不是常態或母體分配未知，或樣本為小樣本時的情形。無母數統計檢定方法有很多，本章我們將介紹幾種較常用的無母數檢定法。

每天吃一顆維他命，身體一定比較健康嗎？

2012 過敏兒知識大調查　皮膚與呼吸道是主要過敏症狀

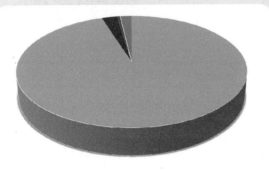

■健康體質95.04%　■聰明才智2.66%　■視力發展0.48%　■其他1.82%

由信誼奇蜜親子網於 2012 年進行的一項名為過敏兒知識大調查的網路問卷調查發現：有高達 95% 的父母特別重視寶寶出生後的健康體質狀況，其關心程度，遠遠大過於寶寶是否具備聰明才智或身體其他方面的發展，寶寶健康成長可以說是每一位父母對初生子女的最大期待。

　　既然寶寶的體質與過敏狀況息息相關，因此，提升初生寶寶的免疫力，培養寶寶健康、優良的體質，就成了父母的首要工作。此次回收的 5,266 份有效問卷中，寶寶有過敏現象的家庭約占了其中的 57%；在這些家庭中，又以 1 歲以前的寶寶最容易出現過敏現象。這份問卷還針對不同年齡階段寶寶所發生的過敏症狀做了調查，發現 1 歲以前的寶寶發生皮膚過敏（如異位性皮膚炎、溼疹、蕁麻疹等）症狀最為頻繁；在寶寶 1 到 3 歲左右，皮膚過敏與呼吸道過敏（如鼻炎、支氣管、氣喘等）問題則同樣嚴重；到了寶寶 3 歲以上，呼吸道的困擾則超過了皮膚的過敏問題。

　　右列這張圖表中顯示，過敏症狀主要由遺傳及環境因素所影響。所以，就算父母沒有過敏症狀，小孩還是有發生過敏的可能；而且，過敏體質一旦被誘發，就有可能在長大之後出現氣喘，甚至過敏性鼻炎的症狀。因此，父母應該提早作預防措施，避免誘發過敏。

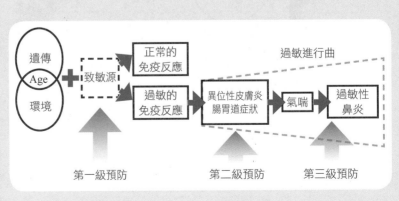

10.1 無母數統計的特性

在母體分配已知的假設下，進行母數如平均值、變異數、母體比例、相關係數檢定等，我們稱為母數統計檢定 (parametric tests)。一般統計檢定方法，都假定抽樣母體來自某一分配，最常見的是假設抽樣母體來自常態分配。例如：Z, t, F 和 χ^2 之統計量，這些檢定之有效性均基於抽樣母體來自常態分配。但是如果母體來自某一未知分配時，應如何處理呢？在統計學領域裡，我們可應用無母數統計方法，來解決當母體分配不是常態或母體分配未知，或樣本為小樣本時的情形。

無母數統計的發展在近數十年來頗為迅速，無論在研究生物科學、心理醫藥、經濟財金、市場調查、教育行政、企管行銷方面應用都很廣。因為一般統計檢定方法，都假定抽樣母體來自某一分配，最常見的是假設抽樣母體來自常態分配。例如：之前所提到的 Z, t, F 和 χ^2 之統計量，其檢定之有效性便是基於抽樣母體來自常態分配的假設。但是在我們的日常生活當中，分析各式各樣問題或資料時，常會發現以下情況：(1) 母體並不服從常態分配或母體來自某一未知分配；(2) 資料為類別尺度；(3) 資料為等級順序尺度。

例如：騎機車戴安全帽是否較未戴安全帽者不易受傷？炒菜用沙拉油或是用清香油對人體比較有益？雙胞胎中先出生的智商較高，還是後出生的較高？國中生能力分班是否比常態分班的教學效果好？臺北市忠孝東路靠南邊與靠北邊的房價是否有差異？全民健保實施後民眾對執政黨的滿意度是否提高？中央銀行進場干預匯率結果，是否造成外匯存底巨額損失？

在我們的日常生活當中，碰到這類之問題幾乎是不勝枚舉。此時我們可應用無母數統計方法來處理，亦即當 (1) 母體常態分配假設不成立時；(2) 母體來自某一未知分配時；(3) 抽樣樣本資料以類別尺度表示時；(4) 抽樣樣本資料以等級順序尺度呈現時，無母數檢定方法可以取代傳統母數檢定方法的限制，進行統計檢定程序。又因為無母數統計檢定方法不需要事先知道母體分配，所以有人將它稱為自由分配方法 (distribution-free method)。

儘管無母數統計檢定方法有以上特性，但這並不代表無母數統計一定是

最好的統計方法。事實上，無母數統計方法仍有其缺點譬如：(1) 當資料符合母數統計的假設條件時，此時使用無母數方法所得的結果表現會較差（敏感度較低）。(2) 在量化資料並排序後，可能會失去某一部分的資訊，此時母數統計就顯得較有效率。(3) 對大樣本而言，母數統計之檢定力通常較無母數統計為高。

10.2 符號檢定 (Sign Test)

符號檢定可說是起源最早的統計檢定方法，通常用來檢定兩母體 X, Y 是否相等，這裡相等的意思是指中位數沒有差異的情形。

例如：我們想比較消費者對 X, Y 兩種即溶咖啡的喜好程度是否有一樣，於是從消費者中隨機抽取 n 位訪問，請他們對 X, Y 兩種即溶咖啡的喜好程度，以 1 至 10 分表示，分數愈高代表愈喜歡。接著檢視成對樣本 $\{(X_i, Y_i); i = 1, ..., n\}$ 的結果。如果 $X_i > Y_i$，則記以「＋」，如果 $X_i < Y_i$，則記以「－」（捨去 $X_i = Y_i$ 之樣本）。若消費者對 X, Y 兩種即溶咖啡的喜好程度無差異，則出現「＋」的總數應與出現「－」的總數差不多，約為一半 ($n/2$) 左右。若出現「＋」（或「－」）的總數接近 n 個，則我們可以說消費者對 X, Y 兩種即溶咖啡的喜好程度存在顯著差異。因此整個檢定問題，成為在檢定二項分配的母體參數 p 是否為 0.5；亦即檢定在實驗 n 次中出現正號的次數為 k 時，出現正號的機率 p 是否為 0.5。

符號檢定也可以推廣用來檢定單一母體的中位數，或一時間數列過程之趨向性。例如：若要檢定母體的中位數是否為某特定值 M_0 時，其統計假設 $H_0: M_X = M_0, H_1: M_X \neq M_0$。我們可由母體隨機抽取 n 個樣本，然後比較樣本值與母體中位數 M_0 的大小。若 $X_i > M_0$，則記以「＋」，若 $X_i < M_0$，則記以「－」（捨去 $X_i = M_0$ 之樣本）。如果該母體 X 的中位數確實是 M_0，那麼出現正號的總數與出現負號的總數應相差不多。若出現「＋」的總數與出現「－」的總數相差頗大時，則我們可以說母體 X 的中位數不等於某特定值 M_0。

雖然大部分情況下，符號檢定可被其他更具有檢定力的無母數檢定法所

取代，但是因為符號檢定比較簡單且應用容易，也不需要特殊的值表來求臨界區，因此還是為學者所樂於使用。

另外為了簡潔敘述檢定過程，避免重複說明起見，本章各檢定法介紹大都只敘述雙尾檢定過程，至於單尾檢定的情形，均可比照類推。

符號檢定過程

1. 資料：一組隨機的成對樣本 (X_i, Y_i)，$i = 1, \cdots, n$，或一組中位數已知的隨機樣本。

2. 統計假設：X, Y 兩母體分配之中位數沒有差異，即 $H_0 : M_X = M_Y$。

3. 統計量：$T =$ 出現「＋」的總數，其中「＋」代表 $X_i > Y_i$。

4. 決策：在顯著水準 α 下的雙尾檢定，若 $P(T \le C) = \sum_{i=0}^{C} \binom{n}{i} (0.5)^i (0.5)^{n-i}$ $< \alpha/2$，或若 $P(T \ge C) = \sum_{i=C}^{n} \binom{n}{i} (0.5)^i (0.5)^{n-i} < \alpha/2$，則拒絕 H_0。

當小樣本 $(n \le 25)$ 時，我們可利用附錄表 T2 查到相對應 α 之臨界值。若大樣本時，則可應用中央極限定理，由逼近常態分配法則，以求得 α 的臨界值。因為在 H_0 下，符號檢定統計量 T 具有期望值 $\mu_X = np = n/2$，變異數 $\sigma^2 = npq = n/4$ 的二項分配。故可使用標準常態分配 Z 檢定量

$$Z = \frac{T - \mu_X}{\sigma_X} = \frac{T - (n/2)}{\sqrt{n/4}} = \frac{2T - n}{\sqrt{n}} \tag{10.1}$$

來檢定。而為了使逼近效果更好，可以應用連續修正的技巧，將統計量 Z 調整為 $Z = \dfrac{T \pm 0.5 - \mu_X}{\sigma_X} = \dfrac{2T \pm 1 - n}{\sqrt{n}}$ 來檢定。

例 10.1

協和基金會為了探討夫妻在家庭重要決策中，是否如傳言妻子具有較大影響力？於是隨機抽取 17 對夫妻針對家庭中重要的決策——購屋做統計。在問卷中要求他們將對決策之影響力做一量化的回答，結果如

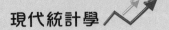

下表。其中 0 代表毫無影響力，依此類推，9 代表完全決定性的影響。

表 10.1　夫妻在家庭重要決策中的影響力

樣本	1	2	3	4	5	6	7	8	9	10	11	12	13	14	15	16	17
妻	5	4	6	6	3	2	5	3	1	4	5	4	6	7	5	5	3
夫	3	3	4	3	3	7	2	3	8	3	2	2	4	2	3	1	7
符號	+	+	+	+	0	−	+	0	−	+	+	+	+	+	+	+	−

依據以上資料，在 $\alpha = 0.1$ 顯著水準下，是否妻子在家庭決策中的影響力較大？

答：統計假設為

H_0：夫妻在家庭決策中的影響力一樣；

H_1：妻子在家庭決策中的影響力較大。

由表 10.1 發現，正號總數 $T = 12, n = 17 - 2 = 15$。用雙尾檢定，由附錄表 T2 查得

$$P(T \geq 12) = 1 - B(11;15, 0.5) = 1 - \sum_{i=0}^{11} \binom{15}{i}(0.5)^i(0.5)^{15-i}$$

$$= 1 - 0.982 = 0.018 < \frac{\alpha}{2} = 0.05$$

故拒絕 H_0，即在 $\alpha = 0.1$ 顯著水準下，妻子在家庭重要決策中的影響力較大。

例 10.2

正修科技大學就業輔導室宣布，他們畢業生工作起薪的中位數是 2.8 萬元。職訓局官員想要檢定他們的宣稱是否合理或偏高，因此隨機抽樣正修技術學院畢業生 15 名，就其第一次工作之起薪統計如下表 10.2，並與中位數 2.8 萬元做比較。試問在 $\alpha = 0.1$ 顯著水準下，是否

正修科技大學畢業生工作起薪為中位數是 2.8 萬元？

表 10.2　正修技術學院畢業生工作起薪資料

學生	1	2	3	4	5	6	7	8	9	10	11	12	13	14	15
起薪	2.5	2.9	2.0	2.2	3.5	2.6	3.0	2.6	2.4	3.1	1.8	2.5	3.0	2.3	3.4
符號	−	+	−	−	+	−	+	−	−	+	−	−	+	−	+

答：統計假設為

H_0：正修科技大學畢業生工作起薪的中位數是 2.8 萬元，即 $M_X =$ 2.8

H_1：正修科技大學畢業生工作起薪的中位數不是 2.8 萬元，即 $M_X \neq 2.8$

由表 10.2 得到正號總數 $T = 6$。用雙尾檢定，在統計假設 H_0 下

$$P(T \leq 6) = \sum_{T=0}^{6} \binom{15}{T}(0.5)^T (0.5)^{15-T} = B(6;15,0.5)$$
$$= 0.3036 > \alpha / 2 = 0.05$$

所以我們接受 H_0，即正修科技大學畢業生工作起薪中位數是 2.8 萬元。

例 10.3

和春國中校長欲研究教師觀賞電影「春風化雨 (*Dead poet society*)」後，是否會改變對犯錯學生施以體罰的觀念。於是就全校 100 名教師中，先請他們記下對學生犯錯之體罰看法。接著再請他們看完該社教影片後，對相同問卷回答問題。其結果如下：

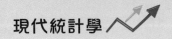

表 10.3　和春國中教師看完影片後對體罰學生的看法

體罰觀念	增加體罰	減少體罰	沒有改變
人數	26	59	15

請問在 $\alpha = 0.05$ 顯著水準下，教師看完該影片後對體罰學生的看法是否有影響？

答：統計假設為

H_0：該影片對教師的體罰看法沒有影響

H_1：該影片減少教師對體罰的看法

$T = 59$，因為 $n = 100 - 15 = 85$ 是大樣本，可用常態分配逼近法計算對應之。用單尾檢定，得統計量

$$Z = \frac{T - \dfrac{n}{2}}{\sqrt{n/4}} = \frac{59 - 85/2}{\sqrt{85/4}} = 3.58 > Z_{0.1} = 1.64$$

故我們拒絕 H_0，即該影片對教師之體罰看法有顯著的影響，且傾向減少體罰。

10.3 威克生符號等級檢定 (Wilcoxon Sign Rank Test)

前一節所提的符號檢定法，僅利用到成對樣本之間的差異方向（正或負），並沒有考慮差量大小。因此檢定過程中，可能會失去一些重要的資料訊息。威克生 (1945) 提出符號等級檢定方法，就是將成對樣本間差量大小與符號方向同時納入考慮。也就是對差量愈大的配對，給予愈大的權值，如此也提高了檢定方法之檢定力。

威克生符號等級檢定方法的概念為，假設我們由隨機成對樣本 $\{(X_i, Y_i); i = 1, ..., n\}$ 中，要檢定兩母體 X, Y 是否有差異。令 $d_i = Y_i - X_i$ 為成對 (X_i, Y_i) 之差值，$i = 1, \cdots, n$。對 d_i 取絕對值，再以等級 1 給 $|d_i|$ 之最小

值、等級 2 給 $|d_i|$ 之次小值, ..., 依此類推,以等級 n 給 $|d_i|$ 之最大值。若有數個 $|d_i|$ 值相等,則取其在不同值下所對應等級的平均值,則易知全部 $|d_i|$ 等級和為 $n(n+1)/2$。

令 T^+ 為所有 d_i 為正數的等級和,T^- 為所有 d_i 為負數的等級和,則易知 T^+ 或 T^- 的最小值均可能為 0,且 T^+ 或 T^- 的最大值均可能為 $n(n+1)/2$。因此在統計假設 $H_0 : M_X = M_Y$ 下,若 T^+ 或 T^- 接近 $n(n+1)/4$,則我們可接受 $H_0 : X, Y$ 兩母體沒有差異。反之,若 T^+ 或 T^- 接近 0 或 $n(n+1)/2$,則我們拒絕 H_0。

威克生符號等級檢定過程

1. 資料:一組隨機成對樣本 (X_i, Y_i),記 $d_i = Y_i - X_i$, $i = 1, \cdots, n$。
2. 統計假設:X, Y 兩母體分配的中位數一樣,即 $H_0 : M_X = M_Y$。
3. 統計量:$T = T^+$ 與 T^- 中較小的值。
4. 決策:在顯著水準 α 下的左尾檢定,查附錄表 T8,若 $T < T_{\alpha/2}$(臨界值),則拒絕 H_0。

當小樣本 ($n \le 25$) 時,我們可利用附錄表 T8 查到相對應 α 之臨界區。當大樣本時,可證得威克生符號等級檢定量 T 的分配會趨近常態分配,其期望值與變異數為

$$E(T) = \frac{n(n+1)}{4}, \sigma_T^2 = \frac{n(n+1)(2n+1)}{24} \tag{10.2}$$

因此可使用標準常態統計量 $Z = \dfrac{T - E(T)}{\sigma_T}$ 來檢定。

例 10.4

統一超商研發部進行一項市場調查,探討消費者對其經銷的水果茶與汽水可樂之間的喜好程度,以供行銷策略及經營規劃參考。此研究過程是經由調查 7 個連鎖超商的業務經理,依其對產品的評估,包括價格、包裝、廣告及保存期間等因素而給予不同評分(1 至 10 分)。分

數愈高者，表示愈受消費者歡迎，其結果如表 10.4。請以威克生符號等級檢定法檢定，在 $\alpha = 0.05$ 顯著水準下，是否水果茶比汽水可樂較受消費者歡迎？

表 10.4　連鎖超商採購經理對產品的評估

採購經理	1	2	3	4	5	6	7
水果茶	4.4	8.0	6.6	8.8	8.0	9.5	7.6
汽水可樂	6.5	4.0	5.5	5.5	7.0	4.0	5.2
d_i	−2.1	4.0	1.1	3.3	1.0	5.5	2.4
$|d_i|$ 之等級	3	6	2	5	1	7	4

答：統計假設為

H_0：水果茶與汽水可樂同受消費者歡迎

H_1：水果茶比汽水可樂較受消費者歡迎

由表 10.4 到負號總和 $T^- = 3$。用單尾檢定，在統計假設 H_0 下，由附錄表 T8 可查得當 $n = 7, \alpha = 0.05$ 時，$T_{0.05} = 4 > T^- = 3$。故我們拒絕 H_0，即水果茶與汽水可樂受消費者歡迎有差異，也可說水果茶較汽水可樂受消費者歡迎。

例 10.5

幼教心理學家想要探討雙胞胎中，首先出生者是否比後出生者更有進取心，於是對選取的 12 對雙胞胎給予心理測驗，其測驗結果如下表 10.5，較高分者表示較有進取心。

請以威克生符號等級檢定法檢定，在顯著水準 $\alpha = 0.05$ 下，是否雙胞胎中首先出生者比後出生者更有進取心。

雙胞胎	1	2	3	4	5	6	7	8	9	10	11	12
先出生	86	71	77	68	91	72	77	91	70	71	88	87
後出生	88	77	76	64	96	72	65	90	65	80	81	72
d_i	2	6	–1	–4	5	0	–12	–1	–5	9	–7	–15
$|d_i|$ 之等級	3	7	1.5	4	5.5	–	10	1.5	5.5	9	8	11

表 10.5　雙胞胎中首先出生者與後出生者心理測驗結果

答：統計假設為

　H_0：雙胞胎中首先出生者不比後出生者更有進取心

　H_1：雙胞胎中首先出生者比後出生者更有進取心

　由表 10.5 得到正號總和 $T^+ = 3 + 7 + 5.5 + 9 = 24.5$，負號總和 $T^- = 1.5 + 4 + 10 + 1.5 + 5.5 + 8 + 11 = 41.5$。用單尾檢定，在統計假設 H_0 下，由附錄表 T8 可查得當 $n = 11, \alpha = 0.05$ 時，$T_{0.05} = 14 < T^+ = 24.5$。故我們接受 H_0，即雙胞胎中首先出生者與後出生者有相同進取心。

10.4 威克生等級和檢定 (Wilcoxon rank-sum Test)

　　威克生等級和檢定乃用來檢定兩組獨立樣本，其所來自母體之中位數是否相等。在無母數統計檢定法中，可說是應用最廣的一種檢定法。威克生等級和檢定與一般所謂麥－惠特尼 (Mann-Whitney) 檢定法的原理是相通的。但是麥－惠特尼檢定量及查表過程均較威克生等級和檢定法繁雜，因此本節我們介紹威克生等級和檢定法。

　　假設我們從兩獨立母體 X, Y 隨機抽出 m, n 個樣本，並依照樣本值大小，將所有 $m + n = N$ 個混合樣本由小而大排序。亦即在混合樣本中，最小的混合值給 1、次小者給 2, ...，依此類推，最大的混合值給 N。若有混合值相等者，則取其在不同值下所對應等級的平均值。設 $R(X_i), R(Y_j)$ 分別表示

X_i, Y_j 在混合樣本中所對應之等級，則兩組樣本等級的總和分別為

$$W_X = \sum_{i=1}^{m} R(X_i) \text{ 和 } W_Y = \sum_{i=1}^{n} R(Y_i)$$

可知 W_X 的最小可能值為 $1 + \ldots + m$，最大可能值為 $(n+1) + \ldots + (n+m)$。W_Y 的最小可能值為 $1 + \cdots + n$，最大可能值為 $(m+1) + \ldots + (n+m)$。

因此如果母體 X 的樣本值比母體 Y 的樣本值來得大，即母體 X 的樣本值集中於等級高的區域，則 W_X 值將較大。如果母體 X 的樣本值比母體 Y 的樣本值來得小，即母體 X 的樣本值集中於等級低的區域，則 W_X 值將較小。在這兩種情況下，則我們會拒絕統計假設 $H_0 : M_X = M_Y$。

舉例來說，我們有兩組樣本分別來自國中聯考班 X，與自學班 Y 的學生，其理化測驗成績如下：聯考班 $70, 75, 85, 90$；自學班 $55, 60, 80$。我們將混合樣本，依大小排等級：

觀測值	55	60	70	75	80	85	90
母體	Y	Y	X	X	Y	X	X
等級	1	2	3	4	5	6	7

則 $W_X = 3 + 4 + 6 + 7 = 20$，$W_Y = 1 + 2 + 5 = 8$。

威克生等級和檢定過程

1. 資料：兩組獨立母體 X, Y 之隨機樣本 $X_1, \cdots, X_m, Y_1, \cdots, Y_n, \ m + n = N$。
2. 統計假設：X, Y 兩母體分配之中位數沒差異，即 $H_0 : M_X = M_Y$。
3. 統計量：$T = W_X = \sum_{i=1}^{m} R(X_i)$。
4. 決策：在顯著水準 α 下雙尾檢定，查附錄表 T9，若 $W_L \leq T \leq W_U$，則接受 H_0。

當 m, n 夠大時 $(m \geq 10, n \geq 10)$，可證得威克生等級和檢定量 T 的分配會趨近常態分配，其期望值與變異數為

$$E(T) = E\left(\sum_{i=1}^{m} R(X_i)\right) = \frac{m(N+1)}{2}, \sigma_T^2 = Var\left(\sum_{i=1}^{m} R(X_i)\right) = \frac{mn(N+1)}{12} \quad (10.3)$$

因此，可使用標準常態統計量 $Z = \dfrac{T - \mu_T}{\sigma_T}$ 來檢定。

例 10.6

觀光局想調查遊客對臺灣北部旅遊勝地，東北角海岸線與石門水庫風景區的滿意度情形。於是在某假日隨機各抽取數名遊客，就其景觀、設施、環保、服務、交通等項評分，得到總分如下表 10.6。

表 10.6　東北角海岸線與石門水庫風景區的滿意度

東北角海岸線 X	40	38	32	45	33	46		
石門水庫風景區 Y	30	36	32	42	48	24	34	41

請以威克生等級和檢定，在 $\alpha = 0.05$ 顯著水準下，是否遊客對東北角海岸線與石門水庫風景區滿意度相同？

答：統計假設為

H_0：遊客對東北角海岸線與石門水庫風景區滿意度相同，即 $M_X = M_Y$。

H_1：遊客對東北角海岸線與石門水庫風景區滿意度不同，即 $M_X \neq M_Y$。

將遊客對東北角海岸線與石門水庫風景區的滿意度混和排序如下：

滿意度	24	30	32	32	33	34	36	38	40	41	42	45	46	48
母體	Y	Y	Y	X	X	Y	Y	X	X	Y	Y	X	X	Y
等級	1	2	3.5	3.5	5	6	7	8	9	10	11	12	13	14

由上表可得 $W_x = 3.5 + 5 + 8 + 9 + 12 + 13 = 50.5$。在統計假設 H_0 下，由附錄表 T9 可查得當 $m = 6, n = 8, \alpha = 0.05$ 時，$(W_L, W_U) =$

(29, 61) 此區間包含 50.5。故我們接受 H_0，即遊客對東北角海岸線與石門水庫風景區滿意度相同。

例 10.7

景氣不佳、競爭又激烈，為了提升生意，逢甲夜市的阿宗蚵仔麵線研發新口味的蚵仔麵線。但是如何知道顧客對新口味的滿意度呢？於是店方隨機選取 24 名顧客，14 名試吃新口味、10 名試吃傳統味。然後根據以下之標準評分：1 = 普通；2 = 還不錯；3 = 好吃；4 = 很好吃；5 = 極品。蒐集資料得到如下表 10.7。

表 10.7　阿宗蚵仔麵線的滿意度

傳統味 (X)	3	4	2	3	4	3	2	1	5	3				
新口味 (Y)	4	5	4	3	2	5	1	3	4	3	4	5	5	4

請以威克生等級和檢定，在 $\alpha = 0.1$ 顯著水準下，是否顧客對新口味的蚵仔麵線與傳統味滿意度相同？

答：統計假設為

H_0：顧客對新口味的蚵仔麵線與傳統味滿意度相同，即 $M_X = M_Y$。

H_1：顧客對新口味的蚵仔麵線與傳統味滿意度不同，即 $M_X \neq M_Y$。

將顧客對新口味的蚵仔麵線與傳統味滿意度混和排序如下：

滿意度	1	1	2	2	2	3	3	3	3	3	3	4	4	4	4	4	4	4	5	5	5	5	5
母體	Y	X	Y	X	X	Y	Y	Y	X	X	X	Y	Y	Y	Y	Y	Y	X	Y	Y	Y	Y	X
等級	1.5	1.5	4	4	4	9	9	9	9	9	9	16	16	16	16	16	16	22	22	22	22	22	

由上表可得 $W_X = 1.5 + 4 + 4 + 9 + 9 + 9 + 9 + 16 + 16 + 22 =$

99.5，在統計假設 H_0 下，我們用常態逼近法求其 Z 值

$$Z = \frac{T - \frac{m(N+1)}{2}}{\sqrt{\frac{mn(N+1)}{12}}} = \frac{99.5 - \frac{10 \times 25}{2}}{\sqrt{\frac{10 \times 14 \times 25}{12}}} = -1.5 < -Z_{0.1} = -1.28$$

因此我們拒絕 H_0，即顧客對新口味的蚵仔麵線與傳統味滿意度不同。

 例 10.8

建國中學高一忠班 28 名學生有 12 位來自鄉下、16 位來自城市。今欲做一項統計分析，以探討是否鄉村男生比城市男生身體強壯。以下表 10.8 是該班學生的體能測驗結果，分數愈高，表示體能狀況愈佳。

表 10.8　建國中學高一忠班學生的體能測驗結果

鄉村 (X)	16	8.8	2.6	19.0	14.7	10.6	12	6.4	17.2	11.4
城市 (Y)	13	14	9.6	3.1	17	11.8	7.9	15.2	10.6	5.6
鄉村 (X)	16.3	18								
城市 (Y)	11.3	8.3	6.7	18.6	10.5	2.1				

雖然每一組的男生皆不能視為來自某一母體的隨機樣本，但假定這些分數為類似從鄉村和城市同齡男生中所取出之隨機樣本，也算是合理的。因此請以威克生等級和檢定，在 $\alpha = 0.05$ 顯著水準下，是否鄉村男生比城市男生身體強壯？

答：統計假設為

H_0：鄉村男生與城市男生身體一樣強壯，即 $M_X = M_Y$

H_1：鄉村男生比城市男生身體強壯，即 $M_X > M_Y$

將學生的體能測驗結果混和排序如下：

成績	2.1	2.6	3.1	5.6	6.4	6.7	7.9	8.3	8.8	9.6	10.5	10.6	10.6	11.3
母體	Y	X	Y	Y	X	Y	Y	Y	X	Y	Y	X	Y	Y
等級	1	2	3	4	5	6	7	8	9	10	11	12.5	12.5	14
成績	11.4	11.8	12	13	14	14.7	15.2	16	16.3	17	17.2	18	18.6	19
母體	X	Y	X	Y	Y	X	Y	X	X	Y	X	X	Y	X
等級	15	16	17	18	19	20	21	22	23	24	25	26	27	28

則 $T = W_X = \sum_{i=1}^{12} R(X_i) = 204.5$，因為 $m + n > 25$ 算是大樣本，

我們可用常態逼近法求其 Z 值

$$Z = \frac{T - \dfrac{m(N+1)}{2}}{\sqrt{\dfrac{mn(N+1)}{12}}} = \frac{204.5 - \dfrac{12 \times 29}{2}}{\sqrt{\dfrac{12 \times 16 \times 29}{12}}} = 0.41 < Z_{0.05} = 1.645$$

所以接受 H_0，即鄉村男生與城市男生身體一樣強壯。

10.5 Mood 平方等級和檢定（變異數檢定法）

Mood 平方等級和檢定法與 Wilcoxon 等級和檢定法類似，主要差別是我們取統計量為等級的平方和來檢定兩母體變異數差異。就如同我們檢定傳統兩個常態分配之母體變異數的差異時，用卡方檢定量對事先假設 $H_0 : \sigma_X = \sigma_Y$ 做檢定一樣。Mood 於 1954 年提出變異數檢定統計量為

$$T = \sum_{i=1}^{m} (R(x_i) - \frac{m+n+1}{2})^2$$

當 m, n 夠大時 $(m \geq 10, n \geq 10)$，可證得 Mood 平方等級和檢定量 T 的分配會趨近常態分配，其期望值與變異數為

$$E(T) = E\left(\sum_{i=1}^{m} R(X_i)\right) = \frac{m(N+1)(N-1)}{12}$$

$$\sigma_T^2 = Var\left(\sum_{i=1}^{m} R(X_i)\right) = \frac{mn(N+1)(N+2)(N-2)}{180} \tag{10.3}$$

Mood 平方等級和檢定法

1. 資料：兩組獨立母體之隨機樣本。

2. 假設：X, Y 兩母體分配之離散度沒差異，即 $H_0 : \sigma_X = \sigma_Y$。

3. 統計量：$T = \sum_{i=1}^{m}\left(R(x_i) - \frac{m+n+1}{2}\right)^2$。

4. 決策：在顯著水準 α 下雙尾檢定，查表得臨界值 $C_\alpha, C_{1-\alpha}$，若 $C_\alpha < T < C_{1-\alpha}$ 則接受 H_0。

例 10.9

順天中藥廠生產一種治癌特效藥，因其成分特殊，故必須對每一顆藥丸之重量嚴格控制。現在有 X（傳統）、Y（科學）兩條生產線可製此藥。研發部經理欲選取其中之一生產線，使得產品偏離標準重量 2g 愈少愈好。於是各從兩條生產線所生產之成品中隨機挑選 9、10 個樣本做比較，資料如下表 10.9：

表 10.9　兩條生產線治癌特效藥

傳統 (X)	1.94	2.04	1.82	1.84	2.01	1.96	2.06	1.88	2.14	
科學 (Y)	1.98	1.90	2.03	1.99	1.97	1.95	2.08	1.97	1.85	2.02

請以 Mood 平方等級和檢定，在 $\alpha = 0.1$ 顯著水準下，是否傳統煉藥與科製藥之產品變異（離散）度有差異？

答：統計假設為

　　H_0：傳統煉藥與科製藥之產品變異（離散）度無差異，即 H_0：

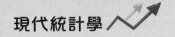

$$\sigma_X = \sigma_Y$$

H_1：傳統煉藥與科製藥之產品變異（離散）度有差異，即 H_0：

$$\sigma_X \neq \sigma_Y$$

應用平方等級變異數檢定程序，計算過程如下：

母體	X	X	Y	X	Y	X	Y	X	Y	Y
重量	1.82	1.84	1.85	1.88	1.90	1.94	1.95	1.96	1.97	1.97
等級	1	2	3	4	5	6	7	8	9.5	9.5

母體	Y	Y	X	Y	Y	X	X	Y	X
重量	1.98	1.99	2.01	2.02	2.03	2.04	2.06	2.08	2.14
等級	11	12	13	14	15	16	17	18	19

$$T = \sum_{i=1}^{m} (R(x_i) - \frac{m+n+1}{2})^2$$
$$= (1-10)^2 + (2-10)^2 + (4-10)^2 + ... + (17\text{-}10)^2 + (19-10)^2$$
$$= 376$$

在統計假設 H_0 下，我們將統計量 T 轉換為常態標準值為

$$Z = \frac{T - \dfrac{m(N+1)(N-1)}{12}}{\sqrt{\dfrac{mn(N+1)(N+2)(N-2)}{180}}} = \frac{376 - \dfrac{9 \cdot 20 \times 18}{12}}{\sqrt{\dfrac{9 \cdot 10 \cdot 20 \cdot 21 \cdot 17}{180}}} = 1.77$$

當顯著水準 $\alpha = 0.1$ 時，因為 $1.77 > Z_{0.05} = 1.64$，故我們拒絕 H_0。

10.6 科莫果夫－史邁諾夫檢定 (Kolmogorov-Smirnov Test)

當我們分析樣本資料時，常假設此組資料來自某一特定機率分配。科莫果夫－史邁諾夫檢定，簡稱 *K-S* 檢定，就是用來檢定樣本資料是否來自某一

特定母體分配的方法，其過程乃藉由樣本資料中的累積次數分配 $S(x)$ 與期望累積次數分配 $F_0(x)$ 之間差異，進行比較。

樣本累積次數分配 $S(x)$ 的定義如下：將 n 個樣本經小至大排序後之資料為 $x_1 < x_2 < ... < x_n$。令此 n 個樣本資料中，第 i 個累積次數分配值為 $S(x_i) = i/n$。例如：從某一專科學校隨機抽取 10 個男學生量體重後，將樣本值由小至大排列：50, 54, 55, 58, 60, 62, 64, 65, 69, 78。因為 $x = 50$ 為 10 個樣本值中最小者，故 $S(50) = 1/10$。$x = 54$ 乃 10 個樣本值中第二最小者，故 $S(54) = 2/10, \cdots$，依此類推，$x = 78$ 乃 10 個樣本值中最大者，故 $S(78) = 10/10 = 1$。

若樣本分配 $S(x)$ 和期望分配 $F_0(x)$ 很接近，也就是說若 $S(x)$ 與 $F_0(x)$ 二者之間的差異不顯著，則我們接受統計假設 $H_0 : S(x) = F_0(x)$，即接受該樣本資料是來自特定母體分配 $F_0(x)$。因此，K-S 檢定統計量被定為樣本累積次數分配值 $S(x)$，與假設特定機率分配的期望累積次數分配值 $F_0(x)$ 之最大離差，即

$$D = \max_{i=1,...n} \left| S(x_i) - F_0(x_i) \right| \tag{10.4}$$

科莫果夫－史邁諾夫檢定過程

1. 資料：由未知之分配函數 F 中，隨機抽取 n 個樣本，由小至大排序 $x_1 < x_2 < ... < x_n$。
2. 統計假設：樣本資料來自母體分配 $F_0(x)$，即 $H_0 : F = F_0, H_1 : F \neq F_0$。
3. 統計量：$D = \max_{i=1,...n} \left| S(x_i) - F_0(x_i) \right|$。
4. 決策：在顯著水準 α 下的雙尾檢定，查附錄表 T10。若 D 值超過表 T10 所對應之臨界值，則拒絕 H_0。

例 10.10

根據北二高交通大隊表示，該路段自全面通車以後，平均每週有二件交通事故發生。為了驗證交通事故是否服從波松分配之假設，我們隨機抽查 10 筆北二高交通事故每週統計資料，見表 10.10。

表 10.10　隨機抽查 10 筆北二高交通事故每週統計資料

交通事故	0	1	2	3	4	5	6	7	8 以上
頻率	6	0	1	1	0	1	1	0	0

根據以上資料，在 $\alpha = 0.05$ 顯著水準下，你認為北二高每週有二件交通事故發生，符合波松分配 $Poi(2)$ 之結論嗎？

答：統計假設為

H_0：北二高每週交通事故發生符合波松分配，$Poison(2)$

H_1：北二高每週交通事故發生不符合波松分配，$Poison(2)$

計算 $|S(x) - F_0(x)|$ 如下，其中 $F_0(x)$ 可參考附錄表 T3 波松累積機率表 $(\mu = 2)$。例如：$F(0) = P(X \le 0) = \dfrac{e^{-2} 2^0}{0!} = 0.1353$。

x	$S(x)$	$F_0(x)$	$|S(x) - F_0(x)|$
0	0.6	0.1353	0.4647 = D
1	0.6	0.4060	0.1940
2	0.7	0.6767	0.0233
3	0.8	0.8571	0.0571
4	0.8	0.9473	0.1473
5	0.9	0.9834	0.0834
6	1.0	0.9955	0.0045
7	1.0	0.9989	0.0011
8	1.0	0.9998	0.0002
9	1.0	1.000	0

因為 $D = 0.4647$，由表 T10 得知，在 $\alpha = 0.05, n = 10$ 時，其臨界值為 0.409。因為 $D = 0.4647 > 0.409$，所以我們拒絕 H_0，即北二高每週交通事故發生不符合波松分配，$Poi(2)$。

例 10.11

群益證券公司研究部宣稱，去年臺灣股市日成交量 F 符合常態分配 $N(85,15^2)$，單位 10 億元。為了驗證此一說法，我們隨機抽查去年臺灣股市日成交量之 36 筆資料，見表 10.11。

表 10.11 臺灣股市日成交量 36 筆隨機資料

58	78	84	90	97	70	90	86	82	104	80	59
90	70	74	83	90	76	88	84	68	92	98	93
70	94	70	110	67	68	75	80	68	112	84	82

根據此筆資料，在 $\alpha = 0.05$ 顯著水準下，我們是否可接受去年臺灣股市日成交量符合常態分配 $N(85,15^2)$ 之結論？

答：統計假設為

H_0：去年臺灣股市日成交量 F 符合常態分配，即 $F = N(82,15^2)$
H_1：去年臺灣股市日成交量 F 不符合常態分配，即 $F \neq N(82,15^2)$
先將 x 排序，然後計算 $S(x), F_0(x)$ 與 $\left| S(x) - F_0(x) \right|$，其中 $F_0(x)$ 乃由 x 對應於 $N(85,15^2)$ 之累積分配值求得。例如：

$$F(58) = P(X \le 58) = P(\frac{X-85}{15} \le \frac{58-85}{15}) = P(Z \le -1.8) = 0.0359$$

x	$S(x)$	$F_0(x)$	$\left| S(x) - F_0(x) \right|$
58	.0278	.0359	.0081
59	.0556	.0418	.0138
67	.0833	.1151	.0318
68	.1667	.1292	.0375
70	.2778	.1587	.1191
74	.3056	.2327	.0729
75	.3333	.2514	.0819

x	$S(x)$	$F_0(x)$	$\left|S(x)-F_0(x)\right|$
76	.3611	.2743	.0868
78	.3889	.3192	.0697
80	.4444	.3707	.0737
82	.5000	.4207	.0793
83	.5278	.4483	.0795
84	.6111	.4721	.1390
86	.6389	.5279	.1110
88	.6667	.5793	.0874
90	.7778	.6293	.1485 = D
92	.8056	.6808	.1248
93	.8333	.7019	.1314
94	.8611	.7257	.1354
97	.8889	.7881	.1008
98	.9167	.8078	.1089
104	.9444	.8980	.0464
110	.9722	.9525	.0197
112	1.0000	.9641	.0359

由附表 T10 得知在 $\alpha = 0.05$, $n = 36$ 時，其臨界值為 0.221。因為 D = 0.1485 < 0.221，所以我們接受 H_0，即去年臺灣股市日成交量 F 符合常態分配 $N(85, 15^2)$ 之假設。

我們亦可用科莫果夫－史邁諾夫檢定，來檢定樣本資料是否來自同一母體分配，其過程乃藉由 A, B 兩組樣本資料中的累積次數分配 $S_A(x)$ 與 $S_B(x)$ 之間差異進行比較。這時檢定統計量 $D = \max_{x}\left|S_A(x) - S_B(x)\right|$。

例 10.12

　　阿里山造林區有兩帶樹齡相同的紅檜與柳杉人工林,今各從中隨機抽取紅檜 6 株、柳杉 8 株,測得樹胸寬度 (cm) 如下表 10.12:

表 10.12　兩帶樹齡相同的紅檜與柳杉人工林資料

紅檜	21.3	22.4	22.9	21.4	21.8	22.2	
柳杉	24.5	22.0	24.2	26.7	23.6	23.3	25.0	24.0

根據此筆資料,在 $\alpha = 0.05$ 顯著水準下,我們是否可接受兩帶樹齡相同的紅檜與柳杉人工林樹胸寬度有相同分配之結論?

答:統計假設為

　　H_0:紅檜與柳杉樹胸寬度所來自的母體具有相同分配

　　H_1:紅檜與柳杉樹胸寬度所來自的母體不具有相同分配

　　由下列簡算表:

樣本值	$S_A(x)$	$S_B(x)$	$\left| S_A(x) - S_B(x) \right|$
1	1/6	0	1/6
2	2/6	0	2/6
3	3/6	0	3/6
4	3/6	1/8	3/8
5	4/6	1/8	13/24
6	5/6	1/8	17/24
7	1.0	1/8	$7/8 = D$
8	1.0	2/8	6/8
9	1.0	3/8	5/8
10	1.0	4/8	4/8
11	1.0	5/8	3/8
12	1.0	6/8	2/8
13	1.0	7/8	1/8
14	1.0	1.0	0

查附錄表 T10 ($m = 6, n = 8$)，得知在顯著水準 $\alpha = 0.05$ 下，其臨界值為 2/3。因為 $D = 7/8 > 2/3$，所以我們拒絕 H_0，即拒絕紅檜與柳杉樹胸寬度所來自的母體具有相同分配之假設。

10.7 克洛斯可－瓦力士檢定 (Kruskal-Wallis Test)

克洛斯可－瓦力士檢定，簡稱 $K\text{-}W$ 檢定，乃用來檢定多組隨機樣本的母體分配是否相同的問題。因此，也可以說是威克生等級和檢定的推廣。當多組隨機樣本的母體分配來自常態分配時，我們在第九章變異數分析中曾介紹使用 F 檢定，來決定多組隨機樣本的母體分配是否相同。但是當母體分配不是來自常態分配時，我們就必須應用克洛斯可－瓦力士檢定。

假設有 k 個相互獨立之母體，從每個母體抽出 n_i 個隨機樣本，$i = 1, ..., k$。將所有 $n_1 + n_2 + n_3 + \cdots + n_k = N$ 個混和樣本，按觀測值大小排等級。最小的觀測值給 1、次小者給 2，$\cdots$，依此類推，最大的觀測值給 N；若有數個觀測值相等，則取其在不同值下所對應等級的平均值。然後我們分別對每一組的隨機樣本計算其等級總和，以 R_i 表示，即 $R_i =$ 第 i 組樣本在混合樣本中的等級總和。

我們很容易知道 R_i 的期望值為 $\dfrac{n_i(N+1)}{2}$，最後將 R_i 代入克洛斯可－瓦力士檢定量

$$
\begin{aligned}
K &= \frac{12}{N(N+1)} \sum_{i=1}^{k} \frac{1}{n_i} \left[R_i - \frac{n_i(N+1)}{2} \right]^2 \\
&= \frac{12}{N(N+1)} \sum_{i=1}^{k} \frac{R_i^2}{n_i} - 3(N+1)
\end{aligned}
\tag{10.5}
$$

若各組的母體分配皆相同，那麼 R_i 值差異應不大，則 K 值將不會太大。在這種情況下，我們將接受 H_0：各母體分配相同的統計假設。但是若有某組等級總和 R_i 相對過大或相對過小，則 K 值將會太大，這表示此 k 個母體的分配不完全相同，因此我們將拒絕 H_0。

在統計假設 H_0 為真，且各組樣本數 $n_i \geq 5$ 的情況下，K 的統計量近似於自由度為 $(k-1)$ 的 χ_α^2 分配。因此，由附錄表 T6 我們可找出臨界值，若 K 的統計量值大於臨界值，則我們拒絕 H_0。

克洛斯可－瓦力士檢定過程

1. 資料：k 組相互獨立樣本，每組樣本有 n_i 個觀測值，$i = 1, 2, ..., k$, $n_1 + n_2 + n_3 + \cdots + n_k = N$。

2. 統計假設：該 k 組隨機樣本的母體分配是相同，即 $H_0 : F_1 = F_2 = ... = F_k$，$H_1$：至少有一組樣本其母體分配與其他組母體分配不同。

3. 統計量：$K = \dfrac{12}{N(N+1)} \sum_{i=1}^{k} \dfrac{R_i^2}{n_i} - 3(N+1)$。

4. 決策：在顯著水準 α 下的右尾檢定，如果 $n_i > 5$，則 K 近似於自由度為 $k-1$ 之卡方分配，即若 K 值大於 $\chi_\alpha^2(k-1)$，則拒絕 H_0。

例 10.13

大學聯招委員會想要了解國文科作文閱卷老師之評分標準是否一致，於是在 3 位作文閱卷老師所評分之考卷中，分別隨機抽取 8 份並記錄結果如下表 10.13。

表 10.13　3 位閱卷老師作文評分

閱卷老師 1	13	20	25	26	28	32	34	37
閱卷老師 2	12	14	15	18	22	24	25	30
閱卷老師 3	17	19	21	25	27	29	31	33

在 $\alpha = 0.05$ 顯著水準下，試問 3 位閱卷老師作文評分標準是否有不同？

答：統計假設為

　　H_0：每位閱卷老師作文評分分配相同

　　H_1：至少有一位閱卷老師作文評分分配與其他老師不同

將所有的 $8+8+8=24$ 觀測值混合排序後我們得到

閱卷老師 1	2	8	13	15	17	21	23	24	$R_1 = 123$
閱卷老師 2	1	3	4	6	10	11	13	19	$R_2 = 67$
閱卷老師 3	5	7	9	13	16	18	20	22	$R_3 = 110$

$$K = \frac{12}{24(24+1)}\left[\frac{123^2}{8} + \frac{67^2}{8} + \frac{110^2}{8}\right] - 3(24+1) = 4.295$$

因為 $\chi^2_{0.95}(2) = 5.99 > 4.295$，所以我們接受 H_0，即國文科作文閱卷老師之給分分配相同。

例 10.14

長春醫院婦產科醫師為了研究懷孕婦女其腎上腺素的分泌量變化情形，分別記錄了三組婦女體內腎上腺素的分泌量。第一組為待產的婦女、第二組為剖腹生產的婦女、第三組為自然生產的婦女，下表 10.14 提供了資料值。在 $\alpha = 0.05$ 顯著水準下，試判斷這三組婦女腎上腺素的分泌量是否有不同？

表 10.14　三組婦女體內腎上腺素之分泌量

第一組	263	305	218	333	454	339	304	154	287	355
第二組	468	501	455	351	469	362				
第三組	343	772	207	998	838	687				

答：統計假設為

H_0：每組的婦女體內腎上腺素的分泌量分配相同

H_1：至少有一組婦女體內腎上腺素的分泌量分配與其他組不同

將所有之 $10+6+6=22$ 為觀測值混合排序後我們得到

第一組	4	7	3	8	14	9	6	1	5	12	$R_1 = 69$
第二組	16	18	15	11	17	13					$R_2 = 90$
第三組	10	20	2	22	21	19					$R_3 = 94$

$$K = \frac{12}{22(22+1)}\left[\frac{69^2}{10} + \frac{90^2}{6} + \frac{94^2}{6}\right] - 3(22+1) = 9.23$$

因為 $\chi^2_{0.95}(2) = 5.99 < 9.232$，所以我們拒絕 H_0，即婦女體內腎上腺素之分泌量分配不同。

10.8　隨機性檢定

　　在抽樣及統計分析的過程中，樣本之隨機性是一個相當重要的假設。若想要知道一組樣本是否隨機抽取，我們可應用連串法 (run test) 來進行樣本之隨機性檢定。它是根據樣本資料中連串 (run) 的數目多寡，來決定此組樣本是否具隨機性之檢定方法。

　　所謂連串的意思是指一系列相同項或性質所組成，一直到下一個不同項出現為止。該連串之長度則為此相同項之數目。例如：觀察最近 14 天加權股價指數的漲 (+) 跌 (−) 如下： $\underline{+++} \ \underline{---} \ \underline{+} \ \underline{---} \ \underline{+++}$，則此組觀察值共有五個連串，第一個連串長度為 4、第二個連串長度為 3 ...,第五個連串長度為 3。

　　當一組樣本其連串數目太多或太少時，我們便會懷疑此樣本可能不具隨機性。以 14 個觀察值而言，若出現順序為 $\underline{+++++++} \ \underline{-------}$，則此組觀察值僅有 2 個連串。若出現順序為 $\underline{+-+-+-+-+-+-+-}$，則此組觀察值共有 14 個連串。我們可以看出此觀察值的出現相當有規則性，應不具隨機性。

連串法檢定過程

1. 資料：將 n 筆資料 $x_1, x_2, ..., x_n$ 按序記錄，且此 n 筆資料被區分為兩種型式。n_1 為型式 1 出現之總數；n_2 為型式 2 出現之總數。

2. 統計假設：H_0：此筆資料具隨機性；H_1：此筆資料不具隨機性。

3. 統計量：r = 連串的數目。

4. 決策：在顯著水準 $\alpha = 0.05$ 下的雙尾檢定，查附錄表 T11 得 r_L 和 r_U，如果 $r_L \leq r \leq r_U$ 則接受 H_0。

當大樣本時 $(n_1 > 10, n_2 > 10)$，可證得連串統計量 r 的分配會趨近常態分配，其期望值與變異數為

$$E(r) = \frac{2n_1 n_2}{n_1 + n_2} + 1, \quad \sigma_r^2 = \frac{2n_1 n_2 (2n_1 n_2 - n_1 - n_2)}{(n_1 + n_2)^2 (n_1 + n_2 - 1)} \tag{10.6}$$

因此，可使用統計量 $Z = \dfrac{r - E(r)}{\sigma_r}$ 來求得臨界值，此時 Z 檢定量為

$$Z = \frac{r - (\dfrac{2n_1 n_2}{n_1 + n_2} + 1)}{\sqrt{\dfrac{2n_1 n_2 (2n_1 n_2 - n_1 - n_2)}{(n_1 + n_2)^2 (n_1 + n_2 - 1)}}}$$

例 10.15

臺灣鐵路公司 1989 到 2008 年的退休人數於下表 10.15。請問在 $\alpha = 0.05$ 顯著水準下，臺灣鐵路公司每年的退休人數是否隨機出現？

表 10.15　臺灣鐵路公司的年退休人數

年度	89	90	91	92	93	94	95	96	97	98
人數	51	65	67	74	78	75	82	72	63	54

年度	99	00	01	02	03	04	05	06	07	08
人數	105	86	118	26	63	68	44	53	109	85

答：統計假設為

H_0：臺灣鐵路公司的年退休人數是隨機出現

H_1：臺灣鐵路公司的年退休人數不是隨機出現

由上表資料可得中位數為 70，再將觀察值與中位數比較，大於中位數者計 H，小於中位數者計 L。最後計算串連數：

<u>LLL</u> <u>HHHHH</u> <u>LL</u> <u>HHH</u> <u>LLLLL</u> <u>HH</u>

由上表得知 $n_1 = n_2 = 10, r = 6$。查附錄表 T11 可知 $P(r \le 6) = 0.019 < 0.05$，因此我們拒絕 H_0，即認為臺灣鐵路公司的退休人數非隨機出現。

例 10.16

2008 年國際金融風暴，歐元、日圓、金磚四國等多國貨幣對美元匯率均大幅震盪，臺灣亦遭波及。中央銀行為了要調查 2009 年第一季期間臺幣對美元匯率波動是否為隨機現象，於是統計連續 30 日臺幣對美元匯率漲跌幅，假設資料如下表 10.16。

表 10.16　2009 年初底臺幣對美元匯率漲跌幅

日期	1	2	3	4	5	6	7	8	9	10	11	12	13	14	15
漲跌幅	2	3	2	11	5	2	–10	2	–1	3	2	–6	–7	–7	–12

日期	16	17	18	19	20	21	22	23	24	25	26	27	28	29	30
漲跌幅	–9	6	7	10	6	1	1	3	7	–2	–6	–6	–5	–2	–1

根據此表，在 $\alpha = 0.05$ 顯著水準下，我們可否推論那段期間臺幣對美元匯率漲跌幅為一個隨機過程？

答：統計假設為

H_0：臺幣對美元匯率漲跌幅為一個隨機過程

H_1：臺幣對美元匯率漲跌幅非為一個隨機過程

由上表得知 $n_1 = 17$, $n_2 = 13$，將匯率漲跌幅依序排列如下：

$+ + + + + + \underline{-} + \underline{-} + + \underline{- - - - -} + + + + + + + \underline{- - - - -}$

得 $r = 8$。我們利用常態近似法求臨界值：

$$E(r) = \frac{2 \times 17 \times 13}{30} + 1 = 15.73 \text{，} \sigma_r^2 = \frac{2 \times 17 \times 13(2 \times 17 \times 13 - 17 - 13)}{30^2 (30-1)} = 7.2$$

因此，檢定量 $Z = \dfrac{8 - 15.73}{\sqrt{7.2}} = -2.88 < -1.64 = Z_\alpha$，故我們拒絕 H_0，

即認為此段期間臺幣對美元匯率每日漲跌不是隨機過程。

10.9 史比爾曼等級相關檢定 (Spearman Rank Correlation Test)

我們要分析兩個隨機變數之間的關係，可應用第九章介紹的相關分析方法。但是在判定兩變數之相關係數 ρ 是否為零時，檢定方法必須基於樣本的母群體來自常態分配。若樣本的母群體不滿足常態分配的假設，那麼我們必須使用史比爾曼等級相關係數，對資料作等級相關判定。史比爾曼等級相關係數記作 r_s：

$$r_s = \frac{\sum_{i=1}^{n} [R(X_i) - \frac{n+1}{2}][R(Y_i) - \frac{n+1}{2}]}{n(n^2-1)/12} = 1 - \frac{6 \sum_{i=1}^{n} d_i^2}{n(n^2-1)} \tag{10.7}$$

其中 $d_i = R(X_i) - R(Y_i)$ 表示成對樣本之等級差；$R(X_i)$ 表示 X_i 在 X 中之等級，$R(Y_i)$ 表示 Y_i 在 Y 中之等級，n 為樣本數。

史比爾曼等級相關係數 r_s 的解釋與傳統相關係數 ρ 類似：當兩個變數 X, Y 的等級順序完全一致時，$r_s = 1$；當兩個變數 X, Y 的等級順序完全相反

時，$r_s = -1$。$r_s = 0$ 則表示兩個變數 X, Y 無關。但是史比爾曼等級相關係數的計算過程比傳統相關係數 ρ 簡單，而且適用於等級資料的相關係數檢定。它的另一個優點是，不受極端值 (extreme value) 的影響。這在處理屬質資料，或觀察值的數值大小較不客觀時，例如：滿意度指數調查、藝術音樂體育的評分、藥物的有效性等，提供一個很好的統計檢定方法。

史比爾曼等級相關檢定過程

1. 資料：n 組隨機樣本 (X_1,Y_1), (X_2,Y_2), ..., (X_n,Y_n)。
2. 統計假設：H_0：X 與 Y 獨立；H_1：X 與 Y 相關。
3. 統計量：$r_s = 1 - \dfrac{6\displaystyle\sum_{i=1}^{n} d_i^2}{n(n^2-1)}$。
4. 決策：在顯著水準 α 下的右尾檢定，查附錄表 T12，若 r_s 值超過表 T12 所對應之臨界值，則拒絕 H_0。

若 n 很大時，r_s 近似常態分配，即 $r_s \to N(0, \dfrac{1}{n-1})$，因此我們可使用統計量 $Z = r_s\sqrt{n-1}$，並依標準常態分配值表進行檢定。

例 10.17

美國花旗銀行委託臺灣生產力中心，研究新進員工的錄取成績與年終考績是否具有相關性，以供未來錄用新進人才的參考。表 10.17 為新進員工的錄取成績與年終考績之資料。

表 10.17　新進員工的錄取成績與年終考績

新進員工	1	2	3	4	5	6	7	8	9	10	11	12
錄取成績	60	72	73	75	77	82	85	86	87	89	90	95
年終考績	61	66	77	78	63	70	75	86	88	80	82	90

在顯著水準 $\alpha = 0.05$ 下，試問新進員工的錄取成績與年終考績是否有相關？

答：統計假設為

H_0：新進員工的錄取成績與年終考績毫無關聯

H_1：新進員工的錄取成績與年終考績具有相關性

將表 10.17 排序如下

新進員工	1	2	3	4	5	6	7	8	9	10	11	12
錄取成績	1	2	3	4	5	6	7	8	9	10	11	12
年終考績	1	3	6	7	2	4	5	10	11	8	9	12

$$\sum_{i=1}^{n} d_i^2 = (1-1)^2 + (2-3)^2 + (3-6)^2 + (4-7)^2 + \cdots + (12-12)^2 = 52$$

$$r_s = 1 - \frac{6 \cdot 52}{12(12^2 - 1)} = 0.82$$

應用右尾檢定，由附錄表 T12 得臨界值為 $0.497 < r_s = 0.82$。因此我們拒絕 H_0，即認為新進員工的錄取成績與年終考績具有正相關。

例 10.18

大同醫院醫師們想要了解腦科手術前的患者，其心臟收縮壓與舒張壓是否具有正比例之關係，於是選取了 14 位腦科手術前的患者做測試，得下表 10.18 之資料。

表 10.18 腦科手術前患者的心臟收縮壓與舒張壓

腦科手術前患者	1	2	3	4	5	6	7
收縮壓	141.8	140.2	131.8	132.5	135.7	141.2	143.9
舒張壓	89.7	74.4	83.5	77.8	85.8	86.5	89.4

腦科手術前患者	8	9	10	11	12	13	14
收縮壓	140.2	140.8	131.7	130.8	135.6	143.6	133.2
舒張壓	89.3	88.0	82.2	84.6	84.4	86.3	85.9

在顯著水準 $\alpha = 0.05$ 下，試判斷腦科手術前患者的心臟之收縮壓與舒張壓二者具有正比例之關係抑或無關聯？

答：統計假設為

H_0：患者的心臟收縮壓與舒張壓二者間無關聯

H_1：患者的心臟收縮壓與舒張壓二者間具有正相關

將表 10.18 排序如下

患者	1	2	3	4	5	6	7	8	9	10	11	12	13	14
收縮壓	12	8.5	3	4	7	11	14	8.5	10	2	1	6	13	5
舒張壓	14	1	4	2	7	10	13	12	11	3	6	5	9	8

$$\sum_{i=1}^{n} d_i^2 = (12-14)^2 + (8.5-1)^2 + (3-4)^2 + (4-2)^2 + \cdots + (5-8)^2 = 132.50$$

$$r_s = 1 - \frac{6(132.5)}{14(14^2 - 1)} = 0.71$$

應用右尾檢定，由附錄表 T12 得臨界值為 $0.457 < r_s = 0.71$。因此我們拒絕 H_0，即認為腦科手術前患者心臟之收縮壓與舒張壓二者間具正相關。

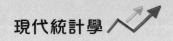

10.10 應用 SPSS 進行無母數檢定的操作方法

在本節中，示範如何使用 SPSS 來進行無母數檢定。在例題 10.4 中，統一超商研發部進行一項市場調查，探討消費者對其經銷的水果茶與汽水可樂之間的喜好程度，並調查 7 個連鎖超商的業務經理，依其對產品給予不同評分（1 至 10 分）。這裡例子中使用威克生符號等級檢定法檢定，並問在 $\alpha = 0.05$ 顯著水準下，水果茶是否比汽水可樂較受消費者歡迎。

先到「變數檢視」依序輸入名稱。

	名稱	類型	寬度	小數	標記	值	遺漏	欄	對齊	測量
1	水果茶	數字的	8	2		無	無	8	靠右	尺度
2	汽水可樂	數字的	8	2		無	無	8	靠右	尺度
3										
4										
5										
6										
7										
8										
9										
10										

資料檢視　變數檢視

再回到「資料檢視」，依序輸入各數據。

顯示：2 個變數 (共有 2 個)

	水果茶	汽水可樂	var	var	var	var	var
1	4.40	6.50					
2	8.00	4.00					
3	6.60	5.50					
4	8.80	5.50					
5	8.00	7.00					
6	9.50	4.00					
7	7.60	5.20					
8							

資料檢視　變數檢視

點選上方「分析」→「無母數檢定」→「二個相關樣本」。

　　將「水果茶」移入「變數 1」、「汽水可樂」移入「變數 2」，並勾選下方 Wilcoxon 檢定，再按確定。

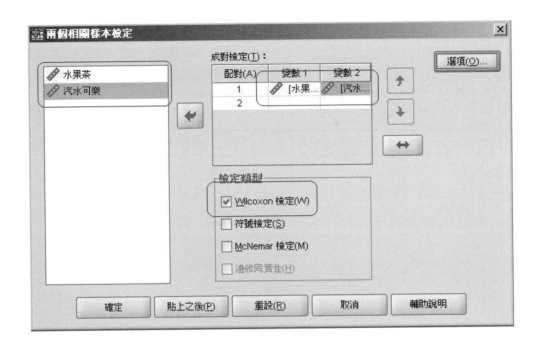

從執行後的結果可以看出，若用單尾檢定，在統計假設 H_0 下，由附錄表 T8 可查得當 $n = 7, \alpha = 0.05$ 時，$T_{0.05} = 4 > T^- = 3$。我們會拒絕 H_0，即水果茶較汽水可樂受消費者歡迎。

Wilcoxon 符號等級檢定

等級

		個數	等級平均數	等級總和
汽水可樂 - 水果茶	負等級	6ᵃ	4.17	25.00
	正等級	1ᵇ	3.00	3.00
	等值結	0ᶜ		
	總和	7		

a. 汽水可樂 < 水果茶

b. 汽水可樂 > 水果茶

c. 汽水可樂 = 水果茶

再以例題 10.6 為例，這個例子中，觀光局想調查遊客對東北角海岸線與石門水庫風景區的滿意度情形，並以威克生等級和檢定，在 $\alpha = 0.05$ 顯著

水準下，來檢定遊客對東北角海岸線與石門水庫風景區滿意度相同。在這個例題中，先到「變數檢視」依序輸入名稱。

再回到「資料檢視」，依序輸入各數據。

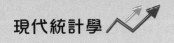

點選上方「分析」→「無母數檢定」→「二個獨立樣本」。

將「滿意度」移入「檢定變數清單」，「風景區」移入「分組變數」，
並點選下方的 Mann-Whitney U 統計量。

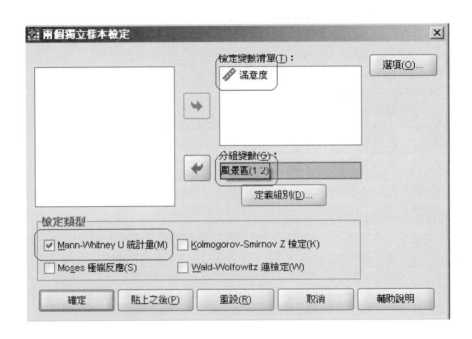

　　點選「定義組別」，在「組別 1」填上 1、「組別 2」填上 2，再按繼續及確定即可。

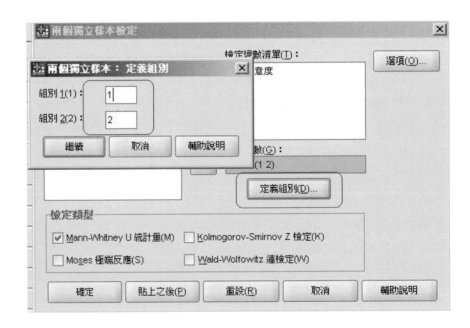

執行後的結果如下，$W_X = 50.5$。在統計假設 H_0 下，由附錄表 T9 可查得當 $m = 6$, $n = 8$, $\alpha = 0.05$ 時，$(W_L, W_U) = (29, 61)$ 此區間包含 50.5。故我們接受 H_0，即遊客對東北角海岸線與石門水庫風景區滿意度相同。

Mann-Whitney 檢定

等級

	風景區	個數	等級平均數	等級總和
滿意度	1.00	6	8.42	50.50
	2.00	8	6.81	54.50
	總和	14		

檢定統計量[b]

	滿意度
Mann-Whitney U 統計量	18.500
Wilcoxon W 統計量	54.500
Z 檢定	-.711
漸近顯著性 (雙尾)	.477
精確顯著性 [2*(單尾顯著性)]	.491[a]

a. 未對等值結做修正。

b. 分組變數：風景區

最後，再以例題 10.13 為示範，來進行 *SPSS* 中的克洛斯可－瓦力士檢定。例題 10.13 中，大學聯招委員會想要了解國文科作文閱卷老師之評分標準是否一致，並在 $\alpha = 0.05$ 顯著水準下，試問 3 位閱卷老師作文評分標準是否有不同。在 SPSS 中，先到「變數檢視」依序輸入名稱。

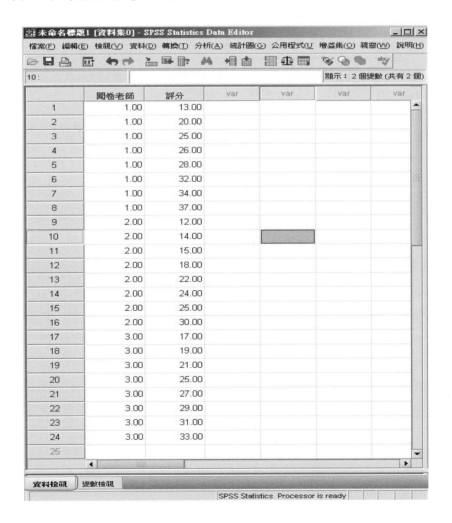

再回到「資料檢視」，依序輸入各數據。

點選上方「分析」→「無母數檢定」→「K 個獨立樣本」。

　　將「評分」移入「檢定變數清單」，「閱卷老師」移入「分組變數」，並點選下方 Kruskai-Wallis H 檢定。

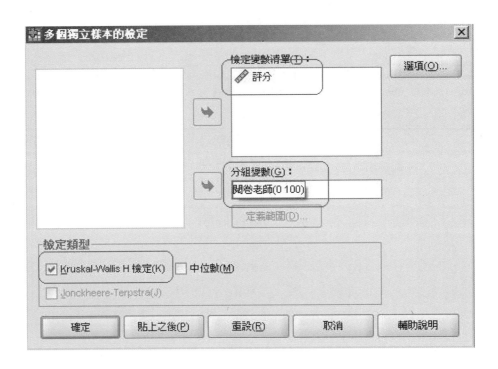

點選「定義範圍」，在「最小值」輸入 1、「最大值」輸入 3，再按繼續及確定。

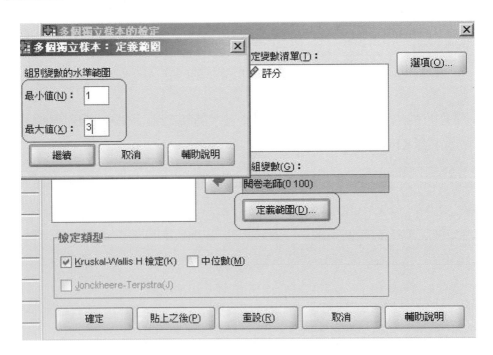

執行後的結果如下，可知 $\chi^2_{0.95}(2) = 5.99 > 4.302$，所以我們接受 H_0，即國文科作文閱卷老師之給分分配相同。這裡所算的卡方值和先前的值略有不同，這是因為計算中有四捨五入的關係。

Kruskal-Wallis 檢定

等級

	閱卷老師	個數	等級平均數
評分	1.00	8	15.38
	2.00	8	8.38
	3.00	8	13.75
	總和	24	

檢定統計量[a,b]

	評分
卡方	4.302
自由度	2
漸近顯著性	.116

a. Kruskal Wallis 檢定

b. 分組變數：閱卷老師

摘要

1. 無母數統計使用的時機：(1) 母體並不服從常態分配或母體來自某一未知分配時；(2) 抽樣樣本資料以類別尺度表示時；(3) 抽樣樣本資料以等級順序尺度表現時。

2. 符號檢定法可說是起源最早的統計檢定方法，通常用來檢定兩母體是否有差異的情形，也可以推廣用來檢定單一母體的中位數。符號檢定統計量：$T = $ 出現「＋」的總數；其中「＋」代表 $X_i > Y_i$。

3. 威克生等級符號檢定法與符號檢定法的不同是，威克生等級符號檢定法將成對樣本差異大小與符號方向同時納入考慮。威克生等級符號檢定統計量：$T = T^+$ 與 T^- 中較小的值。在顯著水準 α 下的左尾檢定，若 $T < T_{\alpha/2}$（臨界值），則拒絕 H_0。

4. 威克生等級和檢定法是用來檢定兩組獨立樣本，其所來自的母體中位數是否相等。威克生等級符號檢定統計量：$T = W_X = \sum_{i=1}^{m} R(X_i)$。在顯著水準 α 下的雙尾檢定，若 $W_L \leq T \leq W_U$，則接受 H_0。

5. Mood 平方等級和檢定法是取統計量為等級的平方和來檢定兩母體變異數差異。Mood 平方等級和檢定統計量 $T = \sum_{i=1}^{m} (R(x_i) - \frac{m+n+1}{2})^2$。在顯著水準 α 下的雙尾檢定，若 T 值超過所對應之臨界值，則拒絕 H_0。

6. 科莫果夫－史邁諾夫檢定法是用來檢定樣本資料是否來自某一特定母體分配。科莫果夫－史邁諾夫檢定統計量：$D = \max_{i=1,\ldots n} |S(x_i) - F_0(x_i)|$。在顯著水準 α 下的雙尾檢定，若 D 值超過所對應之臨界值，則拒絕 H_0。

7. 克洛斯可－瓦力士檢定法用來檢定多組隨機樣本的母體分配比率是否相同。克洛斯可－瓦力士檢定統計量：$K = \frac{12}{N(N+1)} \sum_{i=1}^{k} \frac{R_i^2}{n_i} - 3(N+1)$。在顯著水準 α 下的右尾檢定，如果 $n_i > 5$，則 K 近似於自由度為 $k–1$ 之卡方分配，即若 K 值大於 $\chi_\alpha^2(k-1)$，則拒絕 H_0。

8. 連串檢定法用來檢定一組樣本是否為隨機抽取。連串檢定統計量：$r = $ 連串的數目。在顯著水準 $\alpha = 0.05$ 下的雙尾檢定，如果 $r_L \leq r \leq r_U$ 則接

受 H_0。

9. 史比爾曼等級相關檢定法用來檢定兩個變數之間是否有相關。史比爾曼

等級相關檢定統計量：$r_s = 1 - \dfrac{6\sum\limits_{i=1}^{n} d_i^2}{n(n^2-1)}$。在顯著水準 α 下的右尾檢定，

若 r_s 值超過所對應之臨界值，則拒絕 H_0。

重要公式

1. 符號檢定統計量 T 具有期望值 $\mu_x = np = n/2$，變異數 $\sigma^2 = npq = n/4$

的二項分配，故可用 Z 檢定量，$Z = \dfrac{T - \mu_x}{\sigma_x} = \dfrac{T - (n/2)}{\sqrt{n}/2} = \dfrac{2T-n}{\sqrt{n}}$。

2. 威克生符號等級檢定量 T 的分配會趨近常態分配，其期望值與變異數為

$E(T) = \dfrac{n(n+1)}{4}$、$\sigma_T^2 = \dfrac{n(n+1)(2n+1)}{24}$，因此，可用統計量 $Z = \dfrac{T - E(T)}{\sigma_T}$

來檢定。

3. 威克生等級和檢定量 T 的分配會趨近常態分配，其期望值與變異數為

$E(T) = E\left(\sum\limits_{i=1}^{m} R(X_i)\right) = \dfrac{m(N+1)}{2}$, $\sigma_T^2 = Var\left(\sum\limits_{i=1}^{m} R(X_i)\right) = \dfrac{mn(N+1)}{12}$。因

此，可用統計量 $Z = \dfrac{T - \mu_T}{\sigma_T}$ 來檢定。

4. 科莫果夫－史邁諾夫檢定統計量 $D = \max\limits_{i=1,\dots n}\left|S(x_i) - F_0(x_i)\right|$，為樣本累積次

數分配值 $S(x)$，與假設特定機率分配的期望累積次數分配值 $F_0(x)$ 之最

大離差。

5. 克洛斯可－瓦力士檢定量為

$$K = \frac{12}{N(N+1)} \sum_{i=1}^{k} \frac{1}{n_i}\left[R_i - \frac{n_i(N+1)}{2} \right]^2 = \frac{12}{N(N+1)} \sum_{i=1}^{k} \frac{R_i^2}{n_i} - 3(N+1)$$

其中 $R_i =$ 第 i 組樣本在混合樣本中的等級總和。在 H_0 為真，且各組樣

本數 $n_i \geq 5$ 情況下，K 的統計量近似於自由度為 $(k–1)$ 的 χ_α^2 分配。

6. 當大樣本時 $(n_1 > 10, n_2 > 10)$，連串統計量 r 的分配會趨近常態分配，其期望值與變異數為

$$E(T) = \frac{2n_1 n_2}{n_1 + n_2} + 1, \ \sigma_r^2 = \frac{2n_1 n_2 (2n_1 n_2 - n_1 - n_2)}{(n_1 + n_2)^2 (n_1 + n_2 - 1)}$$

因此，可用統計量 $Z = \dfrac{T - E(T)}{\sigma_T}$ 來求得臨界值。

7. 史比爾曼等級相關係數 r_s，$r_s = 1 - \dfrac{6 \sum\limits_{i=1}^{n} d_i^2}{n(n^2 - 1)}$，$d_i = R(X_i) - R(Y_i)$ 表示成對樣本之等級差，$R(X_i)$ 表示 X_i 在 X 中之等級，$R(Y_i)$ 表示 Y_i 在 Y 中之等級，n 為樣本數。

 習題

10.1 試比較有母數統計方法與無母數統計方法的優點和缺點。

10.2 為了比較消費者是較喜歡 A 品牌之洗髮精或是 B 品牌之洗髮精，於是隨機選取了 22 位消費者，同時給予 A 與 B 品牌之洗髮精，讓其使用一段時間後，再予以回答。所得之結果如下：喜歡 A 品牌之洗髮精 5 人、喜歡 B 品牌之洗髮精 15 人、無意見 2 人。在顯著水準 $\alpha = 0.05$ 下，用符號檢定法判斷是否 B 品牌較受歡迎？

10.3 木柵動物園欲研究臺灣田鼠在獨處與群居時，心跳數是否會有不同。於是選了 10 隻臺灣田鼠分別記錄其在獨處與群居時之心跳數，得下表之資料。

田鼠	1	2	3	4	5	6	7	8	9	10
獨處	463	462	472	456	450	426	418	415	409	402
群居	523	492	441	535	476	454	448	408	470	437

在顯著水準 $\alpha = 0.05$ 下，(1) 用符號檢定法；(2) 用威克生符號等級檢

定法，分別檢定臺灣田鼠在獨處與群居時之心跳數是否會有不同？

10.4 一種對雄鳥羽毛色彩較鮮豔，母鳥、幼鳥羽毛色彩較不鮮豔的解釋是：雄鳥有較鮮豔色彩，以便將敵人引誘到自身而遠離巢中的雌鳥和幼鳥。為測試這理論鳥類學者選了 12 個金鶯鳥巢，在每一鳥巢 12 公尺遠處，放置一色彩鮮明的假鷹，再記錄每一巢雄雌鳥撲擊假鷹的總次數。同時記錄下是雄鳥或雌鳥先開始攻擊，以及哪一隻較有侵略性，資料如下表：

巢號	1	2	3	4	5	6	7	8	9	10	11	12
雄 M 撲擊次數	4	11	16	14	27	71	76	61	0	6	35	3
雌 F 撲擊次數	18	47	33	0	2	59	5	0	25	21	50	59
較具侵略	F	F	F	M	M	M	M	M	F	F	F	F
先攻擊	F	F	F	F	F	M	M	M	F	M	F	F

請以威克生符號等級檢定法，在顯著水準 $\alpha = 0.05$ 下，檢定雄雌鳥是否撲擊假鷹的次數有差異？

10.5 幼兒奶粉添加特量維他命是否能使頭腦壯壯、增加智商？我們從育幼院選取 24 位幼兒分成 12 對，每對隨機指定其中一人給予幼兒奶粉添加特量維他命，另一人則供應平常幼兒奶粉。經過六週以後，再給予24 位幼兒智力測驗，其智商之增加分數如下：

對別	1	2	3	4	5	6	7	8	9	10	11	12
控制組	16	17	5	4	–5	14	–3	–1	1	6	3	3
實驗組	8	27	–6	9	2	8	0	–5	13	4	3	4

請以威克生符號等級檢定法，在顯著水準 $\alpha = 0.05$ 下，檢定奶粉添加特量維他命是否能增加幼兒智商？

10.6 催眠對治療自閉症孩童之病情有改善嗎？創新醫學研究中心，特聘請一位催眠師將 17 位有自閉症孩童隨機分成兩組，控制組 X 施予傳統

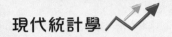
治療，實驗組 Y 除了施予傳統治療外另予以催眠治療，經過二個月後，測驗其心理情境改善之指標如下：

控制組	4.6	3.8	3.4	3.3	2.9	2.5	2.1	1.2	1.0	0.6
實驗組	6.2	5.4	4.7	3.9	2.0	1.7	0.8			

請以威克生等級和檢定法，在顯著水準 $\alpha = 0.05$ 下，你認為催眠治療對自閉症孩童之病情有改善嗎？

10.7 會計錯誤的原因分為可控制效應（包括登記錯誤、計算錯誤）及隨機效應（由於抽樣）。因此，如何建立良好審計制度，以消除可控制效應所引起的誤差，並使隨機效應的影響減至最小，相當重要。臺南市政府主計處，研擬出一種新的審計方法，以減少會計錯誤的發生。為了評估新方法的優劣，他們抽取了九個會計部門帳戶做實驗，並隨機指派 18 個審計人員分成 X, Y（新法和舊法）來檢視。兩種方法所產生之錯誤顯示如下：

X	125	101	133	115	94	102	132	128	121
Y	89	116	97	95	123	120	98	106	98

試用威克生等級和檢定法，在顯著水準 $\alpha = 0.05$ 下，檢定兩種審計方法所查出的會計錯誤是否有差異。

10.8 桃園復興國小校長欲比較使用建構數學教法與使用傳統數學教法，對中年級學生的數學成就表現是否呈現離散度的差異，以供新課程改良參考。於是隨機挑選各 12 名國小中年級學生，分控制組與實驗組進行研究。一年以後再施測，測驗結果如下：

傳統數學教法 X	50	75	80	65	85	80	75	90	95	90	85	60
建構數學教法 Y	64	55	72	78	88	92	98	95	82	86	76	40

試以 Mood 平方等級和檢定法，檢定使用建構數學教法與使用傳統數學教法，在顯著水準 $\alpha = 0.05$ 下，對中年級學生的數學成就表現是否

呈現變異數（離散度）的差異？

10.9　金龍少棒隊教練群想要了解其隊員的短跑速度，以提供盜壘策略的參考，於是隨機挑選 10 名隊員，測驗 70 公尺短跑秒數，結果如下：

選手	1	2	3	4	5	6	7	8	9	10
成績	8.1	8.9	9.3	9.7	10.2	10.3	10.5	10.8	11.0	11.2

試以科莫果夫－史邁諾夫檢定法，在顯著水準 $\alpha = 0.05$ 下，檢定金龍少棒隊隊員的短跑速度是否服從常態分配 $N(10,1)$？

10.10　萬能高職對畢業班舉行數學檢定測驗，會統科有男生 45 人、女生 55 人，其測驗結果如下：

分數	31-40	41-50	51-60	61-70	71-80	81-90	91-100
男生	1	2	2	5	10	20	5
女生	10	3	12	5	10	14	1

試以科莫果夫－史邁諾夫檢定法，在顯著水準 $\alpha = 0.05$ 下，檢定男女學生數學測驗能力的分配是否相同？

10.11　環球傳播公司推出旗下流行歌手一片新專輯，由於前幾個月銷售情況不理想，因此宣傳部門重新於北、中、南三大都會區推出三種不同廣告加以促銷。經過數個月以後，統計促銷後在三大都會區每月增加的銷售額如下表：

都會區	銷售額每月增加				
臺北	730	640	670	620	700
臺中	840	800	810	770	
高雄	820	790	710	750	

試用克洛斯可－瓦力士檢定法，在顯著水準 $\alpha = 0.05$ 下，檢定三種不同廣告對銷售額增加有無差異？

10.12 民間教改協會欲調查臺灣國民小學教師的薪資,與鄰近韓國與香港比較是否相同,於是從臺灣、韓國與香港國民小學教師中分別隨機抽查結果如下:

國別	小學教師的年薪(千美元)									
臺灣	21	22	23	26	27	33	35	39	43	
韓國	20	22	24	25	28	29	30	31	37	38	44
香港	29	32	34	36	40	45	49			

試用克洛斯可－瓦力士檢定法,在顯著水準 $\alpha = 0.05$ 下,檢定臺灣國民小學教師的薪資與韓國、香港是否相同?

10.13 美吾髮洗髮精製造廠的品管部門,要求其每瓶產品的標準重量為500cc,現由裝配線上取連續之 18 瓶,並稱重之,由左至右順序為:

502	503	495	498	497	502	504	506	505	508
498	495	496	497	495	507	501	502		

試以其為超重或不足重,在顯著水準 $\alpha = 0.05$ 下,判斷此樣本是否具有隨機性?

10.14 捷運淡水線的管理員想要知道,男女乘客進入捷運淡水站是否為隨機現象,於是在某一時刻觀察男女乘客進入捷運淡水站順序為:

女女女 男男 女女女女 男男男 女女 男男 女女女 男男男男 女女 男 女女

試問在顯著水準 $\alpha = 0.05$ 下,此樣本是否顯示男女乘客進入捷運站具有隨機性?

10.15 臺東都蘭國小校長發現,老師對一年級新生的態度與對學生能力的原始分數有關。校長也懷疑該能力判斷大都基於學生的 IQ 成績,老師大多有學生的 IQ 分數資料。開學三星期後,一老師被要求依其意見,將 9 位學生由 1 至 9 分加以分等(最低為 1、最高為 9),如下表:

老師評等	1	2	3	4	5	6	7	8	9
IQ 等級	1	3	2	4	5	7	9	6	8

在顯著水準 $\alpha = 0.05$ 下，此資料是否足夠顯示老師評等和 IQ 等級間有正相關？

10.16 媚登峰瘦身美容中心的業務經理想要知道，該中心在第四台廣告費支出與營業額的關係，於是統計最近 10 個月的第四台廣告費支出與營業額如下：（單位：萬元）

廣告費	15	30	20	55	50	35	60	25	40	65
營業額	80	135	115	180	210	130	220	100	125	190

在顯著水準 $\alpha = 0.05$ 下，試判斷媚登峰瘦身美容中心的廣告費支出與營業額是否具有正相關？

10.17 為了了解國中生之數學成績與理化成績是否具有正相關，高雄市新興國中輔導中心老師，隨機選取了該校 25 位學生之成績來觀察，得到下表之資料：

學生	1	2	3	4	5	6	7	8	9	10	11	12	13
數學成績	61	75	73	93	70	85	84	96	68	76	90	83	74
理化成績	65	62	88	85	66	68	67	95	63	89	86	74	73

學生	14	15	16	17	18	19	20	21	22	23	24	25
數學成績	77	60	91	82	63	80	87	92	88	94	72	78
理化成績	75	60	80	82	76	79	87	98	83	91	90	78

在顯著水準 $\alpha = 0.05$ 下，試判斷國中生之數學成績與理化成績是否具有正相關？

10.18 「紅顏薄命，英年早逝」這是相當流傳的成語。我們以歷年美國總統為例，就他們首次就職的年齡與過逝年齡進行比對，結果如下表：

名稱	Washington	J. Adams	Jefferson	Madison	Monroe	J. Q. Adams	Jackson	VanBuren	Harrison	Tyler
就職	57	61	57	57	58	57	61	54	68	49
過世	67	90	83	85	73	80	78	79	68	53

名稱	Polk	Taylor	Fillmore	Pierce	Buchanan	Lincoln	A. Johnson	Grant	Hayes	Garfield
就職	64	64	50	48	65	52	56	46	54	49
過世	65	65	74	64	77	56	66	63	70	49

名稱	Arthur	Cleveland	Harrison	McKinley	Roosevelt	Taft	Wilson	Harding	Coolidge	Hoover
就職	50	47	55	54	42	51	56	55	51	54
過世	56	71	67	58	60	72	67	57	60	90

名稱	F. Roosevelt	Truman	Eisenhower	Kennedy	Johnson	Nixon
就職	51	60	62	43	55	55
過世	63	88	78	46	65	81

在顯著水準 $\alpha = 0.05$ 下，試判斷歷年美國總統首次就職的年齡與過逝年齡進行是否具正相關？

11 類別資料分析
——列聯表與卡方檢定

在社會科學研究過程中，很多資料往往以屬質的形式出現。觀察值無法量化，僅能以類別尺度，按照其不同性質類別予以分類計數。本章就針對此種類別資料，提出三個統計分析與檢定方法，包括 (1) 評估樣本資料是否來自某一特定機率分配之卡方配合度檢定；(2) 檢定兩母群體是否具同樣分配比率之卡方齊一性檢定，以及 (3) 檢定兩個屬性母體變數是否相關之卡方獨立性檢定。

失業率高低和景氣有關嗎？

11.1 類別資料分析

　　類別資料 (categorical data) 是指將觀察值按照其特徵予以分類,而得到的統計結果。故該組資料所顯示之數據,為各類別出現之次數。此種型態資料在屬質的社會科學研究過程中,更是經常出現。例如:教育學家將師資培育的學程分為中學學程、小學學程;經濟學家將國民所得分為高收入、中收入與低收入以研究所得分配;人口學家將臺灣族群分為本省群、客家群、外省群、原住民以研究族群習性;藝術家將名畫分為古典派、抽象派、新潮派以分析歷史潮流;農產行銷公司將水果分為特級品、高級品、一般級以供促銷。社會學家將民意調查分為滿意、普通、不滿意以探討執政黨的施政滿意度等。

　　此種類別資料的觀察值無法量化,僅能按照其不同性質類別予以分類計數。為了資料蒐集與分析方便起見,類別資料大都以列聯表展示出來。

例 11.1

　　交通大隊為了研究機車車禍中,駕駛人喪生之原因,是否與駕駛人未戴安全帽或道路違規(包括闖紅燈、超速、逆向行駛等)有關。於是由下列表 11.1 的原始紀錄中,整理出一份雙變數列聯表,見表 11.2。

表 11.1　駕駛人喪生之機車車禍原始紀錄

編號	性別	年齡	職業	酒精過量	道路違規	戴安全帽
1	男	22	學生	否	是	否
2	男	50	工	是	否	否
3	男	18	學生	否	否	是
4	女	46	公	否	否	否
5	男	25	工	否	是	是
⋮	⋮	⋮	⋮	⋮	⋮	⋮

表 11.2　駕駛人喪生與戴安全帽之列聯表

類別	駕駛人未喪生	駕駛人喪生	合計
戴安全帽	50	10	60
未戴安全帽	30	10	40
合計	80	20	100

若再加上車禍發生時駕駛人是否道路違規的考慮，則形成三因子列聯表，見表 11.3。

表 11.3　駕駛人喪生與戴安全帽、道路違規之列聯表

類別	駕駛人未喪生		駕駛人喪生		合計
	道路違規	無道路違規	道路違規	無道路違規	
戴安全帽	30	20	6	4	60
未戴安全帽	15	15	8	2	40
合計	45	35	14	6	100

在數據表達方面，我們亦可利用行或列的總和或全部總和為分母，做百分比率計算。

由例 11.1 可以看出類別資料的特性，而列聯表就是展現類別資料一個很好的方法。一般而言，我們以雙因子列聯表進行交叉分析與統計檢定居多。如表 11.4 所示，為一個 r 列 c 行之雙因子列聯表，其中 n_{ij} 表示第 i 列第 j 行的觀察數、n_{i*} 表示第 i 列的總觀察數、n_{*j} 表示第 j 行的總觀察數、n 表示全部樣本的總觀察數。

表 11.4　一個 r 列 c 行之雙變數列聯表

	1	**2**	$\cdots$	**c**	合計
1	n_{11}	n_{12}	$\cdots$	n_{1c}	n_{1*}
2	n_{21}	n_{22}	$\cdots$	n_{2c}	n_{2*}
$\vdots$	$\vdots$	$\vdots$	$\vdots$	$\vdots$	$\vdots$
r	n_{r1}	n_{r2}	$\cdots$	n_{cr}	n_{r*}
合計	n_{*1}	n_{*2}	$\cdots$	n_{*c}	n

以下幾節，就是藉著列聯表顯示的資料，針對不同的統計假設進行檢定，以供我們決策參考。

11.2　卡方配合度檢定

卡方配合度檢定為英國統計學家皮爾生 (Pearson) 於 1900 年所提出的，用來檢定樣本資料是否來自某種特定機率分配的方法，可說是最古典且最被廣泛使用的配合度檢定法。在實務應用上，我們常對多名目母體 (multinomial population) 的類別比率有興趣，例如：欲檢定觀眾對三個主要政黨的支持度，是否依照統計假設 $p_{10}, p_{20}, p_{30}\,(p_{10} + p_{20} + p_{30} = 1)$ 之特定比率分配。即在事先假設 $H_0 : p_1 = p_{10}, p_2 = p_{20}, p_3 = p_{30}$ 下，對立假設 H_1：至少有一個 $p_i \neq p_{i0}$ 進行檢定。

表 11.5 為配合度檢定之列聯表，其中 o_i 表示第 i 個類別的樣本觀察次數。

表 11.5　配合度檢定之列聯表

類別	1	2	$\cdots$	c
觀察次數	o_1	o_2	$\cdots$	o_c

為了檢定觀察次數與期望次數是否一致，我們考慮卡方配合度檢定量：

$$\chi^2 = \sum_{i=1}^{c} \frac{(o_i - e_i)^2}{e_i} \qquad (11.1)$$

其中 e_i 表示第 i 個類別之期望次數。若 $\chi^2 = 0$，表示觀測值與期望值完全一致。若觀測值與期望值相近，即大部分的 $(o_i - e_i)$ 值不大，因此 χ^2 值亦不大，則我們將接受 H_0：樣本資料來自某特定比率分配的統計假設。反之，若某些的 $(o_i - e_i)$ 值很大，則 χ^2 將會超過顯著水準 α 之臨界值 χ_α^2，那麼我們將拒絕 H_0。

我們亦可應用卡方配合度檢定法，來檢定樣本資料是否來自常態分配、波松分配或指數分配等指定之機率分配，其道理與第十章之科莫果夫－史邁諾夫檢定法類似。

由於卡方檢定量 χ^2 為近似卡方分配，因此當小格的期望次數 e_i 小於 5 時，卡方檢定量 χ^2 近似卡方分配之效果較差。為了使卡方檢定量 χ^2 有較佳的近似卡方分配效果，當小格的期望次數 e_i 小於 5 時，應與鄰近合併，且合併後之小格必須能夠合理解釋其意義。

卡方配合度檢定過程

1. 資料：一組來自 c 個類別母體的隨機樣本 $o_1, o_2, \cdots, o_c$。

2. 統計假設：樣本資料是來自某特定機率分配。

3. 統計量：$\chi^2 = \sum_{i=1}^{c} \frac{(o_i - e_i)^2}{e_i}$。

4. 決策：在顯著水準 α 下，若 χ^2 值大於 $\chi_\alpha^2(c-1)$，則拒絕 H_0。

例 11.2

賽馬迷們常覺得在比賽時，起跑位置靠外側者比靠內側者較容易得到冠軍。為了求證這個結果，他們乃商請統計學者就上個月 144 次賽馬的結果做一分析，其資料如下表 11.6。在 $\alpha = 0.05$ 顯著水準下，是否接受起跑位置靠外側者比靠內側者較容易得到冠軍的傳說？

表 11.6　跑道賽馬冠軍次數

跑道	1	2	3	4	5	6	7	8
觀察次數	29	19	18	25	17	10	15	11
期望次數	18	18	18	18	18	18	18	18

答：統計假設為

H_0：每個跑道的冠軍次數比率一樣

H_1：每個跑道的冠軍次數比率不同

統計量 $\chi^2 = \sum_{i=1}^{8} \dfrac{(o_i - e_i)^2}{e_i}$

$$= \frac{(29-18)^2}{18} + \frac{(19-18)^2}{18} + \frac{(18-18)^2}{18} + \frac{(25-18)^2}{18}$$

$$+ \frac{(17-18)^2}{18} + \frac{(10-18)^2}{18} + \frac{(15-18)^2}{18} + \frac{(11-18)^2}{18} = 16.3$$

由附表 T6 知 $\chi^2_{0.05}(7) = 14.1 < 16.3$，故拒絕 H_0，即此資料顯示每個跑道的冠軍次數比率的確不同。

例 11.3

紅目電視收視率調查公司發布最近 8 點檔節目收視率，分別為台視：0.2、中視：0.25、華視：0.1、第四台：0.45。華視 8 點檔節目製作人不服，想要檢驗此調查結果。於是隨機抽查 100 位收看 8 點檔節目電視觀眾，得到受訪結果：收看台視：16 位、收看中視：20 位、收看華視：14 位、收看第四台：50 位。在 $\alpha = 0.05$ 顯著水準下，是否接受紅目電視收視率調查結果？

答：統計假設為

H_0：接受紅目電視收視率調查結果，即台視：0.2、中視：0.25、

華視：0.1、第四台：0.45。

H_1：不接受紅目電視收視率調查結果，即至少有一台收視率不等
於調查結果。

將題意資料整理為列聯表，如下表11.7：

表11.7　電視 8 點檔節目收視率

類別	台視	中視	華視	第四台
收看人數	16	20	14	50
期望人數	20	25	10	45

統計量 $\chi^2 = \sum_{i=1}^{4} \dfrac{(o_i - e_i)^2}{e_i}$

$= \dfrac{(16-20)^2}{20} + \dfrac{(20-25)^2}{25} + \dfrac{(14-10)^2}{10} + \dfrac{(50-45)^2}{45} = 3.96$

由附表 T6 得知 $\chi^2_{0.05} = (3) = 7.81 > 3.96$，故接受 H_0，即接受台視：
0.2、中視：0.25、華視：0.1、第四台：0.45 之收視率分配。

例 11.4

中國風水師相當重視的 4 個季節與 24 節氣，可簡述為：一月小寒
接大寒，二月立春雨水連；驚蟄春分在三月，清明穀雨四月天；五月立
夏和小滿，六月芒種夏至連；七月大暑和小暑，立秋處暑八月間；九月
白露接秋分，寒露霜降十月全；立冬小雪十一月，大雪冬至迎新年。
某風水師隨機抽取 40 位中國歷代帝王崩殂時間，發現春季 5 位、夏季
7 位、秋季 12 位、冬季 17 位。根據此資料請檢定在 $\alpha = 0.05$ 顯著水準
下，中國歷代帝王崩殂的比例是否受到季節影響。若所抽取為 100 位帝
王崩殂時辰，發現春季 14 位、夏季 22 位、秋季 27 位、冬季 37 位，並
意外發現其春夏秋冬季節比例接近 1：2：3：4。根據此資料，請檢定

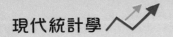

在 $\alpha = 0.05$ 顯著水準下，中國歷代帝王崩殂的比例是否為 $1:2:3:4$。

答：統計假設為

H_0：歷代帝王崩殂的季節比例是一致的，即春＝夏＝秋＝冬＝1/4

H_1：歷代帝王崩殂的季節比例不是一致的

將題意資料整理為列聯表，如表 11.8：

表 11.8 40 位帝王崩殂

類別	春	夏	秋	冬
崩殂人數	5	7	11	17
期望人數	10	10	10	10

統計量 $\chi^2 = \sum_{i=1}^{4} \dfrac{(o_i - e_i)^2}{e_i}$

$$= \frac{(5-10)^2}{10} + \frac{(7-10)^2}{10} + \frac{(11-10)^2}{10} + \frac{(17-10)^2}{10} = 8.4$$

由附表 T6 得知 $\chi^2_{0.05}(3) = 7.81 < 8.4$，故拒絕 H_0，即歷代帝王崩殂的季節比例不是一致的。

現在若所抽取為 100 位帝王崩殂時辰，發現春季 14 位、夏季 22 位、秋季 27 位、冬季 37 位，且統計假設為

H_0：歷代帝王崩殂的季節比例為 $1:2:3:4$

H_1：歷代帝王崩殂的季節比例不為 $1:2:3:4$

將題意資料整理為列聯表，如表 11.9：

表 11.9 100 位帝王崩殂時辰

類別	春	夏	秋	冬
崩殂人數	14	22	27	37
期望人數	10	20	30	40

統計量 $\chi^2 = \sum_{i=1}^{4} \frac{(o_i - e_i)^2}{e_i}$

$$= \frac{(14-10)^2}{10} + \frac{(22-20)^2}{20} + \frac{(27-30)^2}{30} + \frac{(37-40)^2}{40} = 2.24$$

由附表 T6 得知 $\chi^2_{0.05}(3) = 7.81 > 2.24$，故接受 H_0，即接受歷代帝王崩殂的季節比例為 1：2：3：4。

例 11.5

根據以前之研究結果顯示，智商測驗之分數服從常態分配。臺東教育心理學家給一山區小學共 90 位兒童做智商測驗，得到結果如表 11.10。

表 11.10　90 位兒童智商測驗（平均值 = 90，標準差 = 12）

智商	70 以下	(70,80]	(80,90]	(90,100]	(100,110]	110 以上
觀察次數	4	19	33	16	20	8

在 $\alpha = 0.05$ 顯著水準下，試檢定

H_0：此山區小學兒童智商為常態分布

H_1：此山區小學兒童智商不為常態分布

答：為了應用卡方配合度檢定，我們必須將此資料分區間，本題分 6 個區間，即 $k = 6$，並計算每個區間觀測次數與期望次數，其中期望次數為區間所對應的標準常態分配機率乘兒童總數，區間所對應的標準常態分配機率為

$$p_1 = P(X < 70) = P(\frac{X-90}{12} < \frac{70-90}{12}) = P(Z < -1.67) = 0.0475$$

$$p_2 = P(70 < X \leq 80) = P(\frac{70-90}{12} < \frac{X-90}{12} \leq \frac{80-90}{12})$$

$$= P(-1.67 < Z \leq -0.83) = 0.1558$$

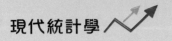

$$p_3 = P(80 < X \le 90) = P(\frac{80-90}{12} < \frac{X-90}{12} \le \frac{80-90}{12})$$
$$= P(-0.83 < Z \le 0) = 0.2967$$
$$\vdots$$

因此各組期望值為（四捨五入）

$$e_1 = n\,p_1 = 90 \times 0.0475 = 4$$
$$e_2 = n\,p_2 = 90 \times 0.1558 = 14$$
$$e_3 = n\,p_3 = 90 \times 0.2967 = 27$$
$$\vdots$$

將結果整理為一列聯表如下：

智商	70 以下	(70,80]	(80,90]	(90,100]	(100,110]	110 以上
觀察次數	4	19	33	16	20	8
期望次數	4	14	27	27	14	4

於是

$$\chi^2 = \frac{(4-4)^2}{4} + \frac{(19-14)^2}{14} + \frac{(33-27)^2}{27} + \frac{(16-27)^2}{27} + \frac{(20-14)^2}{14} + \frac{(8-4)^2}{4}$$
$$= 14.2$$

值得注意的是，我們在計算過程中已使用了二個自由度：樣本平均值與樣本標準差（因為母體參數未知），所以此處 χ^2 分配之自由度為 $6-2-1=3$，最後因為 $14.2 > \chi^2_{0.05}(3) = 7.81$，故我們拒絕 H_0，即此山區小學 90 位兒童智商不為常態分布。

11.3 齊一性檢定

卡方齊一性檢定用來決定兩個或兩個以上的母體中，各類別的比例是否

齊一之統計檢定方法。例如：我們想要知道臺北市居民與高雄市居民對市政府整頓交通的滿意情形是否齊一。首先我們將滿意情形分為幾個等級類別，然後根據樣本資料以列聯表列出，見表 11.11。

表 11.11　臺北市與高雄市居民對市政府整頓交通的滿意情形

類別	很不滿意 p_1	不滿意 p_2	普通 p_3	滿意 p_4	很滿意 p_5	合計
臺北市 (A)	110	160	145	115	70	600
高雄市 (B)	105	100	100	55	40	400
合計	215	260	245	170	110	1,000

要檢定臺北市居民與高雄市居民對市政府整頓交通的滿意情形是否齊一，我們令統計假設如下：H_0：臺北市與高雄市居民對市政府整頓交通的滿意情形是一致的。H_1：臺北市與高雄市居民對市政府整頓交通的滿意情形不一致。以機率表示即為在 H_0：$p_{A1} = p_{B1}$，$p_{A2} = p_{B2}$，$p_{A3} = p_{B3}$，$p_{A4} = p_{B4}$，$p_{A5} = p_{B5}$ 假設下，對立假設為 H_1：至少有一個進行檢定。

我們使用的卡方齊一性檢定統計量為

$$\chi^2 = \sum_{i=A,B} \sum_{j=1}^{c} \frac{(n_{ij} - e_{ij})^2}{e_{ij}} \tag{11.2}$$

其中 n_{ij} 表示第 i 組樣本，第 j 類別的觀察次數，e_{ij} 表示在 H_0 下，第 i 組樣本，第 j 類別的期望次數。當 n 夠大時，卡方齊一性檢定統計量 χ^2 會漸近於自由度為 $(c-1)$ 之 χ^2 分配。因此在顯著水準 α 下，可由附錄表 T6 χ^2 分配之臨界值表查得臨界值 $\chi^2_\alpha(c-1)$。若檢定統計量 χ^2 值大於 $\chi^2_\alpha(c-1)$，則拒絕 H_0。而期望次數 e_{ij} 的求法如下：

1. 先算出第 j 類別的機率值 $p_j = \dfrac{n_j}{n}$，其中 n 為兩組樣本的總觀察次數，n_j 為第 j 類別的總觀察次數。

2. $e_{ij} = n_i \cdot p_j = \dfrac{n_i n_j}{n} = $ 第 i 組樣本的觀察次數 × 第 j 類別的機率值。

以上述臺北市與高雄市居民對市政府整頓交通的滿意情形為例：

$$e_{A1} = n_A \cdot p_1 = 600 \cdot \frac{215}{1000} = 129, \; e_{A2} = n_A \cdot p_2 = 600 \cdot \frac{260}{1000} = 156, \ldots$$

$$e_{B1} = n_B \cdot p_1 = 400 \cdot \frac{215}{1000} = 86, \; e_{B2} = n_B \cdot p_2 = 400 \cdot \frac{260}{1000} = 104, \ldots$$

卡方齊一性檢定過程

1. 資料：兩組來自 c 個類別母體的隨機樣本 $n_{A1}, n_{A2}, \cdots, n_{Ac}$ 與 $n_{B1}, n_{B2}, \cdots, n_{Bc}$。

2. 統計假設：兩組樣本資料母體機率分配是一致的。

3. 統計量：$\chi^2 = \sum\limits_{i=A,B} \sum\limits_{j=1}^{c} \dfrac{(n_{ij} - e_{ij})^2}{e_{ij}}$。

4. 決策：在顯著水準 α 下，若 χ^2 值大於 $\chi_\alpha^2(c-1)$，則拒絕 H_0。

例 11.6

某黨文宣總部在立法委員競選期間分析選情，想要了解選民的性別對政黨的支持度比率是否相同。於是委託民調中心針對該地區隨機抽樣 1,000 選民進行電話專訪，結果如下表 11.12。

表 11.12　選民的性別對政黨的支持度

類別	國民黨	民進黨	無黨聯盟	合計
男性	220	280	100	600
女性	180	140	80	400
合計	400	420	180	1,000

在 $\alpha = 0.05$ 顯著水準下，試檢定選民的性別對政黨的支持度比率相同。

答：統計假設為

H_0：選民的性別對政黨的支持度比率相同

H_1：選民的性別對政黨的支持度比率不相同

首先計算期望次數 e_{ij}

$$e_{A1} = n_A \cdot p_1 = 600 \cdot \frac{400}{1000} = 240, \quad e_{B1} = n_B \cdot p_1 = 400 \cdot \frac{400}{1000} = 160$$

$$e_{A2} = n_A \cdot p_2 = 600 \cdot \frac{420}{1000} = 252, \quad e_{B2} = n_B \cdot p_2 = 400 \cdot \frac{420}{1000} = 168$$

$$e_{A3} = n_A \cdot p_3 = 600 \cdot \frac{180}{1000} = 108, \quad e_{B3} = n_B \cdot p_3 = 400 \cdot \frac{180}{1000} = 72$$

將結果整理為一列聯表如下（括號內的次數為期望次數）：

類別	國民黨	民進黨	無黨聯盟	合計
男性	220 (240)	280 (252)	100 (108)	600
女性	180 (160)	140 (168)	80 (72)	400
合計	400	420	180	1000

因此 $\chi^2 = \sum\limits_{i=A,B} \sum\limits_{j=1}^{c} \dfrac{(n_{ij} - e_{ij})^2}{e_{ij}}$

$$= \frac{(220-240)^2}{240} + \frac{(280-252)^2}{252} + \frac{(100-108)^2}{108}$$

$$+ \frac{(180-160)^2}{160} + \frac{(140-168)^2}{168} + \frac{(80-72)^2}{72}$$

$$= 9.43 > 5.99 = \chi^2_{0.05}(2)$$

故在顯著水準 $\alpha = 0.05$ 下，拒絕 H_0，即選民的性別對政黨的支持度比率是不相同的。

例 11.7

時報民意調查基金會欲探討捷運淡水線票價打折的問題，於是從學生與非學生中分別隨機抽取 90 人、120 人做意見調查，結果如下表 11.13。

表 11.13　捷運淡水線票價打折的問題

類別	極不贊成	不贊成	無意見	贊成	極贊成	合計
學生	5	10	5	30	40	90
非學生	20	30	10	40	20	120
合計	25	40	15	70	60	210

在 $\alpha = 0.05$ 顯著水準下，試檢定

H_0：學生與非學生對捷運淡水線票價打折的意見一致

H_1：學生與非學生對捷運淡水線票價打折的意見不一致

答：首先計算期望次數 e_{ij}

$$e_{A1} = n_A \cdot p_1 = 90 \cdot \frac{25}{210} = 11, \quad e_{B1} = n_B \cdot p_1 = 120 \cdot \frac{25}{210} = 14$$

$$e_{A2} = n_A \cdot p_2 = 90 \cdot \frac{40}{210} = 17, \quad e_{B2} = n_B \cdot p_2 = 120 \cdot \frac{40}{210} = 23$$

$$e_{A3} = n_A \cdot p_3 = 90 \cdot \frac{15}{210} = 6, \quad e_{B3} = n_B \cdot p_3 = 120 \cdot \frac{15}{210} = 9$$

$$e_{A4} = n_A \cdot p_4 = 90 \cdot \frac{70}{210} = 30, \quad e_{B4} = n_B \cdot p_4 = 120 \cdot \frac{70}{210} = 40$$

$$e_{A5} = n_A \cdot p_5 = 90 \cdot \frac{60}{210} = 26, \quad e_{B5} = n_B \cdot p_5 = 120 \cdot \frac{60}{210} = 34$$

將結果整理為一列聯表如下：

類別	極不贊成	不贊成	無意見	贊成	極贊成	合計
學生	5(11)	10(17)	5(6)	30(30)	40(26)	90
非學生	20(14)	30(23)	10(9)	40(40)	20(34)	120
合計	25	40	15	70	60	210

因此 $\chi^2 = \sum_{i=A,B} \sum_{j=1}^{c} \frac{(n_{ij} - e_{ij})^2}{e_{ij}}$

$$= \frac{(5-11)^2}{11} + ... + \frac{(40-26)^2}{26} + \frac{(20-14)^2}{14} + ... + \frac{(20-34)^2}{34}$$

$$= 24.44 > 9.49 = \chi^2_{0.95}(4)$$

故在顯著水準 $\alpha = 0.05$ 下，拒絕 H_0，即學生與非學生對捷運淡水線票價打折的意見不一致。

11.4　獨立性檢定

卡方獨立性檢定用來決定兩個屬性因子是否獨立之統計檢定方法。例如：我們想要知道吃檳榔多寡是否與口腔癌的罹患率有關？機車車禍中，駕駛人喪生是否與未戴安全帽有關？所得高低是否與學歷高低有關？金融股股價的漲跌，是否與資產股股價的漲跌有關等？

卡方獨立性檢定的主要想法來自統計獨立的觀念：若 A、B 兩事件獨立，則 $P(A \cap B) = P(A)P(B)$。因此對統計假設

H_0：兩個因子是獨立的

H_1：兩個因子是相關的

在 H_0 為真的情況下，我們考慮計算列聯表中，每小格觀察次數 n_{ij} 與期望次數 e_{ij} 的差，於是自然地導出了卡方獨立性檢定統計量

$$\chi^2 = \sum_{i=1}^{r} \sum_{j=1}^{c} \frac{(n_{ij} - e_{ij})^2}{e_{ij}} \tag{11.3}$$

當 n 夠大時，卡方獨立性檢定統計量 χ^2 會漸近於自由度為 $(r-1)(c-1)$ 之 χ^2 分配。因此在顯著水準 α 下，可由附錄表 T6 χ^2 分配臨界值表，查得臨界值 $\chi^2_\alpha(r-1)(c-1)$，若檢定統計量 χ^2 值大於 $\chi^2_\alpha(r-1)(c-1)$，則拒絕 H_0。在 H_0 為真的情況下，期望次數 e_{ij} 的計算如下：

$$e_{ij} = n \cdot p_{ij} \text{（樣本總數} \times \text{第 } i \text{ 列第 } j \text{ 行的機率）}$$

$$= n \cdot p_{i*} \cdot p_{*j} \text{（樣本總數} \times \text{第 } i \text{ 列機率} \times \text{第 } j \text{ 行的機率）}$$

$$= n \cdot \frac{n_{i*}}{n} \cdot \frac{n_{*j}}{n} \text{（} n_{i*} \text{為第 } i \text{ 列總觀察數，} n_{*j} \text{為第 } j \text{ 行的總觀察數）}$$

卡方獨立性檢定過程

1. 資料：r 組來自 c 個類別母體的隨機樣本 n_{11}, n_{12}, ..., n_{1c}, ..., n_{r1}, n_{r2}, ..., n_{rc}。

2. 統計假設：兩個屬性因子是獨立的。

3. 統計量：$\chi^2 = \sum_{i=1}^{r} \sum_{j=1}^{c} \frac{(n_{ij} - e_{ij})^2}{e_{ij}}$。

4. 決策：在顯著水準 α 下，若 χ^2 值大於 $\chi_\alpha^2 (r-1)(c-1)$，則拒絕 H_0。

例 11.8

騎機車是否須戴安全帽？若我們針對表 11.2 機車車禍中，機車駕駛人喪生之原因與駕駛人是否戴安全帽的資料作分析。試檢定在 $\alpha = 0.05$ 顯著水準下，駕駛人喪生之原因是否與駕駛人未戴安全帽有關？

答：統計假設為

H_0：駕駛人喪生與未戴安全帽無關

H_1：駕駛人喪生與未戴安全帽有關

由表 11.2 駕駛人喪生與戴安全帽之列聯表，可得期望次數 e_{ij}：

$$e_{11} = n \cdot \frac{n_{1*}}{n} \cdot \frac{n_{*1}}{n} = 100 \cdot \frac{60}{100} \cdot \frac{80}{100} = 48 \qquad e_{21} = 100 \cdot \frac{40}{100} \cdot \frac{80}{100} = 32$$

$$e_{12} = 100 \cdot \frac{60}{100} \cdot \frac{20}{100} = 12 \qquad e_{22} = 100 \cdot \frac{40}{100} \cdot \frac{20}{100} = 8$$

將結果整理為一列聯表如下：

類別	駕駛人未喪生	駕駛人喪生	合計
戴安全帽	50(48)	10(12)	60
未戴安全帽	30(32)	10(8)	40
合計	80	20	100

因此 $\chi^2 = \sum_{i=1}^{r}\sum_{j=1}^{c}\dfrac{(n_{ij}-e_{ij})^2}{e_{ij}}$

$$= \frac{(50-48)^2}{48} + \frac{(10-12)^2}{12} + \frac{(30-32)^2}{32} + \frac{(10-8)^2}{8}$$

$$= 1.04 < 3.84 = \chi^2_{0.05}(1)$$

故在顯著水準 $\alpha = 0.05$ 下，接受 H_0；即駕駛人喪生與戴安全帽無關。

例 11.9

幼兒心理專家欲研究當幼兒哭鬧時，4 種有效的安撫幼兒的方法是否與種族無關。於是針對父母親均為白種人及父母親均為黃種人的 1~2 歲的幼兒進行探訪，結果如下表 11.14。

表 11.14　4 種安撫幼兒的方法結果

類別	塞奶嘴	抱抱輕拍	搖籃	玩具	合計
白人幼兒	8	10	2	10	30
黃人幼兒	18	20	8	4	50
合計	26	30	10	14	80

試問在 $\alpha = 0.05$ 顯著水準下，安撫幼兒的方法是否與種族無關。

答：統計假設為

H_0：安撫幼兒的方法是否與種族無關

H_1：安撫幼兒的方法是否與種族有關

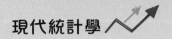

首先計算期望次數 e_{ij}

$$e_{11} = n \cdot \frac{n_{1*}}{n} \cdot \frac{n_{*1}}{n} = 80 \cdot \frac{30}{80} \cdot \frac{26}{80} = 10 \qquad e_{21} = n \cdot \frac{n_{2*}}{n} \cdot \frac{n_{*1}}{n} = 80 \cdot \frac{50}{80} \cdot \frac{26}{80} = 16$$

$$e_{12} = 80 \cdot \frac{30}{80} \cdot \frac{30}{80} = 11 \qquad\qquad e_{22} = 80 \cdot \frac{50}{80} \cdot \frac{30}{80} = 19$$

$$e_{13} = 80 \cdot \frac{30}{80} \cdot \frac{10}{80} = 4 \qquad\qquad e_{23} = 80 \cdot \frac{50}{80} \cdot \frac{10}{80} = 6$$

$$e_{14} = 80 \cdot \frac{30}{80} \cdot \frac{14}{80} = 5 \qquad\qquad e_{24} = 80 \cdot \frac{50}{80} \cdot \frac{14}{80} = 9$$

將結果整理為一列聯表如下：

類別	塞奶嘴	抱抱輕拍	搖籃	玩具	合計
白人幼兒	8(10)	10(11)	2(4)	10(5)	30
黃人幼兒	18(16)	20(19)	8(6)	4(9)	50
合計	26	30	10	14	80

因此 $\chi^2 = \sum_{i=1}^{r} \sum_{j=1}^{c} \frac{(n_{ij} - e_{ij})^2}{e_{ij}}$

$$= \frac{(8-10)^2}{10} + \frac{(10-11)^2}{12} + \frac{(2-4)^2}{4} + \frac{(10-5)^2}{5}$$

$$+ \frac{(18-16)^2}{16} + \frac{(20-19)^2}{19} + \frac{(8-6)^2}{6} + \frac{(4-9)^2}{9}$$

$$= 10.24 > 7.81 = \chi^2_{0.05}(3)$$

故在顯著水準 $\alpha = 0.05$ 下，拒絕 H_0，即安撫幼兒的方法與種族有關。

11.5 應用 SPSS 進行類別資料分析的操作方法

本章節介紹如何使用 SPSS 來進行卡方檢定。以例題 11.2 做示範，在這

個例題中，要比較賽馬在不同的跑道，是否起跑位置靠外側者比靠內測者容易得到冠軍。首先，先到「變數檢視」依序輸入跑道、次數等變項。

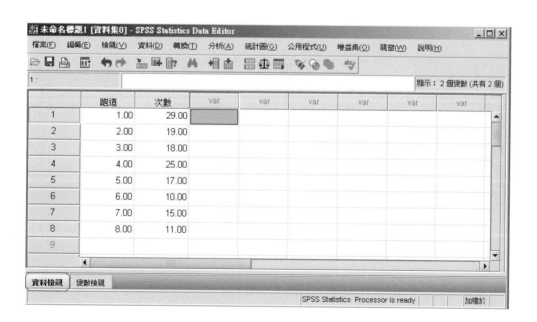

回到資料檢視，依序輸入各組數據。

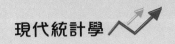

再點選上面的「資料」裡頭的「加權觀察值」。

並將「次數」移入「次數變數」中，再按確定。

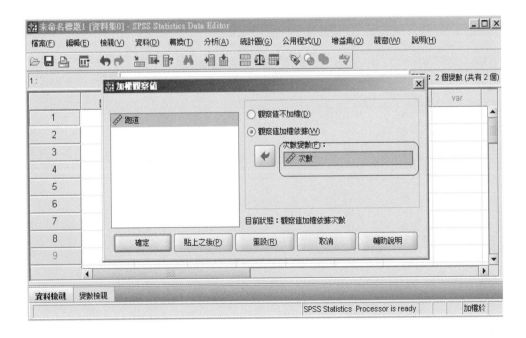

回到資料檢視後，按上方「分析」→「無母數檢定」→「卡方分配」。

將「跑道」移入「檢定變數清單」。

按「選項」點選「描述性統計量」後按繼續，再按確定。

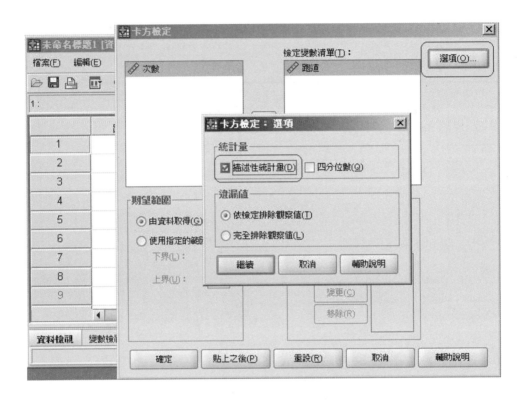

執行後的結果，可看出卡方的檢定量為 16.333。由附表 T6 可知 $\chi^2_{0.05}(7) =$ 14.1 < 16.3，且漸近顯著性為 0.022，此值比 0.05 小，所拒絕 H_0，即此資料顯示每個跑道的冠軍次數比率的確不同。

➜ NPar 檢定

[資料集0]

描述性統計量

	個數	平均數	標準差	最小值	最大值
跑道	144	3.8819	2.24542	1.00	8.00

卡方檢定

次數分配表

跑道

	觀察個數	期望個數	殘差
1.00	29	18.0	11.0
2.00	19	18.0	1.0
3.00	18	18.0	.0
4.00	25	18.0	7.0
5.00	17	18.0	-1.0
6.00	10	18.0	-8.0
7.00	15	18.0	-3.0
8.00	11	18.0	-7.0
總和	144		

檢定統計量

	跑道
卡方	16.333[a]
自由度	7
漸近顯著性	.022

a. 0 個格 (.0%) 的
期望次數少於 5。
最小的期望格次數
為 18.0。

SPSS 軟體裡還有更多的統計量及檢定方法，讀者有需要的話可以自行勾選需要的選項。

另一個例子則為範例 11.9。在這個例子中，幼兒心理專家欲研究當幼兒哭鬧時，4 種有效的安撫幼兒的方法是否與種族無關。這個例子可用來示範如何使用卡方檢定來做二因子的分析。首先，先到「變數檢視」依序輸入各資料。

回到「資料檢視」，以數字 1 代表塞奶嘴、2 代表抱抱輕拍、3 代表搖籃、4
代表玩具。幼兒類別方面，以 1 代表白人幼兒、2 代表黃人幼兒，再依序輸
入各組數據。

點選上方「資料」→「加權觀察值」。

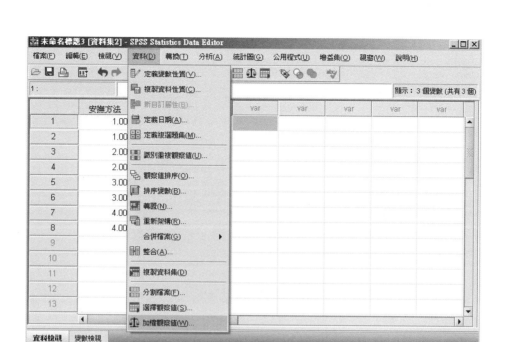

將「人數」移入「次數變數」後，按確定。

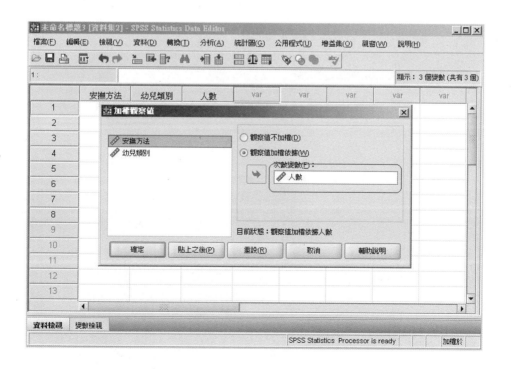

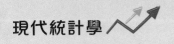
點選上方「分析」→「敘述統計」→「交叉表」。

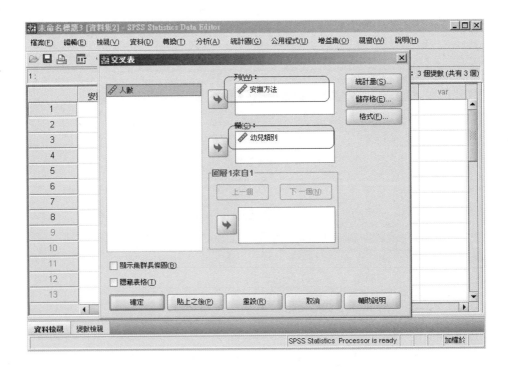

將「安撫方法」移入「列」中,「幼兒類別」移入「欄」中,再按確定。

點選「統計量」，再點選「卡方分配」及「列聯係數」後按繼續。

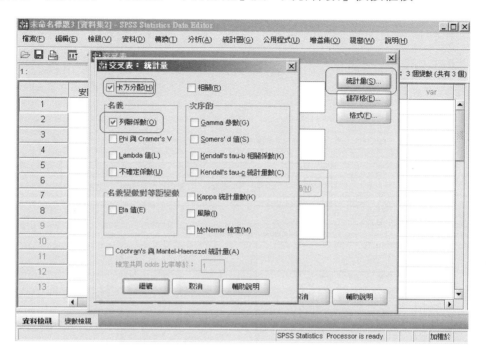

點選「儲存格」，再點選「觀察值」、「期望」、「列」、「行」及「總和」，再按繼續及確定。

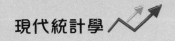

執行後的結果如下，這裡的卡方數值和原先例題中計算的不盡相同，原因是計算過程中有採用四捨五入。由 SPSS 結果，可知其顯著性 P 值為 0.031，在顯著水準 $\alpha = 0.05$ 下，拒絕 H_0，代表安撫幼兒的方法與種族有關。

觀察值處理摘要

	觀察值					
	有效的		遺漏值		總和	
	個數	百分比	個數	百分比	個數	百分比
安撫方法 * 幼兒類別	80	100.0%	0	.0%	80	100.0%

安撫方法*幼兒類別　交叉表

			幼兒類別		總和
			1.00	2.00	
安撫方法	1.00	個數	8	18	26
		期望個數	9.8	16.3	26.0
		在 安撫方法 之內的	30.8%	69.2%	100.0%
		在 幼兒類別 之內的	26.7%	36.0%	32.5%
		整體的 %	10.0%	22.5%	32.5%
	2.00	個數	10	20	30
		期望個數	11.3	18.8	30.0
		在 安撫方法 之內的	33.3%	66.7%	100.0%
		在 幼兒類別 之內的	33.3%	40.0%	37.5%
		整體的 %	12.5%	25.0%	37.5%
	3.00	個數	2	8	10
		期望個數	3.8	6.3	10.0
		在 安撫方法 之內的	20.0%	80.0%	100.0%
		在 幼兒類別 之內的	6.7%	16.0%	12.5%
		整體的 %	2.5%	10.0%	12.5%
	4.00	個數	10	4	14
		期望個數	5.3	8.8	14.0
		在 安撫方法 之內的	71.4%	28.6%	100.0%
		在 幼兒類別 之內的	33.3%	8.0%	17.5%
		整體的 %	12.5%	5.0%	17.5%
總和		個數	30	50	80
		期望個數	30.0	50.0	80.0
		在 安撫方法 之內的	37.5%	62.5%	100.0%
		在 幼兒類別 之內的	100.0%	100.0%	100.0%
		整體的 %	37.5%	62.5%	100.0%

卡方檢定

	數值	自由度	漸近顯著性 (雙尾)
Pearson卡方	8.908[a]	3	.031
概似比	8.803	3	.032
線性對線性的關連	4.216	1	.040
有效觀察值的個數	80		

a. 1格 (12.5%) 的預期個數少於 5。 最小的預期個數為 3.75。

對稱性量數

		數值	顯著性近似值
以名義量數為主	列聯係數	.317	.031
有效觀察值的個數		80	

現代統計學

摘要

1. 類別資料是將觀察值按照其特徵予以分類，而得到的統計結果。

2. 卡方配合度檢定是用來檢定樣本資料是否來自某一特定機率分配。

   卡方配合度檢定統計量 $\chi^2 = \sum_{i=1}^{c} \frac{(o_i - e_i)^2}{e_i}$。

3. 卡方齊一性檢定是用來檢定兩母群體是否具同樣分配比率。

   卡方齊一性檢定統計量為 $\chi^2 = \sum_{i=A,B} \sum_{j=1}^{c} \frac{(n_{ij} - e_{ij})^2}{e_{ij}}$。

4. 卡方獨立性檢定是檢定兩個屬性的母體變數是否統計獨立。

5. 卡方獨立性檢定統計量為 $\chi^2 = \sum_{i=1}^{r} \sum_{j=1}^{c} \frac{(n_{ij} - e_{ij})^2}{e_{ij}}$。

習題

11.1 依據美國大學課程設計與學習成就評量的標準，大一微積分學期總成績的評分原則為 10% 為 A（90 分～100 分）、30% 為 B（80 分～89 分）、30% 為 C（70 分～79 分）、20% 為 D（60 分～69 分）、10% 為 F（60 分以下）。現在從一國立大學工學院修畢微積分的大一學生中，隨機抽取 120 位，發現有 10 位為 A、25 位為 B、30 位為 C、25 位為 D、30 位為 F。試問在 $\alpha = 0.05$ 顯著水準下，此成績是否符合學習成就評量標準的分配原則？

11.2 名偵探柯南為了檢驗澳門賭場老千所用的骰子是否灌鉛，企圖影響出現點數的機率。於是將骰子投擲了 600 次，得到下表之結果，試求在 $\alpha = 0.05$ 下，此骰子是否公正？

點數	1	2	3	4	5	6	總數
次數	82	96	120	98	130	74	600

11.3 地震學家相信位於地震帶的區域，地震發生的次數是波松分配。在過去一年多裡，地震儀測得臺灣地區每週有感地震紀錄如下表：

有感地震次數	0	1	2	3	4	5	6次以上
觀察週數	29	15	10	4	2	1	0

試求在 $\alpha = 0.05$ 下，臺灣地區每週有感地震次數是否波松分配 (1.2)？

11.4 建國大學生物系在研究孟得爾的豌豆遺傳實驗中，發現有 320 個碗豆黃色且光滑、112 個綠色且光滑、102 個黃色且皺、36 個綠色且皺。依據孟得爾的遺傳理論，這些新生代的豌豆比例應為 9：3：3：1。試求在 $\alpha = 0.05$ 下，孟得爾的遺傳理論是否可靠？

11.5 為了比較新婚夫妻與結婚三年以上之夫妻，對夫妻財產分開制之看法，是否有相同之比例，於是各選取了 50 對新婚夫妻與 30 對結婚三年以上之夫妻進行訪談，得下表之資料。試依顯著水準 $\alpha = 0.05$，判斷是否新婚夫妻與結婚三年以上之夫妻，對財產分開制之看法比率相同？

類別	反對	贊成	無意見	合計
新婚夫妻	30	12	8	50
結婚三年以上夫妻	9	15	6	30
合計	39	27	14	80

11.6 臺北市鬧區的黛安娜服飾公司最近在桃園市成立分店。為了比較大都會區與城鎮的居民對 4 種造型：新潮流行、家居休閒、典雅保守、晚宴禮服的服飾喜好，是否有相同之偏好。下表為分別從臺北市與當地居民抽樣調查之結果。在顯著水準 $\alpha = 0.05$ 下，是否大都會區與城鎮的居民對 4 種造型有相同之偏好？

類別	新潮流行	家居休閒	典雅保守	晚宴禮服	合計
臺北鬧區	20	12	18	10	60
桃園市鎮	8	10	16	6	40
合計	28	22	34	16	100

11.7 海峽基金會想要了解去年臺灣、港澳、中國的居民對主要 10 大死因前三位：惡性腫瘤、腦血管疾病、心臟疾病，死亡比率是否相同。假設從以下表格資料來看：

類別	惡性腫瘤	腦血管病	心臟疾病	合計
臺灣	340	290	230	860
港澳	220	160	190	570
中國	800	590	580	1,970
合計	1,360	1,040	1,000	3,400

在 $\alpha = 0.05$ 顯著水準下，試檢定性別對惡性腫瘤、腦血管疾病、心臟疾病比率是否相同。

11.8 在海洛因吸食者之紀錄研究中，和依照這些吸食者自第一次吸食所經時間來分為四類：舊吸食者 (OSJ)、過渡期吸食者 (TJ)、新吸食者 (NJ) 及最新吸食者 (VNJ)，並依這些人所做工作分為中層階級、中下階級和勞動階級。各類人數列於下表，問由此資料可否判斷工作階級和吸食期具有一致性？

	中層階級	中下階級	勞動階級	總和
OSJ	25	35	152	212
TJ	16	23	87	126
NJ	27	50	163	240
VNJ	56	126	300	482
總和	124	234	702	1060

11.9　澎湖望安老人看護之家，對一群睡不好的病人中，一組給適量安眠藥
　　　服用、一組則給普通糖錠服用。事後詢問服藥以後是否睡得較安穩，
　　　這些病人的反應如下表。假設所有的病人都據實以報，試問在顯著水
　　　準 $\alpha = 0.05$ 下，服用安眠藥與睡眠安穩有無相關？

類別	睡不好	睡得好	合計
服用安眠藥	28	50	78
服用糖錠	26	35	61
合計	54	85	139

11.10　俗話說：十禿九富。為了證實此話的可靠性，世界傳播公司從臺北市
　　　　區隨機抽取 200 位男性上班族做調查，得下表之資料。試依顯著水準
　　　　$\alpha = 0.05$，判斷是否男性年所得高低與禿頭有關？

類別	低所得	中所得	高所得	合計
禿頭男性	20	30	30	80
非禿頭男性	45	35	40	120
合計	65	65	70	200

11.11　錢櫃 KTV 連鎖店，欲了解不同年齡的客人與來店消費次數的消費型
　　　　態，於是將上週的消費客人統計如下表。在顯著水準 $\alpha = 0.05$ 下，試
　　　　檢定來店消費次數與客人的年齡是否有關？

類別	0-25 歲	26-40 歲	41-55 歲	56 歲以上	合計
1 次	90	100	50	30	270
2 次	40	20	15	20	95
3 次以上	22	16	8	4	50
合計	152	136	73	54	415

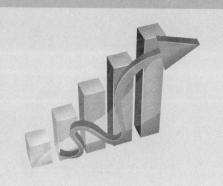

12 指數

指數為表示某種變數隨著時間或地區的不同，相對於基期的變化情形。我們每天從報紙、電視、廣播中，接受到各式各樣指數不勝枚舉。例如：消費者物價指數、加權股價指數、商業景氣指數、病媒蚊指數、河川汙染指數等。它的目的在幫助我們了解生活中，經濟、政治、商業、環保、文化活動的概況。指數的應用範圍很廣，譬如所得稅寬減額的訂定、通貨膨脹的控制、股票證券的買賣時機、物流供需的調節、公共衛生政策的推行與環保的維護等，皆可藉指數顯示出相對時間或地區的變化訊息，以供我們作決策時之參考。

為何公車有時等不到？有時一次來三班？

　　消費者物價指數 (Consumer Price Index, CPI)，是反映與居民生活有關的產品及勞務價格的物價變動指標。一般超過 3% 視為通貨膨脹，超過 5% 就是較嚴重的通貨膨脹。CPI 測量的是隨著時間的變化，包括多種（常有幾百種）商品和服務零售價格的平均變化值。這多種商品和服務會被分為幾個主要的類別。在計算 CPI 時，每一個類別都有一個能顯示其重要性的權數。權數是透過向成千上萬的家庭和個人，調查他們購買的產品和服務而確定的。權數會經常修正，以使它們與現實情況相符。CPI 是一個固定的數量價格指數，並且無法反映商品質量的改進或者下降，對新產品也不加考慮。CPI 若扣除容易波動的食物與能源的統計數字，此數據稱為核心物價變動率，當核心物價變動率低於 3% 時，經濟成長率處於相對低的水準。

　　美國的 CPI 是涵蓋房屋支出、食品、交通、醫療、成衣、娛樂、其他等七大類商品的物價。目前臺灣的 CPI 共包括 395 個項目群，包括食物類（肉類、魚蝦、蔬果）、衣著類、居住類（房租、水電燃氣）、交通類、醫療保健類、教育娛樂類以及雜項類等七個基本分類。以 1985 年臺灣地區家庭消費結構為權數，此項權數主要根據家庭收支調查資料計算而得，每五年更換一次，以反映消費支出型態的變化。

　　中國大陸 CPI 的構成包含食品、菸酒及用品、衣著、家庭設備、醫療保健、交通通信、娛樂教育文化、居住八大類產品價格，在八大類產品中 CPI 權重最高的是食品，權重為 32.7%，因此，食品價格上漲將推動整個 CPI 上漲。中國的消費者物價指數和其他國家不同，

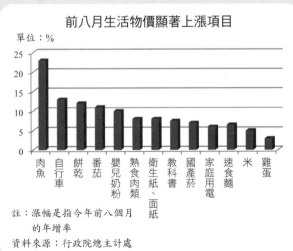

前八月生活物價顯著上漲項目

單位：%

註：漲幅是指今年前八個月
　　的年增率
資料來源：行政院總主計處

不包括房價，所以不能真正反映生活成本和通貨膨脹程度。

　　CPI 是市場經濟活動與政府貨幣政策的一個重要參考指標。CPI 穩定、就業充分及 GDP 增長，往往是最重要的社會經濟目標。如果消費者物價指數升幅過大，表明通貨膨脹已經成為經濟不穩定因素，國家會有緊縮貨幣政策和財政政策的風險。因此，該指數過高的升幅往往不被市場歡迎。可用的手段有加息、緊縮銀根、採取穩健的財政政策、增加生產、平抑物價等。

12.1　指數的意義與性質

　　人類天生就具有善於比較的特性。我們想要知道調薪後的薪資，是否高於物價上漲的幅度？鄰國的經濟狀況，是不是比我們好？都會區的治安是不是比鄉鎮好？西部的空氣汙染是否較東部嚴重？現代人過的生活比以前快樂嗎？在此錯綜複雜瞬息萬變的世界，不僅相近時段的現象變動不易比較，相鄰地區的現象變化也難衡量。因此，我們必須考慮相關資料，經由統計方法編製一組具代表性指標，來衡量比較周遭重要的議題。指數 (index number) 的功用就是將複雜的現象及變化情形，藉著一簡要的統計指標顯現出來，以供我們作決策時之參考。

　　傳統上，指數的應用大都在描述經濟活動的概況。例如：行政院主計總處編製的臺灣地區統計月報所涵蓋的指數有躉售物價指數、各行業受僱員工平均薪資指數、工業生產指數、進出口貿易指數、世界各主要國家工業生產指數等。但是隨著科技進步與社會需要，指數在其他領域的應用也愈來愈廣，如應用在環保方面有空氣汙染指數、河川汙染指數、噪音指數等；應用在公共衛生方面有病媒蚊指數、紫外線指數等；應用在國情社會調查方面有國力指標、家庭快樂指標及各類心理指標等。

　　若一指數代表單一物品或因素，則稱此種指數為單項指數 (simple index)，例如：紫外線指數、病媒蚊指數。若一指數由多項物品或因素所組成，則稱此種指數為綜合指數 (composite index)，例如：消費者物價指數、

商業景氣指數。一般而言，綜合指數的應用場合比單項指數多且廣。

　　在編製指數的過程中，首先必須選擇適當基準，稱之為基期 (base period)。依據此基期，我們才能計算某種變數在不同的時間或空間下的相對變化情形。基期有固定基期與移動基期兩種。固定基期是以固定的時間或地區為標準，求算其他各期之相對值；而移動基期則是以計算當期的前一期數據為基期，如此可以看出當期較前一期變化的程度。

　　例如：由於 1989 年臺灣受到泡沫經濟的影響，物價上揚。臺灣軍公教人員必須調薪，以維持實質生活水準。假如我們以 1987 年消費者物價指數為基期（定為 100%），計算出 1989 年消費者物價指數為 108，因此臺灣軍公教人員必須調薪幅度至少 8% 以上，才能維持實質生活水準，這是以時間變化為例。

　　至於不同空間下的相對變化情形也很多，像在 1998 年，臺北的牛肉麵平均賣一碗 100 元，而在高雄牛肉麵平均一碗賣 80 元。若以高雄為基本地區，則臺北的牛肉麵價格指數為 $(100/80) \times 100 = 125$，此指數說明了 1998 年臺北的牛肉麵價格平均比高雄的牛肉麵價格高出 25%。

12.2 物價指數

　　物價指數是我們日常生活中最常接觸到的指數。物價指數依編製的公式，一般分為三種：1. 簡單綜合物價指數；2. 平均價比指數；3. 加權物價指數。其中加權物價指數又可分為三種：1. 拉氏物價指數；2. 斐氏物價指數；3. 費式物價指數。

簡單綜合物價指數

　　簡單綜合物價指數為 n 項商品在二個時期之下綜合價格比。計算公式如下：

$$PI_t = \frac{\sum_{i=1}^{n} P_{ti}}{\sum_{i=1}^{n} P_{0i}} \times 100 \tag{12.1}$$

其中 P_{0i} 代表第 i 種商品在基期 0 的價格，P_{ti} 代表第 i 種商品在第 t 期的價格。

例 12.1

國立政治大學附近自助餐，最近三年來的菜色價格如下表 12.1。

表 12.1　自助餐最近三年來的菜色價格

菜色	單位	1995	1996	1997
白飯	1 碗	8	8	10
炒菜	1 瓢	10	12	14
雞肉	1 塊	25	25	26
排骨	1 塊	28	30	30
煎魚	1 尾	36	36	38

根據式 (11.1)，以 1995 年為基期，1996、1997 年的簡單綜合物價指數為：

$$PI_{1996} = \frac{\sum\limits_{i=1}^{5} P_{1996i}}{\sum\limits_{i=1}^{n} P_{1995i}} \times 100 = \frac{8+12+25+30+36}{8+10+25+28+36} \times 100 = \frac{111}{107} \times 100 = 103.7$$

$$PI_{1997} = \frac{\sum\limits_{i=1}^{5} P_{1997i}}{\sum\limits_{i=1}^{5} P_{1995i}} \times 100 = \frac{10+14+26+30+38}{8+10+25+28+36} \times 100 = \frac{118}{107} \times 100 = 110.3$$

$PI_{1996} = 103.6$ 表示政治大學附近自助餐 1996 年的價格，相對於 1995 年上漲了 3.6%。$PI_{1997} = 110.3$ 則表示 1997 年的價格，相對於 1995 年上漲了 10.3%。

　　簡單綜合物價指數的缺點，在於容易受到高價商品價格變動的影響。尤其是高價商品並非是重要商品時，更會降低指數的代表性。其次是各項商品的計價單位不同，導致相對價格的變動不同，也會降低指數的代表性。

　　為了減少計價單位不同所產生的影響，我們可考慮以平均價比式的方法來編製物價指數。

平均價比指數

　　平均價比指數為 n 項商品中，單向價格比的平均數。計算公式如下：

$$PI_t = \frac{1}{n}(\frac{P_{t1}}{P_{01}} + \frac{P_{t2}}{P_{02}} + \cdots + \frac{P_{tn}}{P_{0n}}) \times 100 = \frac{1}{n}(\sum_{i=1}^{n} \frac{P_{ti}}{P_{0i}}) \times 100 \qquad \textbf{(12.2)}$$

其中 P_{0i} 代表第 i 種商品在基期 0 的價格，P_{ti} 代表第 i 種商品在第 t 期的價格。

例 12.2

　　假設最近五年臺北市光華商場個人電腦主要配件的價格變動，如下表 12.2。

表 12.2　最近五年來的個人電腦主要配件價格

配件	1994	1995	1996	1997	1998
主機板	8,000	7,000	5,500	5,000	4,500
硬碟	12,000	10,000	8,000	6,800	5,000
光碟機	7,000	5,000	4,000	3,200	2,500
彩色監視器	18,000	14,000	12,000	9,000	8,000

根據式 (11.2)，若以 1994 年為基期，則 1997、1998 年的平均價比指數為：

$$PI_{1997} = \frac{1}{4}(\sum_{i=1}^{4} \frac{P_{1997i}}{P_{1994i}}) \times 100 = \frac{1}{4}(\frac{5000}{8000} + \frac{6800}{12000} + \frac{3200}{7000} + \frac{9000}{18000}) \times 100 = 53.7$$

$$PI_{1998} = \frac{1}{4}(\sum_{i=1}^{4}\frac{P_{1998i}}{P_{1994i}})\times 100 = \frac{1}{4}(\frac{4500}{8000}+\frac{5000}{12000}+\frac{2500}{7000}+\frac{8000}{18000})\times 100 = 44.5$$

$PI_{1997} = 53.7$ 表示 1997 年光華商場個人電腦主要配件的價格，相對於 1994 年下跌了 46.3%。$PI_{1998} = 44.5$ 則表示 1998 年的價格，相對於 1994 年下跌了 55.5%。

但是平均價比指數，只是將商品相對價比加總後做平均，仍未將商品的相對重要性給予適當的權值考慮進去。實際上，物價指數內包含的各項物品，其個別重要性常有顯著的差別。

加權物價指數

加權物價指數就是將各項商品的相對重要性給予不同權值，編製而成。商品的相對重要性，可以商品的購買量為代表。然而每年商品的購買量都在變動，以基期的商品購買量作為權值，與以當期的商品購買數量作為權值，所編製出來的加權物價指數就會有不同的意義與結果。因此，加權物價指數又可分為三種：1. 拉氏物價指數；2. 斐氏物價指數；3. 費式物價指數

1. 拉氏物價指數

此物價指數為拉斯培 (Laspeyres) 首先提出，所以稱為拉氏物價指數。它是將簡單綜合物價指數，以基期的商品數量 Q_0 作加權計算，公式為：

$$LPI_t = \frac{\sum_{i=1}^{n}P_{ti}Q_{0i}}{\sum_{i=1}^{n}P_{0i}Q_{0i}}\times 100 \tag{12.3}$$

拉氏物價指數是在維持基期購買數量水準不變下，相對於 t 期的變動情形。因為固定基期，拉氏物價指數較能顯示物價長期變動情況。臺灣的消費者物價指數 (CPI) 即是拉氏物價指數。

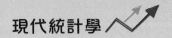

2. 斐氏物價指數

此物價指數為斐西 (Paasche) 首先提出，故稱為斐氏物價指數。它是將簡單綜合物價指數，以當期的商品數量 q_t 作加權計算，公式為：

$$PPI_t = \frac{\sum_{i=1}^{n} P_{ti}Q_{ti}}{\sum_{i=1}^{n} P_{0i}Q_{ti}} \times 100 \tag{12.4}$$

斐氏物價指數是在維持當期購買數量水準下，相對於基期的變動情形。臺灣的國內生產毛額 (GDP) 的平減指數，即是斐氏物價指數。由於斐氏物價指數的分母在不同時期都使用不同權值，所以無法以相同基礎與其他期的指數做比較。

3. 費氏物價指數

此物價指數為費雪 (Fisher) 首先提出，故又稱為費氏物價指數。它是以拉氏物價指數及斐氏物價指數的幾何平均數作為指數，其公式為：

$$FPI_t = \sqrt{LPI_t \times PPI_t} = \sqrt{\frac{\sum_{i=1}^{n} P_{ti}Q_{0i}}{\sum_{i=1}^{n} P_{0i}Q_{0i}} \times \frac{\sum_{i=1}^{n} P_{ti}Q_{ti}}{\sum_{i=1}^{n} P_{0i}Q_{ti}}} \times 100 \tag{12.5}$$

當物價上漲時，消費者會少購買高價商品，多購買廉價商品。此時，拉氏物價指數會高估生活成本，而斐氏物價指數會低估生活成本。反之，當物價下跌時，拉氏物價指數會低估生活成本，而斐氏物價指數會高估生活成本。而費氏物價指數取拉氏物價指數與斐氏物價指數的幾何平均數計算，則可避免這個缺點。

例 12.3

表 12.3 為最近三年來，臺北濱江市場的水果價格與消費量。

表 12.3 最近三年臺北濱江市場的水果價格與消費量

年\商品	1995		1996		1997	
	價格	消費量	價格	消費量	價格	消費量
西瓜	15	52	17	50	18	50
橘子	18	45	20	42	20	44
香蕉	24	34	25	35	22	38
草莓	60	20	50	36	80	10

試求：(a) 以 1995 年為基期之拉氏指數；(b) 以 1995 年為基期之斐氏指數；(c) 以 1995 年為基期之費氏指數。

答：(a) 拉氏指數：$LPI_t = \dfrac{\sum\limits_{i=1}^{n} P_{ti}Q_{0i}}{\sum\limits_{i=1}^{n} P_{0i}Q_{0i}} \times 100$

$$LPI_{1996} = \frac{17 \cdot 52 + 20 \cdot 45 + 25 \cdot 34 + 50 \cdot 20}{15 \cdot 52 + 18 \cdot 45 + 24 \cdot 34 + 60 \cdot 20} \times 100 = 100.8$$

$$LPI_{1997} = \frac{18 \cdot 52 + 20 \cdot 45 + 22 \cdot 34 + 80 \cdot 20}{15 \cdot 52 + 18 \cdot 45 + 24 \cdot 34 + 60 \cdot 20} \times 100 = 116.0$$

(b) 斐氏指數：$PPI_t = \dfrac{\sum\limits_{i=1}^{n} P_{ti}Q_{ti}}{\sum\limits_{i=1}^{n} P_{0i}Q_{ti}} \times 100$

$$PPI_{1996} = \frac{17 \cdot 50 + 20 \cdot 42 + 25 \cdot 35 + 50 \cdot 36}{15 \cdot 50 + 18 \cdot 42 + 24 \cdot 35 + 60 \cdot 36} \times 100 = 96.9$$

$$PPI_{1997} = \frac{18 \cdot 50 + 20 \cdot 44 + 22 \cdot 38 + 80 \cdot 10}{15 \cdot 50 + 18 \cdot 44 + 24 \cdot 38 + 60 \cdot 10} \times 100 = 111.9$$

(c) 費氏指數：$FPI_t = \sqrt{LPI_t \times PPI_t}$

$$FPI_{1996} = \sqrt{LPI_{1996} \times PPI_{1996}} = 98.8$$

$$FPI_{1997} = \sqrt{LPI_{1997} \times PPI_{1997}} = 113.9$$

此結果如我們所預期，費氏物價指數取拉氏物價指數與斐氏物價指數的幾何平均數計算，較不會低估或高估物價指數，應較能反映實際生活成本。

12.3 指數編製要點與應用

指數編製的方法有很多種，但是一個理想的指數，最重要的是必須具有代表性。因此在編製指數時，通常考慮以下三個因素：

1. 系統細目的選取

指數所測量之現象包括許多細目，就以物價指數為例，其中包含的物品名目可說是樣式繁多，難以通通列入考慮。故在編製時，只能選擇一些較重要的物品或因素列入計算。例如：行政院主計總處所編製的躉售物價指數，就是從千萬種商品中，選擇 1,500 種商品來計算。而消費者物價指數，則調查其中 500 項。

2. 權值的選取

考慮每一細目的重要性不一樣時，我們必須對選取出之細目，按其重要性或數量比率給予不同權數而計算，以避免發生高估或低估情況。例如：行政院經建會所編製的商業景氣指數，依六大製造業產值比例加權而得。如此編製出來的指數，才具有代表性。

3. 基期或基地的決定

指數是以某特定的時間或地區作為標準而建立。如何決定一標準的時間或地區，應該以使用者的方便與目的來考量。時間方面，基期不能與當期的時間相差太久，否則會失去比較的意義。例如：臺灣由農業社會邁入工商社會後，物價大幅上漲。農業社會年代不宜作為目前工商社會時期物價指數基期。在地區方面，基地不能與當期的社會文化或環境相差太遠。例如：以臺灣為基地，來計算冰島的物價指數；或以西方國家的身材標準，來衡量東方

國家的健康指標。如果不顧社會環境文化的差異，而硬計算比較，就失去編製指標的意義了。

最後我們舉幾個常用的指數應用的實例：

股價指數

股價指數為衡量股票價格漲跌的代表性情況，幫助我們了解各類製造業、服務業的整體經濟概況動向與經營盛衰情形。

斐氏指數為絕大多數國家的證券交易所採用計算股價指數的方法。最有名的股價指數應是美國道瓊工業平均指數 (Dow Jones industrial average index)，它採用美國 30 種工業股票的價格加權平均而編製，用以顯示紐約華爾街股票交易價格之變動及趨勢。另外像日本東京證券交易所、英國倫敦證券交易所、德國法蘭克福證券交易所等，皆採用斐氏指數公式為股價指數的參考。

臺灣證券交易所在早期曾使用平均價比指數，作為股票市場指標參考。由於未考慮股票以發行股份總額，所以效果不佳。因而從 1971 年起改採斐氏指數計算發行量加權股價指數，作為股票市場參考指標。其基期市場價格，則以 1966 年全年股價平均數來代表。

不過每年因增資發行股票、新股上市、或因公司下市、合併等各種因素變化，因此斐氏指數中的分母必須經常修正。修正的公式如下：

$$修正後分母 = 原基期的市價總值$$

$$\times \frac{調整前日之市價總值 - 增加或減少股份總值}{調整前日之市價總值}.$$

表 12.4 即為 1989 年至 1996 年臺灣加權股價指數的變動情形。

表 12.4　臺灣加權股價指數

年代	1989	1990	1991	1992	1993	1994	1995	1996	1997
加權股價指數	8,616	6,775	4,929	4,272	4,215	6,253	5,544	6,003	8,604

消費者物價指數 (CPI) 與躉售物價指數 (WPI)

消費者物價指數是最為大眾熟悉及使用的日常生活指數，目的在衡量家庭消費者所購買之商品或勞務工資價格的變動情形。主要是依據家庭消費型態，調查各地區食、衣、住、行、教育、娛樂、交通、醫藥等方面的價格編製。而躉售物價指數簡單的說，就是批發價指數。主要在衡量企業間商品躉售價格變動情形，且著重在各加工階段的貿易財商品價格。值得注意的是，消費者物價指數與躉售物價指數二者均不包含房地產與股票價格。表 12.5 為 1986 年至 1997 年臺灣地區消費者物價指數與躉售物價指數的變動情形。

表 12.5　消費者物價指數與躉售物價指數

年度	消費者物價指數	躉售物價指數
1986	87.2	105.9
1987	87.6	102.4
1988	88.8	100.8
1989	92.7	100.5
1990	96.5	99.8
1991	100	100
1992	104.5	96.3
1993	107.5	98.8
1994	111.9	100.9
1995	116.1	108.3
1996	110.6	107.3
1997	119.7	105.5

國內生產毛額平減指數 (GDP deflator)

國內生產毛額是當期最終財貨的市場價值，為名目所得。因此，若要比較不同時間真正實質國內人民所得，經濟能力是否提高，必須扣除物價變動因素，比較才合理。國內生產毛額平減指數就是將國內生產毛額減去物價變

動因素編製而得。公式如下：

$$國內生產毛額平減指數\ GDPI_t = \frac{\displaystyle\sum_{i=1}^{n}\frac{S_{ti}}{PI_{0i}}}{\displaystyle\sum_{i=1}^{n}S_{ti}} \times 100$$

其中 S_{ti} 為當年各類支出，$\displaystyle\sum_{i=1}^{n}S_{ti}$ 為當年各類支出的加總，即當年的 GDP。
PI_{0i} 為基期各類商品的價格指數，包括民間最終消費、政府最終消費、固定資本形成毛額、存貨、商品勞務輸出輸入、國外要素所得淨額、間接稅額、產業部門固定資產消耗八大類。表 12.6 為 1987 年至 1997 年臺灣國內生產毛額平減指數。

表 12.6　1987 年至 1997 年臺灣國內生產毛額平減指數

年度	名目 GDP	實質 GDP（億元）	GDP 平減指數
1987	32,371	36,360	89.03
1988	35,232	39,211	89.85
1989	39,388	42,439	92.81
1990	43,070	44,728	96.29
1991	48,107	48,107	100
1992	53,377	51,360	103.93
1993	58,745	54,605	107.58
1994	63,765	58,174	109.61
1995	68,920	61,681	111.74
1996	74,775	65,176	114.73
1997	81,226	69,555	116.84

現代統計學

摘要

1. 指數的功能就是將複雜的現象及變化情形，藉著一簡要的統計指標顯現出來，以供我們作決策時的參考。

2. 指數的應用大多在描述經濟活動的概況，但隨科技進步與社會需要，指數也運用在環保、公共衛生及國情社會調查等方面。

3. 在編製指數的過程中，首先必須選擇適當基準，稱之為基期。依據此基期，我們才能計算某種變數在不同的時間或空間下的相對變化情形。

4. 物價指數依編製的公式，一般可分三種：(a) 簡單綜合物價指數；(b) 平均價比綜合物價指數；(c) 加權物價指數。其中加權物價指數又可分為三種：(a) 拉氏物價指數；(b) 斐式物價指數；(c) 費式物價指數。

5. 指數編製的方法有很多種，編製指數時通常考慮以下三個因素：(a) 系統細目的選取；(b) 權值的選取；(c) 基期或基地的決定。

習題

12.1 試說明指數的意義，並列舉一些指數的應用。

12.2 編製指數時，通常考慮哪些因素？

12.3 試比較三種加權物價指數：(a) 拉氏物價指數；(b) 斐氏物價指數；(c) 費氏物價指數的特性。

12.4 統一超商最近三年來小罐裝飲料價格如下表：

年代 飲料	2005	2006	2007
柳丁汁	18	18	18
可樂	16	16	18
紅茶	14	15	16
牛奶	20	22	22
啤酒	24	24	26

請以 2005 年為基期,計算 2006 年、2007 年的簡單綜合物價指數與平均價比指數。

12.5 假設近年來臺中市市民的每週平均早餐類價格與消費量如下表:

年 商品	1995 價格	1995 消費量	1996 價格	1996 消費量	1997 價格	1997 消費量
豆漿	10	7	12	7	12	7
雞蛋	6	6	7	8	8	10
包子	12	6	14	4	16	3
燒餅油條	22	3	24	4	25	4

試求以 1996 年為基期,1995 與 1997 年 (a) 拉氏物價指數;(b) 斐氏物價指數;(c) 費氏物價指數。

12.6 長紅投顧公司分析師提供一上市股票百萬投資組合,於某日買進三檔股票後,並於三個交易日後賣出,其股數、買賣價格如下表:

公司	買進價格	賣出價格	股數
大同	36	34	8
聯電	62	71	6
開發	90	95	4

試求價比的加權平均以作為該組合目前的績效指標,並解釋此價比加權平均指數的意義。

13 時間數列分析與預測

時間數列是指一組隨著時間而記錄下來的觀測值。這樣情況下，時間為自變數，隨著時間所記錄下來的量值為因變數。時間數列分析的主要目的，在於預測與控制。我們可以利用時間數列模式，來預測未來的經濟指標、人口成長的趨勢、產品總需求量等。工商企業在設定經營決策時都需要運用預測，因為透過對市場環境的預測，可預先觀察到價格的走勢和供需的變化。如此才能充分發揮決策的效率，提高總體經營效益。

時間數列是指一組隨著時間而記錄下來的觀測值。時間數列分析與圖形識別的主要目的，不僅能提供觀察者相關的情報，並提供決策者做預測與控制的參考。

研究時間數列分析有悠久歷史，最早可推中國東漢張珩 (78-139) 記錄每年太陽黑子數目。在計量經濟學日新月異發展的 1970 年代，當時 Box-Jinkins 建構模式，幾乎已成為分析時間數列的經典方法。隨著時間數列的研究發展，從 1970 年代到 1990 年，我們看到的是計量經濟學如日中天的推展。這個研究方向最後造就了 2000 年的諾貝爾經濟學獎——安格爾（Robert F. Engle, 1942 美國）和格蘭傑（Clive W. J. Granger, 1934 英國）。

隨著衍生性金融商品崛起，2000 年以後財金時間數列分析大受矚目。金融風暴、金磚五國、次貸危機、歐債困境等事件，記錄了 21 世紀初期，商業財經歷史不可磨滅的印象。

研究時間數列資料的特性，在於這種資料的跨時相關性，不論是國民產值、物價水準、失業率、人口成長率、利率，乃至於股票價格、農業收成、臭氧排放、河水流量等，每一個時點的觀察值都與該時點之前和之後的觀察值有密切的關係。由長期趨勢、季節循環、短期波動、共整合變異 (cointegration)、因果性 (causality)、關聯結構 (copula) 這一系列的研究名詞，成了時間數列分析與預測之主流。

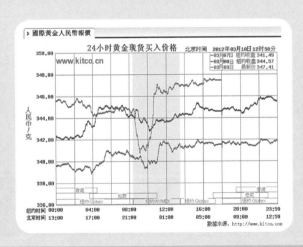

未來一週國際總體經濟與金融市場展望

2012 年 3 月 9 日鉅亨網

http://tw.stock.yahoo.com/news_content/url/d/a/120309/2/31nww.html

歐洲股市近期受希臘換債進展消息影響呈現震盪，同時歐元區傳出部分利空，衝擊歐股近一週呈現收跌；其中，德國股市下挫 1.54%，英國股市下跌 1.21%，法國股市則收跌 0.61%。

在希臘方面，初始僅有 2 成左右的希臘債務債權人願意參與換債，隨著協議期限逐漸逼近，陸續有更多的債權人同意換債，最終估計有 90% 的債權人將參與，高於原先預期的 75%；在希臘換債順利執行後，可讓希臘政府獲得歐盟與國際貨幣基金組織的 1,300 億歐元貸款，使希臘債務違約風險顯著下降。希臘風波暫息，雖有助股市反彈，但其他利空消息則壓抑股市表現。歐洲央行的隔夜存款總額增加至 7,769 億歐元，再創歷史新高紀錄，顯示當地金融機構仍對歐元區未來看法保守，將不少資金存回央行以保護資金；而歐洲央行的資產負債表升破 3 兆歐元，讓市場擔憂歐洲央行控制歐債能力，與負債規模失控的風險。

西班牙政府在編列 2012 年預算時，估計預算赤字將占該國 GDP 約 5.8%，遠高過於歐盟規範的 4.4%。此舉亦引發市場對於西班牙債務不確定性的疑慮。

在歐元區整體經濟成長方面，歐元區去年第 4 季 GDP 終值出爐，季減 0.3%，同時，歐洲央行下調歐元區 2012 年經濟成長預期，將介於 −0.5% 至 0.3% 之間，代表歐元區景氣前景依舊不明朗。

在景氣衰退、歐債危機和通膨隱憂的衝擊下，歐股未來走勢相當不明確。目前希臘債務違約疑慮減緩，但 3 月與 4 月仍是歐元區國家還債高峰期，市場或於短期間內重新聚焦義大利、西班牙等國的債務內容，預期歐洲股市的波動將不小。

預測結果的精確與否，對系統經營、規劃的成敗影響性很大。而在面對所遭遇的環境特性與實際預測成本效益問題時，如何選取合適的預測方法，以配合實務狀況是相當重要的。本章將介紹幾種動態資料之預測模式與分析方法。

13.1 預測概論

隨著科技的進步與工商業的發展，預測方法的改進愈來愈受到重視，預測準確度的要求也愈來愈高。尤其是在經濟建設、人口政策、經營規劃、管理控制等問題上，預測方法更是不可或缺的決策過程。例如：透過市場環境的預測，來觀察價格的走勢和供需結構的變化，將可充分發揮經營決策的效率。對提高經營目標水準和獲取最佳經濟效益，亦有重大貢獻。

近年來預測方法已不斷的創新與改進。以往較偏向主觀經驗判定的預測，也逐漸趨向較客觀之計量預測 (quantitative forecasting techniques)。造成計量預測方法快速發展的原因，主要有以下幾點：

1. 由於統計研究方法的精進，可以更有效率地擷取、分析各式各樣的資訊。
2. 電腦的功能不斷的更新，快速存取運算資料、處理繁雜的計算，使預測工作更容易即時完成。
3. 隨著企業運作的規模及複雜性日益增加，人們很難迅速做出適當的決策。複雜的企業結構，使我們必須尋求選用較準確的預測模式。
4. 近年來工商業投注於研究開發的資源及資本支出，均大幅的增加。因為錯估未來市場的供需程度，將會造成不必要的損失，甚至危及企業的生存。在這樣的危機意識之下，企業體希望能用較佳的預測方法，將不確定性降到最低。

目前需要常用到預測方法的領域包括：

1. 經建與人口政策：預測各類經濟指標、稅入稅出的平衡規劃、公共建設的需求緩急、人口成長的趨勢、人口結構與比率的演變。
2. 市場行銷：可靠的需求量預測，對於銷售策略的擬定有莫大助益。例如：預測產品總需求量有助於生產計畫之擬定，亦可預先規劃生產線。
3. 會計財務規劃：預算收支的平衡、利率或股價預估，以便對於將來的獲利損益及早做規劃運用，提高資金調度的靈活性。

4. 生產計畫與存貨管理：生產線的調配，通常必須考慮到數個月後各項產品運送時間。在存貨管理方面，則應儘可能簡化採購方式，預測各項存貨使用量，決定適當進貨時機。

5. 人事資源管理：預估不同工作性質員工之世代交替，以便招募員工及訂定教育訓練計畫，培養人才。

6. 控制生產流程：生產過程中若發生工作效率遞減的情況，對於生產計畫的執行有很大的影響。預測未來的狀況，有助於規劃停工時間及維修時程。

常用的統計預測模式

較常被使用的時間數列分析模式有：

1. 成長模式：如古典的指數成長曲線 (exponential growth curve)、邏輯曲線 (logistic curve) 或公配茲曲線 (Gompertz curve)、多項式函數等確定性模式 (deterministic model)。根據成長率 (growth rates) 特性，或由所建構之微分方程式解出一組合適參數。

2. 指數平滑法：將過去的資料，以特定的期數求移動平均值作為預測值。通常其權數呈指數遞增，而較新近的資料，常給予較大的權數。

3. 迴歸模式：相關變數及其因果關係之間的探討，通常以迴歸方程式表示。由最大概似法或最小平方誤差法，估計各變數的係數。

4. 分解法 (decomposition)：對時間數列四個特性：趨勢 (T)、季節 (S)、循環 (C) 及隨機 (I) 加以分析估計。美國標準局所建構之 X-11，為其中著名之應用軟體。

5. ARIMA 模式：是由 Box-Jenkins 所提出的 ARMA（自迴歸移動平均）模式，目前相當流傳。主要方法是對歷史資料分析，檢視其自相關與偏自相關等特性。應用三階段模式建構過程，在 ARMA 模式中，選取一個適當的隨機模式 (stochastic models) 來做預測。

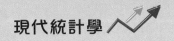

如何選取預測方法

　　預測結果的精確與否，對系統經營、規劃的成敗影響性很大。但我們面對所遭遇的環境特性與實際預測成本效益問題時，如何選取合適的預測方法，以配合實務狀況，相當重要。以下幾個因素可作為參考：

1. 需要何種型式的預測？

　　預測的型式有三種：點預測、區間預測及等第 (rank) 預測。如「明年出國旅遊人次約為 120 萬」、「明年經濟成長率為 6.8%」屬於點預測；「下周加權股票指數最高點 95% 信賴區間為 6,500 至 6,800」、「民進黨得票率將增至 33% 到 38%」屬於區間預測；「第四季經濟景氣指標將轉為紅燈或 A 級」、「臺北都會區空氣汙染指標（PSI 值），下月將達到 D 級品質」屬於等第預測。

2. 預測期間多長？

　　這要看資料與決策的性質，可能需要預測的時間點只有幾天或幾週，也可能長達數月甚至數年。

3. 有多少項目需要預測？

　　整體而言，我們不需對影響系統之每項變數做預測。過多變數的預測，反而會模糊了系統的目標。在多變量模式建立過程中，四個變數之系統結構已相當複雜。

4. 預測結果要精確到什麼程度？

　　預測的精確性關係到管理決策的品質，但精確度較高的預測，相對付出的成本較高，且時間亦較長。

5. 系統結構是否轉變？

　　由於系統結構性的轉變 (structure change)，導致需求或供給的時間數列走勢與過去迥異。預測者需配合動態變化的歷史演變，建構符合目前狀況之模式。若潛避於過去的經驗，則難以對新市場的變遷做一準確之預測。

預測模式的建構程序

　　預測模式的建構，一般都應用三階段建構法則：1. 階次認定 (Order identification)；2. 參數估計 (Parameters estimation)；3. 診斷檢定 (Diagnostic checking)，來協助我們得到最佳的配適模型。其步驟過程說明如下：

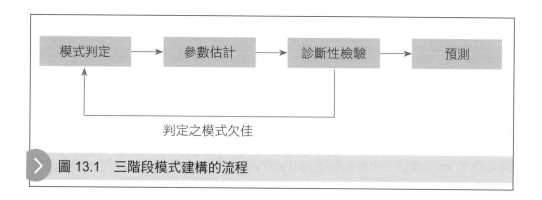

> 圖 13.1　三階段模式建構的流程

1. 階次認定

　　藉分析時間數列走勢的型態與特性，初步選取幾種可能的模式階次（項數）。

2. 參數估計

　　參考統計理論與計算程式，將各候選模式的參數做一良好的估計。

3. 診斷檢定

　　應用各種檢定程序，診斷檢定那些候選模式的合適性、那一模式較能解釋資料結果且合乎精簡原則。如果所得模式無缺失性，則我們可利用此模式進行預測工作。否則必須回到第一步，重新認定模式後，繼續流程。

13.2　時間數列的古典分析方法

　　一時間數列通常用 $\{X_t\}$ 來表示，也就是說，在時間為 1, 2, 3,... 時觀察到的觀測值分別用 $X_1, X_2, X_3, ...$ 來表示。我們常將觀測值 X_t 對應時間 t 繪製

出圖形，從圖形可看出時間數列的趨勢走向，這趨勢有可能是相當的平穩、或是呈現遞增遞減、或是呈現季節性的循環、或是突發暴漲等。

古典的時間序列分析通常考慮以長期趨勢 (trend)、季節變動 (seasonal fluctuation)、循環變動 (cyclical fluctuation)、及不規則變動 (irregular fluctuation) 等四種因素，作為研究分析時間數列走勢的基礎。

長期趨勢

時間數列本身由於自然成長或衰退的原因，而形成有一定趨向的過程。此自然成長或衰退的原因，包括經濟政治因素、氣候因素或科技因素等。由於這些原因而造成的趨勢過程，只要其原因不改變，趨勢永遠受其支配，繼續向上、向下或作有規律的變動。舉例說明：分析臺灣股價指數的每日收盤指數。資料期間自 1996 年 3 月 1 日起至 1997 年 3 月 31 日止，總計 307 筆，資料走勢圖如圖 13.2 所示。資料來源為臺灣證券交易所。

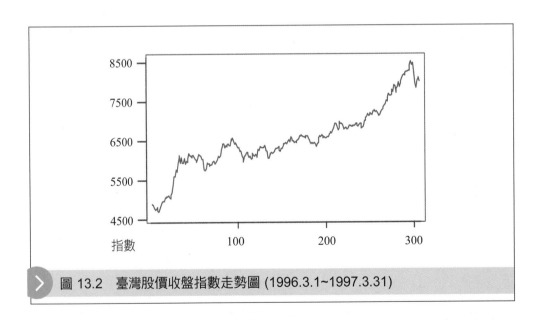

> 圖 13.2　臺灣股價收盤指數走勢圖 (1996.3.1~1997.3.31)

由圖 13.2 可看出，資料走勢持續向上爬升，形成一穩定向上的趨勢，亦即臺灣股價指數有上升型態的長期趨勢。

季節變動

　　季節變動是一種週期性變動，週期為一周、月或年。在每週期皆會有循環性的變動產生，周而復始。這是受到自然的氣候或社會風俗習慣所影響，例如：每月或每季的資料有所謂的淡季和旺季之分。以臺灣地區的結婚率來說，圖 13.3 為臺灣地區三年結婚率資料。

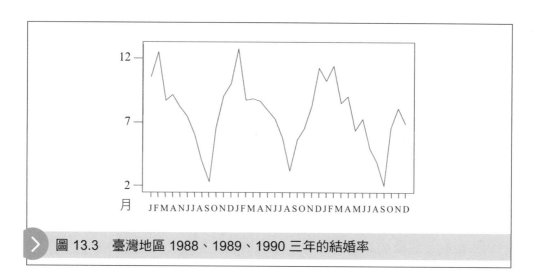

> 圖 13.3　臺灣地區 1988、1989、1990 三年的結婚率

　　在這三年當中，每年的結婚率皆形成一類似的走勢。這是因為華人結婚有看黃道吉日的習俗，以每年的 12 月至次年的 2 月皆形成結婚的旺季，而 7 月為淡季。

循環變動

　　循環變動是一種圍繞趨勢線上下波動的情形，但並無嚴格的週期。主要包含四個階段：上升或擴張 (expansion)、高峰 (peak)、下降或衰退 (recession)、谷底 (trough)。常見的經濟循環和商情循環即屬於這類型變動，如圖 13.4 為臺灣商業景氣循環的走勢。

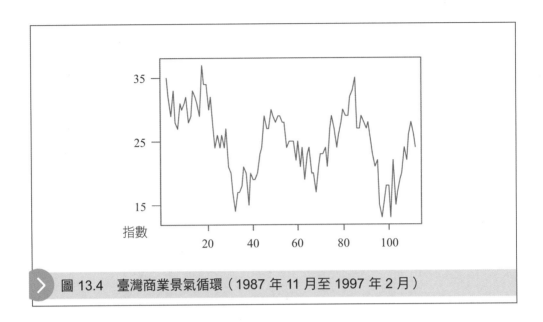

> 圖 13.4　臺灣商業景氣循環（1987 年 11 月至 1997 年 2 月）

不規則性

此種變動在時間上是不定期的，而且變化程度也無規律可言，這其中包括特異變動（特殊的突發事件）及隨機變動。舉例說明，以下的圖形展示出某上市公司股票，30 個交易日每天漲跌幅度狀況，來說明不規則變動的型態。

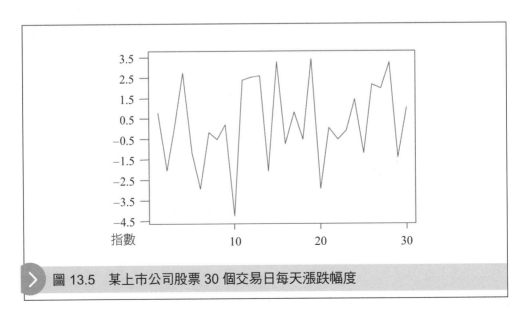

> 圖 13.5　某上市公司股票 30 個交易日每天漲跌幅度

在上圖 13.5 中，資料並無一固定的走向，而且上下的振動也是不規則的，這是屬於不規則性變動。

用此四個變項的結合來建構模式，基本上以相乘模式和相加模式做考量，如式 (13.1)、(13.2)：

$$X_t = T_t + C_t + S_t + I_t \tag{13.1}$$

$$X_t = T_t \cdot C_t \cdot S_t \cdot I_t \tag{13.2}$$

其中 T, C, S, I 分別表示長期趨勢、循環變動、季節變動、及不規則變動。但是，這些變項如何有效地選取？如何做較佳的組合運算？在實務應用上，並不容易，也是目前一個廣受爭論的問題。

13.3 應用平滑法做預測

當一時間數列走勢並無呈現趨勢或季節特性時，平滑法的計算過程可以去除隨機干擾的作用。常用的平滑法有 (1) 移動平均法；(2) 指數平滑法。

移動平均法

移動平均法是將相鄰 k 期的時間數列資料 X_t 逐期順序移動做平均，形成一組新的時間數列 $\hat{X}_n$，並以用來預測下一期的時間數列值。譬如設一時間數列 $\{X_t;\ t = 1, 2, ..., n\}$，先取 $X_1, X_2, ..., X_k$ 求其平均數，然後取 $X_2, X_3, ..., X_{k+1}$ 求其平均數，依此類推，直至取 $X_{n-k+1}, X_{n-k+2}, ..., X_n$ 的平均數。我們將這些平均數稱為 k 期移動平均。

利用移動平均法可得下一期的預測值 $\hat{X}_{n+1}$，其公式如下：

$$\hat{X}_{n+1} = \frac{X_n + X_{n-1} + ... + X_{n-k-1}}{k} \tag{12.3}$$

用移動平均法做預測的優點是計算簡易，對於無明顯的長期趨勢及季節變動的時間數列，預測效果尚佳。缺點則是移動平均之期數 k 的決定常無客觀標準，而且用移動平均法對於市場急劇變化的反應也較遲鈍。

另外用移動平均法時，在實務應用上，有時必須參考各期的重要程度，賦予不同的權數，來求 k 期之移動平均。例如：當時間數列資料的前後相關性很強時，我們要預測下一筆的資料，會發現最近一筆的資料影響最大。因此在做移動平均時，最近一筆的資料應該賦予較大的權數，此時我們稱之為加權移動平均法。至於各期權數的大小，並無客觀標準，端視主觀經驗而定。

例 13.1

已知臺灣地區 1977 年至 1990 年平均人口成長率如表 13.1 所示。試求其三年的移動平均趨勢，及預測 1991 年的人口成長率。

表 13.1　臺灣地區 1977 年至 1990 年平均人口成長率

年度	'77	'78	'79	'80	'81	'82	'83	'84	'85	'86	'87	'88	'89	90
成長率	1.53	1.59	1.66	1.54	1.53	1.47	1.23	1.24	1.07	0.85	0.93	0.97	0.85	1.04

答：三年的移動平均趨勢為

$$\hat{X}_{1980} = \frac{1.53 + 1.59 + 1.66}{3} = 1.593$$

$$\hat{X}_{1981} = \frac{1.59 + 1.66 + 1.54}{3} = 1.597$$

$$\vdots$$

$$\hat{X}_{1990} = \frac{0.93 + 0.97 + 0.85}{3} = 0.917$$

而預測 1991 年的人口成長率為

$$\hat{X}_{1991} = \frac{0.97 + 0.85 + 1.04}{3} = 0.953$$

我們將實際值與所得的三期移動平均值，繪於圖 13.6。

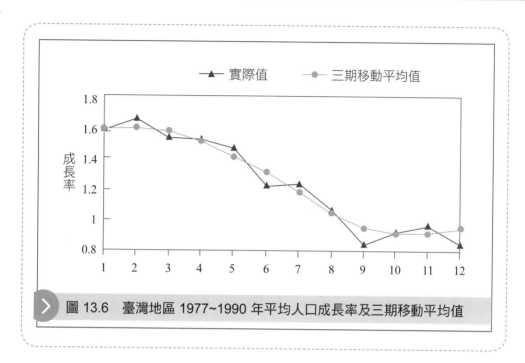

> 圖 13.6　臺灣地區 1977~1990 年平均人口成長率及三期移動平均值

指數平滑法

　　指數平滑法是將時間數列資料 X_t 以加權平均方式，平滑整理出一組新的時間數列 F_t，並以用來預測下一期的時間數列值。指數平滑法的基本做法為，本期預測值＝前期預測值＋（權數）（前期實際值－前期預測值）。以公式表示即

$$F_t = F_{t-1} + \alpha\,(X_{t-1} - F_{t-1}) = \alpha\,X_{t-1} + (1-\alpha)F_{t-1} \qquad \textbf{(13.4)}$$

其中權數 $\alpha\,(0 < \alpha < 1)$ 代表平滑常數，F_t 代表在時間 t 期的預測值，X_{t-1} 代表在時間 $t-1$ 期的實際值。

例 13.2

　　同上例 13.1，利用指數平滑法預測每年的趨勢值，使用 $\alpha = 0.1$ 及 $\alpha = 0.3$。

答：由公式可計算得知，若 $F_{1977} = 1.57$，$\alpha = 0.1$ 時，因為 $X_{1977} = 1.53$，則

$$F_{1978} = 1.57 + 0.1\,(1.53 - 1.57) = 1.566$$

依此類推，可得所有指數平滑值，我們將資料繪於圖 13.6。

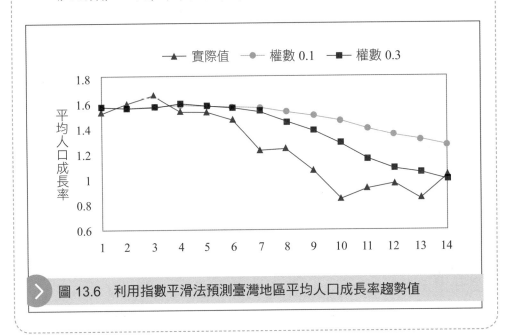

圖 13.6　利用指數平滑法預測臺灣地區平均人口成長率趨勢值

13.4　ARIMA 模式

　　在各類型的時間數列走勢當中，以穩定型的時間數列 (stationary time series) 較常見，也較為容易分析。一般對穩定型時間數列的定義為：若一時間數列 $\{X_t\}$，其 $E(X_t)$、$Var(X_t)$、$Cov(X_t,\,X_{t+s})$ 三者皆為不受時間 t 影響的常數，則稱 $\{X_t\}$ 為一穩定型時間數列。所謂 Box-Jenkins 預測方法，就是根據穩定型時間數列，於自迴歸移動平均模式庫 (AutoRegressive Moving Average Models, ARMA) 中，配適一個最佳的模式，以進行資料分析與預測。

　　時間數列的資料特性是，每個觀察值之間並非是互相獨立的，前後期的觀測值 X_t 與 X_{t+1} 之間往往會有相關性存在。這點與第九章所討論的迴歸模式不同。在迴歸模式中，觀測值之間是互相獨立的，所以不同觀測值 X_t 之間，假設無相關。但是在時間數列分析中，觀測值間的自相關性質探討卻相

當重要。因為前一期觀察值與這一期（或下幾期）觀察值，有某種程度的關係存在。若我們能計算出它們之間的相關程度，則對未來的模式建構與預測有很大幫助。

　　自相關函數 (ACF) 與偏自相關函數 (PACF) 的分析，便是最常用的計算方法。在對時間數列建構模式之前，我們常先藉樣本來估計自相關函數與偏自相關函數之型式，再由此資訊來建構配適時間數列的模式。

自相關函數 (ACF)

　　給定一組時間數列 $\{X_t\}$，觀測值 X_t 與 X_{t+k} 之間的自相關係數（在時間上相差 k 期）為

$$\rho(X_t, X_{t+k}) = \frac{Cov(X_t, X_{t+k})}{\sigma_{X_t} \sigma_{X_{t+k}}} \tag{13.5}$$

稱作時間數列 $\{X_t\}$ 的自相關函數 (ACF)，以符號 ρ_k 表示。對於穩定的時間數列而言，式 (13.5) 時差 k 期的自相關係數可寫成

$$\rho_k = \frac{E(X_t X_{t+k}) - \mu^2}{\sigma_x^2} \tag{13.6}$$

因為 $Cov(X_t, X_{t+k}) = Cov(X_{t+k}, X_t) = Cov(X_t, X_{t-k})$，故對任意整數 k, $\rho_k = \rho_{-k}$。

偏自相關函數 (PACF)

　　給定一組時間數列 $\{X_t\}$，對任意時差 k，當我們欲將 X_t 與 X_{t+k} 之間所有變數 $X_{t+1}, X_{t+2}, \cdots, X_{t+k-1}$ 的影響除去，再考慮 X_t 與 X_{t+k} 之間的自相關程度時，下列的條件相關係數

$$\rho(X_t, X_{t+k} | X_{t+1}, X_{t+2}, \ldots X_{t+k-1}) = \frac{Cov(X_t, X_{t+k} | X_{t+1}, X_{t+2}, \cdots, X_{t+k-1})}{\sigma(X_t)\sigma(X_{t+k})} \tag{13.7}$$

稱作偏自相關函數 (PACF)，我們可用符號 ρ_{kk} 來表示之，而且稱 ρ_{kk} 為相差 k 期的偏自相關函數。

定義 13.1 ARMA(p, q) 模式

一時間數列 X_t，若可寫成

$$X_t = \theta + \phi_1 X_{t-1} + \phi_2 X_{t-2} + ... + \phi_p X_{t-p} + \varepsilon_t - \theta_1 \varepsilon_{t-1} - ... - \theta_q \varepsilon_{t-q} \tag{13.8}$$

其中 θ 為常數；$\phi_1, \phi_2, ..., \phi_p$ 為 ARMA 模式的自迴歸參數；$\theta_1, \theta_2, ..., \theta_q$ 為 ARMA 模式的移動平均參數；$t, ..., t-q$ 期的誤差項；$\varepsilon_t, ..., \varepsilon_{t-q}$ 服從期望值為零，變異數為 σ_ε^2 的白干擾，即 $\varepsilon_t \sim WN(0, \sigma_\varepsilon^2)$。

AR(1) 模式

當 ARMA(p, q) 模式中的 $p = 1$, $q = 0$ 時，則稱為一階 (first order) 的自迴歸模式，記作 AR(1)。可知在 AR(1) 裡，當期的觀測值 X_t 為前一期觀測值 X_{t-1} 和當期干擾項 ε_t 的線性組合，以數學表示式如下（為了簡要說明起見，令 $\theta = 0$）：

$$X_t = \phi_1 X_{t-1} + \varepsilon_t \tag{13.9}$$

在 $-1 < \phi_1 < 1$ 的條件下，式 (13.9) 屬於一個穩定型時間序列。我們要推導 AR(1) 之期望值、變異數、ACF 時，需注意在穩定型時間數列中，$E(X_t)$、$Var(X_t)$、$Cov(X_t, X_{t+s})$ 為不受時間 t 影響的常數。因此，首先將式子 (13.9) 兩邊各取期望值可得 $E(X_t) = \phi_1 E(X_{t-1})$，故得 X_t 的期望值為零。再將式 (13.9) 兩邊各取變異數，可得 $\sigma_X^2 = \phi_1^2 \sigma_X^2 + \sigma_\varepsilon^2$，經過移項整理得到變異數 σ_X^2 為

$$\sigma_X^2 = \frac{\sigma_\varepsilon^2}{1 - \phi_1^2}$$

至於 AR(1) 過程之 ACF 和 PACF 可依此方法來推導，其推導的過程就不再贅述，我們直接將結果列出來，見表 13.2。其 ACF 與 PACF 圖形，則繪於圖 13.7 和圖 13.8。

表 13.2　ARMA(1,0) 的期望值、變異數、ACF、PACF

ARMA(1,0)	期望值	變異數	ACF	PACF
$X_t + \phi_1 X_{t-1} = \theta + \varepsilon_t$	$\dfrac{\theta}{1-\phi_1}$	$\dfrac{\sigma_\varepsilon^2}{1-\phi_1^2}$	$\rho_k = \phi_1^{\,k},\ k \geq 1$	$\rho_{11} = \phi_1\,,$ $\rho_{kk} = 0,\, k \geq 2$

```
 -1.0 -0.8 -0.6 -0.4 -0.2  0.0  0.2  0.4  0.6  0.8  1.0
   +----+----+----+----+----+----+----+----+----+----+
      ACF                 XXXXXXXXXXXXXXXXXX
                          XXXXXXXXXXXXX
                          XXXXXXXXXX
                          XXXXXXX
                          XXXXX
                          XXX
                          XXX
                          XX
                          X
                          X


 -1.0 -0.8 -0.6 -0.4 -0.2  0.0  0.2  0.4  0.6  0.8  1.0
   +----+----+----+----+----+----+----+----+----+----+
      PACF                XXXXXXXXXXXXXXXXXX
                          X
                          X
                          X
                          X
                          X
                          X
                          X
                          X
                          X
```

圖13.7　$\phi_1 > 0$ 時，AR(1) 之 ACF 與 PACF

```
     -1.0 -0.8 -0.6 -0.4 -0.2  0.0  0.2  0.4  0.6  0.8  1.0
      +----+----+----+----+----+----+----+----+----+----+
      ACF        XXXXXXXXXXXXXXXXX
                                 XXXXXXXXXXXXX
                       XXXXXXXXX
                                 XXXXX
                       XXX
                         XXX
                       XX
                        X
                        X
                        X

     -1.0 -0.8 -0.6 -0.4 -0.2  0.0  0.2  0.4  0.6  0.8  1.0
      +----+----+----+----+----+----+----+----+----+----+
      PACF       XXXXXXXXXXXXXXXXX
                                 X
                                 X
                                 X
                                 X
                                 X
                                 X
                                 X
                                 X
```

> 圖 13.8 $\phi_1 < 0$ 時，AR(1) 之 ACF 與 PACF

MA(1) 模式

當 ARMA(p, q) 模式中的 $p = 0, q = 1$ 時，則稱為一階的移動平均模式，記作 MA(1) 模式。可知在 MA(1) 裡，當期的觀測值 X_t 為當期干擾項 ε_t 和前一期干擾項 ε_{t-1} 的組合。以數學表示式為（為了簡要說明起見，令 $\theta = 0$）

$$X_t = \varepsilon_t - \theta_1 \varepsilon_{t-1} \tag{13.10}$$

在 $-1 < \theta_1 < 1$ 的條件下，式 (13.10) 屬於一個穩定型時間序列。

接下來我們要求取 MA(1) 之期望值、變異數、ACF、PACF。

將式子 (13.10) 兩邊各取期望值，可以得 X_t 的期望值，即 $E(X_t) = E(\varepsilon_t) - E(\theta_1 \varepsilon_{t-1}) = 0$。再將式 (13.10) 兩邊各取變異數，可以求得 X_t 的變異數 σ_X^2

$$Var(X_t) = Var(\varepsilon_t - \theta_1 \varepsilon_{t-1}) = Var(\varepsilon_t) + Var(\theta_1) + Var(\theta_1 \varepsilon_{t-1})$$
$$\Rightarrow \sigma_X^2 = \sigma_\varepsilon^2 + \theta_1^2 \sigma_\varepsilon^2 = (1 + \theta_1^2) \sigma_\varepsilon^2$$

至於 MA(1) 過程的 ACF 和 PACF，可依此方法來推導。其推導的過程就不再贅述，我們直接將結果列出來，見表 13.3。其 ACF 與 PACF 的圖形，繪於圖 13.9 和圖 13.10。

表 13.3　ARMA(1, 0) 的期望值、變異數、ACF、PACF

ARMA(1, 0)	期望值	變異數	ACF	PACF
$X_t = \theta + \varepsilon_t - \theta_1 \varepsilon_{t-1}$	θ	$(1 + \theta_1^2)\sigma_\varepsilon^2$	$\rho_1 = \dfrac{-\theta_1}{1 + \theta_1^2},$ $\rho_k = 0, \ k \geq 2$	$\rho_{kk} = \dfrac{-\theta_1^k (1 - \theta_1^2)}{(1 - \theta_1^{2k+2})},$ $k \geq 1$

```
      -1.0 -0.8 -0.6 -0.4 -0.2  0.0  0.2  0.4  0.6  0.8  1.0
       +----+----+----+----+----+----+----+----+----+----+
 ACF        XXXXXXXXXXXXXXXXXX
                              X
                              X
                              X
                              X
                              X
                              X
                              X
                              X
                              X

      -1.0 -0.8 -0.6 -0.4 -0.2  0.0  0.2  0.4  0.6  0.8  1.0
       +----+----+----+----+----+----+----+----+----+----+
 PACF       XXXXXXXXXXXXXXXXXX
                    XXXXXXXXX
                     XXXXXX
                      XXXX
                       XXX
                        XX
                         X
                         X
                         X
                         X
                         X
```

圖 13.9　$\theta_1 > 0$ 時，MA(1) 之 ACF 與 PACF

```
        -1.0 -0.8 -0.6 -0.4 -0.2  0.0  0.2  0.4  0.6  0.8  1.0
         +----+----+----+----+----+----+----+----+----+----+
            ACF                         XXXXXXXXXXXXXXXXXX
                                        X
                                        X
                                        X
                                        X
                                        X
                                        X
                                        X
                                        X
                                        X

        -1.0 -0.8 -0.6 -0.4 -0.2  0.0  0.2  0.4  0.6  0.8  1.0
         +----+----+----+----+----+----+----+----+----+----+
            PACF                        XXXXXXXXXXXXXXXXXX
                              XXXXXXXXXXXXX
                                        XXXXXXXXX
                              XXXXX
                                     XXX
                                    XX
                                     X
                                     X
                                     X
                                     X
```

> 圖 13.10　$\theta_1 < 0$ 時，MA(1) 之 ACF 與 PACF

ARMA(1,1) 模式

　　當 ARMA(p, q) 模式中的 $p=1, q=1$ 時，則稱為一階的自迴歸移動平均模式，記作 ARMA(1,1)。可知在 ARMA(1,1) 裡，這種模式的當期觀測值 X_t，可以表示成前一期觀測值 X_{t-1}、當期干擾項 ε_t 與前一期干擾項 ε_{t-1} 的線性組合。以數學式表示

$$X_t - \phi_1 X_{t-1} = \theta + \varepsilon_t - \theta_1 \varepsilon_{t-1} \tag{13.11}$$

則我們稱式子 (13.11) 混合自迴歸移動平均時間數列，一般記作 ARMA (1, 0)。我們採用後退運算子 B 來簡化 ARMA(1, 0) 的數學表示式，式子 (13.11) 可以整理成

403

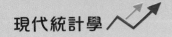

$$X_t - \phi_1 B X_t = \theta + \varepsilon_t - \theta_1 B \varepsilon_t$$
$$\Rightarrow (1 - \phi_1 B) X_t = \theta + (1 - \theta_1 B) \varepsilon_t$$

在 $-1 < \phi_1 < 1$ 且 $-1 < \theta_1 < 1$ 的條件下，式 (13.11) 屬於一個穩定型時間序列。接下來我們將直接給予 ARMA(1,1) 的期望值、變異數、ACF 如表 13.4。

表 13.4　ARMA(1,1) 的期望值、變異數、ACF

ARMA(1,1)	期望值	變異數	ACF
$X_t = \theta + \phi_1 X_{t-1} + \varepsilon_t - \theta_1 \varepsilon_{t-1}$	$\dfrac{\theta}{1-\phi_1}$	$\dfrac{(1+\theta_1^2 - 2\phi_1\theta_1)\sigma_\varepsilon^2}{1-\phi_1^2}$	$\rho_1 = \dfrac{(1-\phi_1\theta_1)(\phi_1 - \theta_1)}{1 - \theta_1^2 - 2\phi_1\theta_1}$ $\rho_k = \phi_1^{k-1} \rho_{k-1}, \ k \geq 2$

由於 ARMA(1,1) 的 PACF 形式較為繁瑣，此處就不再列出。

例 13.3

假設根據行政院農委會統計，台糖每月外銷的上等冷凍豬肉量（公噸）為一穩定型時間數列

$$X_t = 8 + 0.6 X_{t-1} + \varepsilon_t, \varepsilon_t \sim N(0,1)$$

試求台糖每月外銷的上等冷凍豬肉量的期望值、變異數與 ACF 值。

答：將上式兩邊取期望值得到

$E(X_t) = 8 + 0.6 E(X_{t-1})$，整理後得 $E(X_t) = 20$

$Var(X_t) = E(8 + 0.6 X_{t-1} + \varepsilon_t) = 0.36\, Var(X_t) + Var(\varepsilon_t)$，整理後得

$$Var(X_t) = \frac{1}{1-0.36} = 1.56$$

又由前面的說明可得到 ACF $\rho_k = \phi_1^k = 0.6^k$

實務上，模式的型式常是未知的。因此，模式的 μ、σ_x^2、ACF、PACF 也是未知的。為了要確認模式的型式，我們常用觀察值去估計 μ、σ_x^2、ACF、PACF，再用這些樣本估計值去比對各種模式的 μ、σ_x^2、ACF、PACF。藉此判斷出模式屬於何種的型式，這也是建構模式的第一步。至於參數估計與診斷檢定過程，常用的統計軟體皆能幫助我們快速直接求算估計與最佳結果，非常方便。

13.5 模式的認定與檢定

模式的認定

認定模式的階次最基本方法，乃觀察時間數列 $\{X_t\}$ 的樣本 ACF 與 PACF 圖形，與理論之 ACF 與 PACF 走勢作比較。表 13.5 列出七種最常用的 ARMA 模式之理論特性。參考此表，我們便可初步選定幾種較有可能的時間數列模式。

表 13.5　七種 ARMA 模式的特徵

模式	理論上的 ACF	理論上的 PACF
白干擾	全為零	全為零
AR(1)	漸漸消失	落差一期後消失
AR(2)	漸漸消失	落差二期後消失
MA(1)	落差一期後消失	漸漸消失
MA(2)	落差二期後消失	漸漸消失
ARMA(1, 1)	漸漸消失	漸漸消失
ARMA(p, q)	q–p 期後漸漸消失	p–q 期後漸漸消失

模式的檢定

我們通常藉由 (1) 參數係數檢定；(2) 殘差值檢定，來檢定所建構的時

間數列模式是否合適。

參數係數的檢定可經由 t 比率 (t-ratio)、t 比率 = 參數估計值／參數估計值標準差來決定。通常若 t 比率大於 1.6，我們會拒絕 H_0：參數係數 = 0 的假設。

殘差值檢定是指以殘差值 $e_t = X_t - \hat{X}_t$ 來檢定所建構的時間數列模式是否合適。所謂合適通常指殘差值符合以下的假設：(1) e_t 為白干擾；(2) e_t 近似常態分配 $N(0, \sigma_e^2)$。

檢定 e_t 是否為白干擾可先觀察 e_t 的走勢圖。雖然由走勢圖來判斷 e_t 的自相關結構並不容易，但是起碼可看出其平均值離零點的程度、數列傾向、周期性與變異數之穩定性。另外，若此時間數列模式合適，則其殘差值應類似白干擾過程。因此，可畫出殘差值 e_t 的 ACF 與 PACF，若 ACF 與 PACF 之值均不顯著，則我們可認定殘差值為白干擾過程。

檢定樣本資料是否近似常態分配，可應用第十章科莫果夫－史邁諾夫檢定法。當殘差值 e_t 的經驗分配函數與標準常態累積分配函數相差很大時，我們會拒絕 $H_0 : e_t$ 近似常態分配 $N(0, \sigma_e^2)$ 的假設。

模式選取準則

直覺上 p, q 的階數愈高，殘差平方和會愈小，模式的配適似乎會愈好。例如：若我們配適一 AR(p) 模式，則 σ_ε^2 的最大概似估計量 $\hat{\sigma}_\varepsilon^2$ 會隨著 p 階增加而單調遞減。這裡所提的 $\hat{\sigma}_\varepsilon^2$，在統計軟體輸出結果裡，就是均方和 (MSE)。假設我們建構兩個具有相同數目的參數之模式，則我們將會選取具較佳配適效果的那個模式。

但是，我們必須注意到過度配適 (overfitting) 的危險，否則對於任意 n 筆資料，我們都可以一個 n 段折線去配適，而且所得到的殘差平方和將為零。但是利用這個 n 段折線去解釋資料或預測未來值，卻毫無意義甚至可能產生極大誤差。例如：在迴歸模式建構過程中，多增加一個變項可降低殘差平方和，卻也增加了將來預測的複雜性。同樣地，在時間數列模式建構過程中，模式的複雜度增加，也許可減低對資料的變異性，卻也增加了過度配適性。

　　為了檢定模式的品質並避免模式參數過度配適情形，Akaike (1974) 提出以懲罰多餘參數效果的 *AIC* 準則，其定義如下：

$$AIC = n \ln \hat{\sigma}_\varepsilon^2 + 2(p+q) \qquad \text{(13.12)}$$

其中 $(p+q)$ 為模式參數之個數。式 (13.12) 的首項乃測度模式配適程度，而尾項則是對多餘參數之懲罰。最佳模式的選取準則，乃以最小的 *AIC* 值而決定。

13.6　時間數列模式的預測

　　當最合適的時間數列模式建構完成以後，我們便可根據此模式展開預測工作。所謂統計預測是指由一組已觀測到的時間數列，來估計未來將發生的值。

　　若 X_n 為時間數列 $\{X_t\}$ 的最後一個觀測值。我們一般以條件期望值 $E(X_{n+l} | X_1, X_2, ..., X_n) = X_n(l)$ 來當作第 $n+l$ 期觀測值 X_{n+l} 的預測值，即預測從 n 時點起，l 期的預測值為 $X_n(1), X_n(2), ..., X_n(l)$。

幾種時間數列往前 *l* 期的預測

1. AR(1) 模式的預測

　　要求出往前 l 期 AR(1) 模式的預測值 $X_n(l)$。我們得循序漸進地先求出 $l = 1$ 的 $X_n(l)$，再求出 $l = 2$ 的 $X_n(l)$, ... 最後歸納出 $X_n(l)$ 的公式。

(1) 當 $l = 1$ 時，因為 $E(X_n | X_n, X_{n-1}, \cdots) = X_n$ 且 $E(\varepsilon_{n+1} | X_n, X_{n-1}, \cdots) = 0$，所以

$$
\begin{aligned}
X_n(1) &= E(X_{n+1} | X_n, X_{n-1}, \cdots) \\
&= E(\theta + \phi_1 X_n + \varepsilon_{n+1} | X_n, X_{n-1}, \cdots) \\
&= \theta + \phi_1 E(X_n | X_n, X_{n-1}, \cdots) + E(\varepsilon_{n+1} | X_n, X_{n-1}, \cdots) \\
&= \theta + \phi_1 X_n
\end{aligned}
$$

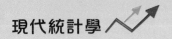

(2) 當 $l = 2$ 時

$$
\begin{aligned}
X_n(2) &= E(X_{n+2} \mid X_n, X_{n-1}, \cdots) \\
&= E(\theta + \phi_1 X_{n+1} + \varepsilon_{n+2} \mid X_n, X_{n-1}, \cdots) \\
&= \theta + \phi_1 E(X_{n+1} \mid X_n, X_{n-1}, \cdots) + E(\varepsilon_{n+2} \mid X_n, X_{n-1}, \cdots) \\
&= \theta + \phi_1 X_n(1) \\
&= \theta + \theta \phi_1 + \phi_1^2 X_n
\end{aligned}
$$

(3) 歸納得到往前 l 期的預測值 $X_n(l)$ 應是

$$
\begin{aligned}
X_n(l) &= E(X_{n+l} \mid X_n, X_{n-1}, \cdots) \\
&= E(\theta + \phi_1 X_{n+l-1} + \varepsilon_{n+l} \mid X_n, X_{n-1}, \cdots) \\
&= \theta + \phi_1 X_n(l-1) \\
&= \theta + \theta \phi_1 + \theta \phi_1^2 + \ldots + \phi_1^l X_n
\end{aligned}
$$

2. MA(1) 模式的預測

要求出往前 l 期 MA(1) 模式的預測值 $X_n(l)$。我們仍先求出 $l = 1$ 的 $X_n(l)$，再求出 $l \geq 2$ 時的 $X_n(l)$。

(1) 當 $l = 1$ 時，因為 $E(\varepsilon_{n+1} \mid X_n, X_{n-1}, \cdots) = 0$ 且 $\varepsilon_n = X_n - X_{n-1}(1)$，所以

$$
\begin{aligned}
X_n(1) &= E(X_{n+1} \mid X_n, X_{n-1}, \cdots) \\
&= E(\theta + \varepsilon_{n+1} - \theta_1 \varepsilon_n \mid X_n, X_{n-1}, \cdots) \\
&= \theta - \theta_1 E(\varepsilon_n \mid X_n, X_{n-1}, \ldots) \\
&= \theta - \theta_1 \varepsilon_n \\
&= \theta - \theta_1 (X_n - X_{n-1}(1))
\end{aligned}
$$

(2) 當 $l \geq 2$ 時，因為 $E(\varepsilon_t \mid X_n, X_{n-1}, \cdots) = 0$，當 $t = n+1, n+2, \cdots$ 時，所以

$$
\begin{aligned}
X_n(l) &= E(X_{n+l} \mid X_n, X_{n-1}, \cdots) \\
&= E(\theta + \varepsilon_{n+l} - \theta_1 \varepsilon_{n+l-1} \mid X_n, X_{n-1}, \cdots)
\end{aligned}
$$

$$= \theta + E(\varepsilon_{n+l} | X_n, X_{n-1}, \cdots) - \theta_1 E(\varepsilon_{n+l-1} | X_n, X_{n-1}, \cdots)$$
$$= \theta$$

亦即當 $l \geq 2$ 時，往前 l 期的預測值皆為 θ。

3. ARMA(1,1) 模式的預測

要求取 ARMA(1,1) 模式往前 l 期的預測值 $X_n(l)$。同樣先求出 $l = 1$ 的 $X_n(l)$，再求出 $l \geq 2$ 時的 $X_n(l)$。

(1) 當 $l = 1$ 時

$$
\begin{aligned}
X_n(1) &= E(X_{n+1} | X_n, X_{n-1}, \cdots) \\
&= E(\theta + \phi_1 X_n + \varepsilon_{n+1} - \theta_1 \varepsilon_n | X_n, X_{n-1}, \cdots) \\
&= \theta + \phi_1 E(X_n | X_n, X_{n-1}, \cdots) + E(\varepsilon_{n+1} | X_n, X_{n-1}, \cdots) - \theta_1 E(\varepsilon_n | X_n, X_{n-1}, \cdots) \\
&= \theta + \phi_1 X_n - \theta_1 (X_n - X_{n-1}(1))
\end{aligned}
$$

(2) 當 $l \geq 2$ 時

$$
\begin{aligned}
X_n(l) &= E(X_{n+l} | X_n, X_{n-1}, \cdots) \\
&= E(\theta + \phi_1 X_{n+l-1} + \varepsilon_{n+l} - \theta_1 \varepsilon_{n+l-1} | X_n, X_{n-1}, \cdots) \\
&= \theta + \phi_1 E(X_{n+l-1} | X_n, X_{n-1}, \cdots) + E(\varepsilon_{n+l} | X_n, X_{n-1}, \cdots) - \theta_1 E(\varepsilon_{n+l-1} | X_n, X_{n-1}, \cdots) \\
&= \theta + \phi_1 X_n(l-1)
\end{aligned}
$$

表 13.6 列出了以上三種時間數列模式的預測函數。

表 13.6　AR(1)、MA(1)、ARMA(1,1) 時間數列模式的預測函數

模式	預測函數 $X_n(l)$
AR(1) : $X_t = \theta + \phi_1 X_{t-1} + \varepsilon_t$	$X_n(l) = \theta + \theta\phi_1 + \theta\phi_1^2 + \ldots + \phi_1^l X_n, \quad l \geq 1$
MA(1) : $X_t = \theta + \varepsilon_t - \theta_1 \varepsilon_{t-1}$	$X_n(1) = \theta - \theta_1 (X_n - X_{n-1}(1))$
	$X_n(l) = \theta, \qquad l \geq 2$
ARMA(1,1) : $X_t - \phi_1 X_{t-1} = \theta + \varepsilon_t - \theta_1 \varepsilon_{t-1}$	$X_n(1) = \theta + \phi_1 X_n - \theta_1 (X_n - X_{n-1}(1))$
	$X_n(l) = \theta + \phi_1 X_n(l-1), \qquad l \geq 2$

例 13.4

假設歷年來臺北市的每月失業率符合 AR(1) 模式 $X_t = \theta + \phi_1 X_{t-1} + \varepsilon_t$ 走勢，職訓局研究員觀察了最近 30 個月資料，並根據此時間數列算出估計值 $\hat{\theta} = 2, \hat{\phi}_1 = 0.4$。若最後的觀察值 $X_{30} = 3$，則第 31 期、第 32 期、第 33 期之預測值為何？

答：第 31、32、33 期之預測值分別用 $X_{30}(1)$、$X_{30}(2)$、$X_{30}(3)$ 來表示，則

$$X_{30}(1) = \theta + \phi_1 X_{30} = 2 + 0.4 \times 3 = 3.2$$
$$X_{30}(2) = \theta + \theta\phi_1 + \phi_1^2 X_{30} = 2 + 2 \times 0.4 + (0.4)^2 \times 3 = 3.28$$
$$X_{30}(3) = \theta + \theta\phi_1 + \theta\phi_1^2 + \phi_1^3 X_{30} = 2 + 2 \times 0.4 + 2 \times (0.4)^2 + (0.4)^3 \times 3 = 3.21$$

預測精確度的評比

預測結果的好壞，是預測者最關心的問題。我們要度量預測結果的好壞，不能只看當期實際值 X_t 與預測值 $\hat{X}_t$ 之差。長期誤差之比較與實際值的離差，或與實際值的誤差平方和等都應考慮，而其預測效益評估之標準，則視預測對象特性而定。常用的預測評估標準有：($\varepsilon_t = \hat{X}_t - X_t$)

1. 平均誤差 (Mean Error)：$ME = \dfrac{1}{n}\sum_{t=1}^{n}\varepsilon_t$

2. 平均誤差平方和 (Mean Square Error)：$MSE = \dfrac{1}{n}\sum_{t=1}^{n}\varepsilon_t^2$

3. 平均絕對誤差 (Mean Absolute Error)：$MAE = \dfrac{1}{n}\sum_{t=1}^{n}|\varepsilon_t|$

4. 平均百分誤差 (Mean Percent Error)：$MPE = \dfrac{1}{n}\sum_{t=1}^{n}\dfrac{\varepsilon_t}{X_t} \times 100\%$

對於運輸成本昂貴或允許存貨過剩或短缺的系統，預測效益可以 1. 標準來評量。若對於不允許存貨過剩或短缺的系統，預測效益評量應以 2. 或

3. 標準來評量其預測效益較合適，且以愈接近 0 愈好。若對於數值本身變動較大者，預測效益評量應以 4. 標準來評量其預測效益較合適。

摘要

1. 時間數列是指一組隨著時間而記錄下來的觀測值。此時時間為自變數，隨著時間所記錄下來的量值為因變數。時間數列分析的主要目的，在於預測與控制。

2. 較常被使用的時間數列分析模式有：(1) 成長模式；(2) 指數平滑法；(3) 迴歸模式；(4) 分解法；(5) ARIMA 模式。

3. 預測模式三階段建構法：(1) 階次認定；(2) 參數估計；(3) 診斷檢定。

4. 利用時間數列走勢圖及 ACF、PACF 等來觀察時間數列特性，並與理論 AR(p), MA(q), ARMA(p, q) 的模型特性做比對，以決定選取候選模式模型。

5. 我們藉由 (1) 參數係數檢定；(2) 殘差值檢定，來檢定所建構的時間數列模式是否合適。

6. 模式的參數係數的檢定，可經由 t 比率 (t-ratio)、t 比率 = 參數估計值／參數估計值標準差來決定。殘差值檢定在檢定所建構的時間數列模式是否合適，若所建構的時間數列模式合適，則其殘差值最好符合模式建構的假設 (1) e_t 為白干擾；(2) e_t 近似常態分配 $N(0, \sigma_e^2)$。

7. 為了避免產生過度配適的危險，我們以最小 AIC 值作為候選模式中的選取標準。

8. 預測效益評估之標準，則視預測對象特性而定。常用的預測評估標準有：(1) 平均誤差：(2) 平均誤差平方和；(3) 平均絕對誤差；(4) 平均百分誤差。

 習題

13.1 試述幾個常用的統計預測模式。

13.2 設時間數列 $X_t = \varepsilon_t, \varepsilon_t \sim N(0, \sigma^2)$。

(a) 說明此數列為一穩定型時間數列。

(b) 設 $\sigma^2 = 1$，請以統計軟體（如 Minitab, SPSS, SAS）模擬 200 筆數列資料，並繪其走勢圖及ACF、PACF 圖形。

13.3　(a) 設時間數列模式 $X_t = 2 + 0.5X_{t-1} + \varepsilon_t$，$\varepsilon_t \sim N(0,1)$，試求 X_t 的期望值、變異數、ACF、PACF。

　　　(b) 設時間數列模式 $X_t = \varepsilon_t + 0.2\varepsilon_{t-1}$，$\varepsilon_t \sim N(0,1)$，試求 X_t 的期望值、變異數、ACF、PACF。

　　　(c) 設時間數列模式 $X_t = 0.2X_{t-1} + \varepsilon_t - 0.4\varepsilon_{t-1}$，$\varepsilon_t \sim N(0,1)$，試求 X_t 的期望值、變異數、ACF。

13.4　由下列時間數列模式中，請以統計軟體模擬 200 筆數列資料，並繪其走勢圖及 ACF、PACF 圖形。

　　　(a) AR(1) 模式：$X_t = 0.8X_{t-1} + \varepsilon_t$，$\varepsilon_t \sim N(0,1)$。

　　　(b) MA(1) 模式：$X_t = \varepsilon_t - 0.6\varepsilon_{t-1}$，$\varepsilon_t \sim N(0,1)$。

　　　(c) ARMA(1,1) 模式：$X_t = 2 + 0.6X_{t-1} + \varepsilon_t - 0.3\varepsilon_{t-1}$，$\varepsilon_t \sim N(0,1)$。

13.5　在 13.4 題 (a)(b)(c) 時間數列模式中，設 ε_t 來自標準柯西分配：$f(x) = \dfrac{1}{\pi(1 + x^2)}$。試以統計軟體模擬 200 筆數列資料，並繪其走勢圖及 ACF、PACF 圖形。

13.6　高雄市美濃區出產的油紙傘頗富盛名，最近每月的銷售量更常常供不應求。假設根據觀光局統計，過去 40 個月的銷售量符合一 AR(1) 模式：$X_t = 900 + 0.3X_{t-1} + \varepsilon_t$；其中 $\varepsilon_t \sim N(0,1)$。我們從中觀察了 40 個月的油紙傘銷售量，若最近一個月的銷售量 $X_{40} = 1200$ 把，試預測第 41 期、第 42 期、第 43 期的油紙傘銷售量？

13.7　京華證券分析師發現，新上市的高科技股票每日漲跌走勢符合一 MA(1) 模式：$X_t = 0.8 + \varepsilon_t + 0.6\varepsilon_{t-1}$，其中 $\varepsilon_t \sim N(0,1)$。我們從中觀察了 60 個樣本，若最後觀測值 $X_{60} = 1.4$，且 $X_{59}(1) = 0.9$，試預測此高科技股票第 61 期、第 62 期、第 63 期之預測值為何？

13.8 假設臺灣地區的每月人口生長率符合一 ARMA(1,1) 模式：$X_t = 0.3 + 0.7X_{t-1} + \varepsilon_t - 0.2\varepsilon_{t-1}$，其中 $\varepsilon_t \sim N(0,1)$。我們觀察了最近的 80 個時期，若最後的觀測值 $X_{80} = 0.6$，且 $X_{79}(1) = 0.5$，試預測第 81 期、第 82 期、第 83 期的月人口生長率？

13.9 實例研究，表 13.7 為 1965 年至 2008 年臺灣地區中央政府總預算 X_t 與教科文預算 Y_t 之時間數列資料。請寫一份關於 X_t 與 Y_t 單變數 ARIMA 模式，並預測未來 6 期的值之研究報告。（提示：(1) 先將資料分別取對數，再建構 ARIMA 模式；(2) 參考吳柏林、張鈿富 (1992) 我國中央教育經費規劃、預測與控制模式之研究，*國立政治大學學報*，**65**, 87-104）

表 13.7　臺灣中央政府總預算 X_t 與教科文預算 Y_t（10 萬元）

	中央政府總預算	教科文預算		中央政府總預算	教科文預算
1965	15,010	380	1989	549,200	75,740
1966	15,157	625	1990	692,707	103,784
1967	20,034	763	1991	827,190	123,533
1968	20,773	926	1992	994,800	133,400
1969	26,787	1,429	1993	1,064,777	162,305
1970	30,667	1,837	1994	1,029,217	159,140
1971	34,948	2,314	1995	1,034,829	170,463
1972	39,828	3,027	1996	1,194,260	179,841
1973	48,229	3,283	1997	1,225,264	187,148
1974	53,121	4,403	1998	1,317,197	205,069
1975	74,830	4,473	1999*	1,489,846	237,794
1976	86,976	5,530	2000*	1,489,846	237,794
1977	107,289	7,030	2001	1,637,079	266,358
1978	130,077	7,833	2002	1,599,289	277,429
1979	153,046	10,041	2003	1,550,254	293,228
1980	201,793	13,669	2004	1,611,281	309,946
1981	272,381	22,735	2005	1,608,326	307,661
1982	310,445	28,455	2006	1,599,560	323,775
1983	319,517	34,182	2007	1,628,351	311,126
1984	316,192	34,393	2008	1,685,856	316,252
1985	353,871	40,609	2009	1,829,988	342,957
1986	405,720	49,880	2010	1,789,622	357,345
1987	418,962	53,333			
1988	470,255	59,115			

註：2000 年調整會計年度，我們採平均數紀錄。

References
參考書目

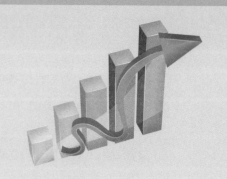

中文部分

1. 方世榮 (2010)。統計學導論（六版）。臺北：華泰書局。

2. 成灝然 (1996)。統計學。臺北：三民書局。

3. 余民寧 (1997)。心理與教育統計學。臺北：三民書局。

4. 芮寶公、李順成 (1994)。統計學。臺北：五南圖書出版公司。

5. 吳冬友、楊玉崑 (2004)。統計學。臺北：五南圖書出版公司。

6. 吳柏林 (1995)。時間數列分析導論。臺北：華泰書局。

7. 吳柏林、張鈿富、廖敏治 (1996)。模糊時間數列與台灣地區中學教師需求人數之預測。國立政治大學學報。**73**，287-312。

8. 周松田、于如陵、黃幹忠 (2010)。基礎統計學。新北市：高立圖書。

9. 林惠玲、陳正昌 (1996)。統計學：方法與應用。臺北：雙業書廊。

10. 陳家鼎、孫山澤、李東風（吳柏林校定）(1996)。數理統計學。臺北：五南圖書出版公司。

11. 陳旭昇 (2010)。統計學：應用與進階。臺北：東華書局。

12. 陳淼勝、李德治 (2010)。統計學概論。新北市：前程文化。

13. 童甲春 (1997)。統計學。臺北：前程企業管理有限公司。

14. 張健邦 (1994)。統計學。臺北：三民書局。

15. 張鈿富，吳柏林 (1992)。我國中央教育經費規劃、預測與控制模式之研究。國立政治大學學報。**65**，87-104。

16. 黃仁德、吳柏林 (1995)。台灣短期貨幣需求函數穩定性的檢定：模糊時間數列方法之應用。台灣經濟學會年會論文集。169-190。

17. 吳柏林、楊文山 (1997)。模糊統計在社會調查分析的應用。社會科學計量方法發展與應用。楊文山主編：中央研究院中山人文社會科學研究所。289-316。

18. 吳柏林、曾能芳 (1998)。模糊迴歸參數估計及在景氣對策信號之分析應用。中國統計學報。**36(4)**，399-420。

19. 吳柏林、許毓云 (1999)。模糊統計分析在台灣地區失業率應用。中國統計學報。**37(1)**，37-52。

20. 黃登源、李仁棻 (1998)。初等統計學（上、下）。臺中：滄海書局。

21. 劉國鑑、沈美嬌、張水清等 (2011)。統計學。新北市：新文京開發出版股份有限公司。

22. 歐陽良裕 (1995)。基礎商用統計學。臺北。華泰書局。

23. 顏月珠 (1992)。商用統計學。臺北：三民書局。

24. 戴久永 (1992)。統計概念與方法。臺北：三民書局。

25. 吳達、吳柏林 (2001)。模糊回歸參數估計方法與應用。系統工程理論實踐（中國科學院，北京）。**11**，61-67。

26. 吳柏林、林玉鈞 (2002)。模糊时间数列分析与预测：以台湾地区加权股价指数为例。應用數學學報（中國科學院，北京）。**25(1)**，67-76。

27. 胡悅倫，吳柏林 (2002)。模糊統計在分析樂觀量表之應用。教育與心理研究，**25**，457-484 (TSSCI)。

28. 林原宏、鄭舜仁、吳柏林 (2003)。模糊眾數及其在教育與心理評量分析之應用。中國統計學報。**41(1)**，39-66。

29. 胡悅倫、陳皎眉、吳柏林 (2006)。模糊統計於 A 型量表分類之研究。教育與心理研究。**29(1)**，151-158 (TSSCI)。

30. 何素美、吳柏林 (2006)。市場調查分析的新方法：模糊特徵與共識攫取之應用。智慧科技與應用統計學報。**4(1)**，63-84。

31. 吳志文、吳柏林 (2006)。組織績效分析新方法之應用：以旅遊業行銷為例。管理科學與統計決策 **3(3)**，13-27。

32. 黃瑞華、吳柏林 (2007)。以軟計算為基礎的攝影構圖辨認方法。智慧科技與應用統計學報。**4(1)**，63-84。

33. 高麗萍、吳柏林 (2007)。企業資源規劃系統效應之模糊動態評估。資訊管理學報。**14(2)**，203-224 (TSSCI)。

34. 陳孝煒、吳柏林 (2007)。區間回歸與模糊樣本分析。管理科學與統計決策。**4(1)**，54-65。

35. 林松柏、張鈿富、吳柏林 (2007)。出生人口下降對幼稚教育供需影響探討。國教學報。**19**，3-28。

36. 徐惠莉、吳柏林、江韶珊 (2008)。區間時間數列預測準確度探討。數量經济与技术经济研究（中國社科院，北京）。**25(1)**，133-140。

37. 江明峰、吳柏林、胡日東 (2008)。網路抽樣調查與模糊線上統計。智慧科技與應用統計學報。**6(1)**，55-72。

38. 洪錦峰、吳柏林 (2008)。區間時間數列預測及其效率評估。管理科學與統計決策。**5(4)**，1-13。

39. 王忠玉、吳柏林 (2010)。模糊数据均值方法与应用研究。统计信息与论坛。**25(10)**，13-17。

40. 朱潤東、吳柏林 (2010)。CUSTA与NAFTA的贸易增长效应之时空数列分析。数量经济与技术经济研究（中国社科院北京）。**27(12)**，118-132。

41. 謝名娟、吳柏林 (2012) 高中學生時間運用與學習表現關聯之研究：模糊相關的應用。教育政策論壇。15：1，157-176.

42. 謝名娟、吳柏林 (2011)。模糊統計在試題難度上的應用。教育心理學報（已接受）。

英文部分

1. Arnold, S. (1990). *Mathematical Statistics*. Prentice Hall Inc.: London.

2. Bain, L. and Max, M. (1992). *Introduction to Probability and Mathematical Statistics*. 2nd ed. PWS-Kent Publishing Company: New York.

3. Berry, D. and Lindgren, B. (1996). *Statistics*. 2nd ed. Wadsworth Publishing Company: Belmont, California.

4. Brockwell, P. and Davis, R. (1996). *Introduction to Time Series and Forecasting*. Springer-Verlag, Inc.: New York.

5. David, R. Anderson, Dennis J. Sweeney and Thomas A. Williams (2001). *Statistics for Business and Economics*. South_Western, Ohio.

6. Freedman, et al. (1991). Statistics. 2nd ed. Norton & Company, Inc.: New York.

7. Kanji, G. (1993). *100 Statistical Tests*. SAGE Publications Ltd: London.

8. Keller, G., Warrack, B. and Bartel H. (1994). *Statistics for Management and Economics*. 3rd ed, Wadsworth Publishing Company: Belment, CA.

9. Kohler H. (1988). *Statistic for Business and Economics*. 2nd ed. Scott, Foresman and Company: New York.

10. McClave, J., and Sincich, T. (2009). *Statistics*. 11th ed. Pearson International Editio, New York.

11. Montgomery, D. and Runger G. (1994). *Applied Statistics and Probability for Engineers*. John, Wiley & Sons, Inc.: New York.

12. Montgomery, D. and Peck, E. (1992). *Introduction to Linear Regression Analysis*. 2nd ed. John, Wiley & Sons, Inc.: New York.

13. Mendenhall, W. Reinmuth, J. and Beaver, R. (1993). *Statistics for Management and Econometrics*. 7th ed. PWS-Kent Publishing Company: Belment, CA.

14. Neter, J., Wasserman, W. and Whitmore, G. (1993). *Applied Statistics*. 4th ed. Allyn and Bacon Company: New York.

15. Richard A. Johnson and Gouri K Bhattacharyya (2011). *Statistics Principles and Methods*. 8th ed. Wiley & Sons, Inc.: USA

16. Ross, S. (1985). *A first course in Probability*. 3rd ed. Macmillan: New York.

17. Roussas, G. (1997). *A Course in Mathematical Statistics*. 2nd ed. John, Wiley & Sons, Inc.: New York.

18. Sincich, T. (1994). *A course in Modern Business Statistics*. 2nd ed. Macmillan College Publishing Company : New York.

19. Tran, L., Carbon, M. and Wu, B. (1997). Kernel density on random fields. *Statistics and Probability Letters.* ***36***, 115-125.

20. Watson, C. et al. (1993). *Statistics: for management and economics.* 5th ed. Allyn and Bacon : Massachusetts.

21. Wu, B. and Shih, N. (1992). On the identification problem for bilinear time series models. *Journal of Computational Statistics and Simulation.* ***43***, 129-161.

22. Wu, B. and Lin, C. (1992). Analysis and forecasting models for government bond in Taiwan. *The Twelfth International Symposium on Forecasting, Wellington*, New Zealand.

23. Wu, B. and Sun, C. (1993). Fuzzy analysis and modeling in linguistic and semantics. *The First National Symposium on Fuzzy Set Theory and Applications.* Sing-Zu, Taiwan.

24. Wu, B. and Yang, W. (1993). Measuring beliefs: An application of fuzzy sets to social and economic analysis. *1993 Far Eastern Meeting of the Econometric Society.* Taipei.

25. Wu, B. and Tran, L. (1993). Order statistics for nonstationary time series. *Ann. Inst. Statist. Math.* Vol. ***45***, 665-686.

26. Wu, B. and Chang, D. (1994). Models of resources allocation in higher education. *Asia Pacific Economic Cooperation Education Forum*, Taipei.

27. Wu, B. (1994). Identification environment and robust forecasting for nonlinear time series. *Computational Economics.* ***7***, 37-53.

28. Wu, B. (1994). Pattern recognition and classification in time series analysis. *Applied Mathematics and Computation.* ***62***, 29-45.

29. Wu, B. (1995). Model-free forecasting for nonlinear time series: with application in exchange rates. *Computational Statistics and Data Analysis.* ***19***, 433-459.

30. Wu, B. and Sun, C. (1996). Fuzzy statistics and computation on the lexical semantics. *Language, Information and Computation* (PACLIC 11), 337-346.

Seoul, Korea.

31. Wu, B. (1997). Kernel density estimation under weak dependence with sampled data. *Journal of Statistical Planning and Inference.* *61*, 141-154.

32. Wu, B. and Chen, M. (1999). Use fuzzy statistical methods in change periods detection. *Applied Mathematics and Computation.* *99*, 241-254.

33. Wu, B. and Hung, S. (1999). A fuzzy identification procedure for nonlinear time series: with example on ARCH and bilinear models. *Fuzzy Set and System.* *108*, 275-287.

34. Kreinovich, V. Nguyen, H. and Wu, B. (1999). Justification of heuristic methods in data processing using fuzzy theory, with applications to detection of business cycles from fuzzy data. *East-West Journal of Mathematics.* *1(2)*, 147-157.

35. Nguyen, H., Wu, B. and Kreinovich, V. (1999). On combining statistical and fuzzy techniques: Detection of Business cycles from uncertain data. in *Trends in Information Technology* (editors: Mohanty, H and Baral, C.), 69-74. New Delhi: Tata McGraw-Hill Publishing Company Limited.

36. Nguyen, H. and Wu, B. (1999). Fuzzy/Probability ~ Fractal/Smooth. *International Journal of Uncertainty, Fuzziness and Knowledge-Based Systems.* *7(4)*, 363-370.

37. Wu, B. and Sun, C. (2000). Interval-valued statistics, fuzzy logic, and their use in computational semantics. *Journal of Intelligent and Fuzzy Systems.* (will appear)

Appendix A
統計表

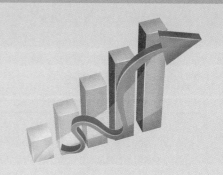

表 T1　隨機數字

19 27 71 38 43	59 13 27 79 32	43 24 75 16 97	90 79 35 40 59	21 07 60 45 23
16 94 66 20 35	65 58 71 55 68	86 02 62 98 54	21 01 99 58 78	78 42 66 10 80
83 24 58 92 34	05 54 40 14 56	19 03 64 11 83	54 60 89 80 98	25 84 98 72 82
60 95 35 76 28	98 48 78 10 87	38 88 32 04 05	37 92 34 40 95	28 63 73 01 40
62 47 15 61 91	81 88 72 52 53	75 88 15 96 18	26 10 43 04 82	73 94 00 41 86
83 12 29 57 62	41 08 57 24 97	81 91 18 78 97	80 54 80 54 77	29 43 62 53 60
67 96 16 35 74	03 36 63 57 06	67 54 45 22 76	23 07 98 13 68	47 94 13 10 03
39 85 22 90 15	10 10 79 33 47	72 17 53 10 86	65 55 30 57 84	90 79 89 64 75
87 21 67 19 77	97 29 00 67 11	68 48 16 25 03	33 38 57 96 62	92 37 67 43 48
66 00 40 11 25	86 84 62 06 99	31 81 92 43 51	52 48 55 68 76	89 24 32 02 97
11 78 88 79 61	67 91 34 84 54	16 93 40 24 37	45 39 14 20 39	25 82 23 24 35
00 05 57 69 85	83 82 47 87 69	68 58 03 28 96	60 40 50 56 58	75 04 45 32 72
67 96 34 01 31	23 97 49 33 12	92 54 16 54 19	66 55 49 83 42	68 22 68 63 16
62 64 43 74 60	71 81 52 14 47	16 47 56 88 22	02 94 72 29 80	46 09 25 37 87
45 57 69 11 12	58 79 31 74 05	00 75 98 85 59	81 69 08 30 47	47 86 14 54 31
57 13 83 89 37	22 83 85 66 44	17 33 14 67 89	37 58 21 97 69	20 04 70 76 67
03 12 79 65 13	22 44 13 40 91	17 17 33 55 54	54 01 17 98 81	50 95 59 07 15
35 82 84 34 26	00 64 39 58 43	19 51 30 75 08	96 28 38 58 55	89 82 69 76 28
85 50 28 38 12	44 69 38 55 85	66 38 35 90 77	74 38 37 33 29	83 86 07 04 90
37 65 26 21 20	40 81 84 49 99	67 82 16 85 77	79 74 26 52 58	95 51 87 18 02
66 50 16 33 75	93 46 05 61 54	51 96 32 75 70	75 56 16 08 47	97 75 20 47 59
57 52 53 01 07	02 19 45 92 12	32 00 37 23 05	45 55 85 80 89	91 99 21 83 94
05 11 07 91 45	51 40 76 61 84	46 30 64 99 88	40 26 24 68 42	14 41 73 33 82
74 90 99 78 96	37 93 29 25 19	32 45 60 26 07	24 11 89 59 25	26 21 78 36 56
27 66 75 39 23	85 46 96 03 66	09 89 03 37 99	70 16 79 20 46	39 40 95 85 21

表 T1　隨機數字（續）

44	27	12	72	19	79	37	99	62	65	87	84	33	29	26	21	35	96	20	00	77	10	71	78	03
17	38	16	83	68	60	51	99	34	97	44	25	07	74	49	66	80	25	16	65	77	36	74	27	58
09	39	42	87	08	33	22	74	02	45	14	73	54	99	68	40	26	28	28	09	77	09	19	81	64
89	83	77	12	85	62	89	34	17	15	65	83	49	76	74	27	19	54	19	56	45	20	21	70	15
99	24	21	34	15	65	98	79	61	13	94	42	28	42	94	34	41	71	79	67	41	38	02	89	06
59	12	43	94	12	64	13	19	42	28	88	70	25	64	68	30	64	51	87	66	63	82	83	87	30
03	72	03	36	80	25	45	60	56	97	66	40	43	46	91	68	52	48	78	74	64	89	76	41	57
69	64	92	35	94	02	68	54	73	59	20	52	65	10	17	95	07	35	09	65	74	96	21	18	36
48	20	10	08	04	98	27	25	37	85	17	52	32	18	81	77	46	85	16	98	82	81	42	55	21
56	84	26	57	06	20	40	20	36	06	01	09	00	86	28	90	37	41	24	27	27	41	27	53	03
89	02	48	77	82	64	73	57	37	92	16	40	97	50	48	02	09	02	76	78	78	81	67	35	75
43	10	79	84	14	56	03	51	08	94	10	78	10	93	91	97	49	91	51	00	18	72	83	72	06
68	18	25	49	80	37	30	74	58	46	36	26	31	89	70	05	13	95	39	08	11	45	05	97	27
20	36	21	81	22	12	19	60	41	28	56	30	95	29	39	40	21	56	86	05	78	41	62	23	77
48	77	28	64	39	44	81	98	11	46	26	18	34	62	16	16	43	99	33	92	99	59	63	14	37

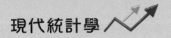

 表 T2 二項分配累積機率 $P(X \le x) = \sum_{i=0}^{x} \binom{n}{i} p^i (1-p)^{n-i}$

							p							
n	k	.01	.05	.10	.20	.30	.40	.50	.60	.70	.80	.90	.95	.99
5	0	.951	.774	.590	.328	.168	.078	.031	.010	.002	.000	.000	.000	.000
	1	.999	.977	.919	.737	.528	.337	.188	.087	.031	.007	.000	.000	.000
	2	1.000	.999	.999	.942	.837	.683	.500	.317	.163	.058	.009	.001	.000
	3	1.000	1.000	1.000	.993	.969	.913	.812	.663	.472	.263	.081	.023	.001
	4	1.000	1.000	1.000	1.000	.998	.990	.969	.922	.832	.672	.410	.226	.049
6	0	.941	.735	.531	.262	.118	.047	.016	.004	.001	.000	.000	.000	.000
	1	.999	.967	.886	.655	.420	.233	.109	.041	.011	.002	.000	.000	.000
	2	1.000	.998	.984	.901	.744	.544	.344	.179	.070	.017	.001	.000	.000
	3	1.000	1.000	.999	.983	.930	.821	.656	.456	.256	.099	.016	.002	.000
	4	1.000	1.000	1.000	.998	.989	.959	.891	.767	.580	.345	.114	.033	.001
	5	1.000	1.000	1.000	1.000	.999	.996	.984	.953	.882	.738	.469	.265	.059
7	0	.932	.698	.478	.210	.082	.028	.008	.002	.000	.000	.000	.000	.000
	1	.998	.956	.850	.577	.329	.159	.063	.019	.004	.000	.000	.000	.000
	2	1.000	.996	.974	.852	.647	.420	.227	.096	.029	.005	.000	.000	.000
	3	1.000	1.000	.997	.967	.874	.710	.500	.290	.126	.033	.033	.000	.000
	4	1.000	1.000	1.000	.995	.971	.904	.773	.580	.353	.148	.026	.004	.000
	5	1.000	1.000	1.000	1.000	.996	.981	.937	.841	.671	.423	.150	.044	.002
	6	1.000	1.000	1.000	1.000	1.000	.998	.992	.972	.918	.790	.522	.302	.068
8	0	.923	.663	.430	.168	.058	.017	.004	.001	.000	.000	.000	.000	.000
	1	.997	.943	.813	.503	.255	.106	.035	.009	.001	.000	.000	.000	.000
	2	1.000	.994	.962	.797	.552	.315	.145	.050	.011	.001	.000	.000	.000
	3	1.000	1.000	.995	.944	.806	.594	.363	.174	.058	.010	.000	.000	.000
	4	1.000	1.000	1.000	.990	.942	.826	.637	.406	.194	.056	.005	.000	.000
	5	1.000	1.000	1.000	.999	.989	.950	.855	.685	.448	.203	.038	.006	.000
	6	1.000	1.000	1.000	1.000	.999	.991	.965	.894	.745	.497	.187	.057	.003
	7	1.000	1.000	1.000	1.000	1.000	.999	.996	.983	.942	.832	.570	.337	.077
9	0	.914	.630	.387	.134	.040	.010	.002	.000	.000	.000	.000	.000	.000
	1	.997	.929	.775	.436	.196	.071	.020	.004	.000	.000	.000	.000	.000
	2	1.000	.992	.947	.738	.463	.232	.090	.025	.004	.000	.000	.000	.000
	3	1.000	.999	.992	.914	.730	.483	.254	.099	.025	.003	.000	.000	.000

表 T2　二項分配累積機率 $P(X \leq x) = \sum_{i=0}^{x} \binom{n}{i} p^i (1-p)^{n-i}$ （續）

		p											
n	k	.01	.05	.10	.20	.30	.40	.50	.60	.70	.80	.90	.95	.99
	4	1.000	1.000	.999	.980	.901	.733	.500	.267	.099	.020	.001	.000	.000
	5	1.000	1.000	1.000	.997	.975	.901	.746	.517	.270	.086	.008	.001	.000
	6	1.000	1.000	1.000	1.000	.996	.975	.910	.768	.537	.262	.053	.008	.000
	7	1.000	1.000	1.000	1.000	1.000	.996	.980	.929	.804	.564	.225	.071	.003
	8	1.000	1.000	1.000	1.000	1.000	1.000	.998	.990	.960	.866	.613	.370	.086
10	0	.904	.599	.349	.107	.028	.006	.001	.000	.000	.000	.000	.000	.000
	1	.996	.914	.736	.376	.149	.046	.011	.002	.000	.000	.000	.000	.000
	2	1.000	.988	.930	.678	.383	.167	.055	.012	.002	.000	.000	.000	.000
	3	1.000	.999	.987	.879	.650	.382	.172	.055	.011	.001	.000	.000	.000
	4	1.000	1.000	.998	.967	.850	.633	.377	.166	.047	.006	.000	.000	.000
	5	1.000	1.000	1.000	.994	.953	.834	.623	.367	.150	.033	.002	.000	.000
	6	1.000	1.000	1.000	.999	.989	.945	.828	.618	.350	.121	.013	.001	.000
	7	1.000	1.000	1.000	1.000	.998	.988	.945	.833	.617	.322	.070	.012	.000
	8	1.000	1.000	1.000	1.000	1.000	.998	.989	.954	.851	.624	.264	.086	.004
	9	1.000	1.000	1.000	1.000	1.000	1.000	.999	.994	.972	.893	.651	.401	.096
15	0	.860	.463	.206	.035	.005	.000	.000	.000	.000	.000	.000	.000	.000
	1	.990	.829	.549	.167	.035	.005	.000	.000	.000	.000	.000	.000	.000
	2	1.000	.964	.816	.398	.127	.027	.004	.000	.000	.000	.000	.000	.000
	3	1.000	.995	.944	.648	.297	.091	.018	.002	.000	.000	.000	.000	.000
	4	1.000	.999	.987	.836	.515	.217	.059	.009	.001	.000	.000	.000	.000
	5	1.000	1.000	.998	.939	.722	.403	.151	.034	.004	.000	.000	.000	.000
	6	1.000	1.000	1.000	.982	.869	.610	.304	.095	.015	.001	.000	.000	.000
	7	1.000	1.000	1.000	.996	.950	.787	.500	.213	.050	.004	.000	.000	.000
	8	1.000	1.000	1.000	.999	.985	.905	.696	.390	.131	.018	.000	.000	.000
	9	1.000	1.000	1.000	1.000	.996	.966	.849	.597	.278	.061	.002	.000	.000
	10	1.000	1.000	1.000	1.000	.999	.991	.941	.783	.485	.164	.013	.001	.000
	11	1.000	1.000	1.000	1.000	1.000	.998	.982	.909	.703	.352	.056	.005	.000
	12	1.000	1.000	1.000	1.000	1.000	1.000	.996	.973	.873	.602	.184	.036	.000
	13	1.000	1.000	1.000	1.000	1.000	1.000	1.000	.995	.965	.833	.451	.171	.010
	14	1.000	1.000	1.000	1.000	1.000	1.000	1.000	1.000	.995	.965	.794	.537	.140

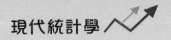

 表 T2　二項分配累積機率　$P(X \le x) = \sum_{i=0}^{x} \binom{n}{i} p^i (1-p)^{n-i}$　（續）

n	k	.01	.05	.10	.20	.30	.40	.50	.60	.70	.80	.90	.95	.99
								p						
20	0	.818	.358	.122	.012	.001	.000	.000	.000	.000	.000	.000	.000	.000
	1	.983	.736	.392	.069	.008	.001	.000	.000	.000	.000	.000	.000	.000
	2	.999	.925	.677	.206	.035	.004	.000	.000	.000	.000	.000	.000	.000
	3	1.000	.984	.867	.411	.107	.016	.001	.000	.000	.000	.000	.000	.000
	4	1.000	.997	.957	.630	.238	.051	.006	.000	.000	.000	.000	.000	.000
	5	1.000	1.000	.989	.804	.416	.126	.021	.002	.000	.000	.000	.000	.000
	6	1.000	1.000	.998	.913	.608	.250	.058	.006	.000	.000	.000	.000	.000
	7	1.000	1.000	1.000	.968	.772	.416	.132	.021	.001	.000	.000	.000	.000
	8	1.000	1.000	1.000	.990	.887	.596	.252	.057	.005	.000	.000	.000	.000
	9	1.000	1.000	1.000	.997	.952	.755	.412	.128	.017	.001	.000	.000	.000
	10	1.000	1.000	1.000	.999	.983	.872	.588	.245	.048	.003	.000	.000	.000
	11	1.000	1.000	1.000	1.000	.995	.943	.748	.404	.113	.010	.000	.000	.000
	12	1.000	1.000	1.000	1.000	.999	.979	.868	.584	.228	.032	.000	.000	.000
	13	1.000	1.000	1.000	1.000	1.000	.994	.942	.750	.392	.087	.002	.000	.000
	14	1.000	1.000	1.000	1.000	1.000	.998	.979	.874	.584	.196	.011	.000	.000
	15	1.000	1.000	1.000	1.000	1.000	1.000	.994	.949	.762	.370	.043	.003	.000
	16	1.000	1.000	1.000	1.000	1.000	1.000	.999	.984	.893	.589	.133	.016	.000
	17	1.000	1.000	1.000	1.000	1.000	1.000	1.000	.996	.965	.794	.323	.075	.001
	18	1.000	1.000	1.000	1.000	1.000	1.000	1.000	.999	.992	.931	.608	.264	.017
	19	1.000	1.000	1.000	1.000	1.000	1.000	1.000	1.000	.999	.988	.878	.642	.182

表 T2 　二項分配累積機率 $P(X \leq x) = \sum_{i=0}^{x} \binom{n}{i} p^i (1-p)^{n-i}$ （續）

n	k	.01	.05	.10	.20	.30	.40	.50	.60	.70	.80	.90	.95	.99
25	0	.778	.277	.072	.004	.000	.000	.000	.000	.000	.000	.000	.000	.000
	1	.974	.642	.271	.027	.002	.000	.000	.000	.000	.000	.000	.000	.000
	2	.998	.873	.537	.098	.009	.000	.000	.000	.000	.000	.000	.000	.000
	3	1.000	.966	.764	.234	.033	.002	.000	.000	.000	.000	.000	.000	.000
	4	1.000	.993	.902	.421	.090	.009	.000	.000	.000	.000	.000	.000	.000
	5	1.000	.999	.967	.617	.193	.029	.002	.000	.000	.000	.000	.000	.000
	6	1.000	1.000	.991	.780	.341	.074	.007	.000	.000	.000	.000	.000	.000
	7	1.000	1.000	.998	.891	.512	.154	.022	.001	.000	.000	.000	.000	.000
	8	1.000	1.000	1.000	.953	.677	.274	.054	.004	.000	.000	.000	.000	.000
	9	1.000	1.000	1.000	.983	.811	.425	.115	.013	.000	.000	.000	.000	.000
	10	1.000	1.000	1.000	.994	.902	.586	.212	.034	.002	.000	.000	.000	.000
	11	1.000	1.000	1.000	.998	.956	.732	.345	.078	.006	.000	.000	.000	.000
	12	1.000	1.000	1.000	1.000	.983	.846	.500	.154	.017	.000	.000	.000	.000
	13	1.000	1.000	1.000	1.000	.994	.922	.655	.268	.044	.002	.000	.000	.000
	14	1.000	1.000	1.000	1.000	.998	.966	.788	.414	.098	.006	.000	.000	.000
	15	1.000	1.000	1.000	1.000	1.000	.987	.885	.575	.189	.017	.000	.000	.000
	16	1.000	1.000	1.000	1.000	1.000	.996	.946	.726	.323	.047	.000	.000	.000
	17	1.000	1.000	1.000	1.000	1.000	.999	.978	.846	.488	.109	.002	.000	.000
	18	1.000	1.000	1.000	1.000	1.000	1.000	.993	.926	.659	.220	.009	.000	.000
	19	1.000	1.000	1.000	1.000	1.000	1.000	.998	.971	.807	.383	.033	.001	.000
	20	1.000	1.000	1.000	1.000	1.000	1.000	1.000	.991	.910	.579	.098	.007	.000
	21	1.000	1.000	1.000	1.000	1.000	1.000	1.000	.998	.967	.766	.236	.034	.000
	22	1.000	1.000	1.000	1.000	1.000	1.000	1.000	1.000	.991	.902	.463	.127	.002
	23	1.000	1.000	1.000	1.000	1.000	1.000	1.000	1.000	.998	.973	.729	.358	.026
	24	1.000	1.000	1.000	1.000	1.000	1.000	1.000	1.000	1.000	.996	.928	.723	.222

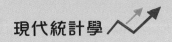
 表 T3　波松分配累積機率 $F(x;\mu) = \sum_{k=0}^{x} \dfrac{e^{-\mu}\mu^{k}}{k!}$

	μ									
x	0.1	0.2	0.3	0.4	0.5	0.6	0.7	0.8	0.9	1.0
0	0.9048	0.8187	0.7408	0.6730	0.6065	0.5488	0.4966	0.4493	0.4066	0.3679
1	0.9953	0.9825	0.9631	0.9384	0.9098	0.8781	0.8442	0.8088	0.7725	0.7358
2	0.9998	0.9989	0.9964	0.9921	0.9856	0.9769	0.9659	0.9526	0.9371	0.9197
3	1.0000	0.9999	0.9997	0.9992	0.9982	0.9966	0.9942	0.9909	0.9865	0.9810
4		1.0000	1.0000	0.9999	0.9998	0.9996	0.9992	0.9986	0.9977	0.9963
5				1.0000	1.0000	1.0000	0.9999	0.9998	0.9997	0.9994
6							1.0000	1.0000	1.0000	0.9999

	μ									
x	2.0	3.0	4.0	5.0	6.0	7.0	8.0	9.0	10.0	15.0
0	0.1353	0.0498	0.0183	0.0068	0.0025	0.0009	0.0003	0.0001	0.0000	
1	0.4060	0.1991	0.0916	0.0404	0.0174	0.0073	0.0030	0.0012	0.0005	
2	0.6767	0.4232	0.2381	0.1247	0.0620	0.0296	0.0138	0.0062	0.0028	0.0000
3	0.8571	0.6472	0.4335	0.2650	0.1512	0.0818	0.0424	0.0212	0.0103	0.0002
4	0.9473	0.8153	0.6288	0.4405	0.2851	0.1730	0.0996	0.0550	0.0293	0.0009
5	0.9834	0.9161	0.7851	0.6160	0.4457	0.3007	0.1912	0.1157	0.0671	0.0028
6	0.9955	0.9665	0.8893	0.7622	0.6063	0.4497	0.3134	0.2068	0.1301	0.0076
7	0.9989	0.9881	0.9489	0.8666	0.7440	0.5987	0.4530	0.3239	0.2202	0.0180
8	0.9998	0.9962	0.9786	0.9319	0.8472	0.7291	0.5925	0.4557	0.3328	0.0374
9	1.0000	0.9989	0.9919	0.9682	0.9161	0.8305	0.7166	0.5874	0.4579	0.0699
10		0.9997	0.9972	0.9863	0.9574	0.9015	0.8159	0.7060	0.5830	0.1185
11		0.9999	0.9991	0.9945	0.9799	0.9466	0.8881	0.8030	0.6968	0.1848
12		1.0000	0.9997	0.9980	0.9912	0.9730	0.9362	0.8758	0.7916	0.2676
13			0.9999	0.9993	0.9964	0.9872	0.9658	0.9261	0.8645	0.3632
14			1.0000	0.9998	0.9986	0.9943	0.9827	0.9585	0.9165	0.4657
15				0.9999	0.9995	0.9976	0.9918	0.9780	0.9513	0.5681
16				1.0000	0.9998	0.9990	0.9963	0.9889	0.9730	0.6641
17					0.9999	0.9996	0.9984	0.9947	0.9857	0.7489
18					1.0000	0.9999	0.9994	0.9976	0.9928	0.8195
19						1.0000	0.9997	0.9989	0.9965	0.8752

表 T3　波松分配累積機率 $F(x; \mu) = \sum\limits_{k=0}^{x} \dfrac{e^{-\mu} \mu^{k}}{k!}$　（續）

| | | | | | μ | | | | | |
x	2.0	3.0	4.0	5.0	6.0	7.0	8.0	9.0	10.0	15.0
20							0.9999	0.9996	0.9984	0.9170
21							1.0000	0.9998	0.9993	0.9469
22								0.9999	0.9997	0.9673
23								1.0000	0.9999	0.9805
24									1.0000	0.9888
25										0.9938
26										0.9967
27										0.9983
28										0.9991
29										0.9996
30										0.9998
31										0.9999
32										1.0000

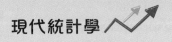

 表 T4　標準常態分配累積機率 $P(Z \leq Z_\alpha) = \int_{-\infty}^{Z_\alpha} f(z)dz = 1-\alpha$

z	0.00	0.01	0.02	0.03	0.04	0.05	0.06	0.07	0.08	0.09
0.0	0.5000	0.5040	0.5080	0.5120	0.5160	0.5199	0.5239	0.5279	0.5319	0.5369
0.1	0.5398	0.5438	0.5478	0.5517	0.5557	0.5596	0.5636	0.5675	0.5714	0.5753
0.2	0.5793	0.5832	0.5871	0.5910	0.5948	0.5987	0.6026	0.6064	0.6103	0.6141
0.3	0.6179	0.6217	0.6255	0.6293	0.6331	0.6368	0.6406	0.6443	0.6480	0.6517
0.4	0.6554	0.6591	0.6628	0.6664	0.6700	0.6736	0.6772	0.6808	0.6844	0.6879
0.5	0.6915	0.6950	0.6985	0.7019	0.7054	0.7088	0.7123	0.7157	0.7190	0.7224
0.6	0.7257	0.7291	0.7324	0.7357	0.7389	0.7422	0.7454	0.7486	0.7517	0.7549
0.7	0.7580	0.7611	0.7642	0.7673	0.7704	0.7734	0.7764	0.7794	0.7823	0.7852
0.8	0.7881	0.7910	0.7939	0.7967	0.7995	0.8023	0.8051	0.8078	0.8106	0.8133
0.9	0.8159	0.8186	0.8212	0.8238	0.8264	0.8289	0.8314	0.8340	0.8365	0.8389
1.0	0.8413	0.8438	0.8461	0.8485	0.8508	0.8531	0.8554	0.8577	0.8599	0.8621
1.1	0.8643	0.8665	0.8686	0.8708	0.8729	0.8749	0.8770	0.8790	0.8810	0.8830
1.2	0.8849	0.8869	0.8888	0.8907	0.8925	0.8944	0.8962	0.8980	0.8997	0.9015
1.3	0.9032	0.9049	0.9066	0.9082	0.9099	0.9115	0.9131	0.9147	0.9162	0.9177
1.4	0.9192	0.9207	0.9222	0.9236	0.9251	0.9265	0.9279	0.9292	0.9306	0.9319
1.5	0.9332	0.9345	0.9357	0.9370	0.9382	0.9394	0.9406	0.9418	0.9429	0.9441
1.6	0.9452	0.9463	0.9474	0.9484	0.9495	0.9505	0.9515	0.9525	0.9535	0.9545
1.7	0.9554	0.9564	0.9573	0.9582	0.9591	0.9599	0.9608	0.9616	0.9625	0.9633
1.8	0.9641	0.9649	0.9656	0.9664	0.9671	0.9678	0.9686	0.9693	0.9699	0.9706
1.9	0.9713	0.9719	0.9726	0.9732	0.9738	0.9744	0.9750	0.9756	0.9761	0.9767
2.0	0.9772	0.9778	0.9783	0.9788	0.9793	0.9798	0.9803	0.9808	0.9812	0.9817
2.1	0.9821	0.9826	0.9830	0.9834	0.9838	0.9842	0.9846	0.9850	0.9854	0.9857
2.2	0.9861	0.9864	0.9868	0.9871	0.9875	0.9878	0.9881	0.9884	0.9887	0.9890
2.3	0.9893	0.9896	0.9898	0.9901	0.9904	0.9906	0.9909	0.9911	0.9913	0.9916
2.4	0.9918	0.9920	0.9922	0.9925	0.9927	0.9929	0.9931	0.9932	0.9934	0.9936

表 T4　標準常態分配累積機率 $P(Z \leq Z_\alpha) = \int_{-\infty}^{Z_\alpha} f(z)dz = 1-\alpha$ （續）

z	0.00	0.01	0.02	0.03	0.04	0.05	0.06	0.07	0.08	0.09
2.5	0.9938	0.9940	0.9941	0.9943	0.9945	0.9946	0.9948	0.9949	0.9951	0.9952
2.6	0.9953	0.9955	0.9956	0.9957	0.9959	0.9960	0.9961	0.9962	0.9963	0.9964
2.7	0.9965	0.9966	0.9967	0.9968	0.9969	0.9970	0.9971	0.9972	0.9973	0.9974
2.8	0.9974	0.9975	0.9976	0.9977	0.9977	0.9978	0.9979	0.9979	0.9980	0.9981
2.9	0.9981	0.9982	0.9982	0.9983	0.9984	0.9984	0.9985	0.9985	0.9986	0.9986
3.0	0.9987	0.9987	0.9987	0.9988	0.9988	0.9989	0.9989	0.9989	0.9990	0.9990
3.1	0.9990	0.9991	0.9991	0.9991	0.9992	0.9992	0.9992	0.9992	0.9993	0.9993
3.2	0.9993	0.9993	0.9994	0.9994	0.9994	0.9994	0.9994	0.9995	0.9995	0.9995
3.3	0.9995	0.9995	0.9995	0.9996	0.9996	0.9996	0.9996	0.9996	0.9996	0.9997
3.4	0.9997	0.9997	0.9997	0.9997	0.9997	0.9997	0.9997	0.9997	0.9997	0.9998

y	0.90	0.95	0.975	0.99	0.995	0.999	0.9995	0.99995	0.999995
z_y	1.282	1.645	1.960	2.326	2.576	3.090	3.291	3.891	4.417

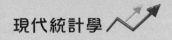

 表 T5　t 分配之臨界值：$t_\alpha(v)$　　$P(T \geq t_\alpha(v)) = \int_{t_\alpha(v)}^{\infty} f(x;v)dx = \alpha$

d.f.	$t_{.100}$	$t_{.050}$	$t_{.025}$	$t_{.010}$	$t_{.005}$	d.f.
1	3.078	6.314	12.706	31.821	63.656	1
2	1.886	2.920	4.303	6.965	9.925	2
3	1.638	2.353	3.182	4.541	5.841	3
4	1.533	2.132	2.776	3.747	4.604	4
5	1.476	2.015	2.571	3.365	4.032	5
6	1.440	1.943	2.447	3.143	3.707	6
7	1.415	1.895	2.365	2.998	3.499	7
8	1.397	1.860	2.603	2.896	3.355	8
9	1.383	1.833	2.262	2.821	3.250	9
10	1.372	1.812	2.228	2.764	3.169	10
11	1.363	1.796	2.201	2.718	3.106	11
12	1.356	1.782	2.179	2.681	3.055	12
13	1.350	1.771	2.160	2.650	3.012	13
14	1.345	1.761	2.145	2.624	2.977	14
15	1.341	1.753	2.131	2.602	2.947	15
16	1.337	1.746	2.120	2.583	2.921	16
17	1.333	1.740	2.110	2.567	2.898	17
18	1.330	1.734	2.101	2.552	2.878	18
19	1.328	1.729	2.093	2.539	2.861	19
20	1.325	1.725	2.086	2.528	2.845	20
21	1.323	1.721	2.080	2.518	2.831	21
22	1.321	1.717	2.074	2.508	2.819	22
23	1.319	1.714	2.069	2.500	2.807	23
24	1.318	1.711	2.064	2.492	2.797	24
25	1.316	1.708	2.060	2.485	2.787	25
26	1.315	1.706	2.056	2.479	2.779	26
27	1.314	1.703	2.052	2.473	2.771	27
28	1.313	1.701	2.048	2.467	2.763	28
29	1.311	1.699	2.045	2.462	2.756	29
∞	1.282	1.645	1.960	2.326	2.576	∞

表 T6　卡方分配之臨界值：$\chi_\alpha^2(v)$　　$P(\chi^2 \geq \chi_\alpha^2(v)) = \int_{\chi_\alpha^2(v)}^{\infty} f(x;v)dx = \alpha$

d.f.	$\chi_{0.995}^2$	$\chi_{0.990}^2$	$\chi_{0.975}^2$	$\chi_{0.950}^2$	$\chi_{0.900}^2$
1	0.0000393	0.0001571	0.0009821	0.0039322	0.0157907
2	0.0100247	0.0201004	0.0506357	0.1025862	0.2107208
3	0.0717235	0.1148316	0.2157949	0.3518460	0.5843755
4	0.206984	0.297107	0.484419	0.710724	1.063624
5	0.411751	0.554297	0.831209	1.145477	1.610306
6	0.675733	0.872083	1.237342	1.635380	2.204130
7	0.989251	1.239032	1.689864	2.167349	2.833105
8	1.344403	1.646506	2.179725	2.732633	3.489537
9	1.734911	2.087889	2.700389	3.325115	4.168156
10	2.155845	2.558199	3.246963	3.940295	4.865178
11	2.603202	3.053496	3.815742	4.574809	5.577788
12	3.073785	3.570551	4.403778	5.226028	6.303796
13	3.565042	4.106900	5.008738	5.891861	7.041500
14	4.074659	4.660415	5.628724	6.570632	7.789538
15	4.600874	5.229356	6.262123	7.260935	8.546753
16	5.142164	5.812197	6.907664	7.961639	9.312235
17	5.697274	6.407742	7.564179	8.671754	10.0852
18	6.264766	7.014903	8.230737	9.390448	10.8649
19	6.843923	7.632698	8.906514	10.1170	11.6509
20	7.433811	8.260368	9.590772	10.8508	12.4426
21	8.033602	8.897172	10.2829	11.5913	13.2396
22	8.642681	9.542494	10.9823	12.3380	14.0415
23	9.260383	10.1957	11.6885	13.0905	14.8480
24	9.886199	10.8563	12.4011	13.8484	15.6587
25	10.5196	11.5240	13.1197	14.6114	16.4734
26	11.1602	12.1982	13.8439	15.3792	17.2919
27	11.8077	12.8785	14.5734	16.1514	18.1139
28	12.4613	13.5647	15.3079	16.9279	18.9392
29	13.1211	14.2564	16.0471	17.7084	19.7677
30	13.7867	14.9535	16.7908	18.4927	20.5992
40	20.7066	22.1642	24.4331	26.5093	29.0505
50	27.9908	29.7067	32.3574	34.7642	37.6886
60	35.5344	37.4848	40.4817	43.1880	46.4589
80	51.1719	53.5400	57.1532	60.3915	64.2778
100	67.3275	70.0650	74.2219	77.9294	82.3581

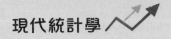

 表 T6　卡方分配之臨界值：$\chi^2_\alpha(v)$　　$P(\chi^2 \geq \chi^2_\alpha(v)) = \int_{\chi^2_\alpha(v)}^{\infty} f(x;v)dx = \alpha$（續）

$\chi^2_{0.100}$	$\chi^2_{0.050}$	$\chi^2_{0.025}$	$\chi^2_{0.010}$	$\chi^2_{0.005}$	d.f.
2.705541	3.841455	5.023903	6.634891	7.879400	1
4.605176	5.991476	7.377779	9.210351	10.5965	2
6.251394	7.814725	9.348404	11.3449	12.8381	3
7.779434	9.487728	11.1433	13.2767	14.8602	4
9.236349	11.0705	12.8325	15.0863	16.7496	5
10.6446	12.5916	14.4494	16.8119	18.5475	6
12.0170	14.0671	16.0128	18.4753	20.2777	7
13.3616	15.5073	17.5345	20.0902	21.9549	8
14.6837	16.9190	19.0228	21.6660	23.5893	9
15.9872	18.3070	20.4832	23.2093	25.1881	10
17.2750	19.6752	21.9200	24.7250	26.7569	11
18.5493	21.0261	23.3367	26.2170	28.2997	12
19.8119	22.3620	24.7356	27.6882	29.8193	13
21.0641	23.6848	26.1189	29.1412	31.3194	14
22.3071	24.9958	27.4884	30.5780	32.8015	15
23.5418	26.2962	28.8453	31.9999	34.2671	16
24.7690	27.5871	30.1910	33.4087	35.7184	17
25.9894	28.8693	31.5264	34.8052	37.1564	18
27.2036	30.1435	32.8523	36.1908	38.5821	19
28.4120	31.4104	34.1696	37.5663	39.9969	20
29.6151	32.6706	35.4789	38.9322	41.4009	21
30.8133	33.9245	36.7807	40.2894	42.7957	22
32.0069	35.1725	38.0756	41.6383	44.1814	23
33.1962	36.4150	39.3641	42.9798	45.5584	24
34.3816	37.6525	40.6465	44.3140	46.9280	25
35.5632	38.8851	41.9231	45.6416	48.2898	26
36.7412	40.1133	43.1945	46.9628	49.6450	27
37.9159	41.3372	44.4608	48.2782	50.9936	28
39.0875	42.5569	45.7223	49.5878	52.3355	29
40.2560	43.7730	46.9792	50.8922	53.6719	30
51.8050	55.7585	59.3417	63.6908	66.7660	40
63.1671	67.5048	71.4202	76.1538	79.4898	50
74.3970	79.0820	83.2977	88.3794	91.9518	60
96.5782	101.879	106.629	112.329	116.321	80
118.498	124.342	129.561	135.807	140.170	100

表 T7　*F* 分配之臨界值：$F_\alpha(v_1, v_2)$　　$P(F \geq F_\alpha(v_1, v_2)) = \int_{F_\alpha(v_1,v_2)}^{\infty} f(x; v_1, v_2)dx = \alpha$

$v_2(d.f.)$	\multicolumn{9}{c}{$v_1(d.f.)$　　$\alpha = 0.10$}
	1	2	3	4	5	6	7	8	9
1	39.86	49.50	53.59	55.83	57.24	58.20	58.91	59.44	59.86
2	8.53	9.00	9.16	9.24	9.29	9.33	9.35	9.37	9.38
3	5.54	5.46	5.39	5.34	5.31	5.28	5.27	5.25	5.24
4	4.54	4.32	4.19	4.11	4.05	4.01	3.98	3.95	3.94
5	4.06	3.78	3.62	3.52	3.45	3.40	3.37	3.34	3.32
6	3.78	3.46	3.29	3.18	3.11	3.05	3.01	2.98	2.96
7	3.59	3.26	3.07	2.96	2.88	2.83	2.78	2.75	2.72
8	3.46	3.11	2.92	2.81	2.73	2.67	2.62	2.59	2.56
9	3.36	3.01	2.81	2.69	2.61	2.55	2.51	2.47	2.44
10	3.29	2.92	2.73	2.61	2.52	2.46	2.41	2.38	2.35
11	3.23	2.86	2.66	2.54	2.45	2.39	2.34	2.30	2.27
12	3.18	2.81	2.61	2.48	2.39	2.33	2.28	2.24	2.21
13	3.14	2.76	2.56	2.43	2.35	2.28	2.23	2.20	2.16
14	3.10	2.73	2.52	2.39	2.31	2.24	2.19	2.15	2.12
15	3.07	2.70	2.49	2.36	2.27	2.21	2.16	2.12	2.09
16	3.05	2.67	2.46	2.33	2.24	2.18	2.13	2.09	2.06
17	3.03	2.64	2.44	2.31	2.22	2.15	2.10	2.06	2.03
18	3.01	2.62	2.42	2.29	2.20	2.13	2.08	2.04	2.00
19	2.99	2.61	2.40	2.27	2.18	2.11	2.06	2.02	1.98
20	2.97	2.59	2.38	2.25	2.16	2.09	2.04	2.00	1.96
21	2.96	2.57	2.36	2.23	2.14	2.08	2.02	1.98	1.95
22	2.95	2.56	2.35	2.22	2.13	2.06	2.01	1.97	1.93
23	2.94	2.55	2.34	2.21	2.11	2.05	1.99	1.95	1.92
24	2.93	2.54	2.33	2.19	2.10	2.04	1.98	1.94	1.91
25	2.92	2.53	2.32	2.18	2.09	2.02	1.97	1.93	1.89
26	2.91	2.52	2.31	2.17	2.08	2.01	1.96	1.92	1.88
27	2.90	2.51	2.30	2.17	2.07	2.00	1.95	1.91	1.87
28	2.89	2.50	2.29	2.16	2.06	2.00	1.94	1.90	1.87
29	2.89	2.50	2.28	2.15	2.06	1.99	1.93	1.89	1.86
30	2.88	2.49	2.28	2.14	2.05	1.98	1.93	1.88	1.85
40	2.84	2.44	2.23	2.09	2.00	1.93	1.87	1.83	1.79
60	2.79	2.39	2.18	2.04	1.95	1.87	1.82	1.77	1.74
120	2.75	2.35	2.13	1.99	1.90	1.82	1.77	1.72	1.68
∞	2.71	2.30	2.08	1.94	1.85	1.77	1.72	1.67	1.63

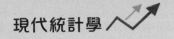

 表 T7　F 分配之臨界值：$F_\alpha(v_1, v_2)$　$P(F \geq F_\alpha(v_1, v_2)) = \int_{F_\alpha(v_1, v_2)}^{\infty} f(x; v_1, v_2)dx = \alpha$（續）

$v_1(d.f.)$					$\alpha = 0.10$					
10	12	15	20	24	30	40	60	120	∞	$v_2(d.f.)$
60.19	60.71	61.22	61.74	62.00	62.26	62.53	62.79	63.06	63.33	1
9.39	9.41	9.42	9.44	9.45	9.46	9.47	9.47	9.48	9.49	2
5.23	5.22	5.20	5.18	5.18	5.17	5.16	5.15	5.14	5.13	3
3.92	3.90	3.87	3.84	3.83	3.82	3.80	3.79	3.78	3.76	4
3.30	3.27	3.24	3.21	3.19	3.17	3.16	3.14	3.12	3.11	5
2.94	2.90	2.87	2.84	2.82	2.80	2.78	2.76	2.74	2.72	6
2.70	2.67	2.63	2.59	2.58	2.56	2.54	2.51	2.49	2.47	7
2.54	2.50	2.46	2.42	2.40	2.38	2.36	2.34	2.32	2.29	8
2.42	2.38	2.34	2.30	2.28	2.25	2.23	2.21	2.18	2.16	9
2.32	2.28	2.24	2.20	2.18	2.16	2.13	2.11	2.08	2.06	10
2.25	2.21	2.17	2.12	2.10	2.08	2.05	2.03	2.00	1.97	11
2.19	2.15	2.10	2.06	2.04	2.01	1.99	1.96	1.93	1.90	12
2.14	2.10	2.05	2.01	1.98	1.96	1.93	1.90	1.88	1.85	13
2.10	2.05	2.01	1.96	1.94	1.91	1.89	1.86	1.83	1.80	14
2.06	2.02	1.97	1.92	1.90	1.87	1.85	1.82	1.79	1.76	15
2.03	1.99	1.94	1.89	1.87	1.84	1.81	1.78	1.75	1.72	16
2.00	1.96	1.91	1.86	1.84	1.81	1.78	1.75	1.72	1.69	17
1.98	1.93	1.89	1.84	1.81	1.78	1.75	1.72	1.69	1.66	18
1.96	1.91	1.86	1.81	1.79	1.76	1.73	1.70	1.67	1.63	19
1.94	1.89	1.84	1.79	1.77	1.74	1.71	1.68	1.64	1.61	20
1.92	1.87	1.83	1.78	1.75	1.72	1.69	1.66	1.62	1.59	21
1.90	1.86	1.81	1.76	1.73	1.70	1.67	1.64	1.60	1.57	22
1.89	1.84	1.80	1.74	1.72	1.69	1.66	1.62	1.59	1.55	23
1.88	1.83	1.78	1.73	1.70	1.67	1.64	1.61	1.57	1.53	24
1.87	1.82	1.77	1.72	1.69	1.66	1.63	1.59	1.56	1.52	25
1.86	1.81	1.76	1.71	1.68	1.65	1.61	1.58	1.54	1.50	26
1.85	1.80	1.75	1.70	1.67	1.64	1.60	1.57	1.53	1.49	27
1.84	1.79	1.74	1.69	1.66	1.63	1.59	1.56	1.52	1.48	28
1.83	1.78	1.73	1.68	1.65	1.62	1.58	1.55	1.51	1.47	29
1.82	1.77	1.72	1.67	1.64	1.61	1.57	1.54	1.50	1.46	30
1.76	1.71	1.66	1.61	1.57	1.54	1.51	1.47	1.42	1.38	40
1.71	1.66	1.60	1.54	1.51	1.48	1.44	1.40	1.35	1.29	60
1.65	1.60	1.55	1.48	1.45	1.41	1.37	1.32	1.26	1.19	120
1.60	1.55	1.49	1.42	1.38	1.34	1.30	1.24	1.17	1.00	∞

表 T7　F 分配之臨界值：$F_{\alpha}(v_1, v_2)$　$P(F \geq F_{\alpha}(v_1, v_2) = \int_{F_{\alpha}(v_1, v_2)}^{\infty} f(x; v_1, v_2)dx = \alpha$　（續）

				$v_1(d.f.)$		$\alpha = 0.05$			
$v_2(d.f.)$	1	2	3	4	5	6	7	8	9
1	161.45	199.50	215.71	224.58	230.16	233.99	236.77	238.88	240.54
2	18.51	19.00	19.16	19.25	19.30	19.33	19.35	19.37	19.38
3	10.13	9.55	9.28	9.12	9.01	8.94	8.89	8.85	8.81
4	7.71	6.94	6.59	6.39	6.26	6.16	6.09	6.04	6.00
5	6.61	5.79	5.41	5.19	5.05	4.95	4.88	4.82	4.77
6	5.99	5.14	4.76	4.53	4.39	4.28	4.21	4.15	4.10
7	5.59	4.74	4.35	4.12	3.97	3.87	3.79	3.73	3.68
8	5.32	4.46	4.07	3.84	3.69	3.58	3.50	3.44	3.39
9	5.12	4.26	3.86	3.63	3.48	3.37	3.29	3.23	3.18
10	4.96	4.10	3.71	3.48	3.33	3.22	3.14	3.07	3.02
11	4.84	3.98	3.59	3.36	3.20	3.09	3.01	2.95	2.90
12	4.75	3.89	3.49	3.26	3.11	3.00	2.91	2.85	2.80
13	4.67	3.81	3.41	3.18	3.03	2.92	2.83	2.77	2.71
14	4.60	3.74	3.34	3.11	2.96	2.85	2.76	2.70	2.65
15	4.54	3.68	3.29	3.06	2.90	2.79	2.71	2.64	2.59
16	4.49	3.63	3.24	3.01	2.85	2.74	2.66	2.59	2.54
17	4.45	3.59	3.20	2.96	2.81	2.70	2.61	2.55	2.49
18	4.41	3.55	3.16	2.93	2.77	2.66	2.58	2.51	2.46
19	4.38	3.52	3.13	2.90	2.74	2.63	2.54	2.48	2.42
20	4.35	3.49	3.10	2.87	2.71	2.60	2.51	2.45	2.39
21	4.32	3.47	3.07	2.84	2.68	2.57	2.49	2.42	2.37
22	4.30	3.44	3.05	2.82	2.66	2.55	2.46	2.40	2.34
23	4.28	3.42	3.03	2.80	2.64	2.53	2.44	2.37	2.32
24	4.26	3.40	3.01	2.78	2.62	2.51	2.42	2.36	2.30
25	4.24	3.39	2.99	2.76	2.60	2.49	2.40	2.34	2.28
26	4.23	3.37	2.98	2.74	2.59	2.47	2.39	2.32	2.27
27	4.21	3.35	2.96	2.73	2.57	2.46	2.37	2.31	2.25
28	4.20	3.34	2.95	2.71	2.56	2.45	2.36	2.29	2.24
29	4.18	3.33	2.93	2.70	2.55	2.43	2.35	2.28	2.22
30	4.17	3.32	2.92	2.69	2.53	2.42	2.33	2.27	2.21
40	4.08	3.23	2.84	2.61	2.45	2.34	2.25	2.18	2.12
60	4.00	3.15	2.76	2.53	2.37	2.25	2.17	2.10	2.04
120	3.92	3.07	2.68	2.45	2.29	2.18	2.09	2.02	1.96
∞	3.84	3.00	2.60	2.37	2.21	2.10	2.01	1.94	1.88

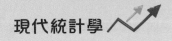
 表 T7　F 分配之臨界值：$F_\alpha(v_1, v_2)$　$P(F \geq F_\alpha(v_1, v_2)) = \int_{F_\alpha(v_1, v_2)}^{\infty} f(x; v_1, v_2)dx = \alpha$（續）

10	12	15	20	24	30	40	60	120	∞	$v_2(d.f.)$
			$v_1(d.f.)$		$\alpha = 0.05$					
241.88	243.90	245.95	248.02	249.05	250.10	251.14	252.20	253.25	254.32	1
19.40	19.41	19.43	19.45	19.45	19.46	19.47	19.48	19.49	19.50	2
8.79	8.74	8.70	8.66	8.64	8.62	8.59	8.57	8.55	8.53	3
5.96	5.91	5.86	5.80	5.77	5.75	5.72	5.69	5.66	5.63	4
4.74	4.68	4.62	4.56	4.53	4.50	4.46	4.43	4.40	4.37	5
4.06	4.00	3.94	3.87	3.84	3.81	3.77	3.74	3.70	3.67	6
3.64	3.57	3.51	3.44	3.41	3.38	3.34	3.30	3.27	3.23	7
3.35	3.28	3.22	3.15	3.12	3.08	3.04	3.01	2.97	2.93	8
3.14	3.07	3.01	2.94	2.90	2.86	2.83	2.79	2.75	2.71	9
2.98	2.91	2.85	2.77	2.74	2.70	2.66	2.62	2.58	2.54	10
2.85	2.79	2.72	2.65	2.61	2.57	2.53	2.49	2.45	2.40	11
2.75	2.69	2.62	2.54	2.51	2.47	2.43	2.38	2.34	2.30	12
2.67	2.60	2.53	2.46	2.42	2.38	2.34	2.30	2.25	2.21	13
2.60	2.53	2.46	2.39	2.35	2.31	2.27	2.22	2.18	2.13	14
2.54	2.48	2.40	2.33	2.29	2.25	2.20	2.16	2.11	2.07	15
2.49	2.42	2.35	2.28	2.24	2.19	2.15	2.11	2.06	2.01	16
2.45	2.38	2.31	2.23	2.19	2.15	2.10	2.06	2.01	1.96	17
2.41	2.34	2.27	2.19	2.15	2.11	2.06	2.02	1.97	1.92	18
2.38	2.31	2.23	2.16	2.11	2.07	2.03	1.98	1.93	1.88	19
2.35	2.28	2.20	2.12	2.08	2.04	1.99	1.95	1.90	1.84	20
2.32	2.25	2.18	2.10	2.05	2.01	1.96	1.92	1.87	1.81	21
2.30	2.23	2.15	2.07	2.03	1.98	1.94	1.89	1.84	1.78	22
2.27	2.20	2.13	2.05	2.01	1.96	1.91	1.86	1.81	1.76	23
2.25	2.18	2.11	2.03	1.98	1.94	1.89	1.84	1.79	1.73	24
2.24	2.16	2.09	2.01	1.96	1.92	1.87	1.82	1.77	1.71	25
2.22	2.15	2.07	1.99	1.95	1.90	1.85	1.80	1.75	1.69	26
2.20	2.13	2.06	1.97	1.93	1.88	1.84	1.79	1.73	1.67	27
2.19	2.12	2.04	1.96	1.91	1.87	1.82	1.77	1.71	1.65	28
2.18	2.10	2.03	1.94	1.90	1.85	1.81	1.75	1.70	1.64	29
2.16	2.09	2.01	1.93	1.89	1.84	1.79	1.74	1.68	1.62	30
2.08	2.00	1.92	1.84	1.79	1.74	1.69	1.64	1.58	1.51	40
1.99	1.92	1.84	1.75	1.70	1.65	1.59	1.53	1.47	1.39	60
1.91	1.83	1.75	1.66	1.61	1.55	1.50	1.43	1.35	1.25	120
1.83	1.75	1.67	1.57	1.52	1.46	1.39	1.32	1.22	1.00	∞

表 T7　F 分配之臨界值：$F_\alpha(v_1, v_2)$　$P(F \geq F_\alpha(v_1, v_2)) = \int_{F_\alpha(v_1,v_2)}^{\infty} f(x; v_1, v_2)dx = \alpha$　（續）

$v_2(d.f.)$	$v_1(d.f.)$　　$\alpha = 0.05$								
	1	2	3	4	5	6	7	8	9
1	647.79	799.48	864.15	899.60	921.83	937.11	948.20	956.64	963.28
2	38.51	39.00	39.17	39.25	39.30	39.33	39.36	39.37	39.39
3	17.44	16.04	15.44	15.10	14.88	14.73	14.62	14.54	14.47
4	12.22	10.65	9.98	9.60	9.36	9.20	9.07	8.98	8.90
5	10.01	8.43	7.76	7.39	7.15	6.98	6.85	6.76	6.68
6	8.81	7.26	6.60	6.23	5.99	5.82	5.70	5.60	5.52
7	8.07	6.54	5.89	5.52	5.29	5.12	4.99	4.90	4.82
8	7.57	6.06	5.42	5.05	4.82	4.65	4.53	4.43	4.36
9	7.21	5.71	5.08	4.72	4.48	4.32	4.20	4.10	4.03
10	6.94	5.46	4.83	4.47	4.24	4.07	3.95	3.85	3.78
11	6.72	5.26	4.63	4.28	4.04	3.88	3.76	3.66	3.59
12	6.55	5.10	4.47	4.12	3.89	3.73	3.61	3.51	3.44
13	6.41	4.97	4.35	4.00	3.77	3.60	3.48	3.39	3.31
14	6.30	4.86	4.24	3.89	3.66	3.50	3.38	3.29	3.21
15	6.20	4.77	4.15	3.80	3.58	3.41	3.29	3.20	3.12
16	6.12	4.69	4.08	3.73	3.50	3.34	3.22	3.12	3.05
17	6.04	4.62	4.01	3.66	3.44	3.28	3.16	3.06	2.98
18	5.98	4.56	3.95	3.61	3.38	3.22	3.10	3.01	2.93
19	5.92	4.51	3.90	3.56	3.33	3.17	3.05	2.96	2.88
20	5.87	4.46	3.86	3.51	3.29	3.13	3.01	2.91	2.84
21	5.83	4.42	3.82	3.48	3.25	3.09	2.97	2.87	2.80
22	5.79	4.38	3.78	3.44	3.22	3.05	2.93	2.84	2.76
23	5.75	4.35	3.75	3.41	3.18	3.02	2.90	2.81	2.73
24	5.72	4.32	3.72	3.38	3.15	2.99	2.87	2.78	2.70
25	5.69	4.29	3.69	3.35	3.13	2.97	2.85	2.75	2.68
26	5.66	4.27	3.67	3.33	3.10	2.94	2.82	2.73	2.65
27	5.63	4.24	3.65	3.31	3.08	2.92	2.80	2.71	2.63
28	5.61	4.22	3.63	3.29	3.06	2.90	2.78	2.69	2.61
29	5.59	4.20	3.61	3.27	3.04	2.88	2.76	2.67	2.59
30	5.57	4.18	3.59	3.25	3.03	2.87	2.75	2.65	2.57
40	5.42	4.05	3.46	3.13	2.90	2.74	2.62	2.53	2.45
60	5.29	3.93	3.34	3.01	2.79	2.63	2.51	2.41	2.33
120	5.15	3.80	3.23	2.89	2.67	2.52	2.39	2.30	2.22
∞	5.02	3.69	3.12	2.79	2.57	2.41	2.29	2.19	2.11

表 T7　F 分配之臨界值：$F_\alpha(v_1, v_2)$　　$P(F \geq F_\alpha(v_1, v_2)) = \int_{F_\alpha(v_1, v_2)}^{\infty} f(x; v_1, v_2)dx = \alpha$　（續）

			$v_1(d.f.)$		$\alpha = 0.025$					
10	12	15	20	24	30	40	60	120	∞	$v_2(d.f.)$
968.63	976.72	984.87	993.08	997.27	1001.40	1005.60	1009.79	1014.04	1018.26	1
39.40	39.41	39.43	39.45	39.46	39.46	39.47	39.48	39.49	39.50	2
14.42	14.34	14.25	14.17	14.12	14.08	14.04	13.99	13.95	13.90	3
8.84	8.75	8.66	8.56	8.51	8.46	8.41	8.36	8.31	8.26	4
6.62	6.52	6.43	6.33	6.28	6.23	6.18	6.12	6.07	6.02	5
5.46	5.37	5.27	5.17	5.12	5.07	5.01	4.96	4.90	4.85	6
4.76	4.67	4.57	4.47	4.41	4.36	4.31	4.25	4.20	4.14	7
4.30	4.20	4.10	4.00	3.95	3.89	3.84	3.78	3.73	3.67	8
3.96	3.87	3.77	3.67	3.61	3.56	3.51	3.45	3.39	3.33	9
3.72	3.62	3.52	3.42	3.37	3.31	3.26	3.20	3.14	3.08	10
3.53	3.43	3.33	3.23	3.17	3.12	3.06	3.00	2.94	2.88	11
3.37	3.28	3.18	3.07	3.02	2.96	2.91	2.85	2.79	2.72	12
3.25	3.15	3.05	2.95	2.89	2.84	2.78	2.72	2.66	2.60	13
3.15	3.05	2.95	2.84	2.79	2.73	2.67	2.61	2.55	2.49	14
3.06	2.96	2.86	2.76	2.70	2.64	2.59	2.52	2.46	2.40	15
2.99	2.89	2.79	2.68	2.63	2.57	2.51	2.45	2.38	2.32	16
2.92	2.82	2.72	2.62	2.56	2.50	2.44	2.38	2.32	2.25	17
2.87	2.77	2.67	2.56	2.50	2.44	2.38	2.32	2.26	2.19	18
2.82	2.72	2.62	2.51	2.45	2.39	2.33	2.27	2.20	2.13	19
2.77	2.68	2.57	2.46	2.41	2.35	2.29	2.22	2.16	2.09	20
2.73	2.64	2.53	2.42	2.37	2.31	2.25	2.18	2.11	2.04	21
2.70	2.60	2.50	2.39	2.33	2.27	2.21	2.14	2.08	2.00	22
2.67	2.57	2.47	2.36	2.30	2.24	2.18	2.11	2.04	1.97	23
2.64	2.54	2.44	2.33	2.27	2.21	2.15	2.08	2.01	1.94	24
2.61	2.51	2.41	2.30	2.24	2.18	2.12	2.05	1.98	1.91	25
2.59	2.49	2.39	2.28	2.22	2.16	2.09	2.03	1.95	1.88	26
5.27	2.47	2.36	2.25	2.19	2.13	2.07	2.00	1.93	1.85	27
2.55	2.45	2.34	2.23	2.17	2.11	2.05	1.98	1.91	1.83	28
2.53	2.43	2.32	2.21	2.15	2.09	2.03	1.96	1.89	1.81	29
2.51	2.41	2.31	2.20	2.14	2.07	2.01	1.94	1.87	1.79	30
2.39	2.29	2.18	2.07	2.01	1.94	1.88	1.80	1.72	1.64	40
2.27	2.17	2.06	1.94	1.88	1.82	1.74	1.67	1.58	1.48	60
2.16	2.05	1.94	1.82	1.76	1.69	1.61	1.53	1.43	1.31	120
2.05	1.94	1.83	1.71	1.64	1.57	1.48	1.39	1.27	1.00	∞

表 T8　威克生 (Wilcoxon) 符號等級檢定量機率

ONE-TAILED	TWO-TAILED	$n=5$	$n=6$	$n=7$	$n=8$	$n=9$	$n=10$	$n=11$	$n=12$
$\alpha=.05$	$\alpha=.10$	1	2	4	6	8	11	14	17
$\alpha=.025$	$\alpha=.05$		1	2	4	6	8	11	14
$\alpha=.01$	$\alpha=.02$			0	2	3	5	7	10
$\alpha=.005$	$\alpha=.01$				0	2	3	5	7
		$n=13$	$n=14$	$n=15$	$n=16$	$n=17$	$n=18$	$n=19$	$n=20$
$\alpha=.05$	$\alpha=.10$	21	26	30	36	41	47	54	60
$\alpha=.025$	$\alpha=.05$	17	21	25	30	35	40	46	52
$\alpha=.01$	$\alpha=.02$	13	16	20	24	28	33	38	43
$\alpha=.005$	$\alpha=.01$	10	13	16	19	23	28	32	37
		$n=21$	$n=22$	$n=23$	$n=24$	$n=25$	$n=26$	$n=27$	$n=28$
$\alpha=.05$	$\alpha=.10$	68	75	83	92	101	110	120	130
$\alpha=.025$	$\alpha=.05$	59	66	73	81	90	98	107	117
$\alpha=.01$	$\alpha=.02$	49	56	62	69	77	85	93	102
$\alpha=.005$	$\alpha=.01$	43	49	55	61	68	76	84	92
		$n=29$	$n=30$	$n=31$	$n=32$	$n=33$	$n=34$	$n=35$	$n=36$
$\alpha=.05$	$\alpha=.10$	141	152	163	175	188	201	214	228
$\alpha=.025$	$\alpha=.05$	127	137	148	159	171	183	195	208
$\alpha=.01$	$\alpha=.02$	111	120	130	141	151	162	174	186
$\alpha=.005$	$\alpha=.01$	100	109	118	128	138	149	160	171
		$n=37$	$n=38$	$n=39$	$n=40$	$n=41$	$n=42$	$n=43$	$n=44$
$\alpha=.05$	$\alpha=.10$	242	256	271	287	303	319	336	353
$\alpha=.025$	$\alpha=.05$	222	235	250	264	279	295	311	327
$\alpha=.01$	$\alpha=.02$	198	211	224	238	252	267	281	297
$\alpha=.005$	$\alpha=.01$	183	195	208	221	234	248	262	277
		$n=45$	$n=46$	$n=47$	$n=48$	$n=49$	$n=50$		
$\alpha=.05$	$\alpha=.10$	3714	389	408	427	446	466		
$\alpha=.025$	$\alpha=.05$	344	361	379	397	415	434		
$\alpha=.01$	$\alpha=.02$	313	329	345	362	380	398		
$\alpha=.005$	$\alpha=.01$	292	307	323	339	356	373		

表 T9　威克生 (Wilcoxon) 等級和檢定量機率

A. $\alpha = .025$ one-tailed; $\alpha = .05$ two-tailed

n_1	3		4		5		6		7		8		9		10	
n_2	W_L	W_U	W_L	W_U	W_L	W_U	W_L	W_U	W_L	W_U	W_L	W_U	W_L	W_U	W_L	W_U
3	5	16	6	18	6	21	7	23	7	26	8	28	8	31	9	33
4	6	18	11	25	12	28	12	32	13	35	14	38	15	41	16	44
5	6	21	12	28	18	37	19	41	20	45	21	49	22	53	24	56
6	7	23	12	32	19	41	26	52	28	56	29	61	31	65	32	70
7	7	26	13	35	20	45	28	56	37	68	39	73	41	78	43	83
8	8	28	14	38	21	49	29	61	39	73	49	87	51	93	54	98
9	8	31	15	41	22	53	31	65	41	78	51	93	63	108	66	114
10	9	33	16	44	24	56	32	70	43	83	54	98	66	114	79	131

B. $\alpha = .05$ one-tailed; $\alpha = .10$ two-tailed

n_1	3		4		5		6		7		8		9		10	
n_2	W_L	W_U	W_L	W_U	W_L	W_U	W_L	W_U	W_L	W_U	W_L	W_U	W_L	W_U	W_L	W_U
3	6	15	7	17	7	20	8	22	9	24	9	27	10	29	11	31
4	7	17	12	24	13	27	14	30	15	33	16	36	17	39	18	42
5	7	20	13	27	19	36	20	40	22	43	24	46	25	50	26	54
6	8	22	14	30	20	40	28	50	30	54	32	58	33	63	35	67
7	9	24	15	33	22	43	30	54	39	66	41	71	43	76	46	80
8	9	27	16	36	24	46	32	58	41	71	52	84	54	90	57	95
9	10	29	17	39	25	50	33	63	43	76	54	90	66	105	69	111
10	11	31	18	42	26	54	35	67	46	80	57	95	69	111	83	127

表 T10　科莫果夫－史邁諾夫 (Kolmogrov-Smirnov) 檢定量臨界值

	a						a				
n	.20	.10	.05	.02	.01	n	.20	.10	.05	.02	.01
1	.900	.950	.975	.900	.995	21	.226	.259	.287	.321	.344
2	.684	.776	.842	.900	.929	22	.221	.253	.281	.314	.337
3	.565	.636	.708	.785	.829	23	.216	.247	.275	.307	.330
4	.493	.565	.624	.689	.734	24	.212	.242	.269	.301	.323
5	.447	.509	.563	.627	.669	25	.208	.238	.264	.295	.317
6	.410	.468	.519	.577	.617	26	.204	.233	.259	.290	.311
7	.381	.436	.483	.538	.576	27	.200	.229	.254	.284	.305
8	.358	.410	.454	.507	.542	28	.197	.225	.250	.279	.300
9	.339	.387	.430	.480	.513	29	.193	.221	.246	.275	.295
10	.323	.369	.409	.457	.489	30	.190	.218	.242	.270	.290
11	.308	.352	.391	.437	.468	31	.187	.214	.238	.266	.285
12	.296	.338	.375	.419	.449	32	.184	.211	.234	.262	.281
13	.285	.325	.361	.404	.432	33	.182	.208	.231	.258	.277
14	.275	.314	.349	.390	.418	34	.179	.205	.227	.254	.273
15	.266	.304	.338	.377	.404	35	.177	.202	.224	.251	.269
16	.258	.295	.327	.366	.392	36	.174	.199	.221	.247	.265
17	.250	.286	.318	.355	.381	37	.172	.196	.218	.244	.262
18	.244	.279	.309	.346	.371	38	.170	.194	.215	.241	.258
19	.237	.271	.301	.337	.361	39	.168	.191	.213	.238	.255
20	.232	.265	.294	.329	.352	40	.165	.189	.210	.235	.252
						Over 40	$\dfrac{1.07}{\sqrt{n}}$	$\dfrac{1.22}{\sqrt{n}}$	$\dfrac{1.36}{\sqrt{n}}$	$\dfrac{1.52}{\sqrt{n}}$	$\dfrac{1.63}{\sqrt{n}}$

表 T11　連串檢定量機率

(n_1, n_2)	2	3	4	5	6	7	8	9	10	11	12	13	14	15	16	17
								a								
(2,3)	.200	.500	.900	1.000												
(2,4)	.133	.400	.800	1.000												
(2,5)	.095	.333	.714	1.000												
(2,6)	.071	.286	.643	1.000												
(2,7)	.056	.250	.583	1.000												
(2,8)	.044	.222	.533	1.000												
(2,9)	.036	.200	.491	1.000												
(2,10)	.030	.182	.455	1.000												
(3,3)	.100	.300	.700	.900	1.000											
(3,4)	.057	.200	.543	.800	.971	1.000										
(3,5)	.036	.143	.429	.714	.929	1.000										
(3,6)	.024	.107	.345	.643	.881	1.000										
(3,7)	.017	.083	.283	.583	.833	1.000										
(3,8)	.012	.067	.236	.533	.788	1.000										
(3,9)	.009	.055	.200	.491	.745	1.000										
(3,10)	.007	.045	.171	0455	.706	1.000										
(4,4)	.029	.114	.371	.629	.886	.971	1.000	1.000								
(4,5)	.016	.071	.262	.500	.786	.929	.992	1.000								
(4,6)	.010	.048	.190	.405	.690	.881	.976	1.000								
(4,7)	.006	.033	.142	.333	.606	.833	.954	1.000								
(4,8)	.004	.024	.109	.279	.533	.788	.929	1.000								
(4,9)	.003	.018	.085	.236	.471	.745	.902	1.000								
(4,10)	.002	.014	.068	.203	.419	.706	.874	1.000								
(5,5)	.008	.040	.167	.357	.643	.833	.960	.992	1.000							
(5,6)	.004	.024	.110	.262	.522	.738	.911	.976	.998	1.000						
(5,7)	.003	.015	.076	.197	.424	.652	.854	.955	.992	1.000						
(5,8)	.002	.010	.054	.152	.347	.576	.793	.929	.984	1.000						
(5,9)	.001	.007	.039	.119	.287	.510	.734	.902	.972	1.000						
(5,10)	.001	.005	.029	.095	.239	.455	.678	.874	.958	1.000						
(6,6)	.002	.013	.067	.175	.392	.608	.825	.933	.987	.998	1.000					
(6,7)	.001	.008	.043	.121	.296	.500	.733	.879	.966	.992	.999	1.000				

表 T11　連串檢定量機率（續）

(n_1, n_2)	2	3	4	5	6	7	8	9	10	11	12	13	14	15	16	17
													a			
(6,8)	.001	.005	.028	.086	.226	.413	.646	.821	.937	.984	.998	1.000				
(6,9)	.000	.003	.019	.063	.175	.343	.566	.762	.902	.972	.994	1.000				
(6,10)	.000	.002	.013	.047	.137	.288	.497	.706	.864	.958	.990	1.000				
(7,7)	.000	.004	.025	.078	.209	.383	.617	.791	.922	.975	.996	.999	1.000			
(7,8)	.000	.002	.015	.051	.149	.296	.514	.704	.867	.949	.988	.998	1.000	1.000		
(7,9)	.000	.001	.010	.035	.108	.231	.427	.622	.806	.916	.975	.994	.999	1.000		
(7,10)	.000	.001	.006	.024	.080	.182	.355	.549	.743	.879	.957	.990	.998	1.000		
(8,8)	.000	.001	.009	.032	.100	.214	.405	.595	.786	.900	.968	.991	.999	1.000	1.000	
(8,9)	.000	.001	.005	.020	.069	.157	.319	.500	.702	.843	.939	.980	.996	.999	1.000	1.000
(8,10)	.000	.000	.003	.013	.048	.117	.251	.419	.621	.782	.903	.964	.990	.998	1.000	1.000
(9,9)	.000	.000	.003	.012	.044	.109	.238	.399	.601	.762	.891	.956	.988	.997	1.000	1.000
(9,10)	.000	.000	.002	.008	.029	.077	.179	.319	.510	.681	.834	.923	.974	.992	.999	1.000
(10,10)	.000	.000	.001	.004	.019	.051	.128	.242	.414	.586	.758	.872	.949	.981	.996	.999

表 T12　史比爾曼 (Spearman) 等級相關係數臨界值

n	$\alpha = .05$	$\alpha = .025$	$\alpha = .01$	$\alpha = .005$
5	.900	—	—	—
6	.829	.886	.943	—
7	.714	.786	.893	—
8	.643	.738	.833	.881
9	.600	.683	.783	.833
10	.564	.648	.745	.794
11	.523	.623	.736	.818
12	.497	.591	.703	.780
13	.475	.566	.673	.745
14	.457	.545	.646	.716
15	.441	.525	.623	.689
16	.425	.507	.601	.666
17	.412	.490	.582	.645
18	.399	.476	.564	.625
19	.388	.462	.549	.608
20	.377	.450	.534	.591
21	.368	.438	.521	.576
22	.359	.428	.508	.562
23	.351	.418	.496	.549
24	.343	.409	.485	.537
25	.336	.400	.475	.526
26	.329	.392	.465	.515
27	.323	.385	.456	.505
28	.317	.377	.448	.496
29	.311	.370	.440	.487
30	.305	.364	.432	.478

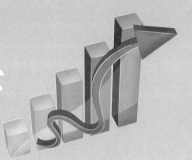

Appendix B 習題參考解答

第 1 章　導論

1.1　(b)。

1.2　(c)。

1.3　(a), (c)。

1.4　參閱本章。

1.5　參閱本章。

1.6　(b), (c)。

第 2 章　統計分析與統計量描述

2.1　(e)。

2.2　(c)。

2.3　次數分配表

分組	6-15	16-25	26-35	35-45
次數	7	4	9	5
頻率（＝次數／總數）	0.28	0.16	0.36	0.2

2.4　參閱本章內容敘述。

2.5　參閱本章內容敘述。

2.6　算術平均數＝7.67、中位數＝7、變異數＝8.67。

2.7　分組算術平均數為 68.17。

2.8　(a) 算術平均數＝2.86 (b) 中位數＝24 (c) 截尾平均數＝26 (d) $Q_1 = 18$, $Q_2 = 24, Q_3 = 38$。

2.9 (a) 全距 = 4.1 (b) $Q_1 = 158.4, Q_2 = 158.85, Q_3 = 159.1, Q_3 - Q_1 = 0.7$ (c) 算術平均數 = 158.68 (d) 變異數 = 0.651。

2.10 A 股票較穩定。

2.11 依照表的資料，鍵入視窗 2000 的 Excel 試算表，順其指令進入即可得。

第 3 章　機率世界

3.1 (b)。

3.2 (c)。

3.3 (b)。

3.4 (c)。

3.5 (d)。

3.6 如果 A, B 為獨立事件，因為 $A = (A \cap B) \cup (A \cap B^c)$ 且 $A \cap B$ 和 $A \cap B^c$ 為互斥事件，則 $P(A) = P(A \cap B) + P(A \cap B^c) = P(A)P(B) + P(A \cap B^c)$，移項整理後 $P(A)(1 - P(B)) = P(A)P(B^c) = P(A \cap B^c)$ 故得證。

3.7 0.0245。

3.8 此零件來自臺南供應商之機率為 1/3。

3.9 (a) P（購買延長保證|原價）= 0.21/(0.21 + 0.57) = 0.2692 (b) 0.21 + 0.14 = 0.35 (c) 兩者事件是不獨立。

3.10 (a) $P(X \leq 2) = 2/3$ (b) $E(X) = 13/6$ (c) $Var(X) = 17/36$。

3.11 (a) 0.09 (b) $E(X) = 2/3$ (c) $Var(X) = 1/18$。

3.12 檢查 $f_x(x)f_y(y) = f(x, y)$，即可發現 X 和 Y 為獨立。

3.13 $E(X) = E(Y) = 2/3, Var(X) = Var(Y) = 2/9, Cov(X, Y) = -1/9$, $\rho = -1/2$。

3.14 $P(X \geq 100) \leq 0.75, P(50 < X < 100) > 0.96$。

第 4 章　常用的機率與統計分配

4.1 (a) $P(X = 2) = 0.1536$ (b) $P(X \geq 2) = 0.1808$ (c) $P(X \leq 2) = 0.9728$ (d) $E(X) = np = 0.8$ (e) $Var(X) = npq = 0.64$。

4.2 (a) $P(X \geq 1) = 0.353$ (b) $E(X) = 0.405, Var(X) = 0.35$。

4.3 (a) $P(X = 8) = \dfrac{e^{-8}8^8}{8!} = 0.1395$ (b) $P(X \leq 2) = \dfrac{e^{-8}8^0}{0!} + \dfrac{e^{-8}8^1}{1!} + \dfrac{e^{-8}8^2}{2!}$。

4.4 (a) $P(X \geq 3) = 1 - P(x = 0,1,2) = 1 - (\dfrac{e^{-1.2}1.2^0}{0!} + \dfrac{e^{-1.2}1.2^1}{1!} + \dfrac{e^{-1.2}1.2^2}{2!})$

　　　(b) $P(X = 0) = \dfrac{e^{-1.2}1.2^0}{0!}$。

4.5 (a) $P(X = 0) = \binom{3}{0}\binom{7}{5} \Big/ \binom{10}{5}$ (b) $P(X \leq 2) = 1 - \binom{3}{3}\binom{7}{2} \Big/ \binom{10}{5}$。

4.6 (a) $f(x) = \dfrac{1}{15},\ 10 < x < 25,\ E(X) = 35/2,\ Var(X) = 15^2/12$。

　　　(b) $P(X \leq 12) = \int_{10}^{12} \dfrac{1}{15} dx = 2/15$。

4.7 $P(X < \mu) = 1/2$。

4.8 $P(475 < X < 500) = 0.4938$。

4.9 (a) $P(X > 250) = 0.1056$。

　　　(b) $P(200 < X < 250) = 0.3944$。

4.10 (a) $P(425 < X < 525) = 0.7361$ (b) $500 \cdot P(X > 540) = 3$。

4.11 (a) $E(X) = p,\ Var(X) = p(1-p)$ (b) $E(X) = \mu,\ Var(X) = \mu$

　　　(c) $E(X) = \lambda,\ Var(X) = \lambda^2$。

4.12 (a) $\chi^2_{0.01}(12) = 26.21$ (b) $\chi^2_{0.05}(6) = 12.59$ (c) $t_{0.01}(10) = 2.76$

　　　(d) $t_{0.05}(5) = 2.01$ (e) $F_{0.1}(7,15) = 2.13$ (f) $F_{0.05}(15,6) = 3.94$。

4.13 $E(X) = 6.1,\ Var(X) = 0.86$。

4.14 $P(50 < Y < 75) \approx 0.5$。

第5章　抽樣方法與抽樣分配

5.1 參見本章。

5.2 參見本章。

5.3 (a) $\overline{X}_{100} \sim N(30, 2^2)$ (b) $P(\hat{p} < 32) = 0.8413$。

5.4 (a) $\hat{p} \to N(0.4,\ 0.0024)$ (b) 0.8461。

5.5 (a) $\hat{p} \rightarrow N(0.55, 0.00124)$。

(b) $P(\hat{p} > 0.56) = 0.3859$。

5.6 (a) $\overline{X} \sim N(30, 0.0025)$ (b) 0.0062。

5.7 (a) $\overline{X}_1 - \overline{X}_2 \sim N(32, 5)$ (b) $P(\overline{X}_1 - \overline{X}_2 > 35) = 0.0901$。

5.8 (a) $\overline{X}_1 - \overline{X}_2 \rightarrow N(14, 1.1)$ (b) 0.0281。

5.9 (a) $N(\mu, \sigma^2/n)$ (b) $N(0,1)$ (c) $\chi^2(n-1)$ (d) $t(n-1)$。

5.10 $P(\overline{X}_{26} > 2.2) = 0.025$。

5.11 $P(S^2 > 180) = 0.025$。

5.12 $F(n_1-1, n_2-1)$。

5.13 (a) $E(\hat{p}) = p = 0.65$, $Var(\hat{p}) = \dfrac{p(1-p)}{n} = \dfrac{0.65*0.35}{300} = 0.000758$。

(b) 參加票選的網友 $P(0.6 < \hat{p} < 0.7) \approx 0.9312$。

5.14 (a) $E(\overline{X}_A - \overline{X}_B) = 200$。

(b) $Var(\overline{X}_A - \overline{X}_B) = 1000$。

(c) $P(\overline{X}_A - \overline{X}_B > 250) \approx 0.0571$。

5.15 $P(S_A^2 / S_B^2 > 2.7) = P(\dfrac{S_A^2 / \sigma_A^2}{S_B^2 / \sigma_B^2} > 2.7) = P(F(12,12) > 2.7) = 0.05$。

第 6 章　統計估計

6.1 參見本章內容敘述。

6.2 參見本章內容敘述。

6.3 μ 最大概似法估計值為 = 8.42。

6.4 (a) 皆是 (b) $\hat{\theta}_4$ 為最小變異數者。

6.5 這批紅蟳平均重量 μ 的 90% 信賴區間為 9.25 ± 1.16。

6.6 注射快樂丸藥劑後的小白鼠活力測驗平均值 μ 的 95% 信賴區間為 15.1 ± 1.28。

6.7 每位員工花費在塞車上的平均時間 μ 之 95% 信賴區間為 36.5 ± 5.29。

6.8 重大科學突破時科學家平均年齡 μ 的 95% 信賴區間為 35.92 ± 4.88。

6.9 $\mu_1 - \mu_2$ 之 95% 信賴區間為 1.03 ± 1.77。

6.10 此二種電腦 CPU 平均時間差 $\mu_1 - \mu_2$ 的 95% 信賴區間為 1.88 ± 12.83。

6.11 每次釋出蘆薈露量變異數 σ^2 之 95% 信賴區間為 $(0.68, 4.8)$。

6.12 自然組考生數學成績變異數 σ^2 的 95% 信賴區間為 $(218, 530)$。

6.13 兩城市居民年所得變異數比 σ_1^2/σ_2^2 之 90% 信賴區間為 $(0.89, 2.78)$。

6.14 此批禮品中瑕疵品比例 p 的 95% 信賴區間為 0.125 ± 0.115。

6.15 職棒與職籃兩場比賽女性觀眾的比例差 $p_1 - p_2$ 之 95% 信賴區間為 0.195 ± 0.063。

6.16 我們估計 $\sigma \approx$ 樣本全距 $/4 = 8/4 = 2$。$n \geq (\dfrac{2Z_{\alpha/2}\sigma}{l})^2 = (\dfrac{2 \cdot 1.96 \cdot 2}{1})^2 = 61.5$

因此該研發部經理應至少抽取 62 個樣本才能合乎要求。

6.17 需要採集 76 個樣本才能合乎要求。

6.18 該基金會應至少抽取 356 個樣本才能合乎要求。

第 7 章 統計檢定

7.1 參見本章內容敘述。

7.2 參見本章內容敘述。

7.3 參見本章內容敘述。

7.4 統計假設：事先假設 $H_0 : \delta \leq 0.06$，對立假設 $H_1 : \delta > 0.06$。

7.5 令 μ 為標準拔河繩子的平均抗張力強度

(1) 首先建立統計假設 $\begin{cases} H_0 : \mu \geq 10000 \\ H_1 : \mu < 10000 \end{cases}$。

(2) 樣本來自常態分配母體，且已知 $\sigma = 600$，故採用 Z 檢定。

(3) 應用左尾檢定，在顯著水準 $\alpha = 0.05$ 下，檢定量臨界值 $-Z_{0.05} = -1.64$。

(4) 樣本統計量值為 $Z = \dfrac{\bar{X} - 10000}{\sigma/\sqrt{n}} = \dfrac{-150}{120} = -1.25 > -1.64$。所以接

受事先假設 H_0，表示此批拔河繩子的抗張力強度合乎標準。

7.6 接受 $H_0 : \mu \geq 330$，相信製造的電池可使用超過 330 個小時。

7.7 接受 $H_0 : \mu = 3$，經過魔鬼訓練營訓練出來的員工，組裝一個小丸子

布娃娃的平均時間為 3 分鐘。

7.8 接受 $H_0 : \mu_1 = \mu_2$，表示住鄉下且 65 歲以上人（以臺東知本為代表）與住在都市（以臺北萬華為代表）平均壽命一樣。

7.9 接受 $H_0 : \mu_1 = \mu_2$，大學生與二專學生的用功程度一樣。

7.10 接受 $H_0 : \sigma^2 \geq 64$，三民國中有落實常態分班政策。

7.11 接受 $H_0 : \sigma_1^2 \leq \sigma_2^2$，治安好的地區其居民年所得變異比治安差的地區居民年所得的變異小。

7.12 拒絕 $H_0 : p \geq 0.4$，該廣告確有誇大其詞。

7.13 拒絕 $H_0 : p_1 = p_2$，2003 及 2008 年兩次加拿大西岸地區民眾認為亞裔移民會影響到當地生活品質的比率並不一致。

第 8 章　變異數分析

8.1 (a) 因子為汽車零件，因子水準有三項：輪胎、煞車、排氣管，因變量為每月的營業額；(b) 因子為職業種類，因子水準有三項：大學教授、電腦工程師、房地產仲介業者，因變量為年收入；(c) 因子為溫度，因子水準有三項：0℃、25℃、50℃，因變量為木材抗壓能力。

8.2 (a) $n_T = 15$, $n_1 = 5$, $Y_{32} = 70$, $\overline{Y}_2 = (90 + 79 + 88 + 87 + 96)/5 = 88$, $\overline{Y} = 81$。

(b) 變異數分析表

變異來源	平方和 SS	自由度 df	均方和 MS	F
因子 （組間）	$SST = 930$	$k - 1 = 2$	$MST = \dfrac{SST}{k-1} = 465$	$\dfrac{MST}{MSE} = 12.13$
隨機 （組內）	$SSE = 460$	$n - k = 12$	$MSE = \dfrac{SSE}{n-k} = 38.3$	
總和	$SS = 1390$	$n - 1 = 14$		

(c) 統計假設為 H_0：不同的教學方式不影響學習成果。

H_1：不同的教學方式對學習成果會造成影響。

因為 $F(= 12.13) > F_{0.05}(2, 12)(= 3.89)$，所以我們拒絕 H_0。

8.3 (a) $n_T = 24$, $n_3 = 6$, $Y_{24} = 4.5$, $\overline{Y}_3 = 5.6$, $\overline{Y} = 4.9$。

(b) 變異數分析表

變異來源	平方和 SS	自由度 df	均方和 MS	F
因子（組間）	$SST = 5.88$	$k-1=3$	$MST = \dfrac{SST}{k-1} = 1.96$	$\dfrac{MST}{MSE} = 12.98$
隨機（組內）	$SSE = 3.02$	$n-k=20$	$MSE = \dfrac{SSE}{n-k} = 0.15$	
總和	$SS = 8.90$	$n-1=23$		

(c) 統計假設為 H_0：四家工廠所製造的收音機品質一樣；

　　　　　　H_1：四家工廠所製造的收音機品質不一樣。

因為 $F(=12.98) > F_{0.05}(3,20)(=3.10)$，所以拒絕 H_0。

8.4　(a) $\overline{Y}_1 = 395.8,\ \overline{Y}_2 = 393.0,\ \overline{Y}_3 = 394.8$。

　　　(b) 變異數分析表

變異來源	平方和 SS	自由度 df	均方和 MS	F
因子（組間）	$SST = 29.4$	$k-1=2$	$MST = \dfrac{SST}{k-1} = 14.7$	$\dfrac{MST}{MSE} = 0.28$
隨機（組內）	$SSE = 959.7$	$n-k=18$	$MSE = \dfrac{SSE}{n-k} = 53.3$	
總和	$SS = 989.1$	$n-1=20$		

(c) 統計假設為 H_0：不同的乳酪含量不影響到蛋糕的體積；

　　　　　　H_1：不同的乳酪含量會影響到蛋糕的體積。

因為 $F(=0.8) > F_{0.05}(2,18)(=3.55)$，所以接受 H_0。

8.5　(a) 因子為三種環保汽油，集區為 4 輛不同廠牌之新車。

　　　(b) 變異數分析表

變異來源	平方和	自由度	均方和	F
因子水準	76.85	3	25.62	9.11
集區	5.37	4		
隨機誤差	33.72	12	2.81	
總和	115.93	19		

(c) 檢定統計量 $F = 9.11 > 3.49 = F_{0.05}(3,12)$，因此我們拒絕 H_0。

8.6 (a) 因子為電鍋的廠牌，集區為販賣電鍋的商店。

(b) 變異數分析表

變異來源	平方和	自由度	均方和	F
因子水準	2570056	2	1285028	7.33
集區	2407748	5		
隨機誤差	1752542	10	175254	
總和	6730345	17		

(c) 統計假設為 H_0：不同牌子的電鍋對銷售量無影響；

H_1：不同牌子的電鍋對銷售量有影響。

因為 $F(=7.33) > F_{0.05}(2,10)(=4.10)$，所以拒絕 H_0。

8.7 (a) 變異數分析表

變異來源	平方和	自由度	均方和	F
因子水準	76.85	3	25.62	9.11
集區	5.37	4		
隨機誤差	33.72	12	2.81	
總和	115.93	19		

(b) 檢定統計量 $F = 9.11 > 3.49 = F_{0.05}(3,12)$，因此我們拒絕 H_0。

8.8 (a) 變異數分析表

變異來源	平方和	自由度	均方和	F
販賣場所	168	1	168	
包裝方式	552	2	276	
交互作用	5889	2	2944	$F=12.06$
隨機誤差	5850	24	244	
總和	12459	29		

(b) $F(=12.06) > F_{0.05}(2,24)(=3.40)$，所以我們拒絕 H_0。

8.9 (a) 從表中的資料可知，$k = 2, c = 2, n = 4$

$$\sum_{i=1}^{k}\sum_{j=1}^{c}\sum_{k=1}^{n}Y_{ijk}^{~2} = 6^2 + 10^2 + \ldots + 17^2 = 3035,$$

$$\sum_{i=1}^{k}\frac{Y_{i..}^{~2}}{cn} = \frac{79^2 + 132^2}{2\times 4} = 2958.13,$$

$$\sum_{j=1}^{c}\frac{Y_{.j.}^{~2}}{kn} = \frac{99^2 + 112^2}{2\times 4} = 2793.13,$$

$$\sum_{i=1}^{k}\sum_{j=1}^{c}\frac{Y_{ij.}^{~2}}{n} = \frac{36^2 + 43^2 + 63^2 + 69^2}{4} = 2968.75,$$

$$\frac{Y_{...}^{~2}}{kcn} = \frac{211^2}{2\times 2\times 4} = 2782.56,$$

$$SS = \sum_{i=1}^{k}\sum_{j=1}^{c}\sum_{k=1}^{n}Y_{ijk}^{~2} - \frac{Y_{...}}{kcn} = 3035 - 2782.56 = 252.44.$$

$$SSA = \sum_{i=1}^{k}\frac{Y_{i..}^{~2}}{cn} - \frac{Y_{...}}{kcn} = 2958.13 - 2782.56 = 175.56.$$

$$SSB = \sum_{j=1}^{c}\frac{Y_{.j.}^{~2}}{kn} - \frac{Y_{...}}{kcn} = 2793.13 - 2782.56 = 10.57.$$

$$SSAB = \sum_{i=1}^{k}\sum_{j=1}^{c}\frac{Y_{ij.}^{~2}}{n} - \sum_{i=1}^{k}\frac{Y_{i..}^{~2}}{cn} - \sum_{j=1}^{c}\frac{Y_{.j.}^{~2}}{kn} + \frac{Y_{...}}{kcn}$$
$$= 2968.75 - 2958.13 - 2793.13 + 2782.56 = 0.05.$$

$$SSE = \sum_{i=1}^{k}\sum_{j=1}^{c}\sum_{k=1}^{n}Y_{ijk}^{~2} - \sum_{i=1}^{k}\sum_{j=1}^{c}\frac{Y_{ij.}^{~2}}{n} = 3035 - 2968.75 = 66.25.$$

$$MSA = \frac{SSA}{k-1} = \frac{175.56}{1} = 175.56.$$

$$MSB = \frac{SSB}{c-1} = \frac{10.57}{1} = 10.57.$$

$$MSAB = \frac{SSAB}{(k-1)(c-1)} = \frac{0.05}{1} = 0.05.$$

$$MSE = \frac{SSE}{kc(n-1)} = \frac{66.25}{12} = 5.52.$$

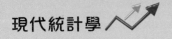

變異數分析表

變異來源	平方和 SS	自由度 df	均方和 MS	F
播放方式 A 因子	$SSA = 175.56$	$k-1 = 1$	$MSA = \dfrac{SSA}{k-1} = 175.56$	$F = \dfrac{MSA}{MSE} = 31.8$
播放次數 B 因子	$SSB = 10.57$	$c-1 = 1$	$MSB = \dfrac{SSB}{c-1} = 10.56$	$F = \dfrac{MSB}{MSE} = 1.91$
交互作用	$SSAB = 0.05$	$(k-1)(c-1)$ $= 1$	$MSAB = \dfrac{SSAB}{(k-1)(c-1)}$ $= 0.05$	$F = \dfrac{MSAB}{MSE} = 0.009$
隨機誤差	$SSE = 66.25$	$kc(n-1)12$	$MSE = \dfrac{SSE}{kc(n-1)} = 5.52$	
總和	$SS = 252.44$	$kcn-1 = 15$		

(b) $F(= 0.009) < F_{0.05}(1, 12)(= 4.75)$，所以接受 H_0，我們認為交互作用不存在；

(c) $F(= 31.8) > F_{0.05}(1, 12)(= 4.75)$，所以拒絕 H_0，我們認為宣傳媒體會影響消費者對廣告的印象；

(d) $F(= 1.91) < F_{0.05}(1, 12)(= 4.75)$，所以接受 H_0，我們認為廣告的播放次數並不會影響消費者對廣告的印象。

第 9 章　相關分析與迴歸模式

9.1 (a) 年資為自變數，月薪為因變數。

(b) 令 c1 = 年資、c2 = 月薪，MINITAB 繪散佈圖指令為：MTB > plot c1*c2。

(c) 由散佈圖看出，年資和月薪之間應是呈現直線迴歸的關係。

9.2 (a) 略。

(b) 根據散佈圖，我們認為保養費和產能之間是呈現曲線迴歸的關係。

9.3 (a) 略。

(b) 根據散佈圖，我們認為妻子和丈夫的年齡之間是呈現無迴歸的型式；也就是說，妻子和丈夫的年齡沒有關係存在。

9.4 (a) $P(-5 < \varepsilon_i < 5) = 0.7888$ (b) $Y_i = -1.805$ (c) $E(Y_i) = 1.8$

(d) $Y_i \sim N(1.8, 16)$, $P(Y_i > 1) = P(Z > -0.2) = 0.5832$。

9.5 (a) $E(Y) = 472$ 萬噸。

(b) $Y = 595$ 萬噸。

9.6 (a) 可使用 Excel 來繪製散佈圖。

(b) $\hat{Y} = 72.8 - 1.772X$。

(c) $b_1 = -1.772$，表示汽車重量每增加 1000 磅，車程則減少 1.772 公里。

(d) $\hat{Y} = 72.8 - 1.772X = 72.8 - 1.772 \times 19 = 39.12$ 公里。

(e) 變異數分析表

變異來源	平方和 SS	自由度 df	均方和 MS	F
迴歸	134.72	1	134.72	$F^* = 31.97$
誤差	25.28	6	4.21	
總和	160.0	7		

(f) $r^2 = 84.2\%$。

(g) $\hat{\sigma}^2 = 4.21$。

(h) $F = 76.55 > F_{0.05}(1, 8) = 5.32$ 故拒絕 H_0，表示汽車的重量是會影響到車程。

9.7 (a) 可使用 Excel 來繪製散佈圖。

(b) $\hat{Y} = 0.905 + 0.639X$。

(c) $b_1 = 0.639$，代表每多播放一次廣告，可增加 0.639 單位的銷售量。

(d) 變異數分析表

變異來源	平方和 SS	自由度 df	均方和 MS	F
迴歸	8.153	1	8.153	$F^* = 76.55$
誤差	0.852	8	0.106	
總和	9.005	9		

(e) $r^2 = 90.5\%$。

(f) $\hat{\sigma}^2 = 0.106$。

(g) 拒絕 H_0，這代表廣告的播放次數是會影響到產品的銷售量。

9.8 (a) 可使用 Excel 來繪製散佈圖。

(b) $\hat{Y} = 1.048 + 1.697X$。

(c) $b_1 = 1.697$，焚化爐每多使用一個月，則整修成本會增加 16.97 萬。

(d) $\hat{Y} = 4.44$ (十萬)。

(e) 變異數分析表

變異來源	平方和 SS	自由度 df	均方和 MS	F
迴歸	6.857	1	6.857	$F^* = 127.08$
誤差	0.377	7	0.054	
總和	7.235	8		

(f) $r^2 = 94.8\%$。

(g) $\hat{\sigma}^2 = 0.54$。

(h) β_1 之信賴區間：$[1.19, 2.20]$。

(i) $F^*(=127.08) > F_{0.01}(1,7)(=12.25)$，所以我們拒絕 H_0。

9.9 (a) $E(Y_i) = 2 - 3X_{i2}$。

(b) $Y_i \sim N(-5, 1)$。

9.10 (a) $\hat{Y} = -44.81 + 87.65X_1 + 14.53X_1$。

(b) $\hat{Y} = 581.36$。

(c) 變異數分析表

變異來源	平方和 SS	自由度 df	均方和 MS	F
迴歸	18027.5	2	9013.7	$F^* = 45.93$
誤差	392.5	2	196.3	
總和	18420	4		

(d) $r^2 = 97.9\%$。

(e) $\hat{\sigma}^2 = 196.3$。

(f) 拒絕 H_0，這代表用功的時數和學生的年齡其中至少有一項因素是

會影響學期總成績。

第 10 章　無母數統計檢定

10.1 參見本章。

10.2 統計假設為

H_0：消費者對 A 品牌洗髮精喜好與 B 品牌洗髮精一致

H_1：消費者對 A 品牌洗髮精喜好與 B 品牌洗髮精不同。

由題意知道喜好 B 品牌總數 $T = 15$, $n = 22 - 2 = 20$。用雙尾檢定，

由附表 T2 查得到 $P(T \geq 15) = 1 - B(20; 15, 0.5) =$

$1 - \sum_{i=0}^{14} \binom{20}{i} (0.5)^i (0.5)^{20-i} = 1 - 0.9793 = 0.0207 < \alpha = 0.025$。故拒絕 H_0，

即消費者對 A 品牌洗髮精喜好與 B 品牌洗髮精不同。

10.3 (a) 用符號檢定法，接受 H_0

(b) 威克生符號等級檢定方法，負號總和 $T^- = 7$。在統計假設 H_0 下，

$T_{0.05} = 11 > T^- = 7$。故我們拒絕 H_0，即臺灣田鼠群居時之心跳數較

快。

10.4 在 $\alpha = 0.05$ 下，我們接受 H_0，即雄雌鳥撲擊假鷹的次數無差異。

10.5 接受 H_0，即奶粉添加特量維他命對增加幼兒智商無影響。。

10.6 接受 H_0，即催眠治療對自閉症孩童之病情沒有影響。

10.7 拒絕 H_0，即新審計方法比舊的方法好。

10.8 拒絕 H_0，傳統教學與建構數學之成績變異（離散）度無差異

10.9 接受 H_0，即隊員的短跑速度服從常態分配 $N(10, 1)$。

10.10 拒絕 H_0，即男女學生的數學測驗能力的機率分配不同。

10.11 拒絕 H_0，即至少有一種廣告對銷售額增加與其他種不同。

10.12 接受 H_0，即臺灣國民小學教師的薪資與韓國、香港相同。

10.13 拒絕 H_0，即此樣本不為隨機出現。

10.14 接受 H_0，即認為男女乘客進入捷運站為隨機出現。

10.15 拒絕 H_0，即認為數學成績與理化成績二者具有正相關。

10.16 拒絕 H_0，即廣告費支出與營業額具有正相關。

10.17 應用單尾檢定，在顯著水準 $\alpha = 0.05$ 下，我們拒絕 H_0；即認為老師評審與 IQ 等級具有正相關。

10.18 統計假設為

H_0：美國總統首次就職的年齡與過逝年齡無關聯。

H_1：美國總統首次就職的年齡與過逝年齡無關聯有關。

將就職的年齡與過逝年齡排序如下

名稱	Washington	J.Adams	Jefferson	Madison	Monroe	J.Q.Adams	Jackson	VanBuren	Harrison	Tyler
就職	25.5	30.5	25.5	25.5	28	25.5	30.5	15.5	36	6.5
過世	18.0	35.5	32.0	33.0	24	30.0	27.5	29.0	20	3.0

名稱	Polk	Taylor	Fillmore	Pierce	Buchanan	Lincoln	AJohnson	Grant	Hayes	Garfield
就職	33.5	33.5	8.5	5	35	13.0	22.5	3.0	15.5	6.5
過世	14.0	14.0	25.0	12	26	4.5	16.0	10.5	21.0	2.0

名稱	Arthur	Cleveland	Harrison	McKinley	Roosevelt	Taft	Wilson	Harding	Coolidge	Hoover
就職	8.5	4	19.5	15.5	1.0	11	22.5	19.5	11.0	15.5
過世	4.5	22	18.0	7.0	8.5	23	18.0	6.0	8.5	35.5

名稱	F.Roosevelt	Truman	Eisenhower	Kennedy	Johnson	Nixon
就職	11.0	29	32.0	2	19.5	19.5
過世	10.5	34	27.5	1	14.0	31.0

$$\sum_{i=1}^{n} d_i^2 = (25.5-18)^2 + (30.5-35.5)^2 + (25.5-32)^2 + \cdots + (19.5-31)^2 = 3492$$

$$r_s = 1 - \frac{6 \cdot 3492}{36(36^2-1)} = 0.55$$

應用單尾檢定，在顯著水準 $\alpha = 0.05$ 下，由附表 T12 得臨界值小於 $0.305 < 0.55$。因此我們拒絕 H_0；即認為歷年美國總統首次就職的年齡與過逝年齡進行是具有正相關。

第 11 章　類別資料分析──列聯表與卡方檢定

11.1 統計假設為

H_0：此成績符合學習成就評量標準的分配原則。

H_1：此成績不符合學習成就評量標準的分配原則。

將題意整理為一列聯表如下

微積分成績	A	B	C	D	F
觀察次數	10	25	30	25	30
期望次數	12	36	36	24	12

得到 $\chi^2 = \dfrac{(10-12)^2}{12} + \dfrac{(25-36)^2}{36} + \dfrac{(30-36)^2}{36} + \dfrac{(25-24)^2}{24} + \dfrac{(30-12)^2}{12}$

$\qquad\quad = 29.63 > 9.49 = \chi^2_{0.05}(4)$

故拒絕 H_0，即此成績不符合學習成就評量標準的分配原則。

11.2 拒絕 H_0，即此骰子不是公正的。

11.3 接受 H_0，即臺灣地區每週有感地震次數為波松分配。

11.4 統計假設為

H_0：此實驗結果符合孟得爾的遺傳理論。

H_1：此實驗結果不符合孟得爾的遺傳理論。

豌豆總數為 $320 + 112 + 102 + 36 = 570$，期望分配次數為：

黃色且光滑有 $570 \cdot \dfrac{9}{16} = 321$，綠色且光滑有 $570 \cdot \dfrac{3}{16} = 107$。

黃色且皺有 $570 \cdot \dfrac{3}{16} = 107$，綠色且皺有 $570 \cdot \dfrac{1}{16} = 37$。

將題意整理為一列聯表如下

豌豆類別	黃色且光滑	綠色且光滑	黃色且皺	綠色且皺
觀察次數	320	112	102	36
期望次數	321	107	107	37

得到 $\chi^2 = \dfrac{(320-321)^2}{321} + \dfrac{(112-107)^2}{107} + \dfrac{(102-107)^2}{107} + \dfrac{(36-37)^2}{37}$

$\qquad\quad = 0.5 < 7.81 = \chi^2_{0.05}(3)$

故接受 H_0，即實驗結果符合孟得爾的遺傳理論。

11.5 在顯著水準 $\alpha = 0.05$ 下，拒絕 H_0，即新婚與結婚 3 年以上之夫妻對夫妻財產分開制看法比率不同。

11.6 在顯著水準 $\alpha = 0.05$ 下，接受 H_0，即大都會區與城鎮的居民對 4 種服裝造型之偏好比率相同。

11.7 在顯著水準 $\alpha = 0.05$ 下，檢定統計量 $\chi^2 = 1.94 < 7.81 = \chi^2_{0.05}(3)$，接受 H_0，即臺、港澳、中國的居民對三種疾病致死之比率相同！

11.8 在顯著水準 $\alpha = 0.05$ 下，檢定統計量 $\chi^2 = 10.1 < 10.645 = \chi^2_{0.05}(6)$，故接受 H_0

11.9 在顯著水準 $\alpha = 0.05$ 下，檢定統計量 $\chi^2 = 0.65 < 5.99 = \chi^2_{0.05}(2)$，接受 H_0；即服用此類安眠藥與睡眠安穩無關。

11.10 在顯著水準 $\alpha = 0.05$ 下，接受 H_0；即男性年所得高低與禿頭無關。

11.11 統計假設為

H_0：來店消費次數與客人的年齡無關。

H_1：來店消費次數與客人的年齡有關。

首先計算期望次數 e_{ij}

$$e_{11} = \frac{270 \cdot 152}{425} = 97, \ e_{12} = \frac{270 \cdot 136}{425} = 86, \ e_{13} = \frac{270 \cdot 73}{425} = 46, \ e_{14} = \frac{270 \cdot 54}{425} = 34$$

$$e_{21} = \frac{95 \cdot 152}{425} = 34, \ e_{22} = \frac{95 \cdot 136}{425} = 30, \ e_{23} = \frac{95 \cdot 73}{425} = 16, \ e_{24} = \frac{95 \cdot 54}{425} = 12$$

$$e_{31} = \frac{60 \cdot 152}{425} = 21, \ e_{32} = \frac{60 \cdot 136}{425} = 19, \ e_{33} = \frac{60 \cdot 73}{425} = 10, \ e_{34} = \frac{60 \cdot 54}{425} = 8$$

將結果整理為一列聯表如下

類別	0-25 歲	26-40 歲	41-55 歲	56 歲以上	合計
1 次	90(97)	100(86)	50(46)	30(34)	270
2 次	40(34)	20(30)	15(16)	20(12)	95
3 次以上	22(21)	16(19)	8(10)	4(8)	50
合計	152	136	73	54	415

（括號內的次數為期望次數）

$$因此 \ \chi^2 = \sum_{i=1}^{r}\sum_{j=1}^{c}\frac{(n_{ij}-e_{ij})^2}{e_{ij}} = \frac{(90-97)^2}{97} + \frac{(100-86)^2}{86} + \ldots + \frac{(4-8)^2}{8}$$

$$= 14.62 > 12.59 = \chi^2_{0.05}(6)$$

故在顯著水準 $\alpha = 0.05$ 下，拒絕 H_0；即來店消費次數與客人的年齡有關。

第 12 章　指數

12.1 參閱本章。

12.2 (a) 系統細目的選取：指數所測量之現象包括許多細目，就以物價指數為例，其中包含的物品名目可說是樣式繁多，難以通通列入考慮。故在編製時，只能選擇一些較重要的物品或因素列入計算。

 (b) 權值的選取：考慮每一細目的重要性不一樣時，我們必須對選取出之細目，按其重要性或數量比率給予不同權數而計算，以避免發生高估或低估情況。

 (c) 基期或基地的決定：指數是以某特定的時間或地區作為標準而建立。如何決定一標準的時間或地區，應該以使用者的方便與目的來考量。時間方面，基期不能與當期的時間相差太久，否則會失去比較的意義。例如，臺灣由農業社會邁入工商社會後，物價大幅上漲。農業社會年代不宜作為目前工商社會時期物價指數基期。地區方面，基地不能與當期的社會文化或環境相差太遠。例如以臺灣為基地，來計算冰島的物價指數。或以西方國家的身材標準，來衡量東方國家的健康指標。如果不顧社會環境文化的差異，而硬計算比較，就失去編製指標的意義了。

12.3 參閱本章內容。

12.4 以 2005 年為基期，2006、2007 年的簡單綜合物價指數為：$PI_{2006} = 103.3,\ PI_{2007} = 107.6$。平均價比指數為：$PI_{2006} = 103.4,\ PI_{2007} = 109$。

12.5 (a) 拉氏指數：$LPI_{1995} = 87.0,\ LPI_{1997} = 106.8$。

 (b) 斐氏指數：$PPI_{1995} = 86.6,\ PPI_{1997} = 106.8$。

(c) 費氏指數：$FPI_{1995} = 86.7,\ FPI_{1997} = 106.8$。

12.6 平均價比的加權平均指數 $= 103.6$，此指數意義說明此股票投資組合，在三個交易日後股票總價值上漲了 3.6%。也就是說，若初出投資百萬元，則三個交易日後已有 3.6 萬之利潤（未計手續費與交易稅）。

第 13 章　時間數列分析與預測

13.1 參閱本章。

13.2 (a) $E(X_t) = E(\varepsilon_t) = 0,\ Var(X_t) = Var(\varepsilon_t) = \sigma^2$，又對任意 $k \in N$

$Cov(X_t, X_{t+k}) = Cov(\varepsilon_t, \varepsilon_{t+k}) = 0$，故此數列為一穩定型時間數列。

(b) 若使用 MINITAB 統計軟體，可直接由視窗操作或鍵入指令如下

MTB>random 200 c1;

SUBC>normal 0 1.

MTB>tsplot c1

MTB>ACF c1

MTB>PACF c1

13.3 (a) $\mu = 4,\ \sigma_X^2 = 1.33,\ \rho_k = 0.5^k,\ k \geq 1;\ \rho_{11} = 0.5,\ \rho_{kk} = 0,\ k \geq 2$。

(b) $\mu = \theta = 0,\ \sigma_X^2 = 1.04,\ \rho_1 = 0.19,\ \rho_k = 0,\ k \geq 2$；

$$\rho_{kk} = \frac{-(-0.2)^k(1-(-0.2)^2)}{(1-(-0.2)^{2k+2})},\ k \geq 1 。$$

(c) $\mu = 0,\ \sigma_X^2 = 1.33,\ \rho_1 = 0.33,\ \rho_k = \phi_1^{k-1}\rho_{k-1},\ k \geq 2$。

13.4 (a) 若使用 MINITAB 統計軟體，可直接由視窗操作或鍵入指令如下

MTB>random 201 c1;

SUBC>normal 0 1.

MTB>let c2(1)=0

MTB>let k1=1

MTB>exac 'A:AR1.MTB' 200

（其中 A:AR1.MTB 表示存在 A 槽磁片的檔名，AR1.MTB 表示存在 A 槽磁片的檔名。AR1.MTB 的檔案內容可為：

```
noecho
let c2(k1+1)=0.8*c2(k1)+c1(k1+1)
let k1=k1+1
end                    )
MTB>tsplot c1
MTB>ACF c1
MTB>PACF c1
```

(b)(c) 同 (a)

13.5 若使用 MINITAB 統計軟體，可直接由視窗操作或鍵入指令如下

```
MTB>random 201 c1;
SUBC>Cauchy 0.
```

接下來的做法同 13.4。

13.6 AR(1) 預測函數為 $X_n(l) = \theta + \theta\phi_1 + \theta\phi_1^2 + ... + \phi_1^l X_n,\ l \geq 1$ 故

$$X_{40}(1) = \theta + \phi_1 X_{40} = 900 + 0.3 \cdot 1200 = 1360$$
$$X_{40}(2) = \theta + \theta\phi_1 + \phi_1^2 X_n = 900 + 900 \cdot 0.3 + 0.3^2 \cdot 1200 = 1378$$
$$X_{40}(3) = 900 + 900 \cdot 0.3 + 900 \cdot 0.3^2 + 0.3^3 \cdot 1200 = 1285$$

13.7 MA(1) 預測函數為 $X_n(1) = \theta - \theta_1(X_n - \hat{X}_{n-1}(1)),\ X_n(l) = \theta,\ l \geq 2$，故

$$X_{60}(1) = \theta - \theta_1(X_n - \hat{X}_{n-1}(1)) = 0.8 + 0.6(1.4 - 0.9) = 1.1$$
$$X_{60}(2) = \theta = 0.8$$
$$X_{60}(3) = \theta = 0.8$$

13.8 ARMA(1,1) 預測函數為

$$X_n(1) = \theta + \phi_1 X_n - \theta_1(X_n - \hat{X}_{n-1}(1)), X_n(l) = \theta + \phi_1 X_n(l-1),\ l \geq 2\ \text{，故}$$
$$X_{80}(1) = \theta + \phi_1 X_{80} - \theta_1(X_{80} - \hat{X}_{79}(1)) = 0.3 + 0.7 \cdot 0.4 - 0.2(0.6 - 0.7) = 0.6$$
$$X_{80}(2) = \theta + \phi_1 X_{80}(1) = 0.3 + 0.7 \cdot 0.6 = 0.72$$
$$X_{80}(3) = \theta + \phi_1 X_{80}(2) = 0.3 + 0.7 \cdot 0.72 = 0.8$$

若使用 MINITAB 統計軟體，可直接由視窗操作或鍵入指令如下

```
MTB>ARIMA 1 0 0 c1 c2 ; (假如候選模式為 ARIMA(1,0,0))
```

SUBC>forecast 6 c3

13.9 參考吳柏林、張鈿富 (1992)。我國中央教育經費規劃、預測與控制模式之研究。*國立政治大學學報*，**65**, 87-104。

五南圖解財經商管系列

※ 最有系統的圖解財經工具書。
※ 一單元一概念，精簡扼要傳授財經必備知識。
※ 超越傳統書籍，結合實務精華理論，提升就業競爭力，與時俱進。
※ 內容完整，架構清晰，圖文並茂‧容易理解‧快速吸收。

圖解行銷學
／戴國良

圖解管理學
／戴國良

圖解作業研究
／趙元和、趙英宏、趙敏
希

圖解國貿實務
／李淑茹

圖解策略管理
／戴國良

圖解人力資源管理
／戴國良

圖解財務管理
／戴國良

圖解領導學
／戴國良

圖解會計學
／趙敏希
馬嘉應教授審定

圖解經濟學
／伍忠賢

圖解企業管理(MBA學)
／戴國良

出 版 者：五南圖書出版股份有限公司
地　　址：106台北市大安區和平東路二段339號4樓
電　　話：(02)2705-5066　　傳　　真：(02)2706-6100
網　　址：http://www.wunan.com.tw

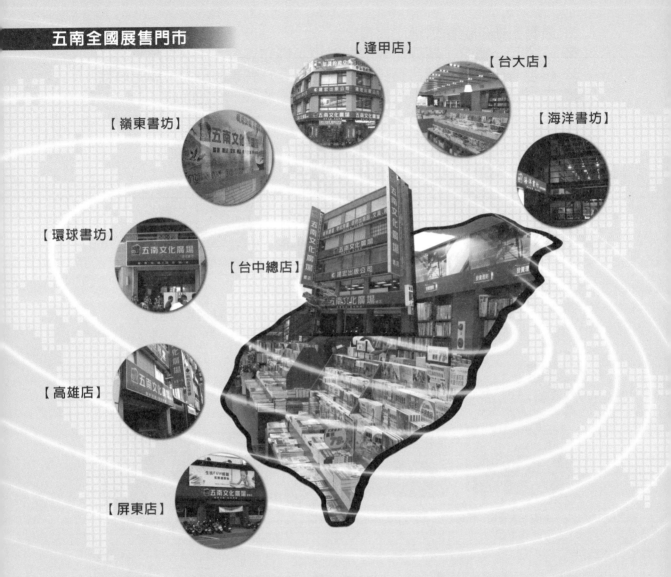

國家圖書館出版品預行編目資料

現代統計學／吳柏林著. －－初版. －－臺北
市：五南, 2013.03
　面；　公分

ISBN 978-957-11-6776-3（平裝）
1. 統計學

510　　　　　　　　　　　101014859

1H77

現代統計學

作　　　者－吳柏林
發 行 人－楊榮川
總 編 輯－王翠華
主　　　編－張毓芬
責任編輯－侯家嵐
文字編輯－陳俐君
封面設計－盧盈良
排版設計－張淑貞
出 版 者－五南圖書出版股份有限公司
地　　　址：106 台北市大安區和平東路二段 339 號 4 樓
電　　　話：(02)2705-5066　傳　　　真：(02)2706-6100
網　　　址：http://www.wunan.com.tw
電子郵件：wunan@wunan.com.tw
劃撥帳號：01068953
戶　　　名：五南圖書出版股份有限公司
台中市駐區辦公室／台中市中區中山路 6 號
電　　　話：(04)2223-0891　傳　　　真：(04)2223-3549
高雄市駐區辦公室／高雄市新興區中山一路 290 號
電　　　話：(07)2358-702　傳　　　真：(07)2350-236
法律顧問　元貞聯合法律事務所　張澤平律師
出版日期　2013 年 3 月初版一刷

定　　　價　新臺幣 580 元